孙 政 编著

民法典配套司法解释

条文对照与重点解读

（含民法典合同编司法解释）

中国法制出版社
CHINA LEGAL PUBLISHING HOUSE

凡　例

为行文方便，本书中法律法规使用简称，具体如下：

文件名简称	日期①	文件名全称
《民法典》	2020 年 5 月 28 日	《中华人民共和国民法典》
《民法典合同编通则解释》	2023 年 12 月 4 日	《关于适用〈中华人民共和国民法典〉合同编通则若干问题的解释》
《民法典时间效力规定》	2020 年 12 月 29 日	《最高人民法院关于适用〈中华人民共和国民法典〉时间效力的若干规定》
《民法典总则编解释》	2022 年 2 月 24 日	《最高人民法院关于适用〈中华人民共和国民法典〉总则编若干问题的解释》
《民法典物权编解释一》	2020 年 12 月 29 日	《最高人民法院关于适用〈中华人民共和国民法典〉物权编的解释（一）》
《民法典担保制度解释》	2020 年 12 月 31 日	《最高人民法院关于适用〈中华人民共和国民法典〉有关担保制度的解释》
《民法典婚姻家庭编解释一》	2020 年 12 月 29 日	《最高人民法院关于适用〈中华人民共和国民法典〉婚姻家庭编的解释（一）》

① 所标法律文件的日期为该文件的通过、发布、修订后公布、实施日期之一，以下不再标注。

续表

文件名简称	日期	文件名全称
《民法典继承编解释一》	2020年12月29日	《最高人民法院关于适用〈中华人民共和国民法典〉继承编的解释（一）》
《劳动争议解释一》	2020年12月29日	《最高人民法院关于审理劳动争议案件适用法律问题的解释（一）》
《建工合同解释一》	2020年12月29日	《最高人民法院关于审理建设工程施工合同纠纷案件适用法律问题的解释（一）》
《合同法》	1999年3月15日	《中华人民共和国合同法》
《担保法》	1995年6月30日	《中华人民共和国担保法》
《立法法》	2023年3月13日	《中华人民共和国立法法》
《民法总则》	2017年3月15日	《中华人民共和国民法总则》
《物权法》	2007年3月16日	《中华人民共和国物权法》
《合同法解释二》	2009年4月24日	《最高人民法院关于适用〈中华人民共和国合同法〉若干问题的解释（二）》
《继承法》	1985年4月10日	《中华人民共和国继承法》
《侵权责任法》	2009年12月26日	《中华人民共和国侵权责任法》
《婚姻法》	2001年4月28日	《中华人民共和国婚姻法》
《担保法解释》	2000年12月8日	《最高人民法院关于适用〈中华人民共和国担保法〉若干问题的解释》
《民事诉讼法》	2023年9月1日	《中华人民共和国民事诉讼法》
《民事诉讼法解释》	2022年4月1日	《最高人民法院关于适用〈中华人民共和国民事诉讼法〉的解释》

续表

文件名简称	日期	文件名全称
《未成年人保护法》	2020年10月17日	《中华人民共和国未成年人保护法》
《反家庭暴力法》	2015年12月27日	《中华人民共和国反家庭暴力法》
《老年人权益保障法》	2018年12月29日	《中华人民共和国老年人权益保障法》
《民法通则》（已废止）	2009年8月27日	《中华人民共和国民法通则》
《民通意见》（已废止）	1988年4月2日	《最高人民法院关于贯彻执行〈中华人民共和国民法通则〉若干问题的意见（试行）》
《刑法》	2020年12月26日	《中华人民共和国刑法》
《物权法解释一》	2016年2月22日	《关于适用〈中华人民共和国物权法〉若干问题的解释（一）》
《村民委员会组织法》	2018年12月29日	《中华人民共和国村民委员会组织法》
《公司法》	2018年10月26日	《中华人民共和国公司法》
《仲裁法》	2017年9月1日	《中华人民共和国仲裁法》
《企业破产法》	2006年8月27日	《中华人民共和国企业破产法》
《公证法》	2017年9月1日	《中华人民共和国公证法》
《城市房地产管理法》	2019年8月26日	《中华人民共和国城市房地产管理法》
《执行异议和复议案件规定》	2020年12月29日	《最高人民法院关于人民法院办理执行异议和复议案件若干问题的规定》
《票据法》	2004年8月28日	《中华人民共和国票据法》

续表

文件名简称	日期	文件名全称
《买卖合同解释》	2020 年 12 月 29 日	《最高人民法院关于审理买卖合同纠纷案件适用法律问题的解释》
《融资租赁合同解释》	2020 年 12 月 29 日	《最高人民法院关于审理融资租赁合同纠纷案件适用法律问题的解释》
《公司法解释三》	2020 年 12 月 29 日	《最高人民法院关于适用〈中华人民共和国公司法〉若干问题的规定（三）》
《婚姻法解释一》	2001 年 12 月 24 日	《最高人民法院关于适用〈中华人民共和国婚姻法〉若干问题的解释（一）》
《婚姻法解释二》	2017 年 2 月 28 日	《最高人民法院关于适用〈中华人民共和国婚姻法〉若干问题的解释（二）》
《婚姻法解释三》	2011 年 8 月 9 日	《最高人民法院关于适用〈中华人民共和国婚姻法〉若干问题的解释（三）》
《妇女权益保障法》	2022 年 10 月 30 日	《中华人民共和国妇女权益保障法》
《合伙企业法》	2006 年 8 月 27 日	《中华人民共和国合伙企业法》
《继承法意见 》	1985 年 9 月 11 日	《最高人民法院关于贯彻执行〈中华人民共和国继承法〉若干问题的意见》
《农村土地承包法》	2018 年 12 月 29 日	《中华人民共和国农村土地承包法》
《民事诉讼证据规定》	2019 年 12 月 25 日	《最高人民法院关于民事诉讼证据的若干规定》

续表

文件名简称	日期	文件名全称
《商品房买卖合同解释》	2020 年 12 月 29 日	《最高人民法院关于审理商品房买卖合同纠纷案件适用法律若干问题的解释》
《合同法解释一》	1999 年 12 月 19 日	《最高人民法院关于适用〈中华人民共和国合同法〉若干问题的解释（一）》
《招标投标法》	2017 年 12 月 27 日	《中华人民共和国招标投标法》
《民间借贷解释》	2020 年 12 月 29 日	《最高人民法院关于审理民间借贷案件适用法律若干问题的规定》
《诉讼时效规定》	2020 年 12 月 29 日	《最高人民法院关于审理民事案件适用诉讼时效制度若干问题的规定》
《证券投资基金法》	2015 年 4 月 24 日	《中华人民共和国证券投资基金法》
《信托法》	2001 年 4 月 28 日	《中华人民共和国信托法》
《票据法》	2004 年 8 月 28 日	《中华人民共和国票据法》
《电子签名法》	2019 年 4 月 23 日	《中华人民共和国电子签名法》

序

随着《民法典合同编通则解释》的正式公布，截至目前，《民法典》配套司法解释已出台七部，分别为《民法典时间效力规定》《民法典总则编解释》《民法典物权编解释一》《民法典担保制度解释》《民法典婚姻家庭编解释一》《民法典继承编解释一》，以及新出台的《民法典合同编通则解释》。按照最高人民法院研究室相关庭室的负责人的说法，除了当时正在制定的《民法典总则编解释》《民法典合同编通则解释》以及调研论证的侵权责任编、人格权编解释外，决定以后不再搞大而全的司法解释，不再搞篇幅过长的司法解释，而鼓励小切口式的司法解释。①笔者就已经出台的七部《民法典》配套司法解释进行专门整理，以此为框架编写一本符合使用习惯、方便实用的书籍，方便读者查阅和适用《民法典》及其配套的司法解释。

本书所谓“民法典配套司法解释”，顾名思义，就是为《民法典》的适用而制定的七部司法解释，笔者称之为狭义上的“民法典配套司法解释”。而除此之外，有观点也将《劳动争议解释一》《建工合同解释一》归入“民法典配套司法解释”范围之中，这属于对《民法典》配套司法解释的一种广义理解。前述七部“狭义”上的“民法典配套司法解释”与《民法典》的关联度非常高，几乎每条都与《民法典》相关规定有着较为直接的关联或对应关系。而除此之外的其他司法解释并非如此。如前述《劳动争议解释一》共54个条文，几乎没有条文直接涉及《民法典》相关规定，《建工合

① 人民法院新闻传媒总社：《最高人民法院发布民法典颁布以来人民法院贯彻实施民法典基本情况》，载中华人民共和国最高人民法院网站，https：//www.court.gov.cn/zixun-xiangqing-386511.html，2023年11月12日访问。

同解释一》亦是如此，除第1条等极个别条文外，其他规定很少与《民法典》直接关联。因此，从这一角度而言，将上述七部“狭义”上的“民法典配套司法解释”单独出来，进行关联对照与要点解读，之于《民法典》及其相关规定的查找、学习、理解与适用，既有必要性，也有可能性。

基于上述情况，笔者萌发于便利自己的初衷，后延伸至助力同仁的想法，同时受鼓舞于中国法制出版社的肯定与支持，于是决定编写《民法典配套司法解释对照与解读》这一实务书。该书的特色十分鲜明，并且所有的特点都指向一个目的——方便学习与使用：

1. 表格体例。该书整体上采用“双栏对照表格式”的独特设计，左栏为上述提及的七部《民法典》配套司法解释的条文，逐条进行对照解读，右栏为与之关联的《民法典》等内容，左栏条文下方为精练的条文解读。而七部《民法典》配套司法解释的次序，整体上以《民法典》各编顺序为参照，便于整体对应与查找，符合使用习惯，便利查与学。

2. 对照全面。关联对照部分，以现行有效的法律、行政法规、司法解释为主，部分关联性较强的会议纪要、指导意见也一并列入。此外，少数已不再有效的规定，但在被废止前经常使用或与配套司法解释规定指向同一领域的，如《合同法解释》《担保法解释》等规定，为方便整体掌握新旧司法解释的异同，也一并列出。当然，为有效提醒、避免混淆，对其采用斜体显示，并注明“已废止”字样。

3. 解读精练。避免简单重复条文内容，紧密结合司法实践，对《民法典》配套司法解释逐条进行精练而丰富的解读，直击核心要义与重要知识点。解读中的观点绝大多数来自司法解释制定机关或者学界通说，只是在表述上更为精练。此外，也有别于单纯的案例汇编书籍，该书解读并非基于个案问题而是超脱于具体案件之上的升华与总结，更具有普适性。

除上述特点外，为进一步增加使用的舒适度与便利性，本书在编排设计上也进行了一定的创新。在前述双栏对照之外，本书通过不同字体等显示上的差异来载明不同内容，增加辨识度与查阅的便利性。如左栏的配套司法解释条文采用“宋体”，右栏的对照内容采用“楷体”，左栏下方的解读则采用“仿宋”。左右两栏的法规名称格式不同，左栏不加书名号，右栏加书名号。左右两栏的条文序号也有不同，左栏为大写，右栏为小写。此外，如前所述，右栏的失效条文采用斜体并注明“已废止”字样等。希望这些细节上颇具“人性化”的设计，能切切实实给广大读者提供些许便利。

《民法典配套司法解释条文对照与重点解读》一书虽有上述种种优势与特点，但由于编者水平及客观条件限制，如有不当或错误之处，敬请指正。另，对为本书编写给予支持与帮助的诸位朋友，深表谢意。最后，希望本书所坚持的“简”之原则，所秉持的“删繁就简”之理念，能起到节约读者宝贵时间与避免过多印刷纸张浪费的作用。如此，亦遂吾愿。

孙　政

2023 年 12 月

目　录

Contents

《民法典时间效力规定》条文对照与重点解读

《民法典总则编解释》
条文对照与重点解读

二、民事权利能力和民事行为能力

三、监护

四、宣告失踪和宣告死亡

五、民事法律行为

《民法典物权编解释一》条文对照与重点解读

《民法典担保制度解释》条文对照与重点解读

三、关于担保物权

四、关于非典型担保

《民法典合同编通则解释》条文对照与重点解读

四、合同的履行

五、合同的保全

《民法典婚姻家庭编解释一》条文对照与重点解读

二、结婚

三、夫妻关系

《民法典继承编解释一》条文对照与重点解读

二、法定继承

三、遗嘱继承和遗赠

四、遗产的处理

五、附则

《民法典时间效力规定》条文对照与重点解读①

民法典时间效力规定②	关联规定
一、一般规定	
第一条【民法典不溯及既往原则及例外】 民法典施行后的法律事实引起的民事纠纷案件，适用民法典的规定。 民法典施行前的法律事实引起的民事纠纷案件，适用当时的法律、司法解释的规定，但是法律、司法解释另有规定的除外。 民法典施行前的法律事实持续至民法典施行后，该法律事实引起的民事纠纷案件，适用民法典的规定，但是法律、司法解释另有规定的除外。 **解读：**法不溯及既往是法的效力的一般原则，其法理基础在于对信赖利益的保护。本条根据法律事实发生的时间将民法典的适用	《民法典》 **第1260条【施行日期及旧法废止】** 本法自2021年1月1日起施行。*《中华人民共和国婚姻法》、《中华人民共和国继承法》、《中华人民共和国民法通则》、《中华人民共和国收养法》、《中华人民共和国担保法》、《中华人民共和国合同法》、《中华人民共和国物权法》、《中华人民共和国侵权责任法》、《中华人民共和国民法总则》*同时废止。 《立法法》 **第104条** 法律、行政法规、地方性法规、自治条例和单行条例、规章不溯及既往，但为了更好地保护公民、法人和其他组织的权利和利益而作的特别规定除外。

① 条文对照，即《民法典》配套司法解释条文与关联规定如《民法典》及其他法律法规、司法解释的条文对照（失效或废止的以斜体显示）。重点解读，即对配套司法解释条文内容的要点进行解读、注意之处进行提醒。以下不再标注。

② 左栏解读、案例参考中法律规定无书名号，以下不再标注。

续表

民法典时间效力规定	关联规定
分三类情形：1. 法律事实发生在民法典施行后的，适用民法典规定，这也是民法典施行后对其效力的当然解释。2. 法律事实发生在民法典施行前的，原则上适用当时的法律、司法解释的规定，这是法不溯及既往原则的体现。但也存在例外情况，即法律、司法解释另有规定的除外。具体又包括三种。一是法律另有规定的，如立法法第 104 条规定的有利溯及。二是本解释所作的具体规定。三是其他司法解释另有规定的情形。3. 法律事实发生在民法典施行前并持续至民法典施行后，即“跨越”施行前后的情况。此种情况一般适用民法典的规定，这也是贯彻实施民法典的当然要求。当然，此种情况也存在例外，即法律、司法解释另有规定的除外。	**《全国法院贯彻实施民法典工作会议纪要》** **13.** 正确适用《时间效力规定》，处理好新旧法律、司法解释的衔接适用问题。坚持“法不溯及既往”的基本原则，依法保护当事人的合理预期。民法典施行前的法律事实引起的民事纠纷案件，适用当时的法律、司法解释的规定，但《时间效力规定》另有规定的除外。 当时的法律、司法解释包括根据民法典第一千二百六十条规定废止的法律，根据《废止决定》废止的司法解释及相关规范性文件，《修改决定》所涉及的修改前的司法解释。 **14.** 人民法院审理民事纠纷案件，根据《时间效力规定》应当适用民法典的，同时适用民法典相关司法解释，但是该司法解释另有规定的除外。 **15.** 人民法院根据案件情况需要引用已废止的司法解释条文作为裁判依据时，先列明《时间效力规定》相关条文，后列明该废止的司法解释条文。需要同时引用民法通则、合同法等法律及行政法规的，按照《最高人民法院关于裁判文书引用法律、法规等规范性法律文

续表

民法典时间效力规定	关联规定
	件的规定》确定引用条文顺序。 16. 人民法院需要引用《修改决定》涉及的修改前的司法解释条文作为裁判依据时，先列明《时间效力规定》相关条文，后列明修改前司法解释名称、相应文号和具体条文。人民法院需要引用修改后的司法解释作为裁判依据时，可以在相应名称后以括号形式注明该司法解释的修改时间。 17. 民法典施行前的法律事实引起的民事纠纷案件，根据《时间效力规定》应当适用民法典的，同时列明民法典的具体条文和《时间效力规定》的相关条文。民法典施行后的法律事实引起的民事纠纷案件，裁判文书引用法律、司法解释时，不必引用《时间效力规定》的相关条文。 18. 从严把握溯及适用民法典规定的情形，确保法律适用统一。除《时间效力规定》第二部分所列具体规定外，人民法院在审理有关民事纠纷案件时，认为符合《时间效力规定》第二条溯及适用民法典情形的，应当做好类案检索，经本院审判委员会讨论后层报高级人民法院。高级人民法院审判委员会讨论后认为符合《时间效力规定》第二条规定的“三个更

续表

民法典时间效力规定	关联规定
	有利于”标准，应当溯及适用民法典规定的，报最高人民法院备案。最高人民法院将适时发布相关指导性案例或者典型案例，加强对下指导。
第二条【有利溯及适用规则】 民法典施行前的法律事实引起的民事纠纷案件，当时的法律、司法解释有规定，适用当时的法律、司法解释的规定，但是适用民法典的规定更有利于保护民事主体合法权益，更有利于维护社会和经济秩序，更有利于弘扬社会主义核心价值观的除外。 **解读：** 法不溯及既往是绝大多数国家和地区的法律适用原则，以维护法的安定性和公众的信赖利益。但与该原则并存的，还有一个常见的例外即“有利溯及”。有利溯及多见于刑事法律规定，就民事法律规定而言较少见，需严格把握认定标准。具体而言，应以不破坏当事人行为预期、不减损当事人既存权利、不冲击既有社会秩序为出发点，将是否更有利于保护当事人合法权益，是否更有利于维护社会和经济秩序，是否更有利于弘扬社会主义核心价值观的“三个更有利于”作为	**《立法法》** **第104条** 法律、行政法规、地方性法规、自治条例和单行条例、规章不溯及既往，但为了更好地保护公民、法人和其他组织的权利和利益而作的特别规定除外。 **《全国法院贯彻实施民法典工作会议纪要》** **17.** 民法典施行前的法律事实引起的民事纠纷案件，根据《时间效力规定》应当适用民法典的，同时列明民法典的具体条文和《时间效力规定》的相关条文。民法典施行后的法律事实引起的民事纠纷案件，裁判文书引用法律、司法解释时，不必引用《时间效力规定》的相关条文。 **18.** 从严把握溯及适用民法典规定的情形，确保法律适用统一。除《时间效力规定》第二部分所列具体规定外，人民法院在审理有关民事纠纷案件时，认为符合《时间效力规定》第二条溯及适用民法典情形的，应当做好类案检索，经本院审判委员会讨论后层报

续表

民法典时间效力规定	关联规定
判断民法典适用有利溯及的标准。 **案例参考**：《受伤乘客有权在对巴士公司违约之诉中主张精神损害赔偿》【胡明冬，《人民法院报》2021 年 12 月 15 日】 **案例要旨**：根据民法典第 996 条的规定，因当事人一方的违约行为，损害对方人格权并造成严重精神损害，受损害方选择请求其承担违约责任的，不影响受损害方请求精神损害赔偿。虽然本案是民法典施行前的法律事实所引起的民事纠纷，但根据民法典时间效力规定第 2 条的规定，本案适用民法典的规定更有利于保护民事主体的合法权益，且该部分赔偿就本案整体赔偿数额而言，并不明显增加当事人的法定义务，对原告主张的精神损害抚慰金 5000 元，可予支持。	高级人民法院。高级人民法院审判委员会讨论后认为符合《时间效力规定》第二条规定的“三个更有利于”标准，应当溯及适用民法典规定的，报最高人民法院备案。最高人民法院将适时发布相关指导性案例或者典型案例，加强对下指导。
第三条【空白溯及】 民法典施行前的法律事实引起的民事纠纷案件，当时的法律、司法解释没有规定而民法典有规定的，可以适用民法典的规定，但是明显减损当事人合法权益、增加当事人法定义务或者背离当事人合理预期的除外。 **解读**：本条规定内容为新增规定的溯及适用，即在以前的法律有	**《全国法院贯彻实施民法典工作会议纪要》** **17.** 民法典施行前的法律事实引起的民事纠纷案件，根据《时间效力规定》应当适用民法典的，同时列明民法典的具体条文和《时间效力规定》的相关条文。民法典施行后的法律事实引起的民事纠纷案件，裁判文书引用法律、司法解释时，不必引用《时间效力规定》的相关条文。

续表

民法典时间效力规定	关联规定
空白时，新的法律可以追溯。此种情形在学理上被称为“空白溯及”，也称“新增规定溯及”。该规则实际上是一个法律漏洞填补规则，即以新的法律填补过去的法律漏洞。作为法不溯及既往的一种例外，空白溯及的合理性同时也是前提要求在于，新增规定的溯及适用一般并不损害当事人的信赖利益和合理预期，还会起到统一裁判尺度、稳定社会秩序的作用。尤其就民法典来讲，有助于增强其权威性和公信力。 **案例参考：**《区生态环境局与张某新、童某勇、王某平生态环境损害赔偿诉讼案》【最高人民法院发布贯彻实施民法典典型案例(第二批)①】 **案例要旨：**民法典第 1234 条规定，国家规定的机关可以自行或者委托他人进行修复，所需费用由侵权人负担。涉案侵权行为发生在民法典实施之前，根据民法典时间效力规定第 3 条规定的空白溯及原则，本案可以适用民法典第 1234 条。法院依法认定生态	18. 从严把握溯及适用民法典规定的情形，确保法律适用统一。除《时间效力规定》第二部分所列具体规定外，人民法院在审理有关民事纠纷案件时，认为符合《时间效力规定》第二条溯及适用民法典情形的，应当做好类案检索，经本院审判委员会讨论后层报高级人民法院。高级人民法院审判委员会讨论后认为符合《时间效力规定》第二条规定的“三个更有利于”标准，应当溯及适用民法典规定的，报最高人民法院备案。最高人民法院将适时发布相关指导性案例或者典型案例，加强对下指导。

① 载中华人民共和国最高人民法院网站，https://www.court.gov.cn/xinshidai-xiangqing-386521.html，2023 年 10 月 24 日访问。

续表

民法典时间效力规定	关联规定
修复刻不容缓而侵权人客观上无法履行修复义务的，行政机关有权委托他人进行修复，并可主张费用赔偿。	
第四条【细化规定说理适用】 民法典施行前的法律事实引起的民事纠纷案件，当时的法律、司法解释仅有原则性规定而民法典有具体规定的，适用当时的法律、司法解释的规定，但是可以依据民法典具体规定进行裁判说理。 **解读：**法不溯及既往是原则，溯及适用是例外。只要当时的法律、司法解释有相应规定，即使为原则性规定，也不应将民法典的细化规定作为裁判依据进行溯及适用。虽然不能作为裁判依据直接适用，但可以作为裁判说理（即“本院认为”部分）的依据。	**《全国法院贯彻实施民法典工作会议纪要》** **13.** 正确适用《时间效力规定》，处理好新旧法律、司法解释的衔接适用问题。坚持“法不溯及既往”的基本原则，依法保护当事人的合理预期。民法典施行前的法律事实引起的民事纠纷案件，适用当时的法律、司法解释的规定，但《时间效力规定》另有规定的除外。 当时的法律、司法解释包括根据民法典第一千二百六十条规定废止的法律，根据《废止决定》废止的司法解释及相关规范性文件，《修改决定》所涉及的修改前的司法解释。 **15.** 人民法院根据案件情况需要引用已废止的司法解释条文作为裁判依据时，先列明《时间效力规定》相关条文，后列明该废止的司法解释条文。需要同时引用民法通则、合同法等法律及行政法规的，按照《最高人民法院关于裁判文书引用法律、法规等规范性法律文件的规定》确定引用条文顺序。

续表

民法典时间效力规定	关联规定
	16. 人民法院需要引用《修改决定》涉及的修改前的司法解释条文作为裁判依据时，先列明《时间效力规定》相关条文，后列明修改前司法解释名称、相应文号和具体条文。人民法院需要引用修改后的司法解释作为裁判依据时，可以在相应名称后以括号形式注明该司法解释的修改时间。 **《全国法院民商事审判工作会议纪要》** **第4条第2款** 在民法总则无溯及力的场合，人民法院应当依据法律事实发生时的法律进行裁判，但如果法律事实发生时的法律虽有规定，但内容不具体、不明确的，如关于无权代理在被代理人不予追认时的法律后果，民法通则和合同法均规定由行为人承担民事责任，但对民事责任的性质和方式没有规定，而民法总则对此有明确且详细的规定，人民法院在审理案件时，就可以在裁判文书的说理部分将民法总则规定的内容作为解释法律事实发生时法律规定的参考。
第五条【既判力优于溯及力】 民法典施行前已经终审的案件，当事人申请再审或者按照审判监督程序决定再审的，不适用民法典的规定。	**《民法典时间效力规定》** **第28条** 本规定自2021年1月1日起施行。 本规定施行后，人民法院尚未审结的一审、二审案件适用本规定。

续表

民法典时间效力规定	关联规定
解读：既判力是指判决生效后，当事人不得就已经判决的同一案件再行起诉。溯及力是指新的法律颁布后，对其生效前的事件和行为是否适用的问题。既判力优于溯及力，即在于新法可以溯及适用的情形不能适用于已经终审的案件，即使新法溯及适用的情形只是一种例外，也不能适用于已终审的案件。实际上，如果允许再审案件适用新法，不仅会导致大量再审案件出现，不利于社会稳定与纠纷化解，也将造成判决毫无稳定性可言，有损司法权威性和司法公信力。	
二、溯及适用的具体规定	
第六条【英烈等的人格权益保护的溯及适用】 《中华人民共和国民法总则》施行前，侵害英雄烈士等的姓名、肖像、名誉、荣誉，损害社会公共利益引起的民事纠纷案件，适用民法典第一百八十五条的规定。 **解读**：本条的目的即在于解决民法总则施行前英雄烈士等人格权益保护无法可依的问题，以进一步完善、衔接对英雄烈士等的人格利益的保护。本条事实的规范性质，从本质上言应属本解释	*《民法典》* ***第185条【侵害英烈等的姓名、肖像、名誉、荣誉的民事责任】*** 侵害英雄烈士等的姓名、肖像、名誉、荣誉，损害社会公共利益的，应当承担民事责任。 *《民法总则》（已废止）* ***第206条*** *本法自2017年10月1日起施行。* *《民法典时间效力规定》* ***第3条*** *民法典施行前的法律引起的民事纠纷案件，当时的法律、司法解释没有规定而民法典有规定的，可以适用民法典的规*

续表

民法典时间效力规定	关联规定
第3条规定的“空白溯及”情形，即新法有规定而旧法没有规定的，在特定情形下新法可以溯及适用于旧法的效力期间。	定，但是明显减损当事人合法权益、增加当事人法定义务或者背离当事人合理预期的除外。
第七条【流押、流质条款溯及适用】 民法典施行前，当事人在债务履行期限届满前约定债务人不履行到期债务时抵押财产或者质押财产归债权人所有的，适用民法典第四百零一条和第四百二十八条的规定。 **解读：**民法典第401条、第428条对担保法、物权法禁止流质、流押的规定作了重大修改，改变了过去对流质、流押约定予以全盘否定的立法模式。这两条规定的本质在于适当开禁流质、流押条款，将无效条款转化为清算型担保，为归属型清算或者处分型清算留下空间。这对鼓励民间资本流动，畅通融资渠道具有重要意义。明确此类情形溯及适用，也符合本解释第2条规定的“更有利于保护民事主体合法权益，更有利于维护社会和经济秩序，更有利于弘扬社会主义核心价值观”的情形。	《民法典》 **第401条【流押】** 抵押权人在债务履行期限届满前，与抵押人约定债务人不履行到期债务时抵押财产归债权人所有的，只能依法就抵押财产优先受偿。 **第428条【流质】** 质权人在债务履行期限届满前，与出质人约定债务人不履行到期债务时质押财产归债权人所有的，只能依法就质押财产优先受偿。 **《民法典时间效力规定》** **第2条** 民法典施行前的法律事实引起的民事纠纷案件，当时的法律、司法解释有规定，适用当时的法律、司法解释的规定，但是适用民法典的规定更有利于保护民事主体合法权益，更有利于维护社会和经济秩序，更有利于弘扬社会主义核心价值观的除外。 **《民法典合同编通则解释》** **第28条** 债务人或者第三人与债权人在债务履行期限届满前达成以物抵债协议的，人民法院应当在审理债权债务关系的基础上认定该协议的效力。

续表

民法典时间效力规定	关联规定
	当事人约定债务人到期没有清偿债务，债权人可以对抵债财产拍卖、变卖、折价以实现债权的，人民法院应当认定该约定有效。当事人约定债务人到期没有清偿债务，抵债财产归债权人所有的，人民法院应当认定该约定无效，但是不影响其他部分的效力；债权人请求对抵债财产拍卖、变卖、折价以实现债权的，人民法院应予支持。 当事人订立前款规定的以物抵债协议后，债务人或者第三人未将财产权利转移至债权人名下，债权人主张优先受偿的，人民法院不予支持；债务人或者第三人已将财产权利转移至债权人名下的，依据《最高人民法院关于适用〈中华人民共和国民法典〉有关担保制度的解释》第六十八条的规定处理。
第八条【合同效力溯及适用】 民法典施行前成立的合同，适用当时的法律、司法解释的规定合同无效而适用民法典的规定合同有效的，适用民法典的相关规定。 **解读**：本条内容是有利溯及适用规则在合同效力方面的具体适用，属效力层面的有利溯及的典	**《民法典》** **第144条【无民事行为能力人实施的民事法律行为的效力】** 无民事行为能力人实施的民事法律行为无效。 **第153条【违反强制性规定及违背公序良俗的民事法律行为的效力】** 违反法律、行政法规的强制性规定的民事法律行为无效。

续表

民法典时间效力规定	关联规定
型类型。另，有关合同等民事法律行为的效力尤其是无效事由问题，民法典主要规定在总则编“民事法律行为”一章而非合同编“合同的效力”一章。另，本条对“合同无效”和“合同有效”应作广义解释。有些尽管不属于严格意义上“合同无效”变“合同有效”之情形，亦可适用本条。如当时的法律、司法解释认定合同不生效而根据民法典可认定合同部分有效的，亦应适用本条之规定。	但是，该强制性规定不导致该民事法律行为无效的除外。 违背公序良俗的民事法律行为无效。 **第154条【恶意串通的民事法律行为的效力】** 行为人与相对人恶意串通，损害他人合法权益的民事法律行为无效。 *《合同法》（已废止）* ***第52条*** *有下列情形之一的，合同无效：* *（一）一方以欺诈、胁迫的手段订立合同，损害国家利益；* *（二）恶意串通，损害国家、集体或者第三人利益；* *（三）以合法形式掩盖非法目的；* *（四）损害社会公共利益；* *（五）违反法律、行政法规的强制性规定。*
第九条【格式条款效力认定的溯及适用】 民法典施行前订立的合同，提供格式条款一方未履行提示或者说明义务，涉及格式条款效力认定的，适用民法典第四百九十六条的规定。 **解读：**由于格式条款通常有利于一方（一般为条款提供方）而	**《民法典》** **第496条【格式条款】** 格式条款是当事人为了重复使用而预先拟定，并在订立合同时未与对方协商的条款。 采用格式条款订立合同的，提供格式条款的一方应当遵循公平原则确定当事人之间的权利和义务，并采取合理的方式提示对方

续表

民法典时间效力规定	关联规定
可能损害相对方合法权益。因此，为切实促进协议的实质公平，法律需对格式条款的成立和效力均有特别规定。根据本条规定，就格式条款效力认定方面，民法典可溯及适用。换言之，2021 年 1 月 1 日前成立的合同，提供格式条款一方未履行提示或者说明义务，涉及格式条款效力认定的，按照民法典第 496 条的规定，可直接主张该条款不成为合同的内容，而不再要求当事人按原规定申请撤销。由于民法典规定赋予了相对人一种选择权，更有利于保护民事主体合法权益，故该情形下的溯及适用本质上亦属本解释第 2 条规定的“有利溯及”情形。	注意免除或者减轻其责任等与对方有重大利害关系的条款，按照对方的要求，对该条款予以说明。提供格式条款的一方未履行提示或者说明义务，致使对方没有注意或者理解与其有重大利害关系的条款的，对方可以主张该条款不成为合同的内容。 **《全国法院贯彻实施民法典工作会议纪要》** **7.** 提供格式条款的一方对格式条款中免除或者减轻其责任等与对方有重大利害关系的内容，在合同订立时采用足以引起对方注意的文字、符号、字体等特别标识，并按照对方的要求以常人能够理解的方式对该格式条款予以说明的，人民法院应当认定符合民法典第四百九十六条所称“采取合理的方式”。提供格式条款一方对已尽合理提示及说明义务承担举证责任。 ***《合同法解释二》（已废止）*** ***第 9 条*** *提供格式条款的一方当事人违反合同法第三十九条第一款关于提示和说明义务的规定，导致对方没有注意免除或者限制其责任的条款，对方当事人申请撤销该格式条款的，人民法院应当支持。*

续表

民法典时间效力规定	关联规定
第十条【合同解除时间认定的溯及适用】 民法典施行前，当事人一方未通知对方而直接以提起诉讼方式依法主张解除合同的，适用民法典第五百六十五条第二款的规定。 **解读：**民法典第565条第2款明确了在合同解除权人直接提起解除合同诉讼或申请仲裁的情况下，合同解除的时间点为起诉状副本或仲裁申请书副本送达之日。本条规定以诉讼方式主张解除合同时，溯及适用民法典第565条第2款的规定，如此可防止出现由于合同法缺乏明确规定，导致此类情况下认定合同解除时间点不一致的情况，以更好地保护当事人的合法权利。本条本质上也应属于“有利溯及”的情形。	《民法典》 **第565条【合同解除程序】** 当事人一方依法主张解除合同的，应当通知对方。合同自通知到达对方时解除；通知载明债务人在一定期限内不履行债务则合同自动解除，债务人在该期限内未履行债务的，合同自通知载明的期限届满时解除。对方对解除合同有异议的，任何一方当事人均可以请求人民法院或者仲裁机构确认解除行为的效力。 当事人一方未通知对方，直接以提起诉讼或者申请仲裁的方式依法主张解除合同，人民法院或者仲裁机构确认该主张的，合同自起诉状副本或者仲裁申请书副本送达对方时解除。
第十一条【合同僵局处理规则的溯及适用】 民法典施行前成立的合同，当事人一方不履行非金钱债务或者履行非金钱债务不符合约定，对方可以请求履行，但是有民法典第五百八十条第一款第一项、第二项、第三项除外情形之一，致使不能实现合同目的，当事人请求终止合同权利义务关系的，适用民法典第五百八十条第二款的规定。	《民法典》 **第580条【非金钱债务实际履行责任及违约责任】** 当事人一方不履行非金钱债务或者履行非金钱债务不符合约定的，对方可以请求履行，但是有下列情形之一的除外： （一）法律上或者事实上不能履行； （二）债务的标的不适于强制

续表

民法典时间效力规定	关联规定
解读："合同僵局"的原因，在于按照合同法的规定，即在合同已经不能继续履行的情况下，守约方虽享有合同解除权却拒绝解除合同，违约方却无权要求终止合同，由此合同关系并不消灭，双方权利义务仍在合同约定期限内始终存在。而民法典第580条第2款的立法目的在于破解合同法立法构造上的缺陷，其赋予违约方合同解除权，有助于打破"合同僵局"，进而可以更好地保护当事人合法权益，维护社会和经济秩序，故该规则可溯及适用。另需注意"合同解除"与"合同终止"这两个概念的区分：合同解除，一般是合同关系有效成立以后，当解除合同的条件具备时，因当事人一方或双方意思表示，使合同自始或仅向将来消灭的行为。而合同终止，通常在当事人建立合同关系后，因一定的法律事实的出现，使合同确立的权利义务关系消灭。合同终止只是使合同关系消灭，仅向将来发生效力，当事人不发生恢复原状的义务，更类似于解除合同间接效力理论的观点。故，溯及适用民法典第580条第2款终止合同权利义务关系，仅向将来发生效力，当事人并不发生恢复原状的义务。合同终止后果的处理，双方应按合同之债处理，守约方可要求违约方承担除继续履行合同外的其他违约责任。	履行或者履行费用过高； （三）债权人在合理期限内未请求履行。 有前款规定的除外情形之一，致使不能实现合同目的的，人民法院或者仲裁机构可以根据当事人的请求终止合同权利义务关系，但是不影响违约责任的承担。 **《全国法院民商事审判工作会议纪要》** **48.** 违约方不享有单方解除合同的权利。但是，在一些长期性合同如房屋租赁合同履行过程中，双方形成合同僵局，一概不允许违约方通过起诉的方式解除合同，有时对双方都不利。在此前提下，符合下列条件，违约方起诉请求解除合同的，人民法院依法予以支持： （1）违约方不存在恶意违约的情形； （2）违约方继续履行合同，对其显失公平； （3）守约方拒绝解除合同，违反诚实信用原则。 人民法院判决解除合同的，违约方本应当承担的违约责任不能因解除合同而减少或者免除。

续表

民法典时间效力规定	关联规定
第十二条【保理合同溯及适用】 民法典施行前订立的保理合同发生争议的，适用民法典第三编第十六章的规定。 **解读：** 民法典第三编第十六章为保理合同章（第761-769条），相较合同法，属于新增规定。同时，我国第一次从法律层面就保理合同作为典型合同、独立合同的法律地位作出肯定。按照本解释第3条（新增规定溯及）规定的“民法典施行前的法律事实引起的民事纠纷案件，当时的法律、司法解释没有规定而民法典有规定的”的内容，在民法典施行前订立的保理合同纠纷，无疑属于典型的本解释第3条调整的情况，本条对此作了进一步肯定与明确。	《民法典》 **第761条【保理合同定义】** 保理合同是应收账款债权人将现有的或者将有的应收账款转让给保理人，保理人提供资金融通、应收账款管理或者催收、应收账款债务人付款担保等服务的合同。 **第762条【保理合同内容和形式】** 保理合同的内容一般包括业务类型、服务范围、服务期限、基础交易合同情况、应收账款信息、保理融资款或者服务报酬及其支付方式等条款。 保理合同应当采用书面形式。 **第763条【虚构应收账款的法律后果】** 应收账款债权人与债务人虚构应收账款作为转让标的，与保理人订立保理合同的，应收账款债务人不得以应收账款不存在为由对抗保理人，但是保理人明知虚构的除外。 **第764条【保理人表明身份义务】** 保理人向应收账款债务人发出应收账款转让通知的，应当表明保理人身份并附有必要凭证。 **第765条【无正当理由变更或者终止基础交易合同行为对保理人的效力】** 应收账款债务人接到应收账款转让通知后，应收账款债权人与债务人无正当理由协商变更或者终止基础交易合同，对保理人产生不利影响的，对保理人不发生效力。

续表

民法典时间效力规定	关联规定
	第766条【有追索权保理】 当事人约定有追索权保理的，保理人可以向应收账款债权人主张返还保理融资款本息或者回购应收账款债权，也可以向应收账款债务人主张应收账款债权。保理人向应收账款债务人主张应收账款债权，在扣除保理融资款本息和相关费用后有剩余的，剩余部分应当返还给应收账款债权人。 **第767条【无追索权保理】** 当事人约定无追索权保理的，保理人应当向应收账款债务人主张应收账款债权，保理人取得超过保理融资款本息和相关费用的部分，无需向应收账款债权人返还。 **第768条【多重保理的清偿顺序】** 应收账款债权人就同一应收账款订立多个保理合同，致使多个保理人主张权利的，已经登记的先于未登记的取得应收账款；均已经登记的，按照登记时间的先后顺序取得应收账款；均未登记的，由最先到达应收账款债务人的转让通知中载明的保理人取得应收账款；既未登记也未通知的，按照保理融资款或者服务报酬的比例取得应收账款。 **第769条【适用债权转让规定】** 本章没有规定的，适用本编第六章债权转让的有关规定。

续表

民法典时间效力规定	关联规定
第十三条【继承权、受遗赠权丧失和恢复的溯及适用】 民法典施行前，继承人有民法典第一千一百二十五条第一款第四项和第五项规定行为之一，对该继承人是否丧失继承权发生争议的，适用民法典第一千一百二十五条第一款和第二款的规定。 民法典施行前，受遗赠人有民法典第一千一百二十五条第一款规定行为之一，对受遗赠人是否丧失受遗赠权发生争议的，适用民法典第一千一百二十五条第一款和第三款的规定。 **解读：**民法典第1125条就继承权丧失与恢复的制度作了完善，相较继承法，其增加了丧失继承权的两类情形：一是继承人隐匿遗嘱，情节严重的情形，该新增规则并未另设一项，而是与继承法第7条第4项继承人伪造、篡改或者销毁遗嘱的规则进行合并，成为民法典第1125条第1款第4项。二是继承人以欺诈、胁迫手段迫使或者妨碍被继承人设立、变更或者撤回遗嘱，情节严重，该新增规则单设一项，作为民法典第1125条第1款第5项。因此，就继承权丧失与恢复的溯及适用	《民法典》 **第1125条【继承权的丧失和恢复】** 继承人有下列行为之一的，丧失继承权： （一）故意杀害被继承人； （二）为争夺遗产而杀害其他继承人； （三）遗弃被继承人，或者虐待被继承人情节严重； （四）伪造、篡改、隐匿或者销毁遗嘱，情节严重； （五）以欺诈、胁迫手段迫使或者妨碍被继承人设立、变更或者撤回遗嘱，情节严重。 继承人有前款第三项至第五项行为，确有悔改表现，被继承人表示宽恕或者事后在遗嘱中将其列为继承人的，该继承人不丧失继承权。 受遗赠人有本条第一款规定行为的，丧失受遗赠权。

续表

民法典时间效力规定	关联规定
而言，也仅限于上述两种情形。因上述行为属于继承人严重损害被继承人的权益、妨害被继承人处分其财产自由的情形，若仍然允许继承人继承财产，有悖传统美德和被继承人的意愿，故本条规定这些情况的溯及力，有利于保障被继承人真实意愿的实现，维护公序良俗。而继承权的恢复以及受遗赠人丧失受遗赠权问题，属民法典新增内容，按照新增规定溯及的要求，具有溯及适用效力。	
第十四条【侄甥代位继承溯及适用】 被继承人在民法典施行前死亡，遗产无人继承又无人受遗赠，其兄弟姐妹的子女请求代位继承的，适用民法典第一千一百二十八条第二款和第三款的规定，但是遗产已经在民法典施行前处理完毕的除外。 **解读：**民法典第1158条第2款确立了侄甥代位继承，改变了原有的封闭性的法定继承规则体系，影响了继承法所规定的第二顺位继承人的继承份额。从这一层面而言，侄甥代位继承并不属于空白填补的“新增规定”，而属于改变原有规则的“修改规定”。其溯及适用不应按照新增规定而应按照有	**《民法典》** **第1128条【代位继承】** 被继承人的子女先于被继承人死亡的，由被继承人的子女的直系晚辈血亲代位继承。 被继承人的兄弟姐妹先于被继承人死亡的，由被继承人的兄弟姐妹的子女代位继承。 代位继承人一般只能继承被代位继承人有权继承的遗产份额。 **《民法典继承编解释一》** **第14条【直系血亲代位继承不受辈数限制】** 被继承人的孙子女、外孙子女、曾孙子女、外曾孙子女都可以代位继承，代位继承人不受辈数的限制。 **第15条【代位继承中“子女”概念的范围】** 被继承人的养

续表

民法典时间效力规定	关联规定
利溯及规则进行，即需同时满足本解释第2条“三个更有利于”标准方可溯及适用。具体而言，此种情形下的溯及适用需满足下述条件：一是被继承人于民法典施行前死亡。二是被继承人的兄弟姐妹先于被继承人死亡。三是被继承人的兄弟姐妹并未丧失继承权。四是代位继承人为被继承人的兄弟姐妹的子女。五是遗产无人继承又无人受遗赠。六是遗产在民法典施行前已经处理完毕的，不溯及适用。 **案例参考**：《苏某甲诉李某田等法定继承纠纷案》【最高人民法院发布人民法院贯彻实施民法典典型案例（第一批）①】 **案例要旨**：被继承人父母和配偶均先于其死亡，生前未生育和收养子女，其兄弟姐妹先于被继承人死亡的，由被继承人的兄弟姐妹的子女代位继承。代位继承人一般只能继承被代位继承人有权继承的遗产份额。	子女、已形成扶养关系的继子女的生子女可以代位继承；被继承人亲生子女的养子女可以代位继承；被继承人养子女的养子女可以代位继承；与被继承人已形成扶养关系的继子女的养子女也可以代位继承。
第十五条【打印遗嘱溯及适用】 民法典施行前，遗嘱人以打	《民法典》 **第1136条【打印遗嘱】** 打印

① 载中华人民共和国最高人民法院网站，https：//www.court.gov.cn/zixun-xiangqing-347181.html，2023年10月24日访问。

续表

民法典时间效力规定	关联规定
印方式立的遗嘱，当事人对该遗嘱效力发生争议的，适用民法典第一千一百三十六条的规定，但是遗产已经在民法典施行前处理完毕的除外。 **解读：** 民法典在形式上确认了打印遗嘱，但与本解释第 14 条的情形类似，其只是以新增规定的形式对封闭性规则体系进行修改，本质上为修改而非新增规定。换言之，继承法对遗嘱形式有严格的规定，除公证遗嘱、自书遗嘱、代书遗嘱、录音遗嘱、口头遗嘱外，其他遗嘱形式不合法，而民法典承认打印遗嘱的形式则是对继承法相关规则的修改。因此，应根据本解释第 2 条（有利溯及）的规定，考量是否满足“三个更有利于”认定是否溯及适用。而打印遗嘱适应了社会发展需求，承认打印遗嘱效力有助于保护立遗嘱人的真实意思表示，可在维护遗嘱安全性与保护立遗嘱人真实意思表示之间达到平衡，也有助于维护已有的经济社会法律秩序。同时，也有助于与公平正义的善良风俗相一致。故，民法典打印遗嘱规则属有利溯及类型。 **案例参考：**《朱某与朱某、佟宝某遗嘱继承纠纷案》【北京市第三中级人民法院，2022 年 6 月	遗嘱应当有两个以上见证人在场见证。遗嘱人和见证人应当在遗嘱每一页签名，注明年、月、日。

续表

民法典时间效力规定	关联规定
28 日①】 **案例要旨**：民法典颁行后，打印遗嘱成为我国法定遗嘱形式的一种。对于形成于民法典实施前的打印遗嘱，符合时间效力规定相关要求的，应当直接适用民法典第 1136 条，即通过判断遗嘱是否符合打印遗嘱的法律要件判断其效力，不再以是否系被继承人本人制作而归类为自书遗嘱或代书遗嘱。	
第十六条【自甘风险溯及适用】 民法典施行前，受害人自愿参加具有一定风险的文体活动受到损害引起的民事纠纷案件，适用民法典第一千一百七十六条的规定。 **解读**：自甘风险，是指受害人事先了解为某项行为可能伴随着风险、损失或事故，但仍自愿为此行为并同意自行承担可能的后果情形。此类情形多发生在体育运动等情形中。民法典关于自甘风险的规定一方面属于新增规定，可作为新增规则的溯及适用。另一方面自甘风险规则并不违背当	**《民法典》** **第 1176 条【自甘风险】** 自愿参加具有一定风险的文体活动，因其他参加者的行为受到损害的，受害人不得请求其他参加者承担侵权责任；但是，其他参加者对损害的发生有故意或者重大过失的除外。 活动组织者的责任适用本法第一千一百九十八条至第一千二百零一条的规定。

① 载北京市第三中级人民法院网站，https：//bj3zy. bjcourt. gov. cn/article/detail/2022/06/id/6766720. shtml，2023 年 10 月 24 日访问。

续表

民法典时间效力规定	关联规定
事人的合理预期，可有效解决法院对相关案件无具体规定可循的难题，有利于统一裁判尺度。在弘扬社会主义核心价值观方面，亦有利于培育公民责任自负的意识，避免无过错的人为他人的过错行为买单，进一步彰显是非分明、惩恶扬善的法治精神。因此，无论从新增规定溯及适用来看，还是从有利溯及来看，自甘风险规则的溯及适用均属合理。	
第十七条【自助行为溯及适用】 民法典施行前，受害人为保护自己合法权益采取扣留侵权人的财物等措施引起的民事纠纷案件，适用民法典第一千一百七十七条的规定。 **解读**：自助行为制度赋予公民在一定条件下的自我保护权利，是对国家权力在维护社会秩序和保护公民权益不及时情况下的有益补充。民法典第1177条对此作了明确规定。该制度的确立，对保护公民人身、财产权益安全具有重要的现实意义，也有利于对这种自力救济行为进行规范。同上一条关于自甘风险规则溯及适用的规定一样，民法典第1177条关于自助行为的规定溯及适用于	《民法典》 **第1177条【自助行为】** 合法权益受到侵害，情况紧迫且不能及时获得国家机关保护，不立即采取措施将使其合法权益受到难以弥补的损害的，受害人可以在保护自己合法权益的必要范围内采取扣留侵权人的财物等合理措施；但是，应当立即请求有关国家机关处理。 受害人采取的措施不当造成他人损害的，应当承担侵权责任。

续表

民法典时间效力规定	关联规定
民法典施行前的纠纷案件的基本法理基础，也在于这一规定虽然属于本解释第3条规定的“当时的法律、司法解释没有规定而民法典有规定的，可以适用民法典的规定”的情形，但又属于典型的符合本解释第2条规定的“适用民法典的规定更有利于保护民事主体合法权益，更有利于维护社会和经济秩序，更有利于弘扬社会主义核心价值观”的情形。因此，无论从哪个角度看，民法典关于自助行为制度的规定均具有溯及适用效力。	
第十八条【好意同乘溯及适用】 民法典施行前，因非营运机动车发生交通事故造成无偿搭乘人损害引起的民事纠纷案件，适用民法典第一千二百一十七条的规定。 **解读**：好意同乘一般被认为是一种具有利他性质的情谊行为。情谊行为虽然不会产生合同上的义务，却不能完全排除侵权责任。由于好意同乘属于乐于助人的行为，故不宜对行为人要求过高，否则将不利于人们日常的互助互惠。但基于机动车使用人对机动车的控制和机动车本身的危险性，	《民法典》 **第1217条【好意同乘的责任承担】** 非营运机动车发生交通事故造成无偿搭乘人损害，属于该机动车一方责任的，应当减轻其赔偿责任，但是机动车使用人有故意或者重大过失的除外。

续表

民法典时间效力规定	关联规定
其对于同乘者的生命、财产安全，负有一定的保护义务。为此，民法典第 1217 条对好意同乘下侵权责任作了规定。就该规则是否溯及适用而言，同前面自甘风险、自助行为溯及适用相似，民法典第 1217 条关于好意同乘的规定溯及适用的法理基础也在于这一规定虽然属于本解释第 3 条“新增规定溯及”的情形，但又属于典型的符合本解释第 2 条“有利溯及”的情形。因此，无论从哪个角度看，民法典关于好意同乘侵权责任的规定均具有溯及适用效力。	
第十九条【不明抛掷物、坠落物致害溯及适用】 民法典施行前，从建筑物中抛掷物品或者从建筑物上坠落的物品造成他人损害引起的民事纠纷案件，适用民法典第一千二百五十四条的规定。 **解读：**就不明抛掷物、坠落物（或者说高空抛物、坠物）致害责任而言，相较侵权责任法，民法典第 1254 条的修改主要在于：一方面，明确了从建筑物中抛掷物品或者从建筑物上坠落的物品造成他人损害的情形，由侵权人	**《民法典》** **第 1254 条【不明抛掷物、坠落物致害责任】** 禁止从建筑物中抛掷物品。从建筑物中抛掷物品或者从建筑物上坠落的物品造成他人损害的，由侵权人依法承担侵权责任；经调查难以确定具体侵权人的，除能够证明自己不是侵权人的外，由可能加害的建筑物使用人给予补偿。可能加害的建筑物使用人补偿后，有权向侵权人追偿。 物业服务企业等建筑物管理人应当采取必要的安全保障措施防止前款规定情形的发生；未采取

续表

民法典时间效力规定	关联规定
依法承担侵权责任为一般规则，由可能加害的建筑物使用人给予补偿为例外的规则，而非侵权责任法规定的由可能加害的建筑物使用人给予补偿作为一般规则的做法。另一方面，新增了物业服务企业等建筑物管理人的责任，按照侵权责任法的规定，可能加害的建筑物使用人承担的是补偿责任而非赔偿责任。同前面自甘风险、自助行为、好意同乘溯及适用的规定类似，民法典第1254条溯及适用的基础，在于这一规定的部分内容相较于侵权责任法属于新增规定，符合本解释第3条“新增规定溯及”的情形，但又属于典型的符合本解释第2条“有利溯及”的情形。因此，无论从哪个角度看，民法典关于不明抛掷物、坠落物致害责任规定均具有溯及适用效力。	必要的安全保障措施的，应当依法承担未履行安全保障义务的侵权责任。 **《最高人民法院关于依法妥善审理高空抛物、坠物案件的意见》** 12. 依法确定物业服务企业的责任。物业服务企业不履行或者不完全履行物业服务合同约定或者法律法规规定、相关行业规范确定的维修、养护、管理和维护义务，造成建筑物及其搁置物、悬挂物发生脱落、坠落致使他人损害的，人民法院依法判决其承担侵权责任。有其他责任人的，物业服务企业承担责任后，向其他责任人行使追偿权的，人民法院应予支持。物业服务企业隐匿、销毁、篡改或者拒不向人民法院提供相应证据，导致案件事实难以认定的，应当承担相应的不利后果。
三、衔接适用的具体规定	
第二十条【合同持续履行的衔接适用】 民法典施行前成立的合同，依照法律规定或者当事人约定该合同的履行持续至民法典施行后，因民法典施行前履行合同发生争议的，适用当时的法律、司法解释的规定；因民法典	**《民法典》** **第509条【合同履行的原则】** 当事人应当按照约定全面履行自己的义务。 当事人应当遵循诚信原则，根据合同的性质、目的和交易习惯履行通知、协助、保密等义务。

续表

民法典时间效力规定	关联规定
施行后履行合同发生争议的，适用民法典第三编第四章和第五章的相关规定。 **解读**：民法典时间效力规定将法律事实的发生时间作为确定适用新法抑或旧法的一般判断依据。以法律事实发生时间为标准可以确定绝大多数情况下适用新法还是旧法的问题。但也存在某个法律事实发生并持续“横跨”新旧两部法律有效施行期间的情形，如本条规定的合同履行期间跨越了民法典施行前后。就此而言，由于法不溯及既往是基本原则，法律事实的发生时间是确定适用法律的基本标准，对“跨法”履行行为统一适用旧法或者新法依据均不充分，应根据履行的时间分段适用不同的法律。由于合同履行“跨越”民法典施行之日，意味着此合同履行行为并未完结，民法典施行后对其发生效力，合同履行问题自然就落入民法典的调整范围之内，故民法典施行后因履行合同发生的争议，应适用民法典。值得一提的是，相较合同法第四章（第四章为合同的履行，在合同法中，合同的保全并未单独一章），民法典第三编第四章（合同的履	当事人在履行合同过程中，应当避免浪费资源、污染环境和破坏生态。 **第510条【合同没有约定或者约定不明的补救措施】** 合同生效后，当事人就质量、价款或者报酬、履行地点等内容没有约定或者约定不明确的，可以协议补充；不能达成补充协议的，按照合同相关条款或者交易习惯确定。 **第511条【合同约定不明确时的履行】** 当事人就有关合同内容约定不明确，依据前条规定仍不能确定的，适用下列规定： （一）质量要求不明确的，按照强制性国家标准履行；没有强制性国家标准的，按照推荐性国家标准履行；没有推荐性国家标准的，按照行业标准履行；没有国家标准、行业标准的，按照通常标准或者符合合同目的的特定标准履行。 （二）价款或者报酬不明确的，按照订立合同时履行地的市场价格履行；依法应当执行政府定价或者政府指导价的，依照规定履行。 （三）履行地点不明确，给付货币的，在接受货币一方所在地履行；交付不动产的，在不动产所

续表

民法典时间效力规定	关联规定
行，第 509－534 条）和第五章（合同的保全，第 535-542 条）新增了 17 个条文，实质修改了 1 个条文（第 533 条关于情势变更的规定）。实质修改条文在不符合有利溯及条件的情况下，不在溯及适用的范畴内。但新增条文则可通过本解释第 3 条的规定进行溯及适用。此种情况下适用民法典还是合同法，实质差异并不大。另需注意，本条主要规范的是继续性合同，但不限于继续性合同，还包括分期履行合同等特殊的一时性合同。此外，本条针对的情形限于合同履行问题，如果不是因合同履行行为而是因侵权等其他持续性法律事实引发的争议，不适用本条的规定。	在地履行；其他标的，在履行义务一方所在地履行。 （四）履行期限不明确的，债务人可以随时履行，债权人也可以随时请求履行，但是应当给对方必要的准备时间。 （五）履行方式不明确的，按照有利于实现合同目的的方式履行。 （六）履行费用的负担不明确的，由履行义务一方负担；因债权人原因增加的履行费用，由债权人负担。 **第 512 条【电子合同标的的交付时间】** 通过互联网等信息网络订立的电子合同的标的为交付商品并采用快递物流方式交付的，收货人的签收时间为交付时间。电子合同的标的为提供服务的，生成的电子凭证或者实物凭证中载明的时间为提供服务时间；前述凭证没有载明时间或者载明时间与实际提供服务时间不一致的，以实际提供服务的时间为准。 电子合同的标的物为采用在线传输方式交付的，合同标的物进入对方当事人指定的特定系统且能够检索识别的时间为交付时间。 电子合同当事人对交付商品或者提供服务的方式、时间另有约定的，按照其约定。

续表

民法典时间效力规定	关联规定
	第513条【政府定价、政府指导价】 执行政府定价或者政府指导价的，在合同约定的交付期限内政府价格调整时，按照交付时的价格计价。逾期交付标的物的，遇价格上涨时，按照原价格执行；价格下降时，按照新价格执行。逾期提取标的物或者逾期付款的，遇价格上涨时，按照新价格执行；价格下降时，按照原价格执行。 **第514条【金钱之债中对于履行币种约定不明时的处理】** 以支付金钱为内容的债，除法律另有规定或者当事人另有约定外，债权人可以请求债务人以实际履行地的法定货币履行。 **第515条【选择之债中选择权归属与移转】** 标的有多项而债务人只需履行其中一项的，债务人享有选择权；但是，法律另有规定、当事人另有约定或者另有交易习惯的除外。 享有选择权的当事人在约定期限内或者履行期限届满未作选择，经催告后在合理期限内仍未选择的，选择权转移至对方。 **第516条【选择权的行使方式】** 当事人行使选择权应当及时通知对方，通知到达对方时，标

续表

民法典时间效力规定	关联规定
	的确定。标的确定后不得变更，但是经对方同意的除外。 可选择的标的发生不能履行情形的，享有选择权的当事人不得选择不能履行的标的，但是该不能履行的情形是由对方造成的除外。 **第 517 条【按份之债】** 债权人为二人以上，标的可分，按照份额各自享有债权的，为按份债权；债务人为二人以上，标的可分，按照份额各自负担债务的，为按份债务。 按份债权人或者按份债务人的份额难以确定的，视为份额相同。 **第 518 条【连带之债】** 债权人为二人以上，部分或者全部债权人均可以请求债务人履行债务的，为连带债权；债务人为二人以上，债权人可以请求部分或者全部债务人履行全部债务的，为连带债务。 连带债权或者连带债务，由法律规定或者当事人约定。 **第 519 条【连带债务人的份额确定及追偿权】** 连带债务人之间的份额难以确定的，视为份额相同。 实际承担债务超过自己份额的

续表

民法典时间效力规定	关联规定
	连带债务人，有权就超出部分在其他连带债务人未履行的份额范围内向其追偿，并相应地享有债权人的权利，但是不得损害债权人的利益。其他连带债务人对债权人的抗辩，可以向该债务人主张。 被追偿的连带债务人不能履行其应分担份额的，其他连带债务人应当在相应范围内按比例分担。 **第520条【连带债务涉他效力】** 部分连带债务人履行、抵销债务或者提存标的物的，其他债务人对债权人的债务在相应范围内消灭；该债务人可以依据前条规定向其他债务人追偿。 部分连带债务人的债务被债权人免除的，在该连带债务人应当承担的份额范围内，其他债务人对债权人的债务消灭。 部分连带债务人的债务与债权人的债权同归于一人的，在扣除该债务人应当承担的份额后，债权人对其他债务人的债权继续存在。 债权人对部分连带债务人的给付受领迟延的，对其他连带债务人发生效力。 **第521条【连带债权的内部关系及法律适用】** 连带债权人之间的份额难以确定的，视为份额相同。

续表

民法典时间效力规定	关联规定
	实际受领债权的连带债权人，应当按比例向其他连带债权人返还。 连带债权参照适用本章连带债务的有关规定。 **第 522 条【向第三人履行的合同】** 当事人约定由债务人向第三人履行债务，债务人未向第三人履行债务或者履行债务不符合约定的，应当向债权人承担违约责任。 法律规定或者当事人约定第三人可以直接请求债务人向其履行债务，第三人未在合理期限内明确拒绝，债务人未向第三人履行债务或者履行债务不符合约定的，第三人可以请求债务人承担违约责任；债务人对债权人的抗辩，可以向第三人主张。 **第 523 条【由第三人履行的合同】** 当事人约定由第三人向债权人履行债务，第三人不履行债务或者履行债务不符合约定的，债务人应当向债权人承担违约责任。 **第 524 条【第三人清偿规则】** 债务人不履行债务，第三人对履行该债务具有合法利益的，第三人有权向债权人代为履行；但是，根据债务性质、按照当事人约定或者依照法律规定只能由债务人履行的除外。

续表

民法典时间效力规定	关联规定
	债权人接受第三人履行后，其对债务人的债权转让给第三人，但是债务人和第三人另有约定的除外。 **第525条【同时履行抗辩权】** 当事人互负债务，没有先后履行顺序的，应当同时履行。一方在对方履行之前有权拒绝其履行请求。一方在对方履行债务不符合约定时，有权拒绝其相应的履行请求。 **第526条【先履行抗辩权】** 当事人互负债务，有先后履行顺序，应当先履行债务一方未履行的，后履行一方有权拒绝其履行请求。先履行一方履行债务不符合约定的，后履行一方有权拒绝其相应的履行请求。 **第527条【不安抗辩权】** 应当先履行债务的当事人，有确切证据证明对方有下列情形之一的，可以中止履行： （一）经营状况严重恶化； （二）转移财产、抽逃资金，以逃避债务； （三）丧失商业信誉； （四）有丧失或者可能丧失履行债务能力的其他情形。 当事人没有确切证据中止履行的，应当承担违约责任。

续表

民法典时间效力规定	关联规定
	第 528 条【行使不安抗辩权】 当事人依据前条规定中止履行的，应当及时通知对方。对方提供适当担保的，应当恢复履行。中止履行后，对方在合理期限内未恢复履行能力且未提供适当担保的，视为以自己的行为表明不履行主要债务，中止履行的一方可以解除合同并可以请求对方承担违约责任。 **第 529 条【因债权人原因致债务履行困难时的处理】** 债权人分立、合并或者变更住所没有通知债务人，致使履行债务发生困难的，债务人可以中止履行或者将标的物提存。 **第 530 条【债务人提前履行债务】** 债权人可以拒绝债务人提前履行债务，但是提前履行不损害债权人利益的除外。 债务人提前履行债务给债权人增加的费用，由债务人负担。 **第 531 条【债务人部分履行债务】** 债权人可以拒绝债务人部分履行债务，但是部分履行不损害债权人利益的除外。 债务人部分履行债务给债权人增加的费用，由债务人负担。 **第 532 条【当事人变化对合同履行的影响】** 合同生效后，当

续表

民法典时间效力规定	关联规定
	事人不得因姓名、名称的变更或者法定代表人、负责人、承办人的变动而不履行合同义务。 **第533条【情势变更】** 合同成立后，合同的基础条件发生了当事人在订立合同时无法预见的、不属于商业风险的重大变化，继续履行合同对于当事人一方明显不公平的，受不利影响的当事人可以与对方重新协商；在合理期限内协商不成的，当事人可以请求人民法院或者仲裁机构变更或者解除合同。 人民法院或者仲裁机构应当结合案件的实际情况，根据公平原则变更或者解除合同。 **第534条【合同监管】** 对当事人利用合同实施危害国家利益、社会公共利益行为的，市场监督管理和其他有关行政主管部门依照法律、行政法规的规定负责监督处理。 **第535条【债权人代位权】** 因债务人怠于行使其债权或者与该债权有关的从权利，影响债权人的到期债权实现的，债权人可以向人民法院请求以自己的名义代位行使债务人对相对人的权利，但是该权利专属于债务人自身的除外。

续表

民法典时间效力规定	关联规定
	代位权的行使范围以债权人的到期债权为限。债权人行使代位权的必要费用，由债务人负担。 相对人对债务人的抗辩，可以向债权人主张。 **第536条【债权人代位权的提前行使】** 债权人的债权到期前，债务人的债权或者与该债权有关的从权利存在诉讼时效期间即将届满或者未及时申报破产债权等情形，影响债权人的债权实现的，债权人可以代位向债务人的相对人请求其向债务人履行、向破产管理人申报或者作出其他必要的行为。 **第537条【债权人代位权行使效果】** 人民法院认定代位权成立的，由债务人的相对人向债权人履行义务，债权人接受履行后，债权人与债务人、债务人与相对人之间相应的权利义务终止。债务人对相对人的债权或者与该债权有关的从权利被采取保全、执行措施，或者债务人破产的，依照相关法律的规定处理。 **第538条【无偿处分时的债权人撤销权行使】** 债务人以放弃其债权、放弃债权担保、无偿转让财产等方式无偿处分财产权益，或者恶意延长其到期债权的履

续表

民法典时间效力规定	关联规定
	行期限，影响债权人的债权实现的，债权人可以请求人民法院撤销债务人的行为。 **第539条【不合理价格交易时的债权人撤销权行使】** 债务人以明显不合理的低价转让财产、以明显不合理的高价受让他人财产或者为他人的债务提供担保，影响债权人的债权实现，债务人的相对人知道或者应当知道该情形的，债权人可以请求人民法院撤销债务人的行为。 **第540条【债权人撤销权行使范围以及必要费用承担】** 撤销权的行使范围以债权人的债权为限。债权人行使撤销权的必要费用，由债务人负担。 **第541条【债权人撤销权除斥期间】** 撤销权自债权人知道或者应当知道撤销事由之日起一年内行使。自债务人的行为发生之日起五年内没有行使撤销权的，该撤销权消灭。 **第542条【债权人撤销权行使效果】** 债务人影响债权人的债权实现的行为被撤销的，自始没有法律约束力。
第二十一条【优先承租权衔接适用】 民法典施行前租赁期限届满，当事人主张适用民法典第	《民法典》 **第734条【租赁期限届满承租人继续使用租赁物及房屋承租人**

续表

民法典时间效力规定	关联规定
七百三十四条第二款规定的，人民法院不予支持；租赁期限在民法典施行后届满，当事人主张适用民法典第七百三十四条第二款规定的，人民法院依法予以支持。 **解读：**优先承租权系民法典的新增内容，其指租赁法律关系中，在租赁期届满时，承租人依据法律的规定或当事人的约定，享有在同等条件下优先承租原租赁物的权利。民法典第734条第2款对此作了规定。基于法的时间效力的当然性，民法典对其施行后发生的法律事实，不管是全部发生还是持续到民法典施行后的部分法律事实，均应具有约束力。就租赁合同而言，对租赁期间持续到民法典施行后的租赁合同，赋予承租人优先承租权并不破坏当事人的合理预期。且优先承租权是承租人在同等条件下的优先承租，并不损害出租人的权益，有利于承租人长期租赁用于生产、生活、经营。因此，对租赁期限届满在民法典施行后的租赁合同，应赋予承租人优先承租权。对租赁期限在民法典施行前届满的，承租人主张享有优先承租权的，法院应审查当事人是否在合同中约定了优先承租权，而不应溯及适用民	的优先承租权】　租赁期限届满，承租人继续使用租赁物，出租人没有提出异议的，原租赁合同继续有效，但是租赁期限为不定期。 租赁期限届满，房屋承租人享有以同等条件优先承租的权利。

续表

民法典时间效力规定	关联规定
法典第 734 条第 2 款这一法定的优先承租权。	
第二十二条【准予离婚的衔接适用】 民法典施行前，经人民法院判决不准离婚后，双方又分居满一年，一方再次提起离婚诉讼的，适用民法典第一千零七十九条第五款的规定。 **解读：**民法典第 1079 条第 5 款“经人民法院判决不准离婚后，双方又分居满一年，一方再次提起离婚诉讼的，应当准予离婚”的规定，较婚姻法而言，从溯及规则层面上看，属新增规定。当然，该内容并未脱离原有制度框架，而是对旧法得出的结论予以明晰，属补缺性新增规定。且该款规定对解决多次离婚不成、离婚诉讼久拖不判等具有重要意义，有利于尊重婚姻自由，维护家庭及社会秩序。可以说，其功能定位主要是为法院提供裁判依据、约束裁判行为，直接适用并不会破坏当事人的合理预期，不会对行为导向造成具有实质意义的改变。但该款的溯及适用需满足以下条件：1. 法院在民法典施行前判决不准离婚。若在民法典施行后判决不准离婚，则直接适用民法典	《民法典》 **第 1079 条【诉讼离婚】** 夫妻一方要求离婚的，可以由有关组织进行调解或者直接向人民法院提起离婚诉讼。 人民法院审理离婚案件，应当进行调解；如果感情确已破裂，调解无效的，应当准予离婚。 有下列情形之一，调解无效的，应当准予离婚： （一）重婚或者与他人同居； （二）实施家庭暴力或者虐待、遗弃家庭成员； （三）有赌博、吸毒等恶习屡教不改； （四）因感情不和分居满二年； （五）其他导致夫妻感情破裂的情形。 一方被宣告失踪，另一方提起离婚诉讼的，应当准予离婚。 经人民法院判决不准离婚后，双方又分居满一年，一方再次提起离婚诉讼的，应当准予离婚。

续表

民法典时间效力规定	关联规定
即可，不属于溯及适用。2. 双方已分居满一年。此处“分居满一年”并未限定具体时间，是否跨越民法典施行前后并无关系。3. 一方再次提起离婚诉讼。再次提起离婚诉讼的时间，也未进行限定。但在民法典施行前提起的离婚诉讼，须是在一审、二审期间，已经终审的，不适用本条。	
第二十三条【遗嘱优先效力的衔接适用】 被继承人在民法典施行前立有公证遗嘱，民法典施行后又立有新遗嘱，其死亡后，因该数份遗嘱内容相抵触发生争议的，适用民法典第一千一百四十二条第三款的规定。 **解读：**相较继承法，民法典删除了公证遗嘱优先效力的规定。其第1142条第3款明确规定对于立有数份遗嘱，内容相抵触的，以最后的遗嘱为准。换言之，不管数份遗嘱中有无公证遗嘱，均以最后的遗嘱为准。民法典第1142条第3款关于数份遗嘱内容相抵触的处理规则改变了继承法的规定，不能适用“新增溯及”，且该改变不能认为符合本解释第2条“三个更有利于”的规定，也不	**《民法典》** **第1142条【遗嘱的撤回、变更以及遗嘱效力顺位】** 遗嘱人可以撤回、变更自己所立的遗嘱。 立遗嘱后，遗嘱人实施与遗嘱内容相反的民事法律行为的，视为对遗嘱相关内容的撤回。 立有数份遗嘱，内容相抵触的，以最后的遗嘱为准。

续表

民法典时间效力规定	关联规定
能通过“有利溯及”来适用。本条则以保护当事人的合理预期为出发点和目的，妥善平衡了法律修改和对当事人合理预期的保护。需注意的是，遗嘱人的合理预期不是遗嘱人自己的主观预期，而是根据当时的法律形成的客观、合法预期，而遗嘱人知道法律的规定是一种假定，任何人不得以不知道法律规定为由进行抗辩。简言之，当事人在民法典施行后再立新遗嘱，其关于数份遗嘱效力优先问题的合理预期应基于民法典的规定而形成。就此而言，适用民法典规定也更符合当事人真实意愿。	
第二十四条【侵权责任衔接适用】 侵权行为发生在民法典施行前，但是损害后果出现在民法典施行后的民事纠纷案件，适用民法典的规定。 **解读：**一般而言，侵权行为与损害后果相伴而生，但有时也会出现时间上的差异，即损害后果在侵权行为发生一段时间后才产生。若新法如民法典在二者之间开始施行，则此时就出现了行为和后果跨越法律的效力期间的问题。	**《民法典》** **第七编（侵权责任）（第1164-1258条，大部略）** **第1164条【侵权责任编的调整范围】** 本编调整因侵害民事权益产生的民事关系。 ……

续表

民法典时间效力规定	关联规定
在侵权行为和损害后果分离的情况下，若损害后果发生在新法施行后，对当事人而言最直观的方法就是根据新的法律来判断。因此，在侵权行为和损害后果分离的情况下，若损害后果发生在新法施行后应认定落入新法调整范围，应适用新法即民法典规定。	
第二十五条【合同解除权除斥期间衔接适用】 民法典施行前成立的合同，当时的法律、司法解释没有规定且当事人没有约定解除权行使期限，对方当事人也未催告的，解除权人在民法典施行前知道或者应当知道解除事由，自民法典施行之日起一年内不行使的，人民法院应当依法认定该解除权消灭；解除权人在民法典施行后知道或者应当知道解除事由的，适用民法典第五百六十四条第二款关于解除权行使期限的规定。 **解读：**由于民法典施行前并没有法律对解除权行使期限进行统一限制，因此对当事人在民法典施行前知道或者应当知道解除事由的情形，若从知道之日起算可能会导致解除权在民法典施行前	《民法典》 **第199条【除斥期间】** 法律规定或者当事人约定的撤销权、解除权等权利的存续期间，除法律另有规定外，自权利人知道或者应当知道权利产生之日起计算，不适用有关诉讼时效中止、中断和延长的规定。存续期间届满，撤销权、解除权等权利消灭。 **第564条【合同解除权行使期限】** 法律规定或者当事人约定解除权行使期限，期限届满当事人不行使的，该权利消灭。 法律没有规定或者当事人没有约定解除权行使期限，自解除权人知道或者应当知道解除事由之日起一年内不行使，或者经对方催告后在合理期限内不行使的，该权利消灭。

续表

民法典时间效力规定	关联规定
就消灭，无疑将损害当事人基于原有法律形成的合理预期。在民法典施行前，当事人虽知道解除事由，但无法预见解除权行使期限从何时起算、具体为多久，因此，此种情况通过本条规定自民法典施行之日起一年内不行使的不予支持，也属合理。另，解除权行使期限为除斥期间，不管对方当事人是否提出解除权的行使已经超过除斥期间的抗辩，法院都应依职权审查，这也是除斥期间与诉讼时效的一个主要区别。	
第二十六条【撤销受胁迫婚姻除斥期间衔接适用】 当事人以民法典施行前受胁迫结婚为由请求人民法院撤销婚姻的，撤销权的行使期限适用民法典第一千零五十二条第二款的规定。 **解读：**当事人撤销受胁迫婚姻的权利行使期限，民法典、婚姻法均规定为一年，但对被非法限制人身自由外的其他受胁迫情形，在一年期限起算时点上的规定，婚姻法规定从“结婚登记之日”起算，而民法典则规定从“胁迫行为终止之日”起算。无疑，民法典的规定更有助于保护受胁迫方的合法权益，更为科学。因	**《民法典》** **第1052条【胁迫婚姻】** 因胁迫结婚的，受胁迫的一方可以向人民法院请求撤销婚姻。 请求撤销婚姻的，应当自胁迫行为终止之日起一年内提出。 被非法限制人身自由的当事人请求撤销婚姻的，应当自恢复人身自由之日起一年内提出。 **《民法典婚姻家庭编解释一》** **第19条** 民法典第一千零五十二条规定的“一年”，不适用诉讼时效中止、中断或者延长的规定。 受胁迫或者被非法限制人身自由的当事人请求撤销婚姻的，不适用民法典第一百五十二条第二款的规定。

续表

民法典时间效力规定	关联规定
为若胁迫行为在结婚登记之日起一年后仍在持续，则受胁迫结婚的一方客观上并不具备权利救济的可能性，明显不利于胁迫婚姻的救济。故对于受到持续性胁迫的当事人，适用民法典第 1052 条关于撤销权行使期限起算时点为胁迫行为终止之日的规定，更有利于充分保护其合法权益。基于逻辑上的统一，无论是被非法限制人身自由情形还是其他受胁迫情形，撤销权行使期限都应从受胁迫一方当事人客观上具备权利救济可能之时起算。	
第二十七条【保证期间衔接适用】 民法典施行前成立的保证合同，当事人对保证期间约定不明确，主债务履行期限届满至民法典施行之日不满二年，当事人主张保证期间为主债务履行期限届满之日起二年的，人民法院依法予以支持；当事人对保证期间没有约定，主债务履行期限届满至民法典施行之日不满六个月，当事人主张保证期间为主债务履行期限届满之日起六个月的，人民法院依法予以支持。 **解读：**民法典第 692 条修改了担保法解释第 32 条关于“保证	**《民法典》** **第 692 条【保证期间】** 保证期间是确定保证人承担保证责任的期间，不发生中止、中断和延长。 债权人与保证人可以约定保证期间，但是约定的保证期间早于主债务履行期限或者与主债务履行期限同时届满的，视为没有约定；没有约定或者约定不明确的，保证期间为主债务履行期限届满之日起六个月。 债权人与债务人对主债务履行期限没有约定或者约定不明确的，保证期间自债权人请求债务人履行债务的宽限期届满之日起计算。

续表

民法典时间效力规定	关联规定
期间约定不明，保证期间为主债务履行期届满之日起2年”的规定。对约定的保证期间早于主债务履行期限或者与主债务履行期限同时届满的“视为没有约定”的情形与“约定不明确”的情形作了统一处理，两种情形下保证期间均为主债务履行期限届满之日起6个月。为保护当事人的期间利益与行为预期，对民法典施行前成立的保证合同，民法典时间效力规定第27条就保证期间的衔接适用作了明确。当事人对保证期间约定不明确，主债务履行期限届满至民法典施行之日不满2年的，当事人主张保证期间为主债务履行期限届满之日起2年的，予以支持；当事人对保证期间没有约定，主债务履行期限届满至民法典施行之日不满6个月，当事人主张保证期间为主债务履行期限届满之日起6个月的，予以支持。实际上，本条后半段对没有约定保证期间的，民法典规定与原规定没有差别，保证期间仍为6个月。但考虑到保证期间为法律事实的一种，法律事实延续到民法典施行后的，从严谨的角度，应适用民法典的规定。此外，在此处进行一并规定，也使得条文形式上更加完整。	

续表

民法典时间效力规定	关联规定
四、附则	
第二十八条【本解释生效时间与适用范围】 本规定自2021年1月1日起施行。 本规定施行后，人民法院尚未审结的一审、二审案件适用本规定。 **解读：**本解释作为民法典的配套司法解释之一，且在民法典施行前公布，故本条与民法典开始施行时间保持一致（即自2021年1月1日起施行）具有合理性与当然性。尚未审结的一审、二审案件适用实体性的解释意味着直接适用，表明该解释有部分溯及力。而就程序性司法解释而言，根据程序从新的原则，尚未审结的一审、二审案件可以直接适用新的程序性司法解释。但本解释较为特殊，不能单纯归入程序法或者实体法性质的司法解释。之所以通过本条明确适用于尚未审结的一审、二审案件，一方面在于，本解释全面规定了民法典施行前后的法律衔接适用问题，具有类似寻找“准据法”的功能，与民法典以及本解释施行后尚未审结的一审、二审案件的法律适用问题关系密切。另一方面，尚未审	**《民法典》** **第1260条【施行日期及旧法废止】** 本法自2021年1月1日起施行。《中华人民共和国婚姻法》、《中华人民共和国继承法》、《中华人民共和国民法通则》、《中华人民共和国收养法》、《中华人民共和国担保法》、《中华人民共和国合同法》、《中华人民共和国物权法》、《中华人民共和国侵权责任法》、《中华人民共和国民法总则》同时废止。 **《民法典时间效力规定》** **第5条** 民法典施行前已经终审的案件，当事人申请再审或者按照审判监督程序决定再审的，不适用民法典的规定。

续表

民法典时间效力规定	关联规定
结的一、二审案件适用本解释不意味着一定适用民法典。本解释明确以法律事实发生时间作为判断是否适用民法典的基准点，并将法律事实发生时间分三类情形分别规定。另，本解释第 5 条明确规定已经终审的案件不适用民法典，该条与本条规定相辅相成，与其他条文一起共同明确了民法典的溯及适用的范围和界限。	

《民法典总则编解释》条文对照与重点解读

民法典总则编解释	关联规定
一、一般规定	
第一条【法律适用关系】 民法典第二编至第七编对民事关系有规定的，人民法院直接适用该规定；民法典第二编至第七编没有规定的，适用民法典第一编的规定，但是根据其性质不能适用的除外。 就同一民事关系，其他民事法律的规定属于对民法典相应规定的细化的，应当适用该民事法律的规定。民法典规定适用其他法律的，适用该法律的规定。 民法典及其他法律对民事关系没有具体规定的，可以遵循民法典关于基本原则的规定。 **解读：** 本条分别就民法典分编与总则编的适用、民法典与其他民事法律的适用、民法基本原则与具体规则的适用作了明确。第1款规定了分则编规定优先于总则编规定适用，简言之便是“特别规定优先”。这不仅是民法典	《民法典》 **第10条【习惯作为处理民事纠纷依据】** 处理民事纠纷，应当依照法律；法律没有规定的，可以适用习惯，但是不得违背公序良俗。 **第11条【优先适用特别法】** 其他法律对民事关系有特别规定的，依照其规定。 《立法法》 **第103条** 同一机关制定的法律、行政法规、地方性法规、自治条例和单行条例、规章，特别规定与一般规定不一致的，适用特别规定；新的规定与旧的规定不一致的，适用新的规定。 **第105条第1款** 法律之间对同一事项的新的一般规定与旧的特别规定不一致，不能确定如何适用时，由全国人民代表大会常务委员会裁决。

续表

民法典总则编解释	关联规定
立法采用“提取公因式”方式的当然结果，同时也符合通常的法律适用模式。第 2 款规定了其他民事法律具体规定优先于民法典适用，可称为“特别法优先”。需注意，该款所谓的“民法典规定”，并非限于民法典总则编的规定，也包括分则编的规定。该款实际上是对民法典第 11 条的进一步细化。但需注意，适用该款需满足下述条件：一是属于同一民事法律关系。二是其他民事法律属对民法典相应规定的细化。第 3 款明确了民法基本原则与具体规则的适用关系。在有具体规则的情形下，不宜绕过具体规则而径行适用基本原则。民法典第 4-9 条分别规定了平等原则、自愿原则、公平原则、诚信原则、守法和公序良俗原则、绿色原则。需注意，民法典第 10 条规定“法律没有规定的，可以适用习惯……”，这里的习惯，应理解为一种具体规则，故优先于基本原则适用。当然，不符合公序良俗原则的除外。 **案例参考：**《马某臣、段某娥诉于某艳探望权纠纷案》【最高人民法院发布贯彻实施民法典典型	

续表

民法典总则编解释	关联规定
案例（第二批）[①]】 **案例要旨：**隔代近亲属探望（外）孙子女符合社会广泛认可的人伦情理，不违背公序良俗。对于当事人探望孙女的诉讼请求，法院应依法予以支持。	
第二条【习惯认定与适用】 在一定地域、行业范围内长期为一般人从事民事活动时普遍遵守的民间习俗、惯常做法等，可以认定为民法典第十条规定的习惯。 当事人主张适用习惯的，应当就习惯及其具体内容提供相应证据；必要时，人民法院可以依职权查明。 适用习惯，不得违背社会主义核心价值观，不得违背公序良俗。 **解读：**本条分别就民法领域习惯的概念、习惯的证明、习惯的排除适用作了规定。作为民法法源的"习惯"，并非所有的民间习俗、惯常做法都属其中，而仅限于国家认可的民事习惯，即在	**《民法典》** **第1条【立法目的】** 为了保护民事主体的合法权益，调整民事关系，维护社会和经济秩序，适应中国特色社会主义发展要求，弘扬社会主义核心价值观，根据宪法，制定本法。 **第10条【法律适用】** 处理民事纠纷，应当依照法律；法律没有规定的，可以适用习惯，但是不得违背公序良俗。 **《最高人民法院关于深入推进社会主义核心价值观融入裁判文书释法说理的指导意见》** **第4条** 下列案件的裁判文书，应当强化运用社会主义核心价值观释法说理： （一）涉及国家利益、重大公共利益，社会广泛关注的案件； （二）涉及疫情防控、抢险救

① 载中华人民共和国最高人民法院网站，https：//www. court. gov. cn/xinshidai-xiangqing-386521. html，2023 年 10 月 24 日访问。

续表

民法典总则编解释	关联规定
一定区域、行业范围内，基于长期的生产生活实践而为多数人所知悉并普遍遵守的民间习俗、惯常做法等。实践中，适用习惯处理民事纠纷一般需满足三个条件：一是法律没有规定。二是该习惯不违背公序良俗。三是当事人主张适用习惯的，应当就习惯及其具体内容提供相应证据。法院只有在必要的情况下才可以依职权查明。习惯的证明虽然较为困难，但仍是可以被证明的。从人群角度而言。若是地域习惯，可通过该地域多数人们是否知晓并遵守来了解；若是行业习惯，可通过该行业中多数的具体从业者来了解。由谁来证明习惯的问题，按照民事诉讼法“谁主张谁举证”的原则，一般应由主张适用习惯的当事人就习惯的存在及相应内容举证，法院在必要时可依职权查明。而关于“必要”的判读，若当事人已初步证明习惯客观存在且与案件审理存在关联性，但习惯的内容尚不清晰具体的，可认为属于“必要”的情形。习惯内容可能涉嫌违反法律法规强制性规定，可能损害国家、社会、他人合法权益的，也应认为属于“必要”的情形。此外，就习惯的	灾、英烈保护、见义勇为、正当防卫、紧急避险、助人为乐等，可能引发社会道德评价的案件； （三）涉及老年人、妇女、儿童、残疾人等弱势群体以及特殊群体保护，诉讼各方存在较大争议且可能引发社会广泛关注的案件； （四）涉及公序良俗、风俗习惯、权利平等、民族宗教等，诉讼各方存在较大争议且可能引发社会广泛关注的案件； （五）涉及新情况、新问题，需要对法律规定、司法政策等进行深入阐释，引领社会风尚、树立价值导向的案件； （六）其他应当强化运用社会主义核心价值观释法说理的案件。 **第5条** 有规范性法律文件作为裁判依据的，法官应当结合案情，先行释明规范性法律文件的相关规定，再结合法律原意，运用社会主义核心价值观进一步明晰法律内涵、阐明立法目的、论述裁判理由。

续表

民法典总则编解释	关联规定
排除适用而言，不适用习惯的情形有不少，本条第3款主要就违背社会主义核心价值观或公序良俗时不适用习惯作了明确。最高人民法院在关于深入推进社会主义核心价值观融入裁判文书释法说理的指导意见中要求强化运用社会主义核心价值观在裁判文书中的释法说理，并就应当运用的情形及案件类型进行了明确。但需注意，该意见虽然明确了应当强化核心价值观说理的案件类型（第4条），但若有规范性法律文件作为裁判依据的，应先释明规范性法律文件的规定，再运用社会主义核心价值观进一步释法明理（第5条）。 **案例参考**：《查某某诉唐某某等买卖合同纠纷案》【周斌、乔刚，最高人民法院中国应用法学研究所编：《人民法院案例选》（总第71辑），人民法院出版社2010年版，第26页】 **案例要旨**：交易习惯是指平等民事主体在民事往来中反复使用、长期形成的行为规则。这种规则乃约定俗成，虽无国家强制执行力，但交易双方自觉地遵守，在当事人之间产生权利和义务关系，故交易习惯可以作为法院定案的依据。	

续表

民法典总则编解释	关联规定
第三条【民事权利滥用】 对于民法典第一百三十二条所称的滥用民事权利，人民法院可以根据权利行使的对象、目的、时间、方式、造成当事人之间利益失衡的程度等因素作出认定。 行为人以损害国家利益、社会公共利益、他人合法权益为主要目的行使民事权利的，人民法院应当认定构成滥用民事权利。 构成滥用民事权利的，人民法院应当认定该滥用行为不发生相应的法律效力。滥用民事权利造成损害的，依照民法典第七编等有关规定处理。 **解读：**民法典第132条确立了“不得滥用民事权利”的原则，但如何判断是否构成滥用民事权利，民法典并未作出明确规定。为此，通过本条第1款明确法院可根据权利行使的对象、目的、时间、方式、造成当事人之间利益失衡的程度等因素作出认定。此外，第2款还明确了“以损害国家利益、社会公共利益、他人合法权益为主要目的行使民事权利的”应认定构成滥用民事权利。需注意，该款仅针对“主要目的”的情形，若并非以损害国家利益、	**《民法典》** **第132条【民事权利不得滥用】** 民事主体不得滥用民事权利损害国家利益、社会公共利益或者他人合法权益。 **《全国法院贯彻实施民法典工作会议纪要》** 1. 申请宣告失踪或宣告死亡的利害关系人，包括被申请宣告失踪或宣告死亡人的配偶、父母、子女、兄弟姐妹、祖父母、外祖父母、孙子女、外孙子女以及其他与被申请人有民事权利义务关系的民事主体。宣告失踪不是宣告死亡的必经程序，利害关系人可以不经申请宣告失踪而直接申请宣告死亡。但是，为了确保各方当事人权益的平衡保护，对于配偶、父母、子女以外的其他利害关系人申请宣告死亡，人民法院审查后认为申请人通过申请宣告失踪足以保护其权利，其申请宣告死亡违背民法典第一百三十二条关于不得滥用民事权利的规定的，不予支持。

续表

民法典总则编解释	关联规定
社会公共利益、他人合法权益为主要目的而以其他合法目的行使权利但客观上出现了损害国家利益、社会公共利益、他人合法权益的结果，则并非一定构成权利滥用。第3款明确该滥用行为不发生相应的法律效力。但此处的效力否定仅限于滥用行为本身，并不包括权利合理行使的部分。 **案例参考：**《常某某诉南京秦房物业管理有限责任公司侵权责任纠纷案》【《最高人民法院公报》2021年第9期】 **案例要旨：**将共享单车骑入相关小区违背了小区的管理规约，突破了当地共享单车有序运营的规范，影响了小区的环境秩序，损害了小区其他业主的合法权益，违反了民法典第131条“民事主体行使权利时，应当履行法律规定的和当事人约定的义务”和第132条“民事主体不得滥用民事权利损害国家利益、社会公共利益或者他人合法权益”的规定，不应得到法律的支持和保护。	
二、民事权利能力和民事行为能力	
第四条【胎儿娩出前的利益保护行使方式】 涉及遗产继承、接受赠与等胎儿利益保护，父母	《民法典》 **第16条【胎儿利益特殊保护】** 涉及遗产继承、接受赠与等

续表

民法典总则编解释	关联规定
在胎儿娩出前作为法定代理人主张相应权利的，人民法院依法予以支持。 **解读：**民法典第23条明确规定，无民事行为能力人、限制民事行为能力人的监护人是其法定代理人。由此可知，法定代理人的设立以存在无民事行为能力人或限制民事行为能力人为前提，即只有在世的自然人才可能存在法定代理人。但民法典第16条在胎儿利益特殊保护方面创设性地规定了“涉及遗产继承、接受赠与等胎儿利益保护的，胎儿视为具有民事权利能力”。在特定情形下“赋予”胎儿民事权利能力的情况下，相较作为无民事行为能力人的未满8周岁的未成年人而言，胎儿的利益保护无疑更需要法定代理人进行。在民法典并未明确规定的情况下，通过本条作了规定，允许父母在胎儿娩出前作为法定代理人主张相应权利。	胎儿利益保护的，胎儿视为具有民事权利能力。但是，胎儿娩出时为死体的，其民事权利能力自始不存在。 **第23条【法定代理人】** 无民事行为能力人、限制民事行为能力人的监护人是其法定代理人。 **《民法典继承编解释一》** **第31条** 应当为胎儿保留的遗产份额没有保留的，应从继承人所继承的遗产中扣回。 为胎儿保留的遗产份额，如胎儿出生后死亡的，由其继承人继承；如胎儿娩出时是死体的，由被继承人的继承人继承。 **《民事诉讼法解释》** **第83条** 在诉讼中，无民事行为能力人、限制民事行为能力人的监护人是他的法定代理人。事先没有确定监护人的，可以由有监护资格的人协商确定；协商不成的，由人民法院在他们之中指定诉讼中的法定代理人。当事人没有民法典第二十七条、第二十八条规定的监护人的，可以指定民法典第三十二条规定的有关组织担任诉讼中的法定代理人。
第五条【限制民事行为能力人的行为与年龄、智力、精神健康状况相适应的认定】 限制民事行为能力人实施的民事法律行	**《民法典》** **第19条【限制民事行为能力的未成年人】** 八周岁以上的未成年人为限制民事行为能力人，实

续表

民法典总则编解释	关联规定
为是否与其年龄、智力、精神健康状况相适应，人民法院可以从行为与本人生活相关联的程度，本人的智力、精神健康状况能否理解其行为并预见相应的后果，以及标的、数量、价款或者报酬等方面认定。 **解读：**民法典第19条、第22条明确了限制民事行为能力的未成年人、限制民事行为能力人的成年人可以独立实施纯获利益的民事法律行为或者与其年龄、智力、精神健康状况相适应的民事法律行为。但如何判断限制民事行为能力人实施的民事法律行为是否与其年龄、智力、精神健康状况相适应，民法典并未作出具体规定。通过本条规定可从行为与该限制民事行为能力人生活相关联的程度，包括智力、精神健康状况能否理解其行为并预见相应后果，以及标的、数量、价款或报酬等方面认定。需注意，就行为与生活的关联性方面，不应否认的是，由于时代的发展，生活方式也出现显著变化，个人认知能力又与经济社会发展以及生活方式密切相关。故法官不能以自己年幼时的情况来判断当下儿童对特定事物的认知以及与行为人生	施民事法律行为由其法定代理人代理或者经其法定代理人同意、追认；但是，可以独立实施纯获利益的民事法律行为或者与其年龄、智力相适应的民事法律行为。 **第22条【限制民事行为能力的成年人】** 不能完全辨认自己行为的成年人为限制民事行为能力人，实施民事法律行为由其法定代理人代理或者经其法定代理人同意、追认；但是，可以独立实施纯获利益的民事法律行为或者与其智力、精神健康状况相适应的民事法律行为。 **第35条【监护人履行职责的要求】** 监护人应当按照最有利于被监护人的原则履行监护职责。监护人除为维护被监护人利益外，不得处分被监护人的财产。 未成年人的监护人履行监护职责，在作出与被监护人利益有关的决定时，应当根据被监护人的年龄和智力状况，尊重被监护人的真实意愿。 成年人的监护人履行监护职责，应当最大程度地尊重被监护人的真实意愿，保障并协助被监护人实施与其智力、精神健康状况相适应的民事法律行为。对被监护人有能力独立处理的事务，

续表

民法典总则编解释	关联规定
活相关联的程度，如在信息化社会的当下，很多儿童知晓甚至熟练使用电子设备，而很多法官尤其年长一些的法官自己儿童时期很难接触到。 **案例参考：**《张某某诉某数码科技有限公司信息网络买卖合同纠纷案》【最高人民法院发布网络消费典型案例①】 **案例要旨：**未成年人网络打赏、网络充值行为明显超出与其年龄、智力相适宜的程度，监护人事后不予追认，要求返款充值款的，法院应予以支持。	监护人不得干涉。 **《未成年人保护法》** **第19条** 未成年人的父母或者其他监护人应当根据未成年人的年龄和智力发展状况，在作出与未成年人权益有关的决定前，听取未成年人的意见，充分考虑其真实意愿。
三、监护	
第六条【监护能力的认定】 人民法院认定自然人的监护能力，应当根据其年龄、身心健康状况、经济条件等因素确定；认定有关组织的监护能力，应当根据其资质、信用、财产状况等因素确定。 **解读：**监护能力是自然人、有关组织作为监护人必须具备的条件。不具有监护能力，无法担任监护人，包括通过法定监护、	**《民法典》** **第39条【监护关系终止的情形】** 有下列情形之一的，监护关系终止： （一）被监护人取得或者恢复完全民事行为能力； （二）监护人丧失监护能力； （三）被监护人或者监护人死亡； （四）人民法院认定监护关系终止的其他情形。

① 载中华人民共和国最高人民法院网站，https：//www.court.gov.cn/zixun-xiangqing-393481.html，2023年10月24日访问。

续表

民法典总则编解释	关联规定
指定监护（包括遗嘱指定监护）、意定监护、临时监护、公职监护等各种方式或途径产生的监护人。此外，被确定为监护人时虽具有监护能力，但在担任期间因各种原因不再具有监护能力的，按照民法典第39条第1款第2项的规定，监护人一旦丧失监护能力，原有的监护关系将终止。关于监护能力的认定，民法典并无具体规定。为此，通过本条按照监护主体的不同，分别就认定自然人、有关组织监护能力需考虑的因素作了规定。自然人监护能力的认定，应根据其年龄、身心健康状况、经济条件等因素确定。实践中，自然人没有监护能力常见的有如下三种情况：一是不具有完全民事行为能力；二是被剥夺人身自由；三是下落不明。有关组织监护能力的认定，不同于自然人，有关组织不存在年龄与身体健康的问题，评价其是否具有监护能力主要体现在资质、信用、财产状况等方面。有关组织没有监护能力，多表现为：信用状况不佳、缺乏相应人员和财产、无法对被监护人实施生活照护和人身财产保护、无法提供相应学习条件、无法代理被监护人实施法律行为、无法对被监护人的侵权行为承担责任等。	监护关系终止后，被监护人仍然需要监护的，应当依法另行确定监护人。

续表

民法典总则编解释	关联规定
第七条【遗嘱指定监护人中的争议解决】 担任监护人的被监护人父母通过遗嘱指定监护人，遗嘱生效时被指定的人不同意担任监护人的，人民法院应当适用民法典第二十七条、第二十八条的规定确定监护人。 未成年人由父母担任监护人，父母中的一方通过遗嘱指定监护人，另一方在遗嘱生效时有监护能力，有关当事人对监护人的确定有争议的，人民法院应当适用民法典第二十七条第一款的规定确定监护人。 **解读：** 作为以指定监护人为主要内容的遗嘱，同样应符合一般遗嘱的形式要件和实质要件。针对遗嘱生效时被监护人不同意担任监护人的问题。由于遗嘱指定监护毕竟属于遗嘱行为的一种，其主要基于遗嘱人的单方意愿。若被指定的人并无担任监护人的意愿，强制要求其担任监护人不仅有违民法的自愿原则，也不利于监护职责的履行，甚至有害于被监护人利益的保护。为此，在出现遗嘱生效时被监护人不同意担任监护人情形的，应视为没有遗嘱指定监护人，此时应按照民	《民法典》 **第27条【未成年人的监护人】** 父母是未成年子女的监护人。 未成年人的父母已经死亡或者没有监护能力的，由下列有监护能力的人按顺序担任监护人： （一）祖父母、外祖父母； （二）兄、姐； （三）其他愿意担任监护人的个人或者组织，但是须经未成年人住所地的居民委员会、村民委员会或者民政部门同意。 **第28条【无、限制民事行为能力的成年人的监护人】** 无民事行为能力或者限制民事行为能力的成年人，由下列有监护能力的人按顺序担任监护人： （一）配偶； （二）父母、子女； （三）其他近亲属； （四）其他愿意担任监护人的个人或者组织，但是须经被监护人住所地的居民委员会、村民委员会或者民政部门同意。 **第29条【遗嘱指定监护人】** 被监护人的父母担任监护人的，可以通过遗嘱指定监护人。

续表

民法典总则编解释	关联规定
法典关于法定监护即民法典第27条、第28条的规定确定监护人。针对父母一方通过遗嘱为未成年人指定监护人但另一方在遗嘱生效时有监护能力的问题。基于父母作为未成年子女监护人的法定性及优先性，其监护资格在没有法定情形且未经法定程序的情况下，不应被剥夺。父母作为未成年子女的法定监护人，一方也并无权利直接否定另一方的法定监护权。因此，即使一方通过遗嘱为未成年子女指定了监护人，但另一方在遗嘱生效时具备监护能力并因此出现争议的，应优先保护父母一方的监护权。为此，本条规定由遗嘱生效时仍具备监护能力的父亲或母亲担任未成年子女的监护人。但需注意，该款仅针对被监护人为未成年人的情形，在被监护人为无民事行为能力或限制民事行为能力的成年人时，出现此类争议应如何解决，该款并未作出明确。	
第八条【协议确定监护人】 未成年人的父母与其他依法具有监护资格的人订立协议，约定免除具有监护能力的父母的监护职责的，人民法院不予支持。协议约定在未成年人的父母丧失监护能力时由该具有监护资格的人担任监护人	《民法典》 **第27条【未成年人的监护人】** 父母是未成年子女的监护人。 未成年人的父母已经死亡或者没有监护能力的，由下列有监护能力的人按顺序担任监护人： （一）祖父母、外祖父母；

续表

民法典总则编解释	关联规定
的，人民法院依法予以支持。 依法具有监护资格的人之间依据民法典第三十条的规定，约定由民法典第二十七条第二款、第二十八条规定的不同顺序的人共同担任监护人，或者由顺序在后的人担任监护人的，人民法院依法予以支持。 **解读：**在法律对具有监护资格的人进行较为严格限定的条件下，允许具有监护资格的人之间通过协议来确定具体的监护人，一般不会损害被监护人合法权益。可以说，协议监护是对法定监护的有益补充，也是适应社会发展需要而出现的监护制度。需注意，未成年人作为被监护人时，未成年人的父母有监护能力的，不得通过协议确定其他主体担任监护人的形式来免除自己的监护职责。但不可否认，对子女了解最多且付出最为无私的，往往也是父母。为了更好维护未成年人权益，并尊重父母为其选择监护人的权利，在其父母并未通过协议免除自己的监护职责的情况下，应允许其父母通过协议约定“在未成年人的父母丧失监护能力时由该具有监护资格的人担任监护人”。本条	（二）兄、姐； （三）其他愿意担任监护人的个人或者组织，但是须经未成年人住所地的居民委员会、村民委员会或者民政部门同意。 **第28条【成年人监护】** 无民事行为能力或者限制民事行为能力的成年人，由下列有监护能力的人按顺序担任监护人： （一）配偶； （二）父母、子女； （三）其他近亲属； （四）其他愿意担任监护人的个人或者组织，但是须经被监护人住所地的居民委员会、村民委员会或者民政部门同意。 **第29条【遗嘱指定监护】** 被监护人的父母担任监护人的，可以通过遗嘱指定监护人。 **第30条【协议确定监护人】** 依法具有监护资格的人之间可以协议确定监护人。协议确定监护人应当尊重被监护人的真实意愿。 **第33条【意定监护】** 具有完全民事行为能力的成年人，可以与其近亲属、其他愿意担任监护人的个人或者组织事先协商，以书面形式确定自己的监护人，在自己丧失或者部分丧失民事行为能力时，由该监护人履行监护职责。

续表

民法典总则编解释	关联规定
第1款对此作了明确。此外，由于民法典以及本解释仅规定协议的主体为具有监护资格的人，并未就协议主体的顺位问题作出限制。因此，一般情形下，民法典第27条第2款、第28条规定的主体均有参与协商的资格，也都有经协商被确定为监护人的权利，即应允许顺序在后的主体经协议确定为监护人。另，在充分保障具有监护资格的人的协商权及尊重被监护人意愿的情形下，也应允许不同顺序的监护人共同担任监护人，以更好地发挥协议监护制度对保障被监护人合法权益的作用。	
第九条【指定监护人时的参考因素】 人民法院依据民法典第三十一条第二款、第三十六条第一款的规定指定监护人时，应当尊重被监护人的真实意愿，按照最有利于被监护人的原则指定，具体参考以下因素： （一）与被监护人生活、情感联系的密切程度； （二）依法具有监护资格的人的监护顺序； （三）是否有不利于履行监护职责的违法犯罪等情形； （四）依法具有监护资格的人的监护能力、意愿、品行等。	**《民法典》** **第31条【监护争议解决程序】** 对监护人的确定有争议的，由被监护人住所地的居民委员会、村民委员会或者民政部门指定监护人，有关当事人对指定不服的，可以向人民法院申请指定监护人；有关当事人也可以直接向人民法院申请指定监护人。 居民委员会、村民委员会、民政部门或者人民法院应当尊重被监护人的真实意愿，按照最有利于被监护人的原则在依法具有监护资格的人中指定监护人。 依据本条第一款规定指定监护

续表

民法典总则编解释	关联规定
人民法院依法指定的监护人一般应当是一人，由数人共同担任监护人更有利于保护被监护人利益的，也可以是数人。 **解读**：无论是在一般的指定监护程序中（民法典第31条），还是在监护资格撤销后另行指定监护人（民法典第36条）的情形下，法律都明确了应按照最有利于被监护人的原则进行指定，这符合监护制度的设立目的，也是指定监护制度的必然要求，法院指定监护人也应遵守上述要求。虽然民法典明确要求指定监护时需按照最有利于被监护人的原则进行（民法典第31条第1款还规定应当尊重被监护人的真实意愿），但由于“尊重被监护人意愿”“最有利于被监护人”本身具有很大的抽象性，在民法典并未就其进行具体细化的情况下，不利于实践中的操作与落实。一般而言，与被监护人生活、情感联系越密切的或者法定监护顺位越靠前的主体，对被监护人的生活越关心，其作为监护人对被监护人也越有利，也越符合被监护人的意愿。当然，若部分主体出现过不利于履行监护职责的违法	人前，被监护人的人身权利、财产权利以及其他合法权益处于无人保护状态的，由被监护人住所地的居民委员会、村民委员会、法律规定的有关组织或者民政部门担任临时监护人。 监护人被指定后，不得擅自变更；擅自变更的，不免除被指定的监护人的责任。 **第36条【撤销监护人资格】** 监护人有下列情形之一的，人民法院根据有关个人或者组织的申请，撤销其监护人资格，安排必要的临时监护措施，并按照最有利于被监护人的原则依法指定监护人： （一）实施严重损害被监护人身心健康的行为； （二）怠于履行监护职责，或者无法履行监护职责且拒绝将监护职责部分或者全部委托给他人，导致被监护人处于危困状态； （三）实施严重侵害被监护人合法权益的其他行为。 本条规定的有关个人、组织包括：其他依法具有监护资格的人，居民委员会、村民委员会、学校、医疗机构、妇女联合会、残疾人联合会、未成年人保护组织、依法设立的老年人组织、民政部门等。

续表

民法典总则编解释	关联规定
犯罪或其监护能力、意愿、品行不适合担任监护人，即使与被监护人生活、情感密切或顺位靠前，也不宜被指定为监护人。本条第1款对此作了明确。另，指定监护人的人数原则上为一人，但特殊情形下也可由数人共同担任监护人。当数人共同担任监护人更有利于保护被监护人利益时，即可由数人共同担任监护人。 **案例参考**：《赵某1、赵某2、赵某3申请指定监护人纠纷案》【最高人民法院发布老年人权益保护第三批典型案例①】 **案例要旨**：人民法院应当尊重被监护人的真实意愿，按照最有利于被监护人的原则在依法具有监护资格的人中指定监护人。与老人长期共同生活的人为最便利履行监护职责的，结合照顾现状、交通条件等情况，判决指定该当事人担任监护人，其他相关人员可以对财产管理及监护情况负责。	前款规定的个人和民政部门以外的组织未及时向人民法院申请撤销监护人资格的，民政部门应当向人民法院申请。 **《未成年人保护法》** **第108条第1款** 未成年人的父母或者其他监护人不依法履行监护职责或者严重侵犯被监护的未成年人合法权益的，人民法院可以根据有关人员或者单位的申请，依法作出人身安全保护令或者撤销监护人资格。 **《反家庭暴力法》** **第21条第1款** 监护人实施家庭暴力严重侵害被监护人合法权益的，人民法院可以根据被监护人的近亲属、居民委员会、村民委员会、县级人民政府民政部门等有关人员或者单位的申请，依法撤销其监护人资格，另行指定监护人。 **《民法典婚姻家庭编解释一》** **第36条第1、2款** 判决撤销监护人资格，未成年人有其他监护人的，应当由其他监护人承担监护职责。其他监护人应当采取措施避免未成年人继续受到侵害。 没有其他监护人的，人民法院根据最有利于未成年人的原则，

① 载中华人民共和国最高人民法院网站，https：//www.court.gov.cn/zixun-xiangqing-398342.html，2023年10月24日访问。

续表

民法典总则编解释	关联规定
	在民法通则第十六条第二款、第四款规定的人员和单位中指定监护人。指定个人担任监护人的，应当综合考虑其意愿、品行、身体状况、经济条件、与未成年人的生活情感联系以及有表达能力的未成年人的意愿等。
第十条【不服指定监护的救济】 有关当事人不服居民委员会、村民委员会或者民政部门的指定，在接到指定通知之日起三十日内向人民法院申请指定监护人的，人民法院经审理认为指定并无不当，依法裁定驳回申请；认为指定不当，依法判决撤销指定并另行指定监护人。 有关当事人在接到指定通知之日起三十日后提出申请的，人民法院应当按照变更监护关系处理。 **解读：** 由于监护人对被监护人人身、财产等权益的维护有着重要意义，监护人不应长期缺位。如果有关当事人对居民委员会、村民委员会或者民政部门指定监护人不服，法律虽然允许其向法院申请指定监护人，但其申请的时间不能没有限制，否则不利于监护人身份的固定及其责任承担。为此，本条第1款规定不服居民委	**《民法典》** **第31条【监护争议解决程序】** 对监护人的确定有争议的，由被监护人住所地的居民委员会、村民委员会或者民政部门指定监护人，有关当事人对指定不服的，可以向人民法院申请指定监护人；有关当事人也可以直接向人民法院申请指定监护人。 居民委员会、村民委员会、民政部门或者人民法院应当尊重被监护人的真实意愿，按照最有利于被监护人的原则在依法具有监护资格的人中指定监护人。 依据本条第一款规定指定监护人前，被监护人的人身权利、财产权利以及其他合法权益处于无人保护状态的，由被监护人住所地的居民委员会、村民委员会、法律规定的有关组织或者民政部门担任临时监护人。 监护人被指定后，不得擅自变更；擅自变更的，不免除被指定

续表

民法典总则编解释	关联规定
员会、村民委员会或者民政部门指定监护的有关当事人，应在接到指定通知之日起30日内向人民法院申请指定监护人。该30日的时间要求，既可以保证有关当事人充分了解指定的监护人的情况，以及为向法院申请作出一定准备，同时也避免了过长时间对被监护人利益的影响。另，按照本条第2款的规定，若有关当事人在接到指定通知之日起30日后才提出申请的，法院虽仍需受理，但此时不应再按照第1款的规定处理，而是按照变更监护关系处理。变更监护关系，说明原指定的监护关系已经固定下来，这无疑有助于强化监护人职责的履行，而不因有关当事人的不服造成监护关系不稳定而影响监护人履职心态。	的监护人的责任。 《民事诉讼法解释》 **第349条** 被指定的监护人不服居民委员会、村民委员会或者民政部门指定，应当自接到通知之日起三十日内向人民法院提出异议。经审理，认为指定并无不当的，裁定驳回异议；指定不当的，判决撤销指定，同时另行指定监护人。判决书应当送达异议人、原指定单位及判决指定的监护人。 有关当事人依照民法典第三十一条第一款规定直接向人民法院申请指定监护人的，适用特别程序审理，判决指定监护人。 判决书应当送达申请人、判决指定的监护人。
第十一条【意定监护的解除与监护人资格撤销】 具有完全民事行为能力的成年人与他人依据民法典第三十三条的规定订立书面协议事先确定自己的监护人后，协议的任何一方在该成年人丧失或者部分丧失民事行为能力前请求解除协议的，人民法院依法予以支持。该成年人丧失或者部分丧失民事行为能力后，协议确定的监护人无正当理由请求解除协议的，人民法院不予支持。	《民法典》 **第33条【意定监护】** 具有完全民事行为能力的成年人，可以与其近亲属、其他愿意担任监护人的个人或者组织事先协商，以书面形式确定自己的监护人，在自己丧失或者部分丧失民事行为能力时，由该监护人履行监护职责。 **第36条【撤销监护人资格】** 监护人有下列情形之一的，人民法院根据有关个人或者组织的申请，撤销其监护人资格，安排

续表

民法典总则编解释	关联规定
该成年人丧失或者部分丧失民事行为能力后，协议确定的监护人有民法典第三十六条第一款规定的情形之一，该条第二款规定的有关个人、组织申请撤销其监护人资格的，人民法院依法予以支持。 **解读**：意定监护就是当事人通过意定形式为自己确定监护人。就设立意定监护行为的性质而言，由于意定监护协议一般是在双方自愿基础上达成的，故意定监护宜理解为双方法律行为。为此，本条第1款赋予了意定监护协议双方的任意解除权。为避免出现权利保护的不对等，该款同时对协议确定监护人中的任意解除权进行了适当限制（时间方面），即"该成年人丧失或者部分丧失民事行为能力后，协议确定的监护人无正当理由请求解除协议的，人民法院不予支持"。当然，若协议确定的监护人有正当理由请求解除协议，仍应支持。此外，由于意定监护优先于法定监护，且该成年人虽然基于自己意愿与他人约定由其担任自己的监护人，但并不意味着协议确定的监护人就不会损害被监护人利益。该成年人	必要的临时监护措施，并按照最有利于被监护人的原则依法指定监护人： （一）实施严重损害被监护人身心健康的行为； （二）怠于履行监护职责，或者无法履行监护职责且拒绝将监护职责部分或者全部委托给他人，导致被监护人处于危困状态； （三）实施严重侵害被监护人合法权益的其他行为。 本条规定的有关个人、组织包括：其他依法具有监护资格的人，居民委员会、村民委员会、学校、医疗机构、妇女联合会、残疾人联合会、未成年人保护组织、依法设立的老年人组织、民政部门等。 前款规定的个人和民政部门以外的组织未及时向人民法院申请撤销监护人资格的，民政部门应当向人民法院申请。 **《老年人权益保障法》** **第26条** 具备完全民事行为能力的老年人，可以在近亲属或者其他与自己关系密切、愿意承担监护责任的个人、组织中协商确定自己的监护人。监护人在老年人丧失或者部分丧失民事行为能力时，依法承担监护责任。

续表

民法典总则编解释	关联规定
丧失或部分丧失民事行为能力后，协议确定的监护人若作出有害于被监护人的特定行为，此时该成年人不便甚至不能申请解除协议。为此，应赋予一定主体通过监护监督规则来监督监护人的权利。本条第2款赋予了特定主体申请撤销对意定监护人资格的权利。主体范围即民法典第36条第2款规定主体，撤销事由即民法典第36条第1款规定的几种严重损害被监护人权益的情形。	老年人未事先确定监护人的，其丧失或者部分丧失民事行为能力时，依照有关法律的规定确定监护人。
第十二条【特定情形下的监护人变更】 监护人、其他依法具有监护资格的人之间就监护人是否有民法典第三十九条第一款第二项、第四项规定的应当终止监护关系的情形发生争议，申请变更监护人的，人民法院应当依法受理。经审理认为理由成立的，人民法院依法予以支持。 被依法指定的监护人与其他具有监护资格的人之间协议变更监护人的，人民法院应当尊重被监护人的真实意愿，按照最有利于被监护人的原则作出裁判。 **解读：**民法典第39条就监护人关系的终止规定了4个事由，第1项、第3项的事由属于绝对终	《民法典》 **第30条【协议确定监护人】** 依法具有监护资格的人之间可以协议确定监护人。协议确定监护人应当尊重被监护人的真实意愿。 **第39条【监护关系终止的情形】** 有下列情形之一的，监护关系终止： （一）被监护人取得或者恢复完全民事行为能力； （二）监护人丧失监护能力； （三）被监护人或者监护人死亡； （四）人民法院认定监护关系终止的其他情形。 监护关系终止后，被监护人仍然需要监护的，应当依法另行确定监护人。

续表

民法典总则编解释	关联规定
止事由（第3项中的监护人死亡虽不意味着被监护人不再需要监护，但该情形仍然会当然终止原监护关系），一般不会就此出现争议。但第2项、第4项的事由并非绝对事由，实践中难免出现监护人、其他依法具有监护资格的人之间因监护人是否具有该两项规定的情形发生争议。若监护人、其他依法具有监护资格的人之间围绕这两项事由是否存在进而是否终止监护关系发生争议，并申请变更监护人的，法院应予受理。变更理由成立的，应依法确认原监护关系终止，并按照民法典第39条第2款的规定依法支持。此外，就是否可以通过协议来变更监护人而言，从对监护人利益影响程度而言，协议确定监护人是“从无到有”的过程，而协议变更监护人则是“从一个到另一个”的过程，协议变更较协议确定而言，对监护人利益影响程度较小。举重以名轻，既然影响较大的情形都允许相关主体通过协议进行，那么，影响较轻的情形也应允许相关主体通过协议进行。为此，本条第2款作了明确。	

续表

民法典总则编解释	关联规定
第十三条【监护职责委托行使】 监护人因患病、外出务工等原因在一定期限内不能完全履行监护职责，将全部或者部分监护职责委托给他人，当事人主张受托人因此成为监护人的，人民法院不予支持。 **解读：** 监护职责的委托行使与学理上的委托监护并不相同，监护职责的委托行使并不意味着监护权发生转移或变更。因此，对当事人主张受托人因此成为监护人的主张，本条明确规定法院不予支持。此外，本条规定的监护职责的委托行使也不同于民法典第34条第4款规定的居民委员会、村民委员会或者民政部门的临时照料义务。监护职责的委托行使是基于监护人的委托而产生，事由为监护人因患病、外出务工等原因在一定期限内不能完全履行监护职责，被委托主体的范围也较广；而民法典第34条第4款规定临时照料义务来源于法律的直接规定，发生突发事件等紧急情况致监护人暂时无法履行监护职责，义务主体特定，为居民委员会、村民委员会或民政部门。另，就民法典第34条第4款而言，该款	《民法典》 **第34条【监护人的职责与权利及临时生活照料措施】** 监护人的职责是代理被监护人实施民事法律行为，保护被监护人的人身权利、财产权利以及其他合法权益等。 监护人依法履行监护职责产生的权利，受法律保护。 监护人不履行监护职责或者侵害被监护人合法权益的，应当承担法律责任。 因发生突发事件等紧急情况，监护人暂时无法履行监护职责，被监护人的生活处于无人照料状态的，被监护人住所地的居民委员会、村民委员会或者民政部门应当为被监护人安排必要的临时生活照料措施。 《未成年人保护法》 **第22条** 未成年人的父母或者其他监护人因外出务工等原因在一定期限内不能完全履行监护职责的，应当委托具有照护能力的完全民事行为能力人代为照护；无正当理由的，不得委托他人代为照护。 未成年人的父母或者其他监护人在确定被委托人时，应当综合考虑其道德品质、家庭状况、身心健康状况、与未成年人生活情感上的联系等情况，并听取有

续表

民法典总则编解释	关联规定
系民法典较民法总则增加的唯一一处内容，它明确了居民委员会、村民委员会、民政部门的临时生活照料义务。该临时生活照料与临时监护不同。临时监护的设立前提是因为没有监护人（如民法典第31条第3款），而临时生活照料是因突发紧急情况监护人暂时无法履行监护职责。临时生活照料较临时监护所享有的权利、承担的义务均较少且较轻。	表达意愿能力未成年人的意见。 具有下列情形之一的，不得作为被委托人： （一）曾实施性侵害、虐待、遗弃、拐卖、暴力伤害等违法犯罪行为； （二）有吸毒、酗酒、赌博等恶习； （三）曾拒不履行或者长期怠于履行监护、照护职责； （四）其他不适宜担任被委托人的情形。
四、宣告失踪和宣告死亡	
第十四条【申请宣告失踪的利害关系人认定】 人民法院审理宣告失踪案件时，下列人员应当认定为民法典第四十条规定的利害关系人： （一）被申请人的近亲属； （二）依据民法典第一千一百二十八条、第一千一百二十九条规定对被申请人有继承权的亲属； （三）债权人、债务人、合伙人等与被申请人有民事权利义务关系的民事主体，但是不申请宣告失踪不影响其权利行使、义务履行的除外。	《民法典》 **第40条【宣告失踪的条件】** 自然人下落不明满二年的，利害关系人可以向人民法院申请宣告该自然人为失踪人。 **第1045条【亲属、近亲属及家庭成员】** 亲属包括配偶、血亲和姻亲。 配偶、父母、子女、兄弟姐妹、祖父母、外祖父母、孙子女、外孙子女为近亲属。 配偶、父母、子女和其他共同生活的近亲属为家庭成员。 **第1128条【代位继承】** 被继承人的子女先于被继承人死亡的，由被继承人的子女的直系晚辈血亲代位继承。

续表

民法典总则编解释	关联规定
解读： 民法典第40条虽规定了利害关系人可以申请宣告失踪，但并未就利害关系人的具体范围作出明确。通过本条就宣告失踪制度下的利害关系人的范围作了具体的界定，本条将此处的利害关系人范围分为三种：一是失踪人的近亲属。按照民法典第1045条的规定，近亲属包括配偶、父母、子女、兄弟姐妹、祖父母、外祖父母、孙子女、外孙子女。二是有继承权的代位继承人及丧偶儿媳（丧偶女婿）。需注意，民法典第1128条扩张了代位继承人的范围，不仅包括被继承人的子女的直系晚辈血亲，也包括被继承人的兄弟姐妹的子女。另，并非所有的丧偶儿媳（丧偶女婿）都属利害关系人，而是享有继承权的丧偶儿媳（丧偶女婿），即符合民法典第1129条规定的“对岳父母，尽了主要赡养义务”的丧偶儿媳（丧偶女婿）。三是债权人、债务人、合伙人等与被申请人有民事权利义务关系的民事主体。由于宣告失踪对被宣告人及相关主体影响很大，因此，并非所有的债权人、债务人、合伙人等与被申请人有民事权利义务关系的民事主体均可申请宣告失踪，	被继承人的兄弟姐妹先于被继承人死亡的，由被继承人的兄弟姐妹的子女代位继承。 代位继承人一般只能继承被代位继承人有权继承的遗产份额。 **第1129条【丧偶儿媳、丧偶女婿的继承权】** 丧偶儿媳对公婆，丧偶女婿对岳父母，尽了主要赡养义务的，作为第一顺序继承人。 **《全国法院贯彻实施民法典工作会议纪要》** 1. 申请宣告失踪或宣告死亡的利害关系人，包括被申请宣告失踪或宣告死亡人的配偶、父母、子女、兄弟姐妹、祖父母、外祖父母、孙子女、外孙子女以及其他与被申请人有民事权利义务关系的民事主体。宣告失踪不是宣告死亡的必经程序，利害关系人可以不经申请宣告失踪而直接申请宣告死亡。但是，为了确保各方当事人权益的平衡保护，对于配偶、父母、子女以外的其他利害关系人申请宣告死亡，人民法院审查后认为申请人通过申请宣告失踪足以保护其权利，其申请宣告死亡违背民法典第一百三十二条关于不得滥用民事权利的规定的，不予支持。

续表

民法典总则编解释	关联规定
在有其他救济渠道或方式的情形下，债权人、债务人、合伙人等应优先通过其他救济渠道或方式维护权利而不应直接申请宣告失踪。即对该项主体而言，只有那些不申请宣告失踪将会影响其权利行使、义务履行的债权人、债务人、合伙人等与被申请人有民事权利义务关系的民事主体，才可申请宣告失踪。	**《民事诉讼法解释》** **第344条**　符合法律规定的多个利害关系人提出宣告失踪、宣告死亡申请的，列为共同申请人。 **《民法典继承编解释一》** **第19条**　对被继承人生活提供了主要经济来源，或者在劳务等方面给予了主要扶助的，应当认定其尽了主要赡养义务或主要扶养义务。
第十五条【财产代管人诉讼地位】　失踪人的财产代管人向失踪人的债务人请求偿还债务的，人民法院应当将财产代管人列为原告。 债权人提起诉讼，请求失踪人的财产代管人支付失踪人所欠的债务和其他费用的，人民法院应当将财产代管人列为被告。经审理认为债权人的诉讼请求成立的，人民法院应当判决财产代管人从失踪人的财产中支付失踪人所欠的债务和其他费用。 **解读：**按照民法典第43条的规定，财产代管人职责既包括维护失踪人财产权益，也包括代失踪人履行义务。故财产代管人在相关诉讼中不仅有提起诉讼的可能，	**《民法典》** **第43条【财产代管人职责】** 财产代管人应当妥善管理失踪人的财产，维护其财产权益。 失踪人所欠税款、债务和应付的其他费用，由财产代管人从失踪人的财产中支付。 财产代管人因故意或者重大过失造成失踪人财产损失的，应当承担赔偿责任。 **《最高人民法院关于民事执行中变更、追加当事人若干问题的规定》** **第2条第2款**　作为申请执行人的自然人被宣告失踪，该自然人的财产代管人申请变更、追加其为申请执行人的，人民法院应予支持。

续表

民法典总则编解释	关联规定
同时也有应诉的可能。虽然宣告失踪的法律后果会产生财产代管人，但不同于宣告死亡，被宣告失踪人的民事主体资格并不会因此丧失。为此，本条分两款就不同情形下的财产代管人诉讼地位作了明确。第1款就财产代管人向失踪人的债务人请求偿还债务的情况，明确将财产代管人列为原告。第2款就债权人起诉请求失踪人的财产代管人支付失踪人所欠的债务和其他费用的情况，明确将财产代管人列为被告。当然，此时财产代管人虽作为被告，但原则上仍以失踪人的财产来承担责任。除非出现民法典第43条第3款“财产代管人因故意或者重大过失造成失踪人财产损失”且失踪人财产不足以承担责任的，才能以代管人的财产承担相应责任。	
第十六条【申请宣告死亡的利害关系人认定】 人民法院审理宣告死亡案件时，被申请人的配偶、父母、子女，以及依据民法典第一千一百二十九条规定对被申请人有继承权的亲属应当认定为民法典第四十六条规定的利害关系人。	《民法典》 **第46条【宣告死亡的条件】** 自然人有下列情形之一的，利害关系人可以向人民法院申请宣告该自然人死亡： （一）下落不明满四年； （二）因意外事件，下落不明满二年。 因意外事件下落不明，经有关

续表

民法典总则编解释	关联规定
符合下列情形之一的，被申请人的其他近亲属，以及依据民法典第一千一百二十八条规定对被申请人有继承权的亲属应当认定为民法典第四十六条规定的利害关系人： （一）被申请人的配偶、父母、子女均已死亡或者下落不明的； （二）不申请宣告死亡不能保护其相应合法权益的。 被申请人的债权人、债务人、合伙人等民事主体不能认定为民法典第四十六条规定的利害关系人，但是不申请宣告死亡不能保护其相应合法权益的除外。 **解读：**同宣告失踪类似，民法典第46条虽规定了利害关系人可以申请宣告死亡，但并未就利害关系人的具体范围作出明确。为此，通过本条就宣告死亡制度下的利害关系人的范围作了具体的界定。第1款规定了申请宣告死亡制度中一般情形下的利害关系人，即被申请人的配偶、父母、子女，以及民法典第1129条规定的对被申请人有继承权的亲属（丧偶儿媳、丧偶女婿）。第2款规定了特定情形下的利害关系人，	机关证明该自然人不可能生存的，申请宣告死亡不受二年时间的限制。 **第1045条【亲属、近亲属及家庭成员】** 亲属包括配偶、血亲和姻亲。 配偶、父母、子女、兄弟姐妹、祖父母、外祖父母、孙子女、外孙子女为近亲属。 配偶、父母、子女和其他共同生活的近亲属为家庭成员。 **第1128条【代位继承】** 被继承人的子女先于被继承人死亡的，由被继承人的子女的直系晚辈血亲代位继承。 被继承人的兄弟姐妹先于被继承人死亡的，由被继承人的兄弟姐妹的子女代位继承。 代位继承人一般只能继承被代位继承人有权继承的遗产份额。 **第1129条【丧偶儿媳、丧偶女婿的继承权】** 丧偶儿媳对公婆，丧偶女婿对岳父母，尽了主要赡养义务的，作为第一顺序继承人。 **《全国法院贯彻实施民法典工作会议纪要》** 1. 申请宣告失踪或宣告死亡的利害关系人，包括被申请宣告失踪或宣告死亡人的配偶、父母、子女、兄弟姐妹、祖父母、外祖

续表

民法典总则编解释	关联规定
包括近亲属及民法典第1128条规定的有继承权的代位继承人，但需满足该款规定的特定条件之一，即：被申请人的配偶、父母、子女均已死亡或者下落不明的；不申请宣告死亡不能保护其相应合法权益的。如此在于防止出现顺序在先人不申请影响顺序在后人利益的情形。第3款则明确利害关系人一般不包括被申请人的债权人、债务人、合伙人等民事主体，但不申请宣告死亡不能保护其相应合法权益的除外。由于宣告死亡相较宣告失踪对被申请人及其相关主体的影响更重大，且债权人、债务人、合伙人等的权益保护一般可通过财产权益保护制度解决的，不宜以申请宣告死亡为主要的权益保护渠道。因此，该款并未采取类似本解释第14条第3款“原则上可申请，特殊情形下除外”的表述，而是规定为“原则上不可申请，特殊情形下除外”的模式。	父母、孙子女、外孙子女以及其他与被申请人有民事权利义务关系的民事主体。宣告失踪不是宣告死亡的必经程序，利害关系人可以不经申请宣告失踪而直接申请宣告死亡。但是，为了确保各方当事人权益的平衡保护，对于配偶、父母、子女以外的其他利害关系人申请宣告死亡，人民法院审查后认为申请人通过申请宣告失踪足以保护其权利，其申请宣告死亡违背民法典第一百三十二条关于不得滥用民事权利的规定的，不予支持。 《民事诉讼法解释》 **第344条** 符合法律规定的多个利害关系人提出宣告失踪、宣告死亡申请的，列为共同申请人。 《民法典继承编解释一》 **第19条** 对被继承人生活提供了主要经济来源，或者在劳务等方面给予了主要扶助的，应当认定其尽了主要赡养义务或主要扶养义务。
第十七条【战争期间下落不明申请宣告死亡的期间计算】 自然人在战争期间下落不明的，利害关系人申请宣告死亡的期间适用民法典第四十六条第一款第	《民法典》 **第41条【下落不明时间的起算】** 自然人下落不明的时间自其失去音讯之日起计算。战争期间下落不明的，下落不明的时间自

续表

民法典总则编解释	关联规定
一项的规定，自战争结束之日或者有关机关确定的下落不明之日起计算。 **解读**：民法典第46条就宣告死亡的条件作了规定，根据该条可知宣告死亡有三种情形：1. 下落不明满四年的情况。2. 因意外事件下落不明满两年的情况。3. 因意外事件下落不明被有关机关证明不可能生存的情况，此种情况下对下落不明的期间并无要求。需注意，由于“战争”与意外事件有很大不同，“战争”这一概念无论空间还是时间上都较为抽象。且在立法中，很多情况下都将战争与意外事件并列，也说明二者并无包含关系。故本条明确宣告死亡制度中在战争期间下落不明的，不适用意外事件下落不明的两年期间，而是适用普通的四年期间。另，基于宣告失踪、宣告死亡制度在下落不明概念上的同质性，无论从文义上还是体系上而言，民法典第42条关于下落不明时间起算的规定不仅适用于宣告失踪的情形，也适用于宣告死亡的情形。这也决定了民法典在宣告死亡制度部分无须再就此重复规定，民法典的实际立法亦是这样做的。	战争结束之日或者有关机关确定的下落不明之日起计算。 **第46条【宣告死亡的条件】** 自然人有下列情形之一的，利害关系人可以向人民法院申请宣告该自然人死亡： （一）下落不明满四年； （二）因意外事件，下落不明满二年。 因意外事件下落不明，经有关机关证明该自然人不可能生存的，申请宣告死亡不受二年时间的限制。

续表

民法典总则编解释	关联规定
五、民事法律行为	
第十八条【民事法律行为形式中的其他形式】 当事人未采用书面形式或者口头形式，但是实施的行为本身表明已经作出相应意思表示，并符合民事法律行为成立条件的，人民法院可以认定为民法典第一百三十五条规定的采用其他形式实施的民事法律行为。 **解读：**民法典通过第135条明确了民事法律行为的形式包括书面形式、口头形式、其他行为以及法律、行政法规规定或者当事人约定的特定形式。从鼓励交易的角度出发，若法律、行政法规只明确要求或当事人约定采用特殊形式，但并未明确未采用该形式的后果，原则上不宜轻易否定民事法律行为的效力。该条规定的书面形式、口头形式不难理解，所谓的“特殊形式”原则上也需要法律、行政法规规定或者当事人明确约定。但就该条规定的“其他形式”而言，民法典并未明确如何认定。实际上，这里的“其他形式”，应指当事人没有采用书面、口头形式成立民事法律行为，但采取其他的能够认定	《民法典》 **第135条【民事法律行为的形式】** 民事法律行为可以采用书面形式、口头形式或者其他形式；法律、行政法规规定或者当事人约定采用特定形式的，应当采用特定形式。

续表

民法典总则编解释	关联规定
当事人之间的民事法律行为成立的形式。如合同领域，可根据当事人的行为或者特定情形推定合同的成立。此类合同，当事人并未用语言或文字明确表示成立，但根据当事人的行为可推定合同成立。如租赁期满后，承租人继续交房租，出租人继续接受，可推定租赁合同继续有效。	
第十九条【重大误解的认定】 行为人对行为的性质、对方当事人或者标的物的品种、质量、规格、价格、数量等产生错误认识，按照通常理解如果不发生该错误认识行为人就不会作出相应意思表示的，人民法院可以认定为民法典第一百四十七条规定的重大误解。 行为人能够证明自己实施民事法律行为时存在重大误解，并请求撤销该民事法律行为的，人民法院依法予以支持；但是，根据交易习惯等认定行为人无权请求撤销的除外。 **解读：**民法典第147条规定了基于重大误解实施的民事法律行为可撤销。需注意，民法典（民法总则）对基于重大误解、一方欺诈实施的民事法律行为及显失	**《民法典》** **第147条【基于重大误解实施的民事法律行为可撤销】** 基于重大误解实施的民事法律行为，行为人有权请求人民法院或者仲裁机构予以撤销。 **《全国法院贯彻实施民法典工作会议纪要》** 2. 行为人因对行为的性质、对方当事人、标的物的品种、质量、规格和数量等的错误认识，使行为的后果与自己的意思相悖，并造成较大损失的，人民法院可以认定为民法典第一百四十七条、第一百五十二条规定的重大误解。

续表

民法典总则编解释	关联规定
公平的民事法律行为，删除了民法通则、合同法规定的“可变更可撤销”中的“可变更”而仅保留“可撤销”。当然，这并不妨碍当事人私下协商的变更。但就如何界定是否构成重大误解而言，民法典并未作出明确规定。为此，通过本条作了较为明确的规定，相较民通意见，本条针对实践中常见的通过价格标记“薅羊毛”的情况，在第1款中增加了对“价格”的错误认识以及需存在因果关系（按照通常理解，如果不发生该错误认识行为人就不会作出相应意思表示）的表述，并基于“较大损失”本身难以界定的考量，允许在初发阶段而不必等到造成较大损失才享有申请撤销的权利而删除了“造成较大损失”这一要件。另，民法意义上重大误解制度中的误解，必须是重大的，是会对行为人民事权利义务产生重大影响的。且重大误解是因表意人自己的过错认识造成，而非因相对人的欺诈、误导造成的，否则应构成欺诈而非重大误解。此外，并非所有基于重大误解实施的民事法律行为都会被撤销，部分特殊商品交易如古玩字画等根据交易习惯则不宜适用重大误解可撤销制度。	

续表

民法典总则编解释	关联规定
案例参考：《赵某某诉珠宝公司网络购物合同纠纷案》【印强、唐亚玲，最高人民法院中国应用法学研究所编：《人民法院案例选》（总第145辑），人民法院出版社2020年版，第3页】 **案例要旨**：网购平台在优惠活动或促销期间出现的低价商品，能够使消费者产生合理信赖的，应当认定消费者属于善意交易相对人，双方当事人应当继续履行合同，经营者主张是基于重大误解导致出现低于成本的价格出售商品的，法院应不予支持。	
第二十条【第三人转达错误可撤销】 行为人以其意思表示存在第三人转达错误为由请求撤销民事法律行为的，适用本解释第十九条的规定。 **解读**：第三人转达错误，是指对行为人意思表示向相对人传达时存在错误，而非第三人将错误的信息传达给行为人，行为人据此作出意思表示。因第三人转达错误一般不属于第三人欺诈情形，但第三人的传达又往往会使得改变行为人的真实意思表示，进而在相对人之间形成不符合行为人本意甚至与其本意相悖的民事法	**《民法典总则编解释》** **第19条【重大误解的认定】** 行为人对行为的性质、对方当事人或者标的物的品种、质量、规格、价格、数量等产生错误认识，按照通常理解如果不发生该错误认识行为人就不会作出相应意思表示的，人民法院可以认定为民法典第一百四十七条规定的重大误解。 行为人能够证明自己实施民事法律行为时存在重大误解，并请求撤销该民事法律行为的，人民法院依法予以支持；但是，根据交易习惯等认定行为人无权请求撤销的除外。

续表

民法典总则编解释	关联规定
律关系。在此基础上，基于第三人转达错误与重大误解存在一定相似性，对意思表示而言，无论是通过“人”的传达还是通过“物”的传达，都是转化为一定信息，对民事法律关系的形成产生影响，本质上都是媒介工具。为此，本条明确了第三人转达错误适用解释第 19 条关于重大误解的规定，即行为人可以其行为存在第三人转达错误为由而申请撤销。	
第二十一条【欺诈的认定】 故意告知虚假情况，或者负有告知义务的人故意隐瞒真实情况，致使当事人基于错误认识作出意思表示的，人民法院可以认定为民法典第一百四十八条、第一百四十九条规定的欺诈。 **解读：** 民法典第 148 条、第 149 条分别规定了一方以欺诈手段实施的民事法律行为相对方可申请撤销、受第三人欺诈实施的民事法律行为可申请撤销。民法典虽然就欺诈行为的效力作了规定，但并未对民法意义上欺诈的认定作出明确规定。为此，本条明确了民法意义上的欺诈即“故意告知虚假情况，或者负有告知义务的人故意隐瞒真实情况，致使当事人	**《民法典》** **第 148 条【以欺诈手段实施的民事法律行为可撤销】** 一方以欺诈手段，使对方在违背真实意思的情况下实施的民事法律行为，受欺诈方有权请求人民法院或者仲裁机构予以撤销。 **第 149 条【受第三人欺诈实施的民事法律行为可撤销】** 第三人实施欺诈行为，使一方在违背真实意思的情况下实施的民事法律行为，对方知道或者应当知道该欺诈行为的，受欺诈方有权请求人民法院或者仲裁机构予以撤销。 **《最高人民法院关于审理技术合同纠纷案件适用法律若干问题的解释》** **第9条** 当事人一方采取欺诈手段，就其现有技术成果作为研究

续表

民法典总则编解释	关联规定
基于错误认识作出意思表示的”。故意告知虚假情况的欺诈，即行为人通过主动编造虚假事实、提供误导信息等使对方陷入错误认识，是对交易磋商过程中的普遍性不作为义务的违反，对相对人的意思决定自由无疑将造成严重侵害。故意隐瞒真实情况情形下告知义务的来源，主要包括法律的规定、合同的约定以及基于交易习惯、诚信原则等可推知的义务。而隐瞒真实情况的欺诈，行为人只是消极地不提供重要交易信息而使相对人陷入错误认识。由于主观恶意程度以及欺诈行为程度上存在不同，对故意告知虚假情况的欺诈与隐瞒真实情况的欺诈评价也不宜完全相同。 **案例参考：**《李某某诉倪某房屋租赁合同纠纷案》【王长鹏，《人民法院报》2019 年 10 月 15 日】 **案例要旨：**居间人为赚取租金差价，虚构事实以骗取出租人与其控制的公司签订租金较低的租赁合同，再以出租人代理人的身份与实际承租人签订租金较高的租赁合同，构成第三人欺诈的可撤销事由，出租人可主张撤销该租赁合同。	开发标的与他人订立委托开发合同收取研究开发费用，或者就同一研究开发课题先后与两个或者两个以上的委托人分别订立委托开发合同重复收取研究开发费用，使对方在违背真实意思的情况下订立的合同，受损害方依照民法典第一百四十八条规定请求撤销合同的，人民法院应当予以支持。 **《全国法院贯彻实施民法典工作会议纪要》** 3. 故意告知虚假情况，或者故意隐瞒真实情况，诱使当事人作出错误意思表示的，人民法院可以认定为民法典第一百四十八条、第一百四十九条规定的欺诈。

续表

民法典总则编解释	关联规定
第二十二条【胁迫的认定】 以给自然人及其近亲属等的人身权利、财产权利以及其他合法权益造成损害或者以给法人、非法人组织的名誉、荣誉、财产权益等造成损害为要挟，迫使其基于恐惧心理作出意思表示的，人民法院可以认定为民法典第一百五十条规定的胁迫。 **解读：**民法典第150条规定了受胁迫实施的民事法律行为可撤销，该条规定的胁迫包括一方的胁迫和第三人的胁迫。民法典虽然就受胁迫实施的民事法律行为的效力作了规定，但并未对民法意义上胁迫的认定作出明确规定。为此，本条明确民法意义上的胁迫即“以给自然人及其近亲属等的人身权利、财产权利以及其他合法权益造成损害或者以给法人、非法人组织的名誉、荣誉、财产权益等造成损害为要挟，迫使其基于恐惧心理作出意思表示的”。需注意，本条对胁迫的认定，除了对可作为要挟对象作了更为宽泛的表述外，更重要的在于其强调迫使表意人基于“恐惧”心理作出意思表示。这一点也是认定胁迫的关键因素，若并非基于	**《民法典》** **第150条【受胁迫实施的民事法律行为可撤销】** 一方或者第三人以胁迫手段，使对方在违背真实意思的情况下实施的民事法律行为，受胁迫方有权请求人民法院或者仲裁机构予以撤销。 **《全国法院贯彻实施民法典工作会议纪要》** **4.** 以给自然人及其亲友的生命、身体、健康、名誉、荣誉、隐私、财产等造成损害或者以给法人、非法人组织的名誉、荣誉、财产等造成损害为要挟，迫使其作出不真实的意思表示的，人民法院可以认定为民法典第一百五十条规定的胁迫。

续表

民法典总则编解释	关联规定
恐惧心理，即使行为人对表意人作出一定要挟，按照该解释的规定，也不能认定为构成胁迫。 **案例参考**：《房地产开发公司与省铁路局履行协议、赔偿纠纷上诉案》【最高人民法院民事审判第一庭编：《民事审判指导与参考》（总第39辑），法律出版社2009年版，第196页】 **案例要旨**：当事人主张对方胁迫其签订合同，但自始至终未能举证证明对方以给其荣誉、名誉、财产等造成损害为要挟，迫使其作出违背真实的意思表示的事实存在。且当事人未在撤销权行使期间积极主动行使自己的权利，而是依约履行合同。事实证明，订立协议为双方平等协商一致的结果，意思表示真实，不存在胁迫行为。	
第二十三条【民事法律行为不成立的法律后果】 民事法律行为不成立，当事人请求返还财产、折价补偿或者赔偿损失的，参照适用民法典第一百五十七条的规定。 **解读**：民法典第157条仅规定了民事法律行为无效、被撤销或确定不发生效力的法律后果，	**《民法典》** **第157条【民事法律行为无效、被撤销或确定不发生效力的法律后果】** 民事法律行为无效、被撤销或者确定不发生效力后，行为人因该行为取得的财产，应当予以返还；不能返还或者没有必要返还的，应当折价补偿。有过错的一方应当赔偿对方由此所受到的损失；各方都有过错的，应

续表

民法典总则编解释	关联规定
但并未就民事法律行为不成立的法律后果作出规定。而民事法律行为的成立本身即要求符合特定的要件，不符合其成立要件要求的，应认定民事法律行为不成立，而非认定为无效、可撤销。为此，有必要对民事法律行为不成立的法律后果作出规定。本条在参考借鉴全国法院民商事审判工作会议纪要第32条规定的基础上，明确了民事法律行为不成立的法律效果，即参照适用民法典第157条的规定。需注意，这里用的是“参照适用”而非“适用”，且限定在“请求返还财产、折价补偿或者赔偿损失”的责任方式范围内。	当各自承担相应的责任。法律另有规定的，依照其规定。 **《全国法院民商事审判工作会议纪要》** **32.【合同不成立等情形的法律后果】**《合同法》第58条就合同无效或者被撤销时的财产返还责任和损害赔偿责任作了规定，但未规定合同不成立的法律后果。考虑到合同不成立时也可能发生财产返还和损害赔偿责任问题，故应当参照适用该条的规定。 在确定合同不成立、无效或者被撤销后财产返还或者折价补偿范围时，要根据诚实信用原则的要求，在当事人之间合理分配，不能使不诚信的当事人因合同不成立、无效或者被撤销而获益。合同不成立、无效或者被撤销情况下，当事人所承担的缔约过失责任不应超过合同履行利益。比如，依据《最高人民法院关于审理建设工程施工合同纠纷案件适用法律问题的解释》第2条规定，建设工程施工合同无效，在建设工程经竣工验收合格情况下，可以参照合同约定支付工程款，但除非增加了合同约定之外新的工程项目，一般不应超出合同约定支付工程款。

续表

民法典总则编解释	关联规定
	33.【财产返还与折价补偿】 合同不成立、无效或者被撤销后，在确定财产返还时，要充分考虑财产增值或者贬值的因素。双务合同不成立、无效或者被撤销后，双方因该合同取得财产的，应当相互返还。应予返还的股权、房屋等财产相对于合同约定价款出现增值或者贬值的，人民法院要综合考虑市场因素、受让人的经营或者添附等行为与财产增值或者贬值之间的关联性，在当事人之间合理分配或者分担，避免一方因合同不成立、无效或者被撤销而获益。在标的物已经灭失、转售他人或者其他无法返还的情况下，当事人主张返还原物的，人民法院不予支持，但其主张折价补偿的，人民法院依法予以支持。折价时，应当以当事人交易时约定的价款为基础，同时考虑当事人在标的物灭失或者转售时的获益情况综合确定补偿标准。标的物灭失时当事人获得的保险金或者其他赔偿金，转售时取得的对价，均属于当事人因标的物而获得的利益。对获益高于或者低于价款的部分，也应当在当事人之间合理分配或者分担。 **34.【价款返还】** 双务合同

续表

民法典总则编解释	关联规定
	不成立、无效或者被撤销时，标的物返还与价款返还互为对待给付，双方应当同时返还。关于应否支付利息问题，只要一方对标的物有使用情形的，一般应当支付使用费，该费用可与占有价款一方应当支付的资金占用费相互抵销，故在一方返还原物前，另一方仅须支付本金，而无须支付利息。 35.【损害赔偿】 合同不成立、无效或者被撤销时，仅返还财产或者折价补偿不足以弥补损失，一方还可以向有过错的另一方请求损害赔偿。在确定损害赔偿范围时，既要根据当事人的过错程度合理确定责任，又要考虑在确定财产返还范围时已经考虑过的财产增值或者贬值因素，避免双重获利或者双重受损的现象发生。
第二十四条【所附条件不可能发生的法律效果】 民事法律行为所附条件不可能发生，当事人约定为生效条件的，人民法院应当认定民事法律行为不发生效力；当事人约定为解除条件的，应当认定未附条件，民事法律行为是否失效，依照民法典和相关法律、行政法规的规定认定。	《民法典》 **第158条【附条件的民事法律行为】** 民事法律行为可以附条件，但是根据其性质不得附条件的除外。附生效条件的民事法律行为，自条件成就时生效。附解除条件的民事法律行为，自条件成就时失效。

续表

民法典总则编解释	关联规定
解读：附条件的民事法律行为，指当事人以将来客观上不确定发生的事实，作为民事法律行为效力的附款。附条件民事法律行为中所附的条件，由于是一种或然事实，未来可能发生也可能不发生，在当下看来具有或然性。因此，对已发生的及将来确定不会发生的事实，不应作为民事法律行为所附的条件。虽然民法典第158条就附条件的民事法律行为作了规定，但并未就当事人在民事法律行为中所附的条件不可能发生时相应的法律后果作出规定。为此，本条对所附条件不可能发生时相应的法律效果进行了明确。基于该规定可知，若该不可能发生的条件被约定为生效条件，则应认定民事法律行为不发生效力；若该不可能发生的条件被约定为解除条件，应认定未附条件，并按照民法典及其他相关法律规定确认民事法律行为本身是否失效。实际上，该条很大程度上是对现实生活逻辑的直观概括。	
六、代理	
第二十五条【部分代理人行使代理权的效力】 数个委托代理人共同行使代理权，其中一人或者数人未与其他委托代理人协商，擅自行使代理权的，依据民法	《民法典》 **第166条【共同代理】** 数人为同一代理事项的代理人的，应当共同行使代理权，但是当事人另有约定的除外。

续表

民法典总则编解释	关联规定
典第一百七十一条、第一百七十二条等规定处理。 **解读：**依代理权行使是一人还是数人，可将代理分为单独代理和共同代理。一般来说，共同代理是指数个代理人共同行使一项代理权的代理。就共同代理中代理权的行使，民法典第166条规定"应当共同行使代理权，但是当事人另有约定的除外"。此处的"当事人另有约定"应是指被代理人与代理人之间另有约定，而非数个代理人内部之间。基于共同代理属性与特征以及民法典第166条的原则性规定，可知共同代理情形下，代理人一般由代理人共同行使（被代理与代理人另有约定的除外）。在没有另外约定的情形外，全体代理人并未共同行使代理权而是单独或部分行使代理权的，此时应认定构成无权代理或者表见代理，按照民法典无权代理或者表见代理规则处理。	**第171条【无权代理】** 行为人没有代理权、超越代理权或者代理权终止后，仍然实施代理行为，未经被代理人追认的，对被代理人不发生效力。 相对人可以催告被代理人自收到通知之日起三十日内予以追认。被代理人未作表示的，视为拒绝追认。行为人实施的行为被追认前，善意相对人有撤销的权利。撤销应当以通知的方式作出。 行为人实施的行为未被追认的，善意相对人有权请求行为人履行债务或者就其受到的损害请求行为人赔偿。但是，赔偿的范围不得超过被代理人追认时相对人所能获得的利益。 相对人知道或者应当知道行为人无权代理的，相对人和行为人按照各自的过错承担责任。 **第172条【表见代理】** 行为人没有代理权、超越代理权或者代理权终止后，仍然实施代理行为，相对人有理由相信行为人有代理权的，代理行为有效。
第二十六条【复代理中"紧急情况"的认定】 由于急病、通讯联络中断、疫情防控等特殊原因，委托代理人自己不能办理	《民法典》 **第169条【复代理】** 代理人需要转委托第三人代理的，应当取得被代理人的同意或者追认。

续表

民法典总则编解释	关联规定
代理事项，又不能与被代理人及时取得联系，如不及时转委托第三人代理，会给被代理人的利益造成损失或者扩大损失的，人民法院应当认定为民法典第一百六十九条规定的紧急情况。 **解读：**复代理，又称为再代理，民法典第169条称之为转委托代理。按照民法典第169条第3款的规定，转委托代理一般须经被代理人的同意或追认，否则代理人应对转委托的第三人的行为承担责任。但也存在特殊情形不必须经被代理人同意或追认，即在紧急情况下代理人为了维护被代理人的利益需要转委托第三人代理的情形。但何谓此处的“紧急情况”，民法典并未作出规定。本条参考民通意见第80条规定，在急病、通信联络中断等情形的基础上，增加列举了“疫情防控”的内容。	转委托代理经被代理人同意或者追认的，被代理人可以就代理事务直接指示转委托的第三人，代理人仅就第三人的选任以及对第三人的指示承担责任。 转委托代理未经被代理人同意或者追认的，代理人应当对转委托的第三人的行为承担责任；但是，在紧急情况下代理人为了维护被代理人的利益需要转委托第三人代理的除外。
第二十七条【无权代理中相关举证责任的分配】 无权代理行为未被追认，相对人请求行为人履行债务或者赔偿损失的，由行为人就相对人知道或者应当知道行为人无权代理承担举证责任。	《民法典》 **第171条【无权代理】** 行为人没有代理权、超越代理权或者代理权终止后，仍然实施代理行为，未经被代理人追认的，对被代理人不发生效力。

续表

民法典总则编解释	关联规定
行为人不能证明的，人民法院依法支持相对人的相应诉讼请求；行为人能够证明的，人民法院应当按照各自的过错认定行为人与相对人的责任。 **解读**：按照民法典第171条第3款、第4款的规定，无权代理情形下，代理行为未被追认的，相对人有权就其损失向行为人主张赔偿。在赔偿责任大小方面，应按照相对人是否善意进行区分。民法典第171条虽就不同情形的相对人的损失赔偿作了规定，但并未明确针对“相对人知道或应当知道行为人无权代理”这一事实，应由谁来对此承担举证证明责任。为此，本条规定由行为人就相对人知道或者应当知道行为人无权代理承担举证责任。行为人能够证明“相对人知道或者应当知道行为人无权代理”的，法院应按照各自的过错认定行为人与相对人的责任（民法典第171条第4款规定的过错赔偿）；行为人不能证明的，法院应依法支持相对人的相应诉讼请求（民法典第171条第3款规定的全额赔偿）。	相对人可以催告被代理人自收到通知之日起三十日内予以追认。被代理人未作表示的，视为拒绝追认。行为人实施的行为被追认前，善意相对人有撤销的权利。撤销应当以通知的方式作出。 行为人实施的行为未被追认的，善意相对人有权请求行为人履行债务或者就其受到的损害请求行为人赔偿。但是，赔偿的范围不得超过被代理人追认时相对人所能获得的利益。 相对人知道或者应当知道行为人无权代理的，相对人和行为人按照各自的过错承担责任。

续表

民法典总则编解释	关联规定
第二十八条【相对人有理由相信行为人有代理权的认定】 同时符合下列条件的，人民法院可以认定为民法典第一百七十二条规定的相对人有理由相信行为人有代理权： （一）存在代理权的外观； （二）相对人不知道行为人行为时没有代理权，且无过失。 因是否构成表见代理发生争议的，相对人应当就无权代理符合前款第一项规定的条件承担举证责任；被代理人应当就相对人不符合前款第二项规定的条件承担举证责任。 **解读**：民法典第172条就表见代理的基本概念及法律后果作了规定。由于表见代理成立的，将产生与有权代理相同的法律效力，故是否构成表见代理的判断对当事人权利义务影响重大。判断是否构成表见代理，最关键之处便是认定“相对人是否有理由相信行为人有代理权”，但民法典并未就此作出明确。为此，本条第1款规定了认定“相对人有理由相信行为人有代理权”，需同时满足的两个要件：一是行为人存在代理权的外观，即存在外观授权。二是	**《民法典》** **第172条【表见代理】** 行为人没有代理权、超越代理权或者代理权终止后，仍然实施代理行为，相对人有理由相信行为人有代理权的，代理行为有效。

续表

民法典总则编解释	关联规定
相对人不知道行为人行为时没有代理权，且无过失，即相对人善意无过失。此外，当相关当事人就是否构成表见代理发生争议，常见情形包括被代理人认为不构成表见代理而构成无权代理、相对人认为构成表见代理而不构成无权代理。针对此类争议，为贯彻善意推定的原则，第2款就相关举证责任进行了明确，即相对人应当就无权代理符合前款第1项规定的条件（即“存在代理权的外观”）承担举证责任；被代理人应当就相对人不符合前款第2项规定的条件（即“相对人不知道行为人行为时没有代理权，且无过失”）承担举证责任。当然，这两个条件需同时满足才能认定构成表见代理。	
第二十九条【追认的意思表示生效时间】 法定代理人、被代理人依据民法典第一百四十五条、第一百七十一条的规定向相对人作出追认的意思表示的，人民法院应当依据民法典第一百三十七条的规定确认其追认意思表示的生效时间。 **解读**：民法典第145条规定法定代理人可就限制民事行为能力	《民法典》 **第137条【有相对人的意思表示生效时间】** 以对话方式作出的意思表示，相对人知道其内容时生效。 以非对话方式作出的意思表示，到达相对人时生效。以非对话方式作出的采用数据电文形式的意思表示，相对人指定特定系统接收数据电文的，该数据电文进入该特定系统时生效；未指定特定系统的，相对人知道或者应

续表

民法典总则编解释	关联规定
人实施的民事法律行为作出追认，第171条规定被代理人可就无权代理人实施的无权代理行为作出追认，并相应规定了可作出追认的时间。但上述两条并未对追认的生效时间作出明确规定，而追认的生效时间对代理行为的效力有着重要影响，为此，本条明确了追认的生效时间应直接适用民法典第137条关于有相对人的意思表示生效时间的规定，即追认以对话方式作出的，自相对人知道其内容时生效；追认以非对话方式作出的，自到达相对人时生效。所谓有相对人的意思表示，指意思表示是向特定的对象作出，而非没有特定对象。此外需注意，本条规定的是“应当”适用而非“可以”适用，且规定的是“直接”适用而非“参照”适用。这无疑表明，最高院其实是将“追认”这类行为作为意思表示的一种对待，而非将其作为准法律行为对待。就意思表示的概念而言，其是指行为人为了产生一定民法上的效果而将其内心意思通过一定方式表达于外部的行为。从其概念而言，无论是法定代理人的追认，还是无权代理情形中被代理人的追认，均符合意思表示的要求。	当知道该数据电文进入其系统时生效。当事人对采用数据电文形式的意思表示的生效时间另有约定的，按照其约定。 **第145条【限制民事行为能力人实施的民事法律行为的效力】** 限制民事行为能力人实施的纯获利益的民事法律行为或者与其年龄、智力、精神健康状况相适应的民事法律行为有效；实施的其他民事法律行为经法定代理人同意或者追认后有效。 相对人可以催告法定代理人自收到通知之日起三十日内予以追认。法定代理人未作表示的，视为拒绝追认。民事法律行为被追认前，善意相对人有撤销的权利。撤销应当以通知的方式作出。 **第171条【无权代理】** 行为人没有代理权、超越代理权或者代理权终止后，仍然实施代理行为，未经被代理人追认的，对被代理人不发生效力。 相对人可以催告被代理人自收到通知之日起三十日内予以追认。被代理人未作表示的，视为拒绝追认。行为人实施的行为被追认前，善意相对人有撤销的权利。撤销应当以通知的方式作出。 行为人实施的行为未被追认

续表

民法典总则编解释	关联规定
	的，善意相对人有权请求行为人履行债务或者就其受到的损害请求行为人赔偿。但是，赔偿的范围不得超过被代理人追认时相对人所能获得的利益。 相对人知道或者应当知道行为人无权代理的，相对人和行为人按照各自的过错承担责任。
七、民事责任	
第三十条【正当防卫】 为了使国家利益、社会公共利益、本人或者他人的人身权利、财产权利以及其他合法权益免受正在进行的不法侵害，而针对实施侵害行为的人采取的制止不法侵害的行为，应当认定为民法典第一百八十一条规定的正当防卫。 **解读：**《民法典》第181条虽就正当防卫情形下的民事责任承担作了规定，但并未明确何种情形应认定属于正当防卫。就正当防卫含义而言，民法意义上的正当防卫与刑法意义上的正当防卫并无本质区别，只是针对的责任形态不同。通说认为，正当防卫的构成要件包括以下几个方面：一是须有侵害事实存在。没有侵害，就不应存在防卫；且侵害的事实应在先，防卫	《民法典》 **第181条【正当防卫】** 因正当防卫造成损害的，不承担民事责任。 正当防卫超过必要的限度，造成不应有的损害的，正当防卫人应当承担适当的民事责任。 《刑法》 **第20条【正当防卫】** 为了使国家、公共利益、本人或者他人的人身、财产和其他权利免受正在进行的不法侵害，而采取的制止不法侵害的行为，对不法侵害人造成损害的，属于正当防卫，不负刑事责任。 正当防卫明显超过必要限度造成重大损害的，应当负刑事责任，但是应当减轻或者免除处罚。 对正在进行行凶、杀人、抢劫、强奸、绑架以及其他严重危及人身安全的暴力犯罪，采取防卫

续表

民法典总则编解释	关联规定
行为在后。二是不法侵害正在进行且具有现实紧迫性。若不法侵害尚未开始或已实施完毕，将属防卫不适时。三是防卫目的应正当合法。即应以国家利益、社会公共利益、他人或本人合法权益免受侵害为目的。以防卫的借口进行报复的，不属正当防卫，而构成侵权。四是防卫行为须对加害人本人实施。既可以针对加害人人身也可以针对其财产实施，但不能对第三人实施。五是防卫不能超过必要限度。这里的必要限度应理解为达到足以有效制止侵害行为的强度。若超出，构成防卫过当，应适用民法典第 181 条第 2 款的规定确定民事责任。综合上述通说观点，立足司法实践经验并在吸收刑法相关规定的基础上，本条对正当防卫的含义作了较为明确的规定。 **案例参考**：《付某诉徐某、保险公司身体权、健康权纠纷案》【胡春莲，《人民法院报》2020 年 6 月 18 日】 **案例要旨**：财产所有权人为制止不法侵害并追回自己的合法财产，驾车追赶并撞击盗窃者，造成盗窃者人身损害，其行为系正当防卫，没有超过必要的限度的，不应对盗窃者的损害后果承担民事责任。	行为，造成不法侵害人伤亡的，不属于防卫过当，不负刑事责任。 **《最高人民法院关于深入推进社会主义核心价值观融入裁判文书释法说理的指导意见》** **第 4 条**　下列案件的裁判文书，应当强化运用社会主义核心价值观释法说理： （一）涉及国家利益、重大公共利益，社会广泛关注的案件； （二）涉及疫情防控、抢险救灾、英烈保护、见义勇为、正当防卫、紧急避险、助人为乐等，可能引发社会道德评价的案件； （三）涉及老年人、妇女、儿童、残疾人等弱势群体以及特殊群体保护，诉讼各方存在较大争议且可能引发社会广泛关注的案件； （四）涉及公序良俗、风俗习惯、权利平等、民族宗教等，诉讼各方存在较大争议且可能引发社会广泛关注的案件； （五）涉及新情况、新问题，需要对法律规定、司法政策等进行深入阐释，引领社会风尚、树立价值导向的案件； （六）其他应当强化运用社会主义核心价值观释法说理的案件。

续表

民法典总则编解释	关联规定
第三十一条【防卫不当】 对于正当防卫是否超过必要的限度，人民法院应当综合不法侵害的性质、手段、强度、危害程度和防卫的时机、手段、强度、损害后果等因素判断。 经审理，正当防卫没有超过必要限度的，人民法院应当认定正当防卫人不承担责任。正当防卫超过必要限度的，人民法院应当认定正当防卫人在造成不应有的损害范围内承担部分责任；实施侵害行为的人请求正当防卫人承担全部责任的，人民法院不予支持。 实施侵害行为的人不能证明防卫行为造成不应有的损害，仅以正当防卫人采取的反击方式和强度与不法侵害不相当为由主张防卫过当的，人民法院不予支持。 **解读：**关于正当防卫是否超过必要限度的判断，民法典并未作出规定。通说认为，一方面应从侵害行为的手段和强度上考量，另一方面需就防卫行为所保护权益与防卫行为所侵害权益对比考量。在参考通说并总结司法经验基础上，本条明确了正当防卫是否超过必要的限度的判断，应综合不法侵害的	《民法典》 **第181条【正当防卫】** 因正当防卫造成损害的，不承担民事责任。 正当防卫超过必要的限度，造成不应有的损害的，正当防卫人应当承担适当的民事责任。 《刑法》 **第20条【正当防卫】** 为了使国家、公共利益、本人或者他人的人身、财产和其他权利免受正在进行的不法侵害，而采取的制止不法侵害的行为，对不法侵害人造成损害的，属于正当防卫，不负刑事责任。 正当防卫明显超过必要限度造成重大损害的，应当负刑事责任，但是应当减轻或者免除处罚。 对正在进行行凶、杀人、抢劫、强奸、绑架以及其他严重危及人身安全的暴力犯罪，采取防卫行为，造成不法侵害人伤亡的，不属于防卫过当，不负刑事责任。 **《最高人民法院 最高人民检察院 公安部关于依法适用正当防卫制度的指导意见》** **第12条** 准确认定“明显超过必要限度”。防卫是否“明显超过必要限度”，应当综合不法侵害的性质、手段、强度、危害程度和

续表

民法典总则编解释	关联规定
性质、手段、强度、危害程度和防卫的时机、手段、强度、损害后果等因素进行认定。另，由于正当防卫本身就会造成一定损失，在防卫超过必要限度的情况下，侵害人的损失应分为两部分：一是防卫未超出必要限度时的损失；二是超出必要限度时增大了的损失。由于侵害人损害的源头在于其不法侵害，其对此亦有过错，且正当防卫是值得肯定的行为。因此，即使在正当防卫超出必要限度的情况下，防卫人也只应在造成不应有的损害范围内承担部分责任。所谓“不应有的损害范围”，应理解为超出必要限度时增大了的损失范围。本条第2款即对此作了明确。此外，将防卫是否过当的举证证明责任分配给实施侵害行为的人，既符合民事诉讼对举证责任的一般要求，也与正当防卫制度的立法目的相契合。	防卫的时机、手段、强度、损害后果等情节，考虑双方力量对比，立足防卫人防卫时所处情境，结合社会公众的一般认知作出判断。在判断不法侵害的危害程度时，不仅要考虑已经造成的损害，还要考虑造成进一步损害的紧迫危险性和现实可能性。不应当苛求防卫人必须采取与不法侵害基本相当的反击方式和强度。通过综合考量，对于防卫行为与不法侵害相差悬殊、明显过激的，应当认定防卫明显超过必要限度。
第三十二条【紧急避险】 为了使国家利益、社会公共利益、本人或者他人的人身权利、财产权利以及其他合法权益免受正在发生的急迫危险，不得已而采取紧急措施的，应当认定为民法典第一百八十二条规定的紧急避险。	**《民法典》** **第182条【紧急避险】** 因紧急避险造成损害的，由引起险情发生的人承担民事责任。 危险由自然原因引起的，紧急避险人不承担民事责任，可以给予适当补偿。

续表

民法典总则编解释	关联规定
解读：紧急避险，是指为了社会公共利益、他人或自身合法利益免受更大损害，在不得已情况下采取造成他人少量损失的紧急措施。简言之，即是在两种合法利益不可能同时都得到保护的情况下，不得已而采用牺牲其中较轻的利益，保全较重大的利益的一种合法行为。就紧急避险的构成要件而言，一般包括如下四点：一是避险目的上，须是使国家利益、社会公共利益、本人或他人的人身、财产权利免受危险的损害。二是避险时间上，须是针对正在发生的危险而采取的紧急避险行为。若危险未发生或已消除，或虽正发生但不会对相关主体合法权益造成损害的，不应采取避险措施。三是紧迫性上，须是在不得已情况下采取避险措施。四是避险行为限度上，不能超过必要限度，即避险行为引起的损害应小于该危险所可能带来的损害。综上，本条对紧急避险的含义作了规定。	紧急避险采取措施不当或者超过必要的限度，造成不应有的损害的，紧急避险人应当承担适当的民事责任。 **《刑法》** **第21条【紧急避险】** 为了使国家、公共利益、本人或者他人的人身、财产和其他权利免受正在发生的危险，不得已采取的紧急避险行为，造成损害的，不负刑事责任。 紧急避险超过必要限度造成不应有的损害的，应当负刑事责任，但是应当减轻或者免除处罚。 第一款中关于避免本人危险的规定，不适用于职务上、业务上负有特定责任的人。 **《最高人民法院关于深入推进社会主义核心价值观融入裁判文书释法说理的指导意见》** **第4条** 下列案件的裁判文书，应当强化运用社会主义核心价值观释法说理： （一）涉及国家利益、重大公共利益，社会广泛关注的案件； （二）涉及疫情防控、抢险救灾、英烈保护、见义勇为、正当防卫、紧急避险、助人为乐等，可能引发社会道德评价的案件； （三）涉及老年人、妇女、儿童、残疾人等弱势群体以及特殊

续表

民法典总则编解释	关联规定
	群体保护，诉讼各方存在较大争议且可能引发社会广泛关注的案件； （四）涉及公序良俗、风俗习惯、权利平等、民族宗教等，诉讼各方存在较大争议且可能引发社会广泛关注的案件； （五）涉及新情况、新问题，需要对法律规定、司法政策等进行深入阐释，引领社会风尚、树立价值导向的案件； （六）其他应当强化运用社会主义核心价值观释法说理的案件。
第三十三条【避险不当】 对于紧急避险是否采取措施不当或者超过必要的限度，人民法院应当综合危险的性质、急迫程度、避险行为所保护的权益以及造成的损害后果等因素判断。 经审理，紧急避险采取措施并无不当且没有超过必要限度的，人民法院应当认定紧急避险人不承担责任。紧急避险采取措施不当或者超过必要限度的，人民法院应当根据紧急避险人的过错程度、避险措施造成不应有的损害的原因力大小、紧急避险人是否为受益人等因素认定紧急避险人在造成的不应有的损害范围内承担相应的责任。	**《民法典》** **第182条【紧急避险】** 因紧急避险造成损害的，由引起险情发生的人承担民事责任。 危险由自然原因引起的，紧急避险人不承担民事责任，可以给予适当补偿。 紧急避险采取措施不当或者超过必要的限度，造成不应有的损害的，紧急避险人应当承担适当的民事责任。

续表

民法典总则编解释	关联规定
解读：民法典第182条并未就判断紧急避险采取措施是否不当、是否超过必要限度应考量的因素作出规定，也未就措施不当或超过必要限度情形下判令避险人承担责任时需考量的因素作出规定。本条对上述两个方面均作了明确。第1款明确了认定避险措施是否不当或超过必要限度时应综合考量的因素包括危险性质、急迫程度、避险行为所保护的权益以及造成的损害后果等。若确定紧急避险措施不当或者避险超出必要限度的，按照第2款的规定，判令避险人在造成的不应有的损害范围内承担相应的责任时需考量的因素包括紧急避险人的过错程度、避险措施造成不应有的损害的原因力大小、紧急避险人是否为受益人等。所谓“在造成的不应有的损害范围内承担相应的责任”，需注意两点：一是“不应有的损害”。超过“允许存在的损害”的损害即为“不应有的损害”。而“允许存在的损害”一般限定在危险所带来的损害之内。换言之，超出危险所带来损害的部分损害即为不应有的损害。二是相应责任即为部分责任。即在“不应有的损害”范围内承担部分责任。具体按何种比例确定，则需综合上面提及的因素认定。	

续表

民法典总则编解释	关联规定
第三十四条【见义勇为中受益人补偿数额的确定】 因保护他人民事权益使自己受到损害，受害人依据民法典第一百八十三条的规定请求受益人适当补偿的，人民法院可以根据受害人所受损失和已获赔偿的情况、受益人受益的多少及其经济条件等因素确定受益人承担的补偿数额。 **解读：** 民法典第183条就因保护他人民事权益受损时的责任承担与补偿作了规定，有观点也将该条规定称为“见义勇为者的特别请求权”。该条有两处关于受益人“适当补偿”的规定：第一处针对有侵权人承担民事责任时，受益人可以给予适当补偿；第二处针对无侵权人承担民事责任时（包括没有侵权人、侵权人逃逸或无力承担的情况），受害人请求补偿的，受益人应当给予适当补偿。而适当补偿数额的确定，需考虑下述三个方面：一是行为人与受益人双方经济状况。紧急避险制度本就是基于利益衡平而生的，规定受益人的补偿责任是基于一定的伦理性。二是受益人的受益范围。一般而言，受益人受益越大，补偿数额越多。需注意，	《民法典》 **第183条【因保护他人民事权益受损时的责任承担与补偿】** 因保护他人民事权益使自己受到损害的，由侵权人承担民事责任，受益人可以给予适当补偿。没有侵权人、侵权人逃逸或者无力承担民事责任，受害人请求补偿的，受益人应当给予适当补偿。 **《最高人民法院关于深入推进社会主义核心价值观融入裁判文书释法说理的指导意见》** **第4条** 下列案件的裁判文书，应当强化运用社会主义核心价值观释法说理： （一）涉及国家利益、重大公共利益，社会广泛关注的案件； （二）涉及疫情防控、抢险救灾、英烈保护、见义勇为、正当防卫、紧急避险、助人为乐等，可能引发社会道德评价的案件； （三）涉及老年人、妇女、儿童、残疾人等弱势群体以及特殊群体保护，诉讼各方存在较大争议且可能引发社会广泛关注的案件； （四）涉及公序良俗、风俗习惯、权利平等、民族宗教等，诉讼各方存在较大争议且可能引发社会广泛关注的案件；

续表

民法典总则编解释	关联规定
此处的受益范围不仅应考虑获益数额，还需考虑所受保护的民事权益的位阶。三是受益人对损害发生是否存在过错。若受益人对危险发生存在过错，但又不构成侵权责任时，可考虑加重受益人补偿义务。基于此，本条就法院在确定受益人适当补偿数额时需考量的因素作了明确。	（五）涉及新情况、新问题，需要对法律规定、司法政策等进行深入阐释，引领社会风尚、树立价值导向的案件； （六）其他应当强化运用社会主义核心价值观释法说理的案件。 **《最高人民法院关于为稳定就业提供司法服务和保障的意见》** **8.** 加强新就业形态劳动者合法权益保障。不完全符合确立劳动关系情形但企业对劳动者进行劳动管理的，可以结合新业态劳动者权益保障指导意见有关规定，依法保障劳动者权益。依法保护劳动者按照约定或者法律规定获得劳动报酬的权利；劳动者因不可抗力、见义勇为、紧急救助以及工作量或者劳动强度明显不合理等非主观因素，超时完成工作任务或者受到消费者差评，主张不能因此扣减应得报酬的，人民法院应当依法支持。推动完善劳动者因执行工作任务遭受损害的责任分担机制。依法认定与用工管理相关的算法规则效力，保护劳动者取得劳动报酬、休息休假等基本合法权益；与用工管理相关的算法规则存在不符合日常生活经验法则、未考虑遵守交通规则等客观因素或者其他违背公序良俗

续表

民法典总则编解释	关联规定
	情形，劳动者主张该算法规则对其不具有法律约束力或者请求赔偿因该算法规则不合理造成的损害的，人民法院应当依法支持。
八、诉讼时效	
第三十五条【普通诉讼时效不得延长及最长诉讼时效期间不得中止、中断】 民法典第一百八十八条第一款规定的三年诉讼时效期间，可以适用民法典有关诉讼时效中止、中断的规定，不适用延长的规定。该条第二款规定的二十年期间不适用中止、中断的规定。 **解读：**一般而言，普通诉讼时效期间可以适用中止、中断没有疑问，最长诉讼时效期间适用延长也是民法典第 188 条第 2 款明确规定的，也没有疑问。实践中，存在疑问的主要是普通诉讼时效期间是否可以延长，以及最长诉讼时效期间是否可以中止、中断。对最长诉讼时效期间是否可以中止、中断而言，由于 20 年的诉讼时效本就很长，且法律明确规定有特殊情况的可以延长。因此，对其再适用中止、中断的意义已经不大。且如果适用中断，	**《民法典》** **第 188 条【普通诉讼时效、最长诉讼时效期间】** 向人民法院请求保护民事权利的诉讼时效期间为三年。法律另有规定的，依照其规定。 诉讼时效期间自权利人知道或者应当知道权利受到损害以及义务人之日起计算。法律另有规定的，依照其规定。但是，自权利受到损害之日起超过二十年的，人民法院不予保护，有特殊情况的，人民法院可以根据权利人的申请决定延长。 **《全国法院贯彻实施民法典工作会议纪要》** **5.** 民法典第一百八十八条第一款规定的普通诉讼时效期间，可以适用民法典有关诉讼时效中止、中断的规定，不适用延长的规定。民法典第一百八十八条第二款规定的“二十年”诉讼时效期间可以适用延长的规定，不适用中止、中断的规定。

续表

民法典总则编解释	关联规定
再重新起算20年，也严重制约时效制度功能的发挥。为此，最长诉讼时效不应适用中止、中断。对普通诉讼时效期间是否可以延长而言，民法典将普通诉讼时效期间规定为3年，实际上已不短，且其已有中止、中断事由以及起算等方面的保护，再规定其可延长并无必要，且易与中止、中断等产生混淆。为统一司法实践，本条明确规定普通诉讼时效时间可中止、中断，但不得延长；最长诉讼时效期间可延长，但不得中止、中断。	诉讼时效根据民法典第一百九十五条的规定中断后，在新的诉讼时效期间内，再次出现第一百九十五条规定的中断事由，可以认定诉讼时效再次中断。权利人向义务人的代理人、财产代管人或者遗产管理人主张权利的，可以认定诉讼时效中断。
第三十六条【无、限制民事行为能力人权利受损时的诉讼时效起算】 无民事行为能力人或者限制民事行为能力人的权利受到损害的，诉讼时效期间自其法定代理人知道或者应当知道权利受到损害以及义务人之日起计算，但是法律另有规定的除外。 **解读：**就无民事行为能力人而言，无论是成年人还是未成年人，均由法定代理人代理实施民事法律行为，因此其因权利遭受损害而提起诉讼的行为也应由法定代理人代理实施。就限制民事行为能力人而言，虽然其可独立实	《民法典》 **第188条【普通诉讼时效、最长权利保护期间】** 向人民法院请求保护民事权利的诉讼时效期间为三年。法律另有规定的，依照其规定。 诉讼时效期间自权利人知道或者应当知道权利受到损害以及义务人之日起计算。法律另有规定的，依照其规定。但是，自权利受到损害之日起超过二十年的，人民法院不予保护，有特殊情况的，人民法院可以根据权利人的申请决定延长。 **第190条【对法定代理人请求权的诉讼时效起算】** 无民事行

续表

民法典总则编解释	关联规定
施与其年龄、智力、精神健康状况相适应的民事法律行为，但由于针对权利遭受损害而提起诉讼等主张权利的行为属于非常专业的行为，需要严格遵守相关程序法律制度以及实体法律制度的规定，就一般正常人而言都非易事，很多情况下需聘请法律专业人士进行代理，因此提起诉讼不应认定为与限制民事行为能力人的年龄、智力、精神健康状况相适应的民事法律行为。故此类行为也应由法定代理人代理实施。既然无民事行为能力人、限制民事行为能力人权利遭受损害时提起诉讼（主张权利）应由法定代理人代理实施，故此种情况下的诉讼时效期间“自其法定代理人知道或者应当知道权利受到损害以及义务人之日起计算”也就再自然不过了。	为能力人或者限制民事行为能力人对其法定代理人的请求权的诉讼时效期间，自该法定代理终止之日起计算。
第三十七条【对法定代理人请求权的诉讼时效期间起算】 无民事行为能力人、限制民事行为能力人的权利受到原法定代理人损害，且在取得、恢复完全民事行为能力或者在原法定代理终止并确定新的法定代理人后，相应民事主体才知道或者应当知道权利受到损害的，有关请求权诉	《民法典》 **第188条【普通诉讼时效、最长权利保护期间】** 向人民法院请求保护民事权利的诉讼时效期间为三年。法律另有规定的，依照其规定。 诉讼时效期间自权利人知道或者应当知道权利受到损害以及义务人之日起计算。法律另有规定

续表

民法典总则编解释	关联规定
讼时效期间的计算适用民法典第一百八十八条第二款、本解释第三十六条的规定。 **解读：**无民事行为能力人、限制民事行为能力人权利受损时诉讼时效起算，本解释第36条明确了“自其法定代理人知道或者应当知道权利受到损害以及义务人之日起计算”的规则。但需注意，这一规定并不适用侵害人为法定代理人的情形。就非法定代理人为侵权人的情形而言，民法典第190条作了规定，既“对其法定代理人的请求权的诉讼时效期间自该法定代理终止之日起计算”。但该规定仍无法囊括一些较为特殊的情况，如实践中可能存在的“原法定代理终止时，遭受侵害的无民事行为能力人、限制民事行为能力人及其新的法定代理人并对损害事实以及义务人并不知晓”的情况。此情况下，虽然原法定代理关系已终止，但诉讼时效期间不应当按照民法典第190条的规定自原法定代理关系终止时起算，而是应回归到民法典第188条第2款规定的“自权利人知道或者应当知道权利受到损害以及义务人之日起计算”上来。	的，依照其规定。但是，自权利受到损害之日起超过二十年的，人民法院不予保护，有特殊情况的，人民法院可以根据权利人的申请决定延长。 **第190条【对法定代理人请求权的诉讼时效起算】** 无民事行为能力人或者限制民事行为能力人对其法定代理人的请求权的诉讼时效期间，自该法定代理终止之日起计算。

续表

民法典总则编解释	关联规定
第三十八条【诉讼时效再次中断与向其他主体主张权利的效力】 诉讼时效依据民法典第一百九十五条的规定中断后，在新的诉讼时效期间内，再次出现第一百九十五条规定的中断事由，可以认定为诉讼时效再次中断。 权利人向义务人的代理人、财产代管人或者遗产管理人等提出履行请求的，可以认定为民法典第一百九十五条规定的诉讼时效中断。 **解读**：民法典第 195 条就诉讼时效中断的 4 种情形及诉讼时效的重新起算时间作了规定。就诉讼时效中断并重新起算后是否可以再次中断的问题，民法典虽未直接规定，但允许再次甚至多次中断应是民法典第 195 条规定的应有之义。此外，就权利人向义务人提出履行请求而中断诉讼时效而言，在某些情况下如义务人存在法定代理人、财产代管人、遗产管理人时，权利人向上述三类主体提出履行请求的，也应导致诉讼时效中断，这是基于法定代理人、财产代管人、遗产管理人的性质（针对的主体类型）与职责可得而知的。就法定代理人	《民法典》 **第 195 条【诉讼时效中断的情形】** 有下列情形之一的，诉讼时效中断，从中断、有关程序终结时起，诉讼时效期间重新计算： （一）权利人向义务人提出履行请求； （二）义务人同意履行义务； （三）权利人提起诉讼或者申请仲裁； （四）与提起诉讼或者申请仲裁具有同等效力的其他情形。 **第 43 条【财产代管人职责】** 财产代管人应当妥善管理失踪人的财产，维护其财产权益。 失踪人所欠税款、债务和应付的其他费用，由财产代管人从失踪人的财产中支付。 财产代管人因故意或者重大过失造成失踪人财产损失的，应当承担赔偿责任。 **第 1147 条【遗产管理人职责】** 遗产管理人应当履行下列职责： （一）清理遗产并制作遗产清单； （二）向继承人报告遗产情况； （三）采取必要措施防止遗产毁损、灭失； （四）处理被继承人的债权债务；

续表

民法典总则编解释	关联规定
而言，只有无民事行为能力人、限制民事行为能力人才会存在法定代理人，权利人本身就不应直接向无民事行为能力人、限制民事行为能力人提出履行请求。且法定代理人职责即为监护人职责，有权代理被监护人实施民事法律行为。就财产代管人而言，其是针对失踪人而言的，权利人向失踪人直接提出履行请求在实践中很少见且程序复杂。且财产代管人职责本身就包括利用失踪人财产为失踪人清偿债务。就遗产管理人而言，其是针对死者而言的，权利人也不应且不能直接向死者提出履行请求，且处理被继承人的债权债务也是其当然职责。需注意的是，本条规定的是代理人，即不仅包括法定代理人，委托代理人也应在其中。就委托代理人而言，基于委托人一般为完全民事行为能力人，其本身即有能力与资格受领与理解他人的意思表示。若权利人提出履行的事项属于该委托代理人的职权范围，应允许权利人向委托代理人提出履行请求，此时应认为可导致诉讼时效中断；若权利人提出履行的事项并不属于该委托代理人的职权范围，权利人向该委托代理人提出	（五）按照遗嘱或者依照法律规定分割遗产； （六）实施与管理遗产有关的其他必要行为。 **《全国法院贯彻实施民法典工作会议纪要》** 5. 民法典第一百八十八条第一款规定的普通诉讼时效期间，可以适用民法典有关诉讼时效中止、中断的规定，不适用延长的规定。民法典第一百八十八条第二款规定的“二十年”诉讼时效期间可以适用延长的规定，不适用中止、中断的规定。 诉讼时效根据民法典第一百九十五条的规定中断后，在新的诉讼时效期间内，再次出现第一百九十五条规定的中断事由，可以认定诉讼时效再次中断。权利人向义务人的代理人、财产代管人或者遗产管理人主张权利的，可以认定诉讼时效中断。

续表

民法典总则编解释	关联规定
履行请求并不必然导致诉讼时效中断。这或许也是本条表述为“可以”而非“应当”中断的部分原因。	
九、附则	
第三十九条【解释施行时间与溯及力】 本解释自2022年3月1日起施行。 民法典施行后的法律事实引起的民事案件，本解释施行后尚未终审的，适用本解释；本解释施行前已经终审，当事人申请再审或者按照审判监督程序决定再审的，不适用本解释。 **解读：**本条明确了本解释自2022年3月1日起施行。即因在2022年3月1日及之后发生的法律事实引起的民事纠纷，应当适用本解释。另外，本条第2款就解释的溯及适用问题作了明确。一般而言，司法解释原则上不具有溯及力，但也存在特殊情形，就本条而言，体现在第2款规定的“民法典施行后的法律事实引起的民事案件，本解释施行后尚未终审的，适用本解释”。另，虽然民法典总则编几乎完全沿袭了民法总则的规定，但二者毕竟不是	**《民法典》** **第1260条【施行日期及旧法废止】** 本法自2021年1月1日起施行。《中华人民共和国婚姻法》、《中华人民共和国继承法》、《中华人民共和国民法通则》、《中华人民共和国收养法》、《中华人民共和国担保法》、《中华人民共和国合同法》、《中华人民共和国物权法》、《中华人民共和国侵权责任法》、《中华人民共和国民法总则》同时废止。

续表

民法典总则编解释	关联规定
同一部法律，也非同一法律的不同版本。民法总则的生效期间为2017年10月1日至2021年1月1日（民法典开始生效之时），与民法典生效期间并不存在重叠部分。本解释虽是针对民法总则作出，但其针对的只是民法典总则编等相关部分而非《民法总则》，其溯及适用的范围也理应限定在民法典施行之后而非之前的情形，即民法总则实施之日至民法典施行之日期间发生的法律事实引起的民事案件，本解释并无溯及力。	

《民法典物权编解释一》条文对照与重点解读

民法典物权编解释一	关联规定
第一条【审查基础关系或确认权属属于民事诉讼受案范围】 因不动产物权的归属，以及作为不动产物权登记基础的买卖、赠与、抵押等产生争议，当事人提起民事诉讼的，应当依法受理。当事人已经在行政诉讼中申请一并解决上述民事争议，且人民法院一并审理的除外。 **解读：**不动产物权变动原则上需经依法登记始生物权效力，而登记作为不动产物权变动的一般公示方法，司法实践中有很多涉及不动产的纠纷与登记有关。基于不动产登记性质上存在复合性的情况，由此而生的解决途径则须区分具体情况而定，不是在民事诉讼与行政诉讼中作简单的单项选择。民法典调整平等民事主体之间的人身、财产关系等，而物权归属或基础关系所生纠纷，是平等民事主体间之财产争议，与行政诉讼一般不存在交叉的问题，故理应通过民事诉讼对相应法	《民法典》 **第205条【物权编的调整范围】** 本编调整因物的归属和利用产生的民事关系。 **第209条【不动产物权登记的效力】** 不动产物权的设立、变更、转让和消灭，经依法登记，发生效力；未经登记，不发生效力，但是法律另有规定的除外。 依法属于国家所有的自然资源，所有权可以不登记。 *《物权法解释一》（已废止）* ***第1条*** *因不动产物权的归属，以及作为不动产物权登记基础的买卖、赠与、抵押等产生争议，当事人提起民事诉讼的，应当依法受理。当事人已经在行政诉讼中申请一并解决上述民事争议，且人民法院一并审理的除外。*

续表

民法典物权编解释一	关联规定
律行为及其他法律事实进行判断。法院通过民事审判程序对当事人争议的不动产物权归属作出生效判决后，当事人可持生效判决到登记机构处办理更正登记。登记机构应依法予以更正，若其不予更正的，当事人可提起行政诉讼。	
第二条【不动产确权争议中登记的证明力】 当事人有证据证明不动产登记簿的记载与真实权利状态不符、其为该不动产物权的真实权利人，请求确认其享有物权的，应予支持。 **解读：**作为一种拟制事实，登记展现的权利状态并不总能或者绝对反映真实的不动产物权关系情况。据此而言，在物权归属尤其不动产确权争议中，赋予登记（不动产登记簿等权属证明材料）以终局证明效力，既为登记制度功能所不能承受之重，也有违诉讼证据规则的本意。因此，民法典第216条、第217条虽然明确了不动产登记簿的确权效力以及其在不动产权属证书前的优先效力，但并未排除确有错误外的可更正登记、异议登记以及登记错误的赔偿责任，民法典第220条、第222条即对此作了明确。也就是说，不动	《民法典》 **第216条【不动产登记簿的效力和管理】** 不动产登记簿是物权归属和内容的根据。 不动产登记簿由登记机构管理。 **第217条【登记簿与权属证书关系】** 不动产权属证书是权利人享有该不动产物权的证明。不动产权属证书记载的事项，应当与不动产登记簿一致；记载不一致的，除有证据证明不动产登记簿确有错误外，以不动产登记簿为准。 **第220条【更正登记与异议登记】** 权利人、利害关系人认为

续表

民法典物权编解释一	关联规定
产登记簿的记载与真实权利状态不符的，应允许不动产物权的真实权利人主张真实的物权。概言之，不动产登记簿的推定力只及于权利，不及于事实。但基于不动产登记簿对权属证明的证明力较高，因此，否定不动产登记簿证明力的证据应达到“具有高度可能性”程度。	不动产登记簿记载的事项错误的，可以申请更正登记。不动产登记簿记载的权利人书面同意更正或者有证据证明登记确有错误的，登记机构应当予以更正。 不动产登记簿记载的权利人不同意更正的，利害关系人可以申请异议登记。登记机构予以异议登记，申请人自异议登记之日起十五日内不提起诉讼的，异议登记失效。异议登记不当，造成权利人损害的，权利人可以向申请人请求损害赔偿。 **第222条【不动产登记错误的赔偿】** 当事人提供虚假材料申请登记，造成他人损害的，应当承担赔偿责任。 因登记错误，造成他人损害的，登记机构应当承担赔偿责任。登记机构赔偿后，可以向造成登记错误的人追偿。 ***《物权法解释一》（已废止）*** ***第2条*** *当事人有证据证明不动产登记簿的记载与真实权利状态不符、其为该不动产物权的真实权利人，请求确认其享有物权的，应予支持。*
第三条【确权争议不受异议登记失效影响】 异议登记因民法典第二百二十条第二款规定的事由	**《民法典》** **第220条【更正登记与异议登记】** 权利人、利害关系人认为

续表

民法典物权编解释一	关联规定
失效后，当事人提起民事诉讼，请求确认物权归属的，应当依法受理。异议登记失效不影响人民法院对案件的实体审理。 **解读：**异议登记，属于由法律确立的一种对真正权利人利益进行保护的临时性措施。其实质是在登记错误的情况下，为事实权利人及利害关系人提供的一种暂时性救济手段，只是通过对记载权利的警示，排除登记记载内容的公信力，暂时对被异议权利造成阻断，从而使得在烦琐的权利争议解决程序和更正登记实现之前，对真实权利人、利害关系人以及交易安全起到过渡性的辅助保护。由此可以看出，异议登记并非对物权归属或变动的确认性登记，并未解决物权实际权利人的问题。而物权确认纠纷解决则聚焦于解决物权的归属和内容，是解决物权登记错误的基础。异议登记和物权确认之诉虽有联系和区别，但不能相互取代，也不能互相排斥。即使异议登记不存在或失去效力，也不影响当事人物权确认之诉的受理与审理。	不动产登记簿记载的事项错误的，可以申请更正登记。不动产登记簿记载的权利人书面同意更正或者有证据证明登记确有错误的，登记机构应当予以更正。 不动产登记簿记载的权利人不同意更正的，利害关系人可以申请异议登记。登记机构予以异议登记，申请人自异议登记之日起十五日内不提起诉讼的，异议登记失效。异议登记不当，造成权利人损害的，权利人可以向申请人请求损害赔偿。 ***《物权法解释一》（已废止）*** ***第3条*** *异议登记因物权法第十九条第二款规定的事由失效后，当事人提起民事诉讼，请求确认物权归属的，应当依法受理。异议登记失效不影响人民法院对案件的实体审理。*

续表

民法典物权编解释一	关联规定
第四条【预告登记权利人的保护】 未经预告登记的权利人同意，转让不动产所有权等物权，或者设立建设用地使用权、居住权、地役权、抵押权等其他物权的，应当依照民法典第二百二十一条第一款的规定，认定其不发生物权效力。 **解读：**预告登记赋予被登记的债权以一定的物权效力，即对违背预告登记内容的后发不动产物权处分行为具有排他效力，现时登记权利人的物权处分自由进而受到限制。民法典第221条对此作了规定，但并未明确其所谓的“处分”具体包括哪些情形。虽然预告登记只是不动产登记中的一项具体制度，但它关涉到物权法律制度与债法的基本体系，对债权人、债务人甚至交易第三人的利益影响甚巨，故通过本条对民法典第221条第1款中的“处分行为”作出进一步解释。	《民法典》 **第221条【预告登记】** 当事人签订买卖房屋的协议或者签订其他不动产物权的协议，为保障将来实现物权，按照约定可以向登记机构申请预告登记。预告登记后，未经预告登记的权利人同意，处分该不动产的，不发生物权效力。 预告登记后，债权消灭或者自能够进行不动产登记之日起九十日内未申请登记的，预告登记失效。 *《物权法解释一》（已废止）* ***第4条*** *未经预告登记的权利人同意，转移不动产所有权，或者设定建设用地使用权、地役权、抵押权等其他物权的，应当依照物权法第二十条第一款的规定，认定其不发生物权效力。*
第五条【导致预告登记失效的“债权消灭”的认定】 预告登记的买卖不动产物权的协议被认定无效、被撤销，或者预告登记的权利人放弃债权的，应当认定为民法典第二百二十一条第二款所称的“债权消灭”。	《民法典》 **第221条【预告登记】** 当事人签订买卖房屋的协议或者签订其他不动产物权的协议，为保障将来实现物权，按照约定可以向登记机构申请预告登记。预告登记后，未经预告登记的

续表

民法典物权编解释一	关联规定
解读：民法典第221条第2款明确了两种预告登记失效的情形，一是债权消灭，二是自能够进行不动产登记之日起九十日内未申请登记。除了民法典第221条第2款规定的两种失效事由外，预告登记效力终于本登记完成，因被注销而失效。就债权消灭而言，由于预告登记的目的是保全一项旨在发生物权变动的请求权不因债务人之后的物权变动行为而发生目的落空。因此可以说，预告登记附属于该请求权并服务于该请求权。在此意义上，它与作为担保物权的不动产抵押权具有类似性，即都依附于债权而存在。换言之，在预告登记所附属的债权消灭后，即使预告登记尚未注销，现时登记权利人处分物权之限制随即解除，预告登记权利人不得主张登记利益再受保护。 **案例参考**：《中国光大银行股份有限公司上海青浦支行诉上海东鹤房地产有限公司、陈思绮保证合同纠纷案》【《最高人民法院公报》2014年第9期】 **案例要旨**：预售商品房抵押贷款中，虽然银行与借款人（购房人）对预售商品房做了抵押预告登记，但该预告登记并未使银行	权利人同意，处分该不动产的，不发生物权效力。 预告登记后，债权消灭或者自能够进行不动产登记之日起九十日内未申请登记的，预告登记失效。 ***《物权法解释一》（已废止）*** ***第5条*** *买卖不动产物权的协议被认定无效、被撤销、被解除，或者预告登记的权利人放弃债权的，应当认定为物权法第二十条第二款所称的“债权消灭”。*

续表

民法典物权编解释一	关联规定
获得现实的抵押权，而是待房屋建成交付借款人后银行就该房屋设立抵押权的一种预先的排他性保全。如果房屋建成后的产权未登记至借款人名下，则抵押权设立登记无法完成，银行不能对该预售商品房行使抵押权。	
第六条【债权人不属于特殊动产转让未登记不得对抗“善意第三人”】 转让人转让船舶、航空器和机动车等所有权，受让人已经支付合理价款并取得占有，虽未经登记，但转让人的债权人主张其为民法典第二百二十五条所称的“善意第三人”的，不予支持，法律另有规定的除外。 **解读**：动产物权的变动不以登记而以交付为生效要件，但船舶、航空器和机动车等特殊动产的物权变动，则以登记为对抗要件，即民法典第225条规定的“船舶、航空器和机动车等的物权的设立、变更、转让和消灭，未经登记，不得对抗善意第三人”。换言之，船舶、航空器和机动车等物权的设立、变更、转让和消灭，未在登记部门登记，虽然在当事人之间已发生效力，但当事人不得对善意第三人主张物权变动	《民法典》 **第225条【特殊动产登记效力】** 船舶、航空器和机动车等的物权的设立、变更、转让和消灭，未经登记，不得对抗善意第三人。 *《物权法解释一》（已废止）* ***第6条*** *转让人转移船舶、航空器和机动车等所有权，受让人已经支付对价并取得占有，虽未经登记，但转让人的债权人主张其为物权法第二十四条所称的“善意第三人”的，不予支持，法律另有规定的除外。*

续表

民法典物权编解释一	关联规定
的效力。简言之，即未经登记的物权变动，不产生社会公信力，不得对抗善意第三人。而这里的“善意第三人”，则是指不知道也不应当知道物权发生了变动的物权关系相对人。主要包括以取得所有权为目的的相对人、抵押权人、质权人和留置权人，并不包括转让人的一般债权人。在第三人仅为一般债权人的情况下，该第三人尚未因特定物的交付而成为物权人，不应认为其与未经登记之特殊动产所有权人之间存在竞争对抗关系，本条将其排除于善意第三人之外，意在贯彻物权优先效力。另需注意，本条同时明确此时可对抗债权人的前提为“受让人已经支付合理价款并取得占有”。	
第七条【发生物权变动效力的人民法院、仲裁委员会的法律文书范围】 人民法院、仲裁机构在分割共有不动产或者动产等案件中作出并依法生效的改变原有物权关系的判决书、裁决书、调解书，以及人民法院在执行程序中作出的拍卖成交裁定书、变卖成交裁定书、以物抵债裁定书，应当认定为民法典第二百二十九条所称导致物权设立、变更、转	《民法典》 **第229条【因法律文书或征收决定导致的物权变动】** 因人民法院、仲裁机构的法律文书或者人民政府的征收决定等，导致物权设立、变更、转让或者消灭的，自法律文书或者征收决定等生效时发生效力。 *《物权法解释一》（已废止）* ***第7条*** *人民法院、仲裁委员会在分割共有不动产或者动产*

续表

民法典物权编解释一	关联规定
让或者消灭的人民法院、仲裁机构的法律文书。 **解读：**从发生原因来看，物权变动大致可以分为两类：一类是基于法律行为引起的物权变动，另一类则是基于法律规定、法院裁判（调解书）、仲裁裁决、政府征收决定、继承以及事实行为等非依法律行为引起的物权变动。后一种并非典型的交易形式，只有在法律特别规定的情况下才能适用，民法典第 229 条对此作了原则性规定，明确了人民法院、仲裁机构的法律文书可导致物权变动，但并未具体界定“发生物权变动效力的人民法院、仲裁委员会的法律文书”的范围。合理界定民法典第 229 条规定的法律文书的范围，应把握“改变原有物权关系”是对“导致物权设立、变更、转让或者消灭”的对应抽象，并以此作为判断之核心。一般而言，形成性文书包括其中。所谓形成性文书，是法院就形成之诉作出的支持原告的裁判，其既非确认也非实现现存的法律状态，而是改造现存法律状态并创造新的法律状态。而形成之诉，是指原告请求法院变动或消灭其	*等案件中作出并依法生效的改变原有物权关系的判决书、裁决书、调解书，以及人民法院在执行程序中作出的拍卖成交裁定书、以物抵债裁定书，应当认定为物权法第二十八条所称导致物权设立、变更、转让或者消灭的人民法院、仲裁委员会的法律文书。*

续表

民法典物权编解释一	关联规定
与对方当事人之间现存的民事法律关系的诉讼。需注意，本条规定的“分割共有不动产或者动产等案件”属于典型的不完全列举，不限于分割共有物的案件，在其他形成之诉中所形成的改变原有物权关系的生效法律文书，也属于民法典第229条规定的法律文书。综上可知，本条对导致物权变动的法律文书范围作出的指引性规定，既遵循明确的原则性，又具有一定的开放性。明确的原则性是指，对于能够导致物权变动的法律文书仅限于形成性文书，对此不作扩张解释，给付性文书和确认性文书不能引起物权变动。另需注意，法院在强制拍卖程序中作出的强制拍卖成交裁定可以导致物权变动，但拍卖成交确认书并非法院作出的法律文书，不能导致物权变动。	
第八条【特殊情形的物权保护】 依据民法典第二百二十九条至第二百三十一条规定享有物权，但尚未完成动产交付或者不动产登记的权利人，依据民法典第二百三十五条至第二百三十八条的规定，请求保护其物权的，应予支持。 **解读**：民法典第229-231条	《民法典》 **第229条【因法律文书或征收决定导致的物权变动】** 因人民法院、仲裁机构的法律文书或者人民政府的征收决定等，导致物权设立、变更、转让或者消灭的，自法律文书或者征收决定等生效时发生效力。 **第230条【因继承取得物权】** 因继承取得物权的，自继承开始

续表

民法典物权编解释一	关联规定
是对无须登记或者交付即可发生物权变动的特殊情形的规定，属于物权变动模式体系的重要组成部分，即前面提及的非依法律行为发生的物权变动情形。虽然上述情形下动产未依法交付、不动产未进行登记，且特定权利人相应的物权处分自由受到限制（如未依法完成宣示登记之不动产物权不得进一步处分），但基于物权保护制度的法定性与体系性，仍需对物权人提供必要救济，这些救济主要包括民法典第235-238条依次规定的返还原物请求权、排除妨害请求权、恢复原状请求权、损害赔偿请求权。当然，上述救济方式并非仅针对非依法律行为发生的物权变动情形适用，依法律行为发生的物权变动情形也可以适用，且属于最主要的适用情形。	时发生效力。 **第231条【因事实行为发生物权变动】** 因合法建造、拆除房屋等事实行为设立或者消灭物权的，自事实行为成就时发生效力。 **第235条【返还原物请求权】** 无权占有不动产或者动产的，权利人可以请求返还原物。 **第236条【排除妨害请求权】** 妨害物权或者可能妨害物权的，权利人可以请求排除妨害或者消除危险。 **第237条【恢复原状请求权】** 造成不动产或者动产毁损的，权利人可以依法请求修理、重作、更换或者恢复原状。 **第238条【损害赔偿请求权】** 侵害物权，造成权利人损害的，权利人可以依法请求损害赔偿，也可以依法请求承担其他民事责任。 ***《物权法解释一》（已废止）*** ***第8条*** *依照物权法第二十八条至第三十条规定享有物权，但尚未完成动产交付或者不动产登记的物权人，根据物权法第三十四条至第三十七条的规定，请求保护其物权的，应予支持。*
第九条【继承、遗赠等情形排除按份共有人优先购买权行使】 共有份额的权利主体因继承、遗	**《民法典》** **第305条【按份共有份额处分与优先购买权】** 按份共有人可

续表

民法典物权编解释一	关联规定
赠等原因发生变化时，其他按份共有人主张优先购买的，不予支持，但按份共有人之间另有约定的除外。 **解读**：按份共有的核心在于各按份共有人对于共有物享有一定的份额。所谓共有份额，是各个共有人对共有物所得行使权利的比例，是对共有物的所有权在量上应享有的部分。根据民法典第305条的规定，按份共有人优先购买权产生的前提条件是其他按份共有人转让其财产份额。而这里的“转让”，是否包括有偿转让和无偿转让两种情形在内需进一步明确。一般而言，由于优先购买权是关于购买的一项特殊权利，自然应存在于以买卖为典型和主体的有偿转让交易中。故，有偿转让属于优先购买权的适用情形并无疑问。但实践中，除了有偿转让之外，还存在一些无偿转让的方式，如遗赠、继承、赠与等。从按份共有人优先购买权的制度内涵看，按份共有人优先购买权制度给转让人以外的按份共有人提供了以同等条件购买共有份额的机会，根据民法典第305条的规定，判断按份共有人能否取得该转让份额的关键条件是其是否	以转让其享有的共有的不动产或者动产份额。其他共有人在同等条件下享有优先购买的权利。 **第306条【优先购买权实现方式】** 按份共有人转让其享有的共有的不动产或者动产份额的，应当将转让条件及时通知其他共有人。其他共有人应当在合理期限内行使优先购买权。 两个以上其他共有人主张行使优先购买权的，协商确定各自的购买比例；协商不成的，按照转让时各自的共有份额比例行使优先购买权。 ***《物权法解释一》（已废止）*** ***第9条*** *共有份额的权利主体因继承、遗赠等原因发生变化时，其他按份共有人主张优先购买的，不予支持，但按份共有人之间另有约定的除外。*

续表

民法典物权编解释一	关联规定
接受共有人以外的第三人受让该份额的“同等条件”。但“同等条件”在实践中主要表现在数量、价格、支付方式等方面（本解释第10条亦对此作了明确）。在无偿转让情形下，并不存在交易价格、支付方式，是否存在担保等条件更无从谈起，因此，无法对其行使优先购买权的“同等条件”加以客观判断。也就是说，无偿转让与优先购买权之间存在不可调和的冲突关系，转让的无偿特点和价格的缺乏使优先购买权的适用成为不可能。为此，本条以列举的方式规定了“继承、遗赠等”无偿转让情形不适用优先购买。但这种列举并非完全列举，赠与虽没有出现在列举的情形之列，但并非不在排除范围之内。此外，优先购买权在学理上也可因当事人之间的约定产生。只要不违反法律法规的强制性规定、不违背公序良俗，按份共有人可约定优先购买权，即使属无偿转让情形。	
第十条【按份共有人优先购买权行使时同等条件的认定】 民法典第三百零五条所称的“同等条件”，应当综合共有份额的转让价格、价款履行方式及期限等因素确定。	**《民法典》** **第305条【按份共有份额处分与优先购买权】** 按份共有人可以转让其享有的共有的不动产或者动产份额。其他共有人在同等条件下享有优先购买的权利。

续表

民法典物权编解释一	关联规定
解读：按份共有人优先购买权之设置，意在简化共有关系，防止因外人介入而使共有人内部关系日趋复杂。民法典第305条明确了按份共有人在同等条件下享有优先购买的权利。但需注意的是，这里的同等条件并非绝对等同。如果优先购买权人提供的条件优于第三人提供的条件，转让人自无拒绝其行使优先购买权之理。只有当优先购买权人提供的条件足以减少转让人的实质利益时，才可排除优先购买权的行使。一般而言，同等条件的判断要素主要包括主体是否适格、第三人提供的交易是否能被替代以及转让价格、价款支付方式、支付期限等方面是否存在差异等。实际上，在主体适格以及第三人提供的交易能被替代的情况下，转让价格、价款支付方式、履行期限等应作为评价同等条件的重要考量因素，这也是实践中很多当事人最终决定是否进行交易的考量因素。为此，本条明确应综合共有份额的转让价格、价款履行方式及期限等因素判断"同等条件"。此外需注意，同等条件的确定应针对某一具体的交易来进行，而不能包括该次交易以后的其他交易情形。	*《物权法解释一》（已废止）* ***第10条*** *物权法第一百零一条所称的"同等条件"，应当综合共有份额的转让价格、价款履行方式及期限等因素确定。*

续表

民法典物权编解释一	关联规定
第十一条【按份共有人优先购买权的行使期间】 优先购买权的行使期间，按份共有人之间有约定的，按照约定处理；没有约定或者约定不明的，按照下列情形确定： （一）转让人向其他按份共有人发出的包含同等条件内容的通知中载明行使期间的，以该期间为准； （二）通知中未载明行使期间，或者载明的期间短于通知送达之日起十五日的，为十五日； （三）转让人未通知的，为其他按份共有人知道或者应当知道最终确定的同等条件之日起十五日； （四）转让人未通知，且无法确定其他按份共有人知道或者应当知道最终确定的同等条件的，为共有份额权属转移之日起六个月。 **解读：**优先购买权的行使期间对各方当事人的利益均有着重要影响，因此需要通过技术上的合理设置，进而实现转让人权利行使自由与简化共有关系之间的协调与平衡。期间长短的取舍，应最大限度防止一方滥用权利损害对方合法权益。本条一方面尊重意思自治原则，坚持当事人约定优先的原则，另一方面在当事人没有对优先购买权行使期间进	《民法典》 **第306条【优先购买权实现方式】** 按份共有人转让其享有的共有的不动产或者动产份额的，应当将转让条件及时通知其他共有人。其他共有人应当在合理期限内行使优先购买权。 两个以上其他共有人主张行使优先购买权的，协商确定各自的购买比例；协商不成的，按照转让时各自的共有份额比例行使优先购买权。 *《物权法解释一》（已废止）* ***第11条*** *优先购买权的行使期间，按份共有人之间有约定的，按照约定处理；没有约定或者约定不明的，按照下列情形确定：* *（一）转让人向其他按份共有人发出的包含同等条件内容的通知中载明行使期间的，以该期间为准；* *（二）通知中未载明行使期间，或者载明的期间短于通知送达之日起十五日的，为十五日；* *（三）转让人未通知的，为其他按份共有人知道或者应当知道最终确定的同等条件之日起十五日；* *（四）转让人未通知，且无法确定其他按份共有人知道或者应当知道最终确定的同等条件的，为共有份额权属转移之日起六个月。*

续表

民法典物权编解释一	关联规定
行约定或约定不明的情况下，依次规定按照通知载明期间；未载明或载明期间短于通知送达之日起15日的，为15日；未通知的，其他按份共有人知道或者应当知道最终确定的同等条件之日起15日；未通知且无法确定其他按份共有人知道或者应当知道最终确定的同等条件的，为共有份额权属转移之日起6个月。需注意，前面提及的15日为不变期间，性质上属除斥期间，不发生中止、中断或者延长。	
第十二条【按份共有人优先购买权的裁判保护】 按份共有人向共有人之外的人转让其份额，其他按份共有人根据法律、司法解释规定，请求按照同等条件优先购买该共有份额的，应予支持。其他按份共有人的请求具有下列情形之一的，不予支持： （一）未在本解释第十一条规定的期间内主张优先购买，或者虽主张优先购买，但提出减少转让价款、增加转让人负担等实质性变更要求； （二）以其优先购买权受到侵害为由，仅请求撤销共有份额转让合同或者认定该合同无效。 **解读：**按份共有人行使优先购	《民法典》 **第305条【按份共有份额处分与优先购买权】** 按份共有人可以转让其享有的共有的不动产或者动产份额。其他共有人在同等条件下享有优先购买的权利。 **第306条【优先购买权实现方式】** 按份共有人转让其享有的共有的不动产或者动产份额的，应当将转让条件及时通知其他共有人。其他共有人应当在合理期限内行使优先购买权。 两个以上其他共有人主张行使优先购买权的，协商确定各自的购买比例；协商不成的，按照转让时各自的共有份额比例行使优先购买权。

续表

民法典物权编解释一	关联规定
买权的直接法律效果，在于在优先购买权人与转让人之间成立转让合同。该合同于该按份共有人作出以符合法律规定的同等条件购买该共有财产份额的意思表示到达转让人时成立并生效。其他按份共有人提起优先购买权诉讼时，法院应作出依同等条件履行合同的给付判决。但需注意，由于优先购买权人提起诉讼时合同尚处于履行阶段，其实际上并未取得该共有份额的所有权，故其请求权基础是转让共有份额之债而非物权。若其直接请求确认对转让的共有份额享有物权，法院应予以释明，经释明仍不变更诉讼请求的，则不予支持。另，由于优先购买权的行使期限应属除斥期间而非诉讼时效期间。未在优先购买权行使期限内行使的，优先购买权即归于消灭。此外，按份共有人优先购买权的行使受同等条件的限制。故其他优先购买权人提出减少转让价款、增加转让人负担等实质性变更要求的，属于在实质上变更了同等条件，构成对同等条件的违反，此时已不属于“同等条件”了，不应获得支持。本条第 1 项对上述两种情形作了明确。另需注意，优先购买	*《物权法解释一》（已废止）* ***第 12 条*** *按份共有人向共有人之外的人转让其份额，其他按份共有人根据法律、司法解释规定，请求按照同等条件购买该共有份额的，应予支持。* *其他按份共有人的请求具有下列情形之一的，不予支持：* *（一）未在本解释第十一条规定的期间内主张优先购买，或者虽主张优先购买，但提出减少转让价款、增加转让人负担等实质性变更要求；* *（二）以其优先购买权受到侵害为由，仅请求撤销共有份额转让合同或者认定该合同无效。*

续表

民法典物权编解释一	关联规定
权的行使，对转让人与第三人之间的买卖合同并无影响。从合同成立的角度看，按份共有人作出以符合法律规定的同等条件购买该共有财产份额的意思表示到达转让人时，在按份共有人与转让人之间即成立转让合同，转让人据此即负有将该共有财产份额转让给优先购买权人的合同义务。优先购买权人有权通过诉讼主张转让人将该共有财产份额转让给优先购买权人。但如果优先购买权人仅请求撤销转让合同或仅要求认定合同无效，而不主张优先购买的，无疑表明其不具有实现这个优先购买权的目的，此时也并无对其优先购买人进行保护的必要。本条第2项即对此作了明确。	
第十三条【按份共有人之间转让共有份额时不得主张优先购买权】 按份共有人之间转让共有份额，其他按份共有人主张依据民法典第三百零五条规定优先购买的，不予支持，但按份共有人之间另有约定的除外。 **解读：**民商事主体在法律地位上是平等的，这是一般原则，但在具体的法律关系中，有的民商事主体所处的地位和身份会具有	《民法典》 **第305条【按份共有份额处分与优先购买权】** 按份共有人可以转让其享有的共有的不动产或者动产份额。其他共有人在同等条件下享有优先购买的权利。 *《物权法解释一》（已废止）* ***第13条*** *按份共有人之间转让共有份额，其他按份共有人主张根据物权法第一百零一条规定优先购买的，不予支持，但按份共有人之间另有约定的除外。*

续表

民法典物权编解释一	关联规定
一些特殊性，自然就会存在特别保护的需要，这也是实质正义的体现。法定的优先购买权即是如此，它实质上是法律对私法主体之间权利、义务的一种特定安排。就按份共有而言，当某一个共有人出卖共有份额时，其他共有人之所以能够成为特殊主体，是因为其他共有人相较于共有关系之外的购买主体而言，与转让的共有份额之间存在特定的关联。该关联来源于共有关系本身，也决定了其他共有人对转让的共有份额存在特殊的利益需求。但在对内转让共有份额时，由于受让人均为共有人，其他共有人就丧失了这种基于身份的优先性。故此种情形下，并无赋予其优先购买权之必要。当然，此种情形下虽无法定的优先购买权，但并不妨碍按份共有人之间另行约定而生的意定优先购买权。本条亦对此作了明确。但需注意，这里所称的“按份共有人之间另有约定”，是指全体按份共有人对此进行的约定，而非转让人与某个按份共有人间的单独约定。若转让人意图将其共有份额转让给某个按份共有人，其直接选择该按份共有人交易即可，并无单独约定优先购买权之必要。	

续表

民法典物权编解释一	关联规定
第十四条【善意取得中受让人善意的认定】 受让人受让不动产或者动产时，不知道转让人无处分权，且无重大过失的，应当认定受让人为善意。 真实权利人主张受让人不构成善意的，应当承担举证证明责任。 **解读：**善意取得，是指受让人以财产所有权转移为目的，善意、对价受让且占有该财产，即使出让人无转移所有权的权利，受让人仍取得其所有权。善意取得制度既可适用于动产，又可适用于不动产。民法典第311条就善意取得的基本制度作了规定，但并未明确如何判断是否构成"善意"。由于受让人为善意是构成善意取得适用的首要条件，故如何判断是否构成"善意"变得非常重要。按照通说，善意与否的判断，应以受让人对不知且不应知无权处分无重大过失以上过错为标准。本条亦采此种标准。受让人不知道转让人无处分权，即受让人对转让人无处分权的事实并不知情，这属于"善意"认定的客观方面标准。受让人对不知道转让人无处分权无重大过失，则	《民法典》 **第311条【善意取得】** 无处分权人将不动产或者动产转让给受让人的，所有权人有权追回；除法律另有规定外，符合下列情形的，受让人取得该不动产或者动产的所有权： （一）受让人受让该不动产或者动产时是善意； （二）以合理的价格转让； （三）转让的不动产或者动产依照法律规定应当登记的已经登记，不需要登记的已经交付给受让人。 受让人依据前款规定取得不动产或者动产的所有权的，原所有权人有权向无处分权人请求损害赔偿。 当事人善意取得其他物权的，参照适用前两款规定。 **《民法典担保制度解释》** **第37条** 当事人以所有权、使用权不明或者有争议的财产抵押，经审查构成无权处分的，人民法院应当依照民法典第三百一十一条的规定处理。 当事人以依法被查封或者扣押的财产抵押，抵押权人请求行使抵押权，经审查查封或者扣押措施已经解除的，人民法院应予支持。抵押人以抵押权设立时财产

续表

民法典物权编解释一	关联规定
属于“善意”认定的主观方面标准。基于我国不动产登记尚不完善的情况，不宜按照不动产公信力原则要求仅将“善意”的认定标准限定在当事人“不知”的主观状态，而是应相应提高认定标准，将当事人对该“不知”亦不负有重大过失的条件一并作为认定其为善意的标准。此外，由于不动产物权以登记、动产物权以占有为公示方式。因此，不动产登记簿所记载的权利状态及动产占有所公示的权利状态，具有初步推定力。在此前提下，交易参加人根据公示状态进行交易，应推定为善意。其对自己“善意”之主观状态无须承担举证证明责任，而是应当由主张其为非善意的对方当事人对其不构成善意承担举证证明责任。	被查封或者扣押为由主张抵押合同无效的，人民法院不予支持。 以依法被监管的财产抵押的，适用前款规定。 *《物权法解释一》（已废止）* ***第15条*** *受让人受让不动产或者动产时，不知道转让人无处分权，且无重大过失的，应当认定受让人为善意。* *真实权利人主张受让人不构成善意的，应当承担举证证明责任。*
第十五条【不动产善意取得中受让人非善意的认定】 具有下列情形之一的，应当认定不动产受让人知道转让人无处分权： （一）登记簿上存在有效的异议登记； （二）预告登记有效期内，未经预告登记的权利人同意； （三）登记簿上已经记载司法机关或者行政机关依法裁定、决定	《民法典》 **第311条【善意取得】** 无处分权人将不动产或者动产转让给受让人的，所有权人有权追回；除法律另有规定外，符合下列情形的，受让人取得该不动产或者动产的所有权： （一）受让人受让该不动产或者动产时是善意； （二）以合理的价格转让；

续表

民法典物权编解释一	关联规定
查封或者以其他形式限制不动产权利的有关事项； （四）受让人知道登记簿上记载的权利主体错误； （五）受让人知道他人已经依法享有不动产物权。 真实权利人有证据证明不动产受让人应当知道转让人无处分权的，应当认定受让人具有重大过失。 **解读：**由于不动产物权以登记方式进行公示，故应围绕登记公示的物权状态判断善意。根据本解释第14条对于善意认定标准的规定及不动产登记簿的权利推定效力，不动产善意取得中受让人是否构成善意的判断标准可基于如下情况考量：受让人基于对不动产登记簿上记载的权利状况的信赖而受让该不动产时，应推定受让人属于善意。换言之，不动产登记簿记载的内容应推定为受让人知晓的内容。若不动产登记簿上存在对不动产物权处分限制事项的，即应认定为受让人知道转让人无权处分。如存在有效的异议登记、预告登记有效期内且未经预告登记的权利人同意等情形的，即应认定为不动产受让人	（三）转让的不动产或者动产依照法律规定应当登记的已经登记，不需要登记的已经交付给受让人。 受让人依据前款规定取得不动产或者动产的所有权的，原所有权人有权向无处分权人请求损害赔偿。 当事人善意取得其他物权的，参照适用前两款规定。 ***《物权法解释一》（已废止）*** ***第16条*** *具有下列情形之一的，应当认定不动产受让人知道转让人无处分权：* *（一）登记簿上存在有效的异议登记；* *（二）预告登记有效期内，未经预告登记的权利人同意；* *（三）登记簿上已经记载司法机关或者行政机关依法裁定、决定查封或者以其他形式限制不动产权利的有关事项；* *（四）受让人知道登记簿上记载的权利主体错误；* *（五）受让人知道他人已经依法享有不动产物权。* *真实权利人有证据证明不动产受让人应当知道转让人无处分权的，应当认定受让人具有重大过失。*

续表

民法典物权编解释一	关联规定
知道转让人无处分权。此时，受让人仍与转让人进行交易的，不应认定构成善意取得。关于具体情形，本条第 1 款列举了 5 种情形。除此之外，本条第 2 款另规定“真实权利人有证据证明不动产受让人应当知道转让人无处分权的，应当认定受让人具有重大过失”。如本解释第 14 条所言，对善意取得中受让人非因重大过失而不知道中的“重大过失”的判断，并非要求受让人必须对登记是否存在错误进行调查核实，而是应根据具体案件的一些客观情况，如受让人与转让人的关系，占有和交付情况等分别具体认定。简言之，是否存在重大过失，应综合考虑具体案件中受让人拥有的信息情况、所处地位以及交易整个背景等进行判断。	
第十六条【动产善意取得中受让人重大过失的认定】 受让人受让动产时，交易的对象、场所或者时机等不符合交易习惯的，应当认定受让人具有重大过失。 **解读**：动产物权的公示公信以交付为标准，但交付对于动产物权的公示公信力，较登记对于不	**《民法典》** **第 311 条【善意取得】** 无处分权人将不动产或者动产转让给受让人的，所有权人有权追回；除法律另有规定外，符合下列情形的，受让人取得该不动产或者动产的所有权： （一）受让人受让该不动产或者动产时是善意；

续表

民法典物权编解释一	关联规定
动产物权而言，相对弱一些。因此，就动产善意取得而言，实践中处理具体案件时应聚焦在如何判断受让人“应当知道”处分人无处分权这一问题上。为此，需根据交易习惯综合考量。针对一般动产，可从标的物种类、来源、交易对象、场所、过程、时机等方面着手。针对机动车、航空器等特殊动产，由于登记属对抗要件，此时应考量登记的重要意义。上述情形下，若不符合同类交易人对正常交易的判断，可认定受让人具有重大过失，进而其无权主张基于善意取得交易的动产。实际上，在具体案件中，判断行为人是否存在重大过失，既要考虑行为人的注意义务、其对风险的认识与其所带来的损害，又要考虑行为人的自身因素，如年龄、行业经验、认识能力，还要考虑其行为与没有过失的行为人之间存在的差别。本条则明确受让人重大过失的认定主要是从客观方法来推论受让人主观的心理状态，具有合理性。	（二）以合理的价格转让； （三）转让的不动产或者动产依照法律规定应当登记的已经登记，不需要登记的已经交付给受让人。 受让人依据前款规定取得不动产或者动产的所有权的，原所有权人有权向无处分权人请求损害赔偿。 当事人善意取得其他物权的，参照适用前两款规定。 ***《物权法解释一》（已废止）*** ***第17条*** *受让人受让动产时，交易的对象、场所或者时机等不符合交易习惯的，应当认定受让人具有重大过失。*
第十七条【善意取得中善意的判断时间】 民法典第三百一十一条第一款第一项所称的“受让人受让该不动产或者动产时”，	**《民法典》** **第311条【善意取得】** 无处分权人将不动产或者动产转让给受让人的，所有权人有权追回；

续表

民法典物权编解释一	关联规定
是指依法完成不动产物权转移登记或者动产交付之时。 当事人以民法典第二百二十六条规定的方式交付动产的，转让动产民事法律行为生效时为动产交付之时；当事人以民法典第二百二十七条规定的方式交付动产的，转让人与受让人之间有关转让返还原物请求权的协议生效时为动产交付之时。 法律对不动产、动产物权的设立另有规定的，应当按照法律规定的时间认定权利人是否为善意。 **解读：**在不同的时间判断是否构成善意，可能会得出不同的结论。因此，善意取得中善意的判断时间，对善意取得的认定影响重大。实际上，作为受让人想要取得善意取得制度的保护，实现从无处分权人处取得不动产或者动产物权，获得法律的认定，需要在完成不动产物权转移登记或者动产交付之前，始终保持主观善意，即不知道且不应当知道转让人无处分权的事实。而本条的规定，则是尽量后置了善意的判断时点，以最大可能抑制善意取得的负面效果。具体而言，民法	除法律另有规定外，符合下列情形的，受让人取得该不动产或者动产的所有权： （一）受让人受让该不动产或者动产时是善意； （二）以合理的价格转让； （三）转让的不动产或者动产依照法律规定应当登记的已经登记，不需要登记的已经交付给受让人。 受让人依据前款规定取得不动产或者动产的所有权的，原所有权人有权向无处分权人请求损害赔偿。 当事人善意取得其他物权的，参照适用前两款规定。 **第226条【简易交付】** 动产物权设立和转让前，权利人已经占有该动产的，物权自民事法律行为生效时发生效力。 **第227条【指示交付】** 动产物权设立和转让前，第三人占有该动产的，负有交付义务的人可以通过转让请求第三人返还原物的权利代替交付。 **第225条【特殊动产登记的效力】** 船舶、航空器和机动车等的物权的设立、变更、转让和消灭，未经登记，不得对抗善意第三人。

续表

民法典物权编解释一	关联规定
典第311条“受让人受让该不动产或者动产时”一般指依法完成不动产物权转移登记或者动产交付之时，这是一般情形的判断标准。就不动产而言，由于登记事项记载于不动产登记簿时完成登记。故应以登记事项自记载于不动产登记簿时作为确定“依法完成不动产物权转移登记”的具体时间点。就动产而言，在现实交付下，以交付动产时为判断善意的时间标准，但还存在特殊情形，主要为动产的简易交付、指示交付。简易交付下，物权变动的具体时间，依赖于使其发生变动的基础法律行为生效的时间，故此时应以合同生效时间为该交易动产物权发生变动的时间，作为判断受让人是否为善意的时间。而指示交付方式交付的动产，受让人之善意判断时点，亦应当按照民法典第227条的规定确定，即按照转让人与受让人之间有关转让返还原物请求权的协议生效时确定动产交付时间。而本条第3款规定的“法律对不动产、动产物权的设立另有规定的”，一是指对机动车、船舶、航空器等特殊动产的情形，对其善意的判断本解释第19条专门作了规定。二是	**第333条【土地承包经营权的设立和登记】** 土地承包经营权自土地承包经营权合同生效时设立。 登记机构应当向土地承包经营权人发放土地承包经营权证、林权证等证书，并登记造册，确认土地承包经营权。 **第374条【地役权的设立与登记】** 地役权自地役权合同生效时设立。当事人要求登记的，可以向登记机构申请地役权登记；未经登记，不得对抗善意第三人。 ***《物权法解释一》（已废止）*** ***第18条*** *物权法第一百零六条第一款第一项所称的“受让人受让该不动产或者动产时”，是指依法完成不动产物权转移登记或者动产交付之时。* *当事人以物权法第二十五条规定的方式交付动产的，转让动产法律行为生效时为动产交付之时；当事人以物权法第二十六条规定的方式交付动产的，转让人与受让人之间有关转让返还原物请求权的协议生效时为动产交付之时。* *法律对不动产、动产物权的设立另有规定的，应当按照法律规定的时间认定权利人是否为善意。*

续表

民法典物权编解释一	关联规定
指法律规定的合同生效时物权设立的情形，此时应以合同生效时作为善意的判断时点。如民法典第333条规定的土地承包经营权自土地承包经营权合同生效时设立、第374条规定的地役权自地役权合同生效时设立。	
第十八条【善意取得中合理价格的认定】 民法典第三百一十一条第一款第二项所称“合理的价格”，应当根据转让标的物的性质、数量以及付款方式等具体情况，参考转让时交易地市场价格以及交易习惯等因素综合认定。 **解读**：就善意取得制度而言，其要求合理价格，旨在强调货币的抽象评价，而非限定对价表现形式，且对价支付与否并非必要。但需注意，无对价情形应被排除在善意取得制度之外，外部关系中如赠与，内部关系中如继承。就合理价格是否“合理”而言，主要在于排除不合理的低价之情形。换言之，对明显不合理高价而言，此种情形非但不能证明受让人在交易时具有恶意，反而能间接证明其不知道转让人为无权处分人而	*《民法典》* **第311条【善意取得】** 无处分权人将不动产或者动产转让给受让人的，所有权人有权追回；除法律另有规定外，符合下列情形的，受让人取得该不动产或者动产的所有权： （一）受让人受让该不动产或者动产时是善意； （二）以合理的价格转让； （三）转让的不动产或者动产依照法律规定应当登记的已经登记，不需要登记的已经交付给受让人。 受让人依据前款规定取得不动产或者动产的所有权的，原所有权人有权向无处分权人请求损害赔偿。 当事人善意取得其他物权的，参照适用前两款规定。 ***《物权法解释一》（已废止）*** ***第19条*** 物权法第一百零六条第一款第二项所称“合理的价

续表

民法典物权编解释一	关联规定
具有善意。故就明显不合理高价而言，其并不能作为判断受让人是否具备善意的依据。实践中，转让时交易地市场价格是判断转让价格是否合理的一个重要且最为常见的参考因素。同时，转让标的物的性质、数量以及付款方式、交易习惯等亦属重要考量因素范围。具体案件处理时，应结合上述因素综合认定。	格”，应当根据转让标的物的性质、数量以及付款方式等具体情况，参考转让时交易地市场价格以及交易习惯等因素综合认定。
第十九条【特殊动产转让善意取得的适用】 转让人将民法典第二百二十五条规定的船舶、航空器和机动车等交付给受让人的，应当认定符合民法典第三百一十一条第一款第三项规定的善意取得的条件。 **解读：**适用善意取得不仅有助于对受让人信赖利益进行保护，同时也是对受让人已经取得物权的事实状态的认可。当然，为保护真实权利人权利，平衡真实权利人与第三人之间的利益，要求第三人需符合善意并已取得物权或公示。由于动产物权以交付为公示公信要件，故善意取得制度适用普通动产时，以“已经交付”作为适用条件。但就民法典第225条规定的船舶、航空器、机动车等	《民法典》 **第311条【善意取得】** 无处分权人将不动产或者动产转让给受让人的，所有权人有权追回；除法律另有规定外，符合下列情形的，受让人取得该不动产或者动产的所有权： （一）受让人受让该不动产或者动产时是善意； （二）以合理的价格转让； （三）转让的不动产或者动产依照法律规定应当登记的已经登记，不需要登记的已经交付给受让人。 受让人依据前款规定取得不动产或者动产的所有权的，原所有权人有权向无处分权人请求损害赔偿。 当事人善意取得其他物权的，参照适用前两款规定。 **第225条【特殊动产登记的效力】** 船舶、航空器和机动车等

续表

民法典物权编解释一	关联规定
特殊动产而言，登记还作为了其物权变动的对抗要件。因此，对该类动产而言，应以完成交付还是登记作为善意取得中“取得”的判断有不同意见。从体系解释的角度看，民法典第311条第1款第3项中的交付亦不应将上述3种观念交付形式排除在外。民法典第226条至第228条从文义上看，并没有明确将机动车等特殊动产排除在外，对机动车等特殊动产善意取得时的交付应该与普通动产在善意取得时的交付作一体解释，这符合法律解释的基本原理。实际上，机动车等特殊动产的善意取得不需要登记。原因即在于民法典第311条中“依照法律规定应当登记的”应解释为未经登记就不能取得所有权的情形，即以登记为所有权变动的生效要件。所谓“不需要登记的”应解释为未经登记也能取得所有权，即不以登记为所有权转让的生效要件，而登记对特殊动产属于对抗要件而非生效要件，即不需要登记也能取得特殊动产的所有权。	的物权的设立、变更、转让和消灭，未经登记，不得对抗善意第三人。 **第224条【动产交付的效力】** 动产物权的设立和转让，自交付时发生效力，但是法律另有规定的除外。 **第226条【简易交付】** 动产物权设立和转让前，权利人已经占有该动产的，物权自民事法律行为生效时发生效力。 **第227条【指示交付】** 动产物权设立和转让前，第三人占有该动产的，负有交付义务的人可以通过转让请求第三人返还原物的权利代替交付。 **第228条【占有改定】** 动产物权转让时，当事人又约定由出让人继续占有该动产的，物权自该约定生效时发生效力。 ***《物权法解释一》(已废止)*** ***第20条*** *转让人将物权法第二十四条规定的船舶、航空器和机动车等交付给受让人的，应当认定符合物权法第一百零六条第一款第三项规定的善意取得的条件。*
第二十条【善意取得制度适用的排除】 具有下列情形之一，受让人主张依据民法典第三百一	**《民法典》** **第311条【善意取得】** 无处分权人将不动产或者动产转让

续表

民法典物权编解释一	关联规定
十一条规定取得所有权的，不予支持： （一）转让合同被认定无效； （二）转让合同被撤销。 **解读**：就善意取得适用情形而言，既包括转让合同有效的情形，也包括转让合同无效的情形。换言之，转让合同有效并非善意取得的构成要件。虽然转让行为有效与否不影响善意取得的成立，但可能导致受让人能否终局地保有标的物的物权方面出现差别。转让行为有效的，受让人可终局地保有标的物物权；但在转让行为无效或被撤销时，转让人可能行使物的返还请求权或受让人承担不当得利返还的义务，而使得受让人无法终局地保有标的物的物权。除此之外，就无效合同（民事法律行为的一种）而言，多为违反法律、行政法规的效力性强制性规定或者违背公序良俗的行为，其瑕疵不可治愈，故法律作出完全否定性评价，令其绝对地当然地无效。对可撤销合同（民事法律行为）而言，因其主要是意思表示存在瑕疵，而这实际上主要是影响合同利益在当事人之间的分配，故法律着眼于为意思	给受让人的，所有权人有权追回；除法律另有规定外，符合下列情形的，受让人取得该不动产或者动产的所有权： （一）受让人受让该不动产或者动产时是善意； （二）以合理的价格转让； （三）转让的不动产或者动产依照法律规定应当登记的已经登记，不需要登记的已经交付给受让人。 受让人依据前款规定取得不动产或者动产的所有权的，原所有权人有权向无处分权人请求损害赔偿。 当事人善意取得其他物权的，参照适用前两款规定。 **第144条【无民事行为能力人实施的民事法律行为的效力】** 无民事行为能力人实施的民事法律行为无效。 **第146条【虚假表示与隐藏行为的效力】** 行为人与相对人以虚假的意思表示实施的民事法律行为无效。 以虚假的意思表示隐藏的民事法律行为的效力，依照有关法律规定处理。 **第147条【基于重大误解实施的民事法律行为的效力】** 基于重大误解实施的民事法律行为，行

续表

民法典物权编解释一	关联规定
表示瑕疵的一方当事人提供救济，故赋予其可以撤销合同的权利。合同无效一般为绝对无效，因当事人之间的行为损害的是国家利益或社会公共利益，是社会的公序良俗，故法律对此效力予以绝对否定，这体现了法律对于维护国家利益或社会公共利益，维护公序良俗的价值的绝对追求和坚定立场。根据民法典第143条规定，不违反法律、行政法规的强制性规定，不违背公序良俗是民事法律行为的有效要件。善意取得作为物权取得方式，也属民事法律行为的一种，故亦应符合该条规定的要求。且善意取得的制度宗旨在于保护交易安全，不合法交易的安全显然不应受法律保护。因此，排除合同绝对无效情形下善意取得的适用，是符合法律的基本精神和价值追求的。就可撤销合同而言，如前所述，受让人是否能基于善意取得最终取得物权，取决于合同是否被撤销。转让人行使撤销权撤销转让合同，则表明转让人对其此前在受到欺诈、胁迫或显失公平情形下而为的意思表示的否认，此时，法律在尊重当事人自身选择的基础上亦应对此作出否定性评价。	为人有权请求人民法院或者仲裁机构予以撤销。 **第148条【以欺诈手段实施的民事法律行为的效力】** 一方以欺诈手段，使对方在违背真实意思的情况下实施的民事法律行为，受欺诈方有权请求人民法院或者仲裁机构予以撤销。 **第149条【受第三人欺诈的民事法律行为的效力】** 第三人实施欺诈行为，使一方在违背真实意思的情况下实施的民事法律行为，对方知道或者应当知道该欺诈行为的，受欺诈方有权请求人民法院或者仲裁机构予以撤销。 **第150条【以胁迫手段实施的民事法律行为的效力】** 一方或者第三人以胁迫手段，使对方在违背真实意思的情况下实施的民事法律行为，受胁迫方有权请求人民法院或者仲裁机构予以撤销。 **第151条【显失公平的民事法律行为的效力】** 一方利用对方处于危困状态、缺乏判断能力等情形，致使民事法律行为成立时显失公平的，受损害方有权请求人民法院或者仲裁机构予以撤销。 **第153条【违反强制性规定及违背公序良俗的民事法律行为的效力】** 违反法律、行政法规的

续表

民法典物权编解释一	关联规定
且欺诈、胁迫或显失公平本就属于一种主观恶意较高的行为，转让人行使撤销权即表明此时已超出了转让人所能容忍和接受的程度，与合同无效类型，构成了对公序良俗的背离，故此种情形下亦应排除善意取得的适用。	强制性规定的民事法律行为无效。但是，该强制性规定不导致该民事法律行为无效的除外。 违背公序良俗的民事法律行为无效。 **第154条【恶意串通的民事法律行为的效力】** 行为人与相对人恶意串通，损害他人合法权益的民事法律行为无效。 **第155条【无效、被撤销的民事法律行为自始无效】** 无效的或者被撤销的民事法律行为自始没有法律约束力。 *《物权法解释一》（已废止）* *第21条　具有下列情形之一，受让人主张根据物权法第一百零六条规定取得所有权的，不予支持：* *（一）转让合同因违反合同法第五十二条规定被认定无效；* *（二）转让合同因受让人存在欺诈、胁迫或者乘人之危等法定事由被撤销。*
第二十一条【解释施行时间】 本解释自2021年1月1日起施行。 **解读**：民法典于2021年1月1日起施行，本解释在民法典规定之外，对原有的物权法及其解释等	《民法典》 **第1260条【施行日期及旧法废止】** 本法自2021年1月1日起施行。《中华人民共和国婚姻法》、《中华人民共和国继承法》、《中华人民共和国民法通则》、《中华人民共和国收养法》、《中华

续表

民法典物权编解释一	关联规定
进行了系统性梳理。为与民法典施行时间保持一致及对诉讼程序有效衔接，本解释施行的时间也确定为2021年1月1日。另，民法典施行后尚未审结和新受理的一、二审案件，若法律事实发生于2021年1月1日前，依照民法典时间效力规定应适用民法典及其配套司法解释的，在援引民法典及其配套司法解释的同时还应援引民法典时间效力规定的相关规定。	人民共和国担保法》、《中华人民共和国合同法》、《中华人民共和国物权法》、《中华人民共和国侵权责任法》、《中华人民共和国民法总则》同时废止。 ***《物权法解释一》（已废止）*** ***第22条*** *本解释自2016年3月1日起施行。* *本解释施行后人民法院新受理的一审案件，适用本解释。* *本解释施行前人民法院已经受理、施行后尚未审结的一审、二审案件，以及本解释施行前已经终审、施行后当事人申请再审或者按照审判监督程序决定再审的案件，不适用本解释。*

《民法典担保制度解释》条文对照与重点解读

民法典担保制度解释	关联规定
一、关于一般规定	
第一条【适用范围】 因抵押、质押、留置、保证等担保发生的纠纷，适用本解释。所有权保留买卖、融资租赁、保理等涉及担保功能发生的纠纷，适用本解释的有关规定。 **解读：**本解释主要适用于基于典型担保而发生的纠纷，包括合同、物权两大领域。具体包括保证合同、抵押合同、质押合同等合同纠纷，以及抵押权、质权、留置权等担保物权纠纷。但需注意，所有权保留买卖合同、融资租赁合同、保理合同等具有非典型担保性质的合同，并非一概适用本解释的所有规定，只有在因涉及担保功能而发生纠纷时，才适用本解释的有关规定。另需说明，狭义的非典型担保主要指非典型物保，包括两种情形：一是虽为民法典所规定，但并未规定在担保物权部分的所有权保留买卖、融	**《民法典》** **第二编（物权）第四分编（担保物权）所有条文**（即《民法典》第386-457条）。 **《民法典》** **第三编（合同）第二分编（典型合同）第十三章（保证合同）所有条文**（即《民法典》第681-702条） ***《担保法》（已废止）*** ***第2条*** *在借贷、买卖、货物运输、加工承揽等经济活动中，债权人需要以担保方式保障其债权实现的，可以依照本法规定设定担保。* *本法规定的担保方式为保证、抵押、质押、留置和定金。* ***《担保法解释》（已废止）*** ***第1条*** *当事人对由民事关系产生的债权，在不违反法律、法规强制性规定的情况下，以担保法规定的方式设定担保的，可以认定为有效。*

续表

民法典担保制度解释	关联规定
资租赁、有追索权的保理；二是未为民法典所明确规定但具有担保物权功能的担保，如让与担保。而广义的非典型担保还包括非典型人保，如债务加入、差额补足、流动性支持等（本解释第36条规定），以及兼具人保与物保特征的以物的价值为限的担保，如本解释第46条规定的未办理抵押登记的不动产抵押合同。由于本解释第四部分专门对非典型担保作出规定，所谓的非典型担保主要是指非典型物保，故本解释提及的非典型担保一般不包括广义的非典型人保。另，本解释将保证金质押放在非典型担保中进行规定，主要基于保证金质押的客体是兼具债权与动产属性的账户内的金钱且允许其具有浮动性，与动产质权有着很大区别。	
第二条【担保合同效力从属性】 当事人在担保合同中约定担保合同的效力独立于主合同，或者约定担保人对主合同无效的法律后果承担担保责任，该有关担保独立性的约定无效。主合同有效的，有关担保独立性的约定无效不影响担保合同的效力；主合同无效的，人民法院应当认定担保合同无效，但是法律另有规定的除外。	**《民法典》** **第388条【担保合同与主合同的关系】** 设立担保物权，应当依照本法和其他法律的规定订立担保合同。担保合同包括抵押合同、质押合同和其他具有担保功能的合同。担保合同是主债权债务合同的从合同。主债权债务合同无效的，担保合同无效，但是法律另有规定的除外。 担保合同被确认无效后，债务

续表

民法典担保制度解释	关联规定
因金融机构开立的独立保函发生的纠纷，适用《最高人民法院关于审理独立保函纠纷案件若干问题的规定》。 **解读**：本条第1款就担保合同效力从属性明确了两个层面的意思：一是当事人关于担保独立性的约定无效；二是担保独立性的约定无效不影响担保合同的效力，法院仍需根据主合同是否有效来认定担保合同的效力。实际上，民法典第388条以及第682条均明确，担保合同、保证合同是主合同的从合同，主合同无效的，担保合同、保证合同无效，但是法律另有规定的除外。基于此可看出，只有法律例外规定才能排除担保的从属性，当事人不能通过约定排除担保从属性，否则相应约定内容无效。另，排除担保从属性的约定无效，仅是该约定条款部分无效，并不影响整个担保合同的效力。此外，本条第2款则强调因金融机构开立的独立保函发生的纠纷排除本解释的适用，而适用最高人民法院关于审理独立保函纠纷案件若干问题的规定。就独立保函的含义而言，其是指开立人以书面形式向受益人	人、担保人、债权人有过错的，应当根据其过错各自承担相应的民事责任。 **第682条【保证合同的从属性及保证合同无效的法律后果】** 保证合同是主债权债务合同的从合同。主债权债务合同无效的，保证合同无效，但是法律另有规定的除外。 保证合同被确认无效后，债务人、保证人、债权人有过错的，应当根据其过错各自承担相应的民事责任。 ***《担保法》(已废止)*** ***第5条*** *担保合同是主合同的从合同，主合同无效，担保合同无效。担保合同另有约定的，按照约定。* *担保合同被确认无效后，债务人、担保人、债权人有过错的，应当根据其过错各自承担相应的民事责任。* **《最高人民法院关于审理独立保函纠纷案件若干问题的规定》** **第1条** 本规定所称的独立保函，是指银行或非银行金融机构作为开立人，以书面形式向受益人出具的，同意在受益人请求付款并提交符合保函要求的单据时，向其支付特定款项或在保函最高金

续表

民法典担保制度解释	关联规定
出具的，同意在受益人请求付款并提交符合保函要求的单据时向其支付特定款项或者在保函最高金额内付款的承诺。	额内付款的承诺。 前款所称的单据，是指独立保函载明的受益人应提交的付款请求书、违约声明、第三方签发的文件、法院判决、仲裁裁决、汇票、发票等表明发生付款到期事件的书面文件。 独立保函可以依保函申请人的申请而开立，也可以依另一金融机构的指示而开立。开立人依指示开立独立保函的，可以要求指示人向其开立用以保障追偿权的独立保函。 **第2条** 本规定所称的独立保函纠纷，是指在独立保函的开立、撤销、修改、转让、付款、追偿等环节产生的纠纷。
第三条【担保范围从属性】 当事人对担保责任的承担约定专门的违约责任，或者约定的担保责任范围超出债务人应当承担的责任范围，担保人主张仅在债务人应当承担的责任范围内承担责任的，人民法院应予支持。 担保人承担的责任超出债务人应当承担的责任范围，担保人向债务人追偿，债务人主张仅在其应当承担的责任范围内承担责任的，人民法院应予支持；担保人请求债权人返还超出部分的，人	《民法典》 **第389条【担保物权的担保范围】** 担保物权的担保范围包括主债权及其利息、违约金、损害赔偿金、保管担保财产和实现担保物权的费用。当事人另有约定的，按照其约定。 第691条【保证范围】 保证的范围包括主债权及其利息、违约金、损害赔偿金和实现债权的费用。当事人另有约定的，按照其约定。

续表

民法典担保制度解释	关联规定
民法院依法予以支持。 **解读**：担保责任是担保人在一定条件下替债务人履行债务或承担责任，因此担保责任的范围原则上就是债务人在主债权关系中的责任范围，除非当事人另有约定。实践中，担保人所应承担的责任超出债务人的责任范围的情形，主要包括以下两种：一是针对担保责任承担约定专门的违约责任条款，二是约定的担保责任范围大于债务人所应承担的责任范围。本条关于担保范围的从属性问题包括两个层次，并分两款进行规定：一是担保人承担的担保责任范围不得超过债务人所应承担的责任范围。若约定的担保责任范围大于债务人所应承担的责任范围或者针对担保责任约定了专门的违约责任，在担保人承担责任后，超出债务人应承担的那部分将不能向债务人追偿，这无疑有违担保的从属性。故第1款明确担保人主张仅在债务人应当承担的责任范围内承担责任的，应予支持。二是担保人对实际承担的担保责任超出债务人应承担的责任范围部分，原则上不能向债务人追偿，只能基于不当得利请求债权人返还。	《全国法院民商事审判工作会议纪要》 55. 担保人承担的担保责任范围不应当大于主债务，是担保从属性的必然要求。当事人约定的担保责任的范围大于主债务的，如针对担保责任约定专门的违约责任、担保责任的数额高于主债务、担保责任约定的利息高于主债务利息、担保责任的履行期先于主债务履行期届满，等等，均应当认定大于主债务部分的约定无效，从而使担保责任缩减至主债务的范围。 *《担保法解释》（已废止）* *第43条　保证人自行履行保证责任时，其实际清偿额大于主债权范围的，保证人只能在主债权范围内对债务人行使追偿权。*

续表

民法典担保制度解释	关联规定
第四条【担保物权的受托持有】 有下列情形之一，当事人将担保物权登记在他人名下，债务人不履行到期债务或者发生当事人约定的实现担保物权的情形，债权人或者其受托人主张就该财产优先受偿的，人民法院依法予以支持： （一）为债券持有人提供的担保物权登记在债券受托管理人名下； （二）为委托贷款人提供的担保物权登记在受托人名下； （三）担保人知道债权人与他人之间存在委托关系的其他情形。 **解读：**本条主要针对并适用于以登记作为公示方法的担保物权的受托持有情形，即因债权人与他人之间存在委托关系，导致登记的担保物权人与实际的担保物权人不一致的情况。以登记作为公示方法的担保物权，主要有两种情形：一是将登记作为设立要件的担保物权，包括不动产抵押权和权利质权。二是登记仅作为对抗要件的担保物权，如动产抵押权。反过来看，动产质权、留置权等以交付作为公示方法的担保物权并不适用本条。就内容体例	**《全国法院审理债券纠纷案件座谈会纪要》** **18.** 登记在受托管理人名下的担保物权行使。根据《最高人民法院关于〈国土资源部办公厅关于征求为公司债券持有人办理国有土地使用权抵押登记意见函〉的答复》精神，为债券设定的担保物权可登记在受托管理人名下，受托管理人根据民事诉讼法第一百九十六条、第一百九十七条的规定或者通过普通程序主张担保物权的，人民法院应当予以支持，但应在裁判文书主文中明确由此所得权益归属于全体债券持有人。受托管理人仅代表部分债券持有人提起诉讼的，人民法院还应当根据其所代表的债券持有人份额占当期发行债券的比例明确其相应的份额。

续表

民法典担保制度解释	关联规定
而言，本条列举了两种典型且常见的适用情形，后以兜底性条款概括。就权利归属而言，本条明确应根据当事人间的实际权利义务关系，来确定真正的担保物权人为债权人而非登记的名义权利人。同时规定原则上应由债权人来行使权利。但基于实践中有时债权人众多而难以个别行使或者行使起来过于麻烦、成本过高，该条同时规定受托人也可行使担保物权，但基于其并非真正权利人，故担保物权最终是否行使及行使的后果均应归于全体债权人。	
第五条【机关法人以及居民委员会、村民委员会等特别法人的担保资格】 机关法人提供担保的，人民法院应当认定担保合同无效，但是经国务院批准为使用外国政府或者国际经济组织贷款进行转贷的除外。 居民委员会、村民委员会提供担保的，人民法院应当认定担保合同无效，但是依法代行村集体经济组织职能的村民委员会，依照村民委员会组织法规定的讨论决定程序对外提供担保的除外。 **解读：**本条第1款明确除经国务院批准为使用外国政府或者国	《民法典》 **第96条【特别法人的类型】** 本节规定的机关法人、农村集体经济组织法人、城镇农村的合作经济组织法人、基层群众性自治组织法人，为特别法人。 **第97条【机关法人资格的取得】** 有独立经费的机关和承担行政职能的法定机构从成立之日起，具有机关法人资格，可以从事为履行职能所需要的民事活动。 **第101条【基层群众性自治组织法人】** 居民委员会、村民委员会具有基层群众性自治组织法人资格，可以从事为履行职能所需要的民事活动。

续表

民法典担保制度解释	关联规定
际经济组织贷款进行转贷外，机关法人不具有担保资格，不仅不能提供保证也不能提供物保。第2款则是关于居民委员会、村民委员会提供资格的规定。由于居民委员会因并无独立的责任财产，故其对外提供的担保无效。但按照民法典第101条的规定，村民委员会有时依法代行村集体经济组织的职能（未设立村集体经济组织时代行），因此村民委员会在依照村民委员会组织法规定的讨论决定程序对外提供担保的情况下具有担保资格，其他情形下对外提供的担保也应无效。另需注意，按照民法典第683条的规定，机关法人原则上不得为保证人，以公益为目的的非营利法人、非法人组织不得为保证人。但该条并未对不具有保证资格的主体能否提供物保作出规定。实际上，前述主体之所以不具有保证资格，一方面是因为其没有独立承担责任的财产，但另一方面也是更重要的在于其只能从事与其法定职责相关的民商事活动或者公益性活动，而不能从事其他民商事交易活动。因此，也不能提供物保。换言之，此种情况下不具有保证资格的主体，也不具有担保资格。	未设立村集体经济组织的，村民委员会可以依法代行村集体经济组织的职能。 **第683条【不得担任保证人的主体范围】** 机关法人不得为保证人，但是经国务院批准为使用外国政府或者国际经济组织贷款进行转贷的除外。 以公益为目的的非营利法人、非法人组织不得为保证人。

续表

民法典担保制度解释	关联规定
本条则相当于将民法典第683条的有关保证资格的限制扩展到了担保资格范围。	
第六条【以公益为目的的非营利法人或者非法人组织提供担保】 以公益为目的的非营利性学校、幼儿园、医疗机构、养老机构等提供担保的，人民法院应当认定担保合同无效，但是有下列情形之一的除外： （一）在购入或者以融资租赁方式承租教育设施、医疗卫生设施、养老服务设施和其他公益设施时，出卖人、出租人为担保价款或者租金实现而在该公益设施上保留所有权； （二）以教育设施、医疗卫生设施、养老服务设施和其他公益设施以外的不动产、动产或者财产权利设立担保物权。 登记为营利法人的学校、幼儿园、医疗机构、养老机构等提供担保，当事人以其不具有担保资格为由主张担保合同无效的，人民法院不予支持。 **解读：** 基于以公益为目的的非营利性法人、非法人组织的设立目的以及承担责任的独立性角度，以公益为目的的学校、幼儿园、	《民法典》 **第87条【非营利法人的定义及类型】** 为公益目的或者其他非营利目的成立，不向出资人、设立人或者会员分配所取得利润的法人，为非营利法人。 非营利法人包括事业单位、社会团体、基金会、社会服务机构等。 **第102条【非法人组织的定义及类型】** 非法人组织是不具有法人资格，但是能够依法以自己的名义从事民事活动的组织。 非法人组织包括个人独资企业、合伙企业、不具有法人资格的专业服务机构等。 **第683条【不得担任保证人的主体范围】** 机关法人不得为保证人，但是经国务院批准为使用外国政府或者国际经济组织贷款进行转贷的除外。 以公益为目的的非营利法人、非法人组织不得为保证人。

续表

民法典担保制度解释	关联规定
医疗机构、养老机构等主体，原则上不能提供担保，但存在两个情形的例外：一是在购入或者以融资租赁方式承租公益设施时，为担保价款或者租金的实现，可以在该公益设施上保留所有权；二是可以前述公益设施以外的其他财产设定抵押等担保物权。当然，对于登记为营利法人而非非营利法人的学校、幼儿园、医疗机构、养老机构等提供担保，由于其并非公益性质而是营利属性，故应将其作为一般的营利性主体看待，认定具有担保资格。	
第七条【公司法定代表人超越权限为他人担保的效力】 公司的法定代表人违反公司法关于公司对外担保决议程序的规定，超越权限代表公司与相对人订立担保合同，人民法院应当依照民法典第六十一条和第五百零四条等规定处理： （一）相对人善意的，担保合同对公司发生效力；相对人请求公司承担担保责任的，人民法院应予支持。 （二）相对人非善意的，担保合同对公司不发生效力；相对人请求公司承担赔偿责任的，参照适用本解释第十七条的有关规定。	**《民法典》** **第61条【法定代表人的定义及行为的法律后果】** 依照法律或者法人章程的规定，代表法人从事民事活动的负责人，为法人的法定代表人。 法定代表人以法人名义从事的民事活动，其法律后果由法人承受。 法人章程或者法人权力机构对法定代表人代表权的限制，不得对抗善意相对人。 **第504条【越权订立的合同效力】** 法人的法定代表人或者非法人组织的负责人超越权限订立的合同，除相对人知道或者应当知道其超越权限外，该代表行为

续表

民法典担保制度解释	关联规定
法定代表人超越权限提供担保造成公司损失，公司请求法定代表人承担赔偿责任的，人民法院应予支持。 第一款所称善意，是指相对人在订立担保合同时不知道且不应当知道法定代表人超越权限。相对人有证据证明已对公司决议进行了合理审查，人民法院应当认定其构成善意，但是公司有证据证明相对人知道或者应当知道决议系伪造、变造的除外。 **解读：**就公司的法定代表人越权对外提供担保的效力而言，本条区分相对人是否为善意进而确定担保行为的效力：若相对人善意，构成表见代表，行为效果等同于有效担保；若相对人非善意，则担保行为不对公司发生效力，公司不承担基于有效担保产生的担保责任，但要承担缔约过失责任。如此规定在于，法定代表人的越权代表行为从本质上仍属于公司行为，在担保合同无效情况下，公司有过错的，仍应承担损害赔偿责任，其性质属于缔约过失责任。而具体赔偿责任的确定，可参照适用本解释第 17 条相关内容。此外，就本条第 1 款所称的	有效，订立的合同对法人或者非法人组织发生效力。 **《公司法》** **第16条** 公司向其他企业投资或者为他人提供担保，依照公司章程的规定，由董事会或者股东会、股东大会决议；公司章程对投资或者担保的总额及单项投资或者担保的数额有限额规定的，不得超过规定的限额。 公司为公司股东或者实际控制人提供担保的，必须经股东会或者股东大会决议。 前款规定的股东或者受前款规定的实际控制人支配的股东，不得参加前款规定事项的表决。该项表决由出席会议的其他股东所持表决权的过半数通过。 **《民法典担保制度解释》** **第17条** 主合同有效而第三人提供的担保合同无效，人民法院应当区分不同情形确定担保人的赔偿责任： （一）债权人与担保人均有过错的，担保人承担的赔偿责任不应超过债务人不能清偿部分的二分之一； （二）担保人有过错而债权人无过错的，担保人对债务人不能清偿的部分承担赔偿责任；

续表

民法典担保制度解释	关联规定
善意认定而言，本条第3款专门作出规定，进一步强化相对人的审查义务，规定其要尽合理审查义务。民法典合同编通则解释第20条对此亦有相关规定。当然，若法定代表人并没有超越代表权限，则其代表行为自然为有效，此时也没有进一步区分善意、恶意之必要。另，本条第2款明确规定，法定代表人超越权限提供担保造成公司损失，公司承担责任后，有权向法定代表人追偿。 **案例参考：**《中建材集团进出口公司诉北京大地恒通经贸有限公司、北京天元盛唐投资有限公司、天宝盛世科技发展（北京）有限公司、江苏银大科技有限公司、四川宜宾俄欧工程发展有限公司进出口代理合同纠纷案》【《最高人民法院公报》2011年第2期】 **案例要旨：**按照公司法的规定，公司向其他企业投资或者为他人提供担保，依照公司章程的规定，由董事会或者股东会、股东大会决议；公司章程对投资或者担保的总额及单项投资或者担保的数额有限额规定的，不得超过规定的限额。公司为公司股东或者实际控制人提供担保的，必须经股东会或者股东大会决议。但公司违反前述条	（三）债权人有过错而担保人无过错的，担保人不承担赔偿责任。 主合同无效导致第三人提供的担保合同无效，担保人无过错的，不承担赔偿责任；担保人有过错的，其承担的赔偿责任不应超过债务人不能清偿部分的三分之一。 **《民法典合同编通则解释》** **第20条** 法律、行政法规为限制法人的法定代表人或者非法人组织的负责人的代表权，规定合同所涉事项应当由法人、非法人组织的权力机构或者决策机构决议，或者应当由法人、非法人组织的执行机构决定，法定代表人、负责人未取得授权而以法人、非法人组织的名义订立合同，未尽到合理审查义务的相对人主张该合同对法人、非法人组织发生效力并由其承担违约责任的，人民法院不予支持，但是法人、非法人组织有过错的，可以参照民法典第一百五十七条的规定判决其承担相应的赔偿责任。相对人已尽到合理审查义务，构成表见代表的，人民法院应当依据民法典第五百零四条的规定处理。 合同所涉事项未超越法律、行政法规规定的法定代表人或者负责人的代表权限，但是超越法人、

续表

民法典担保制度解释	关联规定
款的规定，与他人订立担保合同的，不能简单认定合同无效。第一，该条款并未明确规定公司违反上述规定对外提供担保导致担保合同无效；第二，公司内部决议程序，不得约束第三人；第三，该条款并非效力性强制性的规定；第四，依据该条款认定担保合同无效，不利于维护合同的稳定和交易的安全。	非法人组织的章程或者权力机构等对代表权的限制，相对人主张该合同对法人、非法人组织发生效力并由其承担违约责任的，人民法院依法予以支持。但是，法人、非法人组织举证证明相对人知道或者应当知道该限制的除外。 法人、非法人组织承担民事责任后，向有过错的法定代表人、负责人追偿因越权代表行为造成的损失的，人民法院依法予以支持。法律、司法解释对法定代表人、负责人的民事责任另有规定的，依照其规定。 **《全国法院民商事审判工作会议纪要》** **17.【违反《公司法》第16条构成越权代表】** 为防止法定代表人随意代表公司为他人提供担保给公司造成损失，损害中小股东利益，《公司法》第16条对法定代表人的代表权进行了限制。根据该条规定，担保行为不是法定代表人所能单独决定的事项，而必须以公司股东（大）会、董事会等公司机关的决议作为授权的基础和来源。法定代表人未经授权擅自为他人提供担保的，构成越权代表，人民法院应当根据《合同法》第50条关于法定代表人

续表

民法典担保制度解释	关联规定
	越权代表的规定，区分订立合同时债权人是否善意分别认定合同效力：债权人善意的，合同有效；反之，合同无效。 18.【善意的认定】 前条所称的善意，是指债权人不知道或者不应当知道法定代表人超越权限订立担保合同。《公司法》第16条对关联担保和非关联担保的决议机关作出了区别规定，相应地，在善意的判断标准上也应当有所区别。一种情形是，为公司股东或者实际控制人提供关联担保，《公司法》第16条明确规定必须由股东（大）会决议，未经股东（大）会决议，构成越权代表。在此情况下，债权人主张担保合同有效，应当提供证据证明其在订立合同时对股东（大）会决议进行了审查，决议的表决程序符合《公司法》第16条的规定，即在排除被担保股东表决权的情况下，该项表决由出席会议的其他股东所持表决权的过半数通过，签字人员也符合公司章程的规定。另一种情形是，公司为公司股东或者实际控制人以外的人提供非关联担保，根据《公司法》第16条的规定，此时由公司章程规定是由董事会决议还是股东

续表

民法典担保制度解释	关联规定
	(大)会决议。无论章程是否对决议机关作出规定,也无论章程规定决议机关为董事会还是股东(大)会,根据《民法总则》第61条第3款关于"法人章程或者法人权力机构对法定代表人代表权的限制,不得对抗善意相对人"的规定,只要债权人能够证明其在订立担保合同时对董事会决议或者股东(大)会决议进行了审查,同意决议的人数及签字人员符合公司章程的规定,就应当认定其构成善意,但公司能够证明债权人明知公司章程对决议机关有明确规定的除外。 债权人对公司机关决议内容的审查一般限于形式审查,只要求尽到必要的注意义务即可,标准不宜太过严苛。公司以机关决议系法定代表人伪造或者变造、决议程序违法、签章(名)不实、担保金额超过法定限额等事由抗辩债权人非善意的,人民法院一般不予支持。但是,公司有证据证明债权人明知决议系伪造或者变造的除外。 **21.【权利救济】** 法定代表人的越权担保行为给公司造成损失,公司请求法定代表人承担赔偿责任的,人民法院依法予以支持。

续表

民法典担保制度解释	关联规定
	公司没有提起诉讼，股东依据《公司法》第151条的规定请求法定代表人承担赔偿责任的，人民法院依法予以支持。 ***《担保法解释》（已废止）*** ***第11条*** *法人或者其他组织的法定代表人、负责人超越权限订立的担保合同，除相对人知道或者应当知道其超越权限的以外，该代表行为有效。*
第八条【公司对外担保时无须机关决议的情形】 有下列情形之一，公司以其未依照公司法关于公司对外担保的规定作出决议为由主张不承担担保责任的，人民法院不予支持： （一）金融机构开立保函或者担保公司提供担保； （二）公司为其全资子公司开展经营活动提供担保； （三）担保合同系由单独或者共同持有公司三分之二以上对担保事项有表决权的股东签字同意。 上市公司对外提供担保，不适用前款第二项、第三项的规定。 **解读：**公司法第16条明确了为他人提供担保时的公司决议前置	**《公司法》** **第16条** 公司向其他企业投资或者为他人提供担保，依照公司章程的规定，由董事会或者股东会、股东大会决议；公司章程对投资或者担保的总额及单项投资或者担保的数额有限额规定的，不得超过规定的限额。 公司为公司股东或者实际控制人提供担保的，必须经股东会或者股东大会决议。 前款规定的股东或者受前款规定的实际控制人支配的股东，不得参加前款规定事项的表决。该项表决由出席会议的其他股东所持表决权的过半数通过。 **《全国法院民商事审判工作会议纪要》** **19.【无须机关决议的例外情况】** 存在下列情形的，即便债权

续表

民法典担保制度解释	关联规定
要求。也就是说，以公司财产为他人提供担保的行为并非法定代表人及其他公司人员所能单独决定的事项，而必须经公司股东会或者股东大会、董事会等机关决议。在这种要求下，债权人只要有证据证明法定代表人以公司名义签订担保合同符合公司真实意思，该担保行为就符合民事法律行为有效要件，即公司决议的存在，当然为证明公司就对外担保行为作出了真实意思表示的最直接书面证据。但基于公司治理以及维护市场秩序的需要，在特定情况下，即使没有公司决议也应认定公司具有对外提供担保的真实意思表示。本条即对此作了明确。而本条之所以对以为他人提供担保为主营业务的担保公司以及开展保函业务的银行或者非银行金融机构规定决议豁免，主要是因为以担保为业的公司不属于公司法第16条的调整范围。另，除本条规定的三种公司决议例外情形，在公司为他人提供担保领域，并不存在其他任何公司决议例外事由，对此应严格把握。此外，基于上市公司的公众属性较强，与不特定股东乃至公众利益关系较大，故其对外提供担保并不	人知道或者应当知道没有公司机关决议，也应当认定担保合同符合公司的真实意思表示，合同有效： （1）公司是以为他人提供担保为主营业务的担保公司，或者是开展保函业务的银行或者非银行金融机构； （2）公司为其直接或者间接控制的公司开展经营活动向债权人提供担保； （3）公司与主债务人之间存在相互担保等商业合作关系； （4）担保合同系由单独或者共同持有公司三分之二以上有表决权的股东签字同意。 **20.【越权担保的民事责任】** 依据前述3条规定，担保合同有效，债权人请求公司承担担保责任的，人民法院依法予以支持；担保合同无效，债权人请求公司承担担保责任的，人民法院不予支持，但可以按照担保法及有关司法解释关于担保无效的规定处理。公司举证证明债权人明知法定代表人超越权限或者机关决议系伪造或者变造，债权人请求公司承担合同无效后的民事责任的，人民法院不予支持。

续表

民法典担保制度解释	关联规定
适用本条第1款第2项、第3项之情形。	**22.【上市公司为他人提供担保】** 债权人根据上市公司公开披露的关于担保事项已经董事会或者股东大会决议通过的信息订立的担保合同，人民法院应当认定有效。
第九条【境内上市公司对外担保】 相对人根据上市公司公开披露的关于担保事项已经董事会或者股东大会决议通过的信息，与上市公司订立担保合同，相对人主张担保合同对上市公司发生效力，并由上市公司承担担保责任的，人民法院应予支持。 相对人未根据上市公司公开披露的关于担保事项已经董事会或者股东大会决议通过的信息，与上市公司订立担保合同，上市公司主张担保合同对其不发生效力，且不承担担保责任或者赔偿责任的，人民法院应予支持。 相对人与上市公司已公开披露的控股子公司订立的担保合同，或者相对人与股票在国务院批准的其他全国性证券交易场所交易的公司订立的担保合同，适用前两款规定。	**《全国法院民商事审判工作会议纪要》** **22.【上市公司为他人提供担保】** 债权人根据上市公司公开披露的关于担保事项已经董事会或者股东大会决议通过的信息订立的担保合同，人民法院应当认定有效。 **《中国证监会、公安部、国资委、中国银保监会关于公布〈上市公司监管指引第8号——上市公司资金往来、对外担保的监管要求〉的公告》** **第7条** 上市公司对外担保必须经董事会或者股东大会审议。 **第8条** 上市公司的《公司章程》应当明确股东大会、董事会审批对外担保的权限及违反审批权限、审议程序的责任追究制度。 **第9条** 应由股东大会审批的对外担保，必须经董事会审议通过后，方可提交股东大会审批。

续表

民法典担保制度解释	关联规定
解读：我国境内上市公司涉及众多中小投资者利益，属公众公司。基于此，为保护广大中小投资者的利益，境内上市公司有信息披露之义务，而担保事项也是其必须披露的内容。为此，本条就境内上市公司对外提供担保问题作了特别限制。一方面，其对外担保不仅须依据公司法第16条由董事会或股东大会决议的前置程序，还需要对决议公开披露。若债权人仅依据披露信息与境内上市公司签订担保合同，也应认定担保有效，上市公司应承担担保责任。另一方面，如果担保事项已经境内上市公司董事会决议通过，但是境内上市公司没有公开披露，债权人并非根据公开披露的对外担保的信息签订担保合同，那么相对人与境内上市公司订立的担保合同对上市公司不发生效力，公司既不承担担保责任也不承担其他赔偿责任。由此可看出，境内上市公司对外担保的效力认定上，不仅较一般公司更为严格，同时在责任承担上也有不同。一般公司在担保合同对公司不生效力的情况下，虽不承担担保责任但要承担相关赔偿责任；而上市公司如前所述，此时不承担任何责任。	须经股东大会审批的对外担保，包括但不限于下列情形： （一）上市公司及其控股子公司的对外担保总额，超过最近一期经审计净资产百分之五十以后提供的任何担保； （二）为资产负债率超过百分之七十的担保对象提供的担保； （三）单笔担保额超过最近一期经审计净资产百分之十的担保； （四）对股东、实际控制人及其关联方提供的担保。 股东大会在审议为股东、实际控制人及其关联方提供的担保议案时，该股东或者受该实际控制人支配的股东，不得参与该项表决，该项表决由出席股东大会的其他股东所持表决权的半数以上通过。 **第10条** 应由董事会审批的对外担保，必须经出席董事会的三分之二以上董事审议同意并做出决议。 **第11条** 上市公司为控股股东、实际控制人及其关联方提供担保的，控股股东、实际控制人及其关联方应当提供反担保。 **第12条** 上市公司董事会或者股东大会审议批准的对外担保，必须在证券交易所的网站和符合

续表

民法典担保制度解释	关联规定
案例参考：《电气公司、风能公司诉某银行质押合同纠纷案》【张娜娜、周余，《人民司法·案例》2022年第8期】 **案例要旨：**民法典担保制度解释第9条规定属于规则创制性质的广义法律解释，若将民法典担保制度解释第9条规定的相对人审查义务，适用于民法典施行之前上市公司控股子公司签订的担保合同，将明显减损当事人合法权益、增加当事人法定义务或者背离当事人合理预期。民法典担保制度解释第9条规定的上市公司担保规则不应具有溯及力，法院不得据此认定相关担保合同无效。	中国证监会规定条件的媒体及时披露，披露的内容包括董事会或者股东大会决议、截止信息披露日上市公司及其控股子公司对外担保总额、上市公司对控股子公司提供担保的总额。 **第13条**　上市公司在办理贷款担保业务时，应向银行业金融机构提交《公司章程》、有关该担保事项董事会决议或者股东大会决议原件、该担保事项的披露信息等材料。 **第14条**　上市公司独立董事应在年度报告中，对上市公司报告期末尚未履行完毕和当期发生的对外担保情况、执行本章规定情况进行专项说明，并发表独立意见。 **第15条**　上市公司控股子公司对于向上市公司合并报表范围之外的主体提供担保的，应视同上市公司提供担保，上市公司应按照本章规定执行。
第十条【一人公司为股东提供担保的效力与后果】　一人有限责任公司为其股东提供担保，公司以违反公司法关于公司对外担保决议程序的规定为由主张不承担担保责任的，人民法院不予支持。公司因承担担保责任导致	**《民法典》** **第83条【出资人滥用权利的责任承担】**　营利法人的出资人不得滥用出资人权利损害法人或者其他出资人的利益；滥用出资人权利造成法人或者其他出资人损失的，应当依法承担民事责任。

续表

民法典担保制度解释	关联规定
无法清偿其他债务，提供担保时的股东不能证明公司财产独立于自己的财产，其他债权人请求该股东承担连带责任的，人民法院应予支持。 **解读**：在一人公司为其股东提供担保的情形下，公司财产与股东财产将发生高度混同而导致公司人格丧失独立性，依据公司法第63条的规定，债权人可请求提供担保的股东承担连带责任。实际上，在一人公司为股东提供担保的情形下，担保合同不应因没有股东会决议而被认定无效。这是因为一人公司虽然形式上具有独立人格，但在股东未举证证明公司财产独立于股东财产的情形下，公司的人格将被推定与股东的人格发生混同。此时，可将一人公司为股东提供担保理解为公司为自己的债务提供担保而无须公司决议或者理解为该股东作为唯一股东也是公司决议机关，为其担保的意思作出即代表了公司决议机关作出的同意的担保意思。基于此，一人公司在为股东提供担保后，又以没有股东会决议为由请求法院认定担保合同无效的，不应支持。就此种情形下的	营利法人的出资人不得滥用法人独立地位和出资人有限责任损害法人债权人的利益；滥用法人独立地位和出资人有限责任，逃避债务，严重损害法人债权人的利益的，应当对法人债务承担连带责任。 **《公司法》** **第63条**　一人有限责任公司的股东不能证明公司财产独立于股东自己的财产的，应当对公司债务承担连带责任。

续表

民法典担保制度解释	关联规定
担保后果而言，只要一人公司为股东的债务提供担保，就应作为否定公司人格的重要证据。换言之，一人公司为股东提供担保导致无法清偿其他债务这一事实本身即是公司人格与股东人格混同的重要证据，此种情形下，即使股东拿出证据证明公司存在健全的财务会计制度，也不应认定公司具有独立人格，股东仍需对公司的其他债权人承担连带责任。 **案例参考：**《钟某某诉王某某、孵化加速器公司股权转让纠纷案》【罗娜，《人民司法·案例》2020年第29期】 **案例要旨：**对一人公司为实际控制人提供的关联担保的效力判断，应审查子公司为实际控制人提供担保是否经法人股东同意，且在法人股东对涉担保事项作出决定时实际控制人是否实施了支配或干预行为；实际控制人（如为公司董事、监事、高级管理人员）是否违反法定的忠实义务；公司担保的相对方是否善意。	
第十一条【公司分支机构对外担保的效力】 公司的分支机构未经公司股东（大）会或者董事会决议以自己的名义对外提供担保，相对人请求公司或者其分支	《民法典》 **第74条【法人分支机构及其责任承担】** 法人可以依法设立分支机构。法律、行政法规规定分支机构应当登记的，依照其规定。

续表

民法典担保制度解释	关联规定
机构承担担保责任的，人民法院不予支持，但是相对人不知道且不应当知道分支机构对外提供担保未经公司决议程序的除外。 金融机构的分支机构在其营业执照记载的经营范围内开立保函，或者经有权从事担保业务的上级机构授权开立保函，金融机构或者其分支机构以违反公司法关于公司对外担保决议程序的规定为由主张不承担担保责任的，人民法院不予支持。金融机构的分支机构未经金融机构授权提供保函之外的担保，金融机构或者其分支机构主张不承担担保责任的，人民法院应予支持，但是相对人不知道且不应当知道分支机构对外提供担保未经金融机构授权的除外。 担保公司的分支机构未经担保公司授权对外提供担保，担保公司或者其分支机构主张不承担担保责任的，人民法院应予支持，但是相对人不知道且不应当知道分支机构对外提供担保未经担保公司授权的除外。 公司的分支机构对外提供担保，相对人非善意，请求公司承担赔偿责任的，参照本解释第十七条的有关规定处理。	分支机构以自己的名义从事民事活动，产生的民事责任由法人承担；也可以先以该分支机构管理的财产承担，不足以承担的，由法人承担。 *《担保法》（已废止）* ***第10条*** *企业法人的分支机构、职能部门不得为保证人。* *企业法人的分支机构有法人书面授权的，可以在授权范围内提供保证。* **《公司法》** **第14条** 公司可以设立分公司。设立分公司，应当向公司登记机关申请登记，领取营业执照。分公司不具有法人资格，其民事责任由公司承担。 公司可以设立子公司，子公司具有法人资格，依法独立承担民事责任。 **第16条** 公司向其他企业投资或者为他人提供担保，依照公司章程的规定，由董事会或者股东会、股东大会决议；公司章程对投资或者担保的总额及单项投资或者担保的数额有限额规定的，不得超过规定的限额。 公司为公司股东或者实际控制人提供担保的，必须经股东会或者股东大会决议。

续表

民法典担保制度解释	关联规定
解读：根据民法典第74条第2款规定，分支机构以自己的名义从事民事活动，产生的民事责任由法人承担；也可以先以该分支机构管理的财产承担，不足以承担的，由法人承担。因此，有观点主张，公司的分支机构以自己的名义提供的担保有效，公司或者其分支机构应承担担保责任。但需注意，尽管民法典该款规定公司的分支机构可以自己的名义从事民事活动，但担保行为因属异常交易行为而受到公司法的特别规制，在公司法定代表人代表公司对外提供担保尚且需要公司以决议的形式授权的情形下，公司的分支机构对外提供担保更需要公司以决议的形式授权。实际上，公司法在2005年修订后，即明确公司分支机构对外代表公司提供担保不仅要获得公司的个别授权，而且该授权本身也须经董事会或者股东（大）会决议。未经公司股东（大）会决议或者董事会决议，公司分支机构代表公司对外提供担保将构成越权代表。在此情形下，仅在构成表见代表时（即相对人不知道且不应当知道分支机构对外提供担保未经公司决议程序的），相对人才能主张由公司或者公司的分支机构承担担保责任。本条第1款对	前款规定的股东或者受前款规定的实际控制人支配的股东，不得参加前款规定事项的表决。该项表决由出席会议的其他股东所持表决权的过半数通过。 **《民法典担保制度解释》** **第17条**　主合同有效而第三人提供的担保合同无效，人民法院应当区分不同情形确定担保人的赔偿责任： （一）债权人与担保人均有过错的，担保人承担的赔偿责任不应超过债务人不能清偿部分的二分之一； （二）担保人有过错而债权人无过错的，担保人对债务人不能清偿的部分承担赔偿责任； （三）债权人有过错而担保人无过错的，担保人不承担赔偿责任。 主合同无效导致第三人提供的担保合同无效，担保人无过错的，不承担赔偿责任；担保人有过错的，其承担的赔偿责任不应超过债务人不能清偿部分的三分之一。

续表

民法典担保制度解释	关联规定
上述情形均作了明确。此外，由于金融机构开立保函或担保公司提供担保均属于公司的正常经营活动，故其分支机构对外提供担保也应区别于其他公司分支机构对外提供担保。本条第2款、第3款分别作了规定。另，与法定代表人越权代表提供担保类似，公司分支机构代表公司对外提供的担保，若相对人非善意，将无法请求公司或分支机构承担担保责任，而只能依据本解释第17条请求公司或分支机构承担缔约过失责任。 **案例参考：**《张某某诉C公司、B公司借款合同纠纷案》【最高人民法院民事审判第一庭编：《民事审判指导与参考》（总第81辑）人民法院出版社2020年版，第120页】 **案例要旨：**公司分支机构非经公司有权机关决议，越权加入债务的行为对公司不发生效力，公司及其分支机构有过错的，根据其过错承担相应民事责任。	
第十二条【债务加入参照适用规则】 法定代表人依照民法典第五百五十二条的规定以公司名义加入债务的，人民法院在认定该行为的效力时，可以参照本解释关于公司为他人提供担保的有关规则处理。	《民法典》 **第552条【债务加入】** 第三人与债务人约定加入债务并通知债权人，或者第三人向债权人表示愿意加入债务，债权人未在合理期限内明确拒绝的，债权人可

续表

民法典担保制度解释	关联规定
解读：本条所谓的债务加入，是指法定代表人依照民法典第552条的规定以公司名义加入债务的情形。民法典第552条规定的债务加入，也称并存的债务承担，该条情形下，债务加入人承担的责任一般重于连带责任保证。举轻以明重，既然公司为他人提供担保都需要按照公司法第16条的规定经公司有权机关决议通过，那么以公司名义的债务加入，当然也应遵守公司法第16条的规定。这有助于在公司利益维护与依法保护债权人利益之间维持平衡。基于此，法院在认定法定代表人以公司名义而为的加入债务行为的效力时，可以参照本解释关于公司为他人提供担保的规则处理。 **案例参考**：《服装公司诉赵某、服装科技公司买卖合同纠纷案》【国平平，任永乐，《人民司法·案例》2023年第17期】 **案例要旨**：法定代表人以公司名义对外承诺承担债务，依法构成债务加入。举轻以明重，法定代表人以公司名义加入债务的效力认定，可参照公司为他人提供担保的规则处理。判断法定代表人越权担保的效力，主要依据对相	以请求第三人在其愿意承担的债务范围内和债务人承担连带债务。 **《全国法院民商事审判工作会议纪要》** **23.【债务加入准用担保规则】** 法定代表人以公司名义与债务人约定加入债务并通知债权人或者向债权人表示愿意加入债务，该约定的效力问题，参照本纪要关于公司为他人提供担保的有关规则处理。

续表

民法典担保制度解释	关联规定
对人是否善意的认定。除了一般情形下审查是否存在合法的公司决议、是否属于无须决议的法定例外情形外，特殊情形下，还需要结合公司的治理结构、公司性质、具体履约行为等综合判断对外担保是否是公司的真实意志。对于股权结构简单、人合性较高的封闭公司，如果有证据证明相对人有充分理由相信法定代表人的行为等同于公司的意志，应认定相对人系善意。	
第十三条【共同担保下的保证人追偿权】 同一债务有两个以上第三人提供担保，担保人之间约定相互追偿及分担份额，承担了担保责任的担保人请求其他担保人按照约定分担份额的，人民法院应予支持；担保人之间约定承担连带共同担保，或者约定相互追偿但是未约定分担份额的，各担保人按照比例分担向债务人不能追偿的部分。 同一债务有两个以上第三人提供担保，担保人之间未对相互追偿作出约定且未约定承担连带共同担保，但是各担保人在同一份合同书上签字、盖章或者按指印，承担了担保责任的担保人请求其他担保人按照比例分担向债务	《民法典》 **第699条【共同保证】** 同一债务有两个以上保证人的，保证人应当按照保证合同约定的保证份额，承担保证责任；没有约定保证份额的，债权人可以请求任何一个保证人在其保证范围内承担保证责任。 **第700条【保证人追偿权】** 保证人承担保证责任后，除当事人另有约定外，有权在其承担保证责任的范围内向债务人追偿，享有债权人对债务人的权利，但是不得损害债权人的利益。 **第392条【人保和物保并存时担保权的实行规则】** 被担保的债权既有物的担保又有人的担保的，债务人不履行到期债务或者

续表

民法典担保制度解释	关联规定
人不能追偿部分的，人民法院应予支持。 　　除前两款规定的情形外，承担了担保责任的担保人请求其他担保人分担向债务人不能追偿部分的，人民法院不予支持。 　　**解读**：共同担保是相对于一人提供担保而言的，其特点主要体现在担保人为数人，数个担保人为同一债务提供担保，而非仅为同一债务人提供担保。共同担保在实践中又有共同保证、共同物保、混合共同担保等情形。但在担保人之间是否有相互追偿权的问题上，可作一体化解释。在共同担保下，担保人之间原则上并不能相互追偿，但基于担保人之间相互分担责任问题属意思自治范畴，故对担保人之间已就担保责任分担及其份额作出明确约定或者约定承担连带共同担保的，已承担担保责任的担保人按照约定要求其他担保人承担相应份额的，应予支持。另，为平衡当事人利益并贯彻公平原则，针对担保人未就相互分担问题作出明确约定但已在同一份合同书上签字、盖章或按指印的情形，应推定担保人之间具有相互分担责任的意	发生当事人约定的实现担保物权的情形，债权人应当按照约定实现债权；没有约定或者约定不明确，债务人自己提供物的担保的，债权人应当先就该物的担保实现债权；第三人提供物的担保的，债权人可以就物的担保实现债权，也可以请求保证人承担保证责任。提供担保的第三人承担担保责任后，有权向债务人追偿。 　　**《全国法院民商事审判工作会议纪要》** 　　**56.** 被担保的债权既有保证又有第三人提供的物的担保的，担保法司法解释第38条明确规定，承担了担保责任的担保人可以要求其他担保人清偿其应当分担的份额。但《物权法》第176条并未作出类似规定，根据《物权法》第178条关于"担保法与本法的规定不一致的，适用本法"的规定，承担了担保责任的担保人向其他担保人追偿的，人民法院不予支持，但担保人在担保合同中约定可以相互追偿的除外。 　　***《担保法解释》（已废止）*** 　　***第20条***　*连带共同保证的债务人在主合同规定的债务履行期届满没有履行债务的，债权人可以要求债务人履行债务，也可以要求任*

续表

民法典担保制度解释	关联规定
思表示。此外，关于应否先向主债务人追偿的问题。按照意思自治的原则，若当事人有约定的，应按约定处理。没有约定的，基于优先由责任最终承担者承担符合效率原则的要求，此时应先向主债务人追偿，在主债务人不能清偿的部分范围内，才在担保人之间分担。需注意的是，可以追偿的情况下，追偿效力及于其他担保人提供的担保物权，但亦限于相应追偿份额。 **案例参考：**《周某某诉房地产公司、杨某某等民间借贷纠纷案》【最高人民法院中国应用法学研究所编：《人民法院案例选》（总第108辑），人民法院出版社2017年版，第133页】 **案例要旨：**连带共同保证中，债权人免除部分保证人的保证责任，其他保证人承担责任后无权向该部分保证人追偿。相应地，其他保证人应在该部分保证人内部应承担保证份额的范围内免除保证责任。	*何一个保证人承担全部保证责任。* *连带共同保证的保证人承担保证责任后，向债务人不能追偿的部分，由各连带保证人按其内部约定的比例分担。没有约定的，平均分担。* ***第21条*** *按份共同保证的保证人按照保证合同约定的保证份额承担保证责任后，在其履行保证责任的范围内对债务人行使追偿权。*
第十四条【担保人受让债权】 同一债务有两个以上第三人提供担保，担保人受让债权的，人民法院应当认定该行为系承担担保责任。受让债权的担保人作为债权人请求其他担保人承担担保责任的，人民法院不予支持；该担保人	《民法典》 **第699条【共同保证】** 同一债务有两个以上保证人的，保证人应当按照保证合同约定的保证份额，承担保证责任；没有约定保证份额的，债权人可以请求任何一个保证人在其保证范围内承担保证责任。

续表

民法典担保制度解释	关联规定
请求其他担保人分担相应份额的，依照本解释第十三条的规定处理。 **解读**：一般而言，同一债务多个担保人之间原则上并无相互追偿权。而部分担保人为了达到担保人之间相互分担甚至全额追偿的目的，与债权人签订债权转让合同，在受让债权后以债权人的身份向债务人以及其他担保人追偿，借以规避担保人之间无追偿权的原则。就此行为，基于担保人本身对债权人负有债务，此时担保人的担保债务与债权人的担保债权同归于担保人一人而发生混同，属债权债务终止情形的一种，故担保人受让债权的行为应仅发生担保责任消灭或者部分消灭的效果。此类行为的本质应属于向债权人承担担保责任的行为，担保人也无权以债权人的身份请求其他担保人向其承担担保责任。其请求其他担保人分担份额的，应区分担保人之间是否存在相互追偿权，具体按照本解释第13条规定判断与处理。	**第700条【保证人追偿权】** 保证人承担保证责任后，除当事人另有约定外，有权在其承担保证责任的范围内向债务人追偿，享有债权人对债务人的权利，但是不得损害债权人的利益。 **第557条【债权债务终止情形】** 有下列情形之一的，债权债务终止： （一）债务已经履行； （二）债务相互抵销； （三）债务人依法将标的物提存； （四）债权人免除债务； （五）债权债务同归于一人； （六）法律规定或者当事人约定终止的其他情形。 合同解除的，该合同的权利义务关系终止。
第十五条【最高额担保中最高债权额】 最高额担保中的最高债权额，是指包括主债权及其利息、违约金、损害赔偿金、保管担	《民法典》 **第420条【最高额抵押权定义】** 为担保债务的履行，债务人或者第三人对一定期间内将要连

续表

民法典担保制度解释	关联规定
保财产的费用、实现债权或者实现担保物权的费用等在内的全部债权，但是当事人另有约定的除外。 登记的最高债权额与当事人约定的最高债权额不一致的，人民法院应当依据登记的最高债权额确定债权人优先受偿的范围。 **解读：**为担保债务履行，担保人可对一定期间内将要连续发生的债权在最高债权额限度内提供担保。民法典第420条、第439条、第690条分别就最高额抵押、最高额质押和最高额保证作出规定，此三种情形均属最高担保范畴。实际上，最高额担保的本质不在于担保的债权为将来的债权，而在于所担保的债权为不特定债权，并受最高债权额限度的限制。最高债权额限度是指可行使担保权利的最高债权金额，也是最高额担保的核心内容，关系最高债权额的存在，也是其区别于一般担保的重要内容。就最高债权额限度而言，通过本条明确了原则上应包括主债权及其利息、违约金、损害赔偿金、保管担保财产和实现债权或者实现担保物权的费用等在内的全部债权。同时，基于意思自治的原则，也允许当事人约定最高	续发生的债权提供担保财产的，债务人不履行到期债务或者发生当事人约定的实现抵押权的情形，抵押权人有权在最高债权额限度内就该担保财产优先受偿。 最高额抵押权设立前已经存在的债权，经当事人同意，可以转入最高额抵押担保的债权范围。 **第421条【最高额抵押权担保的债权转让】** 最高额抵押担保的债权确定前，部分债权转让的，最高额抵押权不得转让，但是当事人另有约定的除外。 **第422条【最高额抵押合同条款变更】** 最高额抵押担保的债权确定前，抵押权人与抵押人可以通过协议变更债权确定的期间、债权范围以及最高债权额。但是，变更的内容不得对其他抵押权人产生不利影响。 **第423条【最高额抵押权所担保的债权确定】** 有下列情形之一的，抵押权人的债权确定： （一）约定的债权确定期间届满； （二）没有约定债权确定期间或者约定不明确，抵押权人或者抵押人自最高额抵押权设立之日起满二年后请求确定债权； （三）新的债权不可能发生；

续表

民法典担保制度解释	关联规定
债权额限度为本金最高限额。另需注意，最高额抵押、最高额质押因涉及登记公示，当事人之间的约定仅具有相对效力，此时应以登记的最高债权额确定债权人优先受偿的范围。而最高额保证中因不存在登记公示，则应以合同的约定认定最高债权额限度。 **案例参考**：《中国工商银行股份有限公司宣城龙首支行诉宣城柏冠贸易有限公司、江苏凯盛置业有限公司等金融借款合同纠纷案》【最高人民法院指导案例95号】 **案例要旨**：当事人另行达成协议将最高额抵押权设立前已经存在的债权转入该最高额抵押担保的债权范围，只要转入的债权数额仍在该最高额抵押担保的最高债权额限度内，即使未对该最高额抵押权办理变更登记手续，该最高额抵押权的效力仍然及于被转入的债权，但不得对第三人产生不利影响。 **案例参考**：《中国长城资产管理股份有限公司山西省分公司与山西朔州平鲁区华美奥崇升煤业有限公司等借款合同纠纷案》【《最高人民法院公报》2020年第5期】 **案例要旨**：在最高额保证合同关系中，如果合同明确约定所担	（四）抵押权人知道或者应当知道抵押财产被查封、扣押； （五）债务人、抵押人被宣告破产或者解散； （六）法律规定债权确定的其他情形。 **第424条【最高额抵押权的法律适用】** 最高额抵押权除适用本节规定外，适用本章第一节的有关规定。 **第439条【最高额质权】** 出质人与质权人可以协议设立最高额质权。 最高额质权除适用本节有关规定外，参照适用本编第十七章第二节的有关规定。 **第690条【最高额保证合同】** 保证人与债权人可以协商订立最高额保证的合同，约定在最高债权额限度内就一定期间连续发生的债权提供保证。 最高额保证除适用本章规定外，参照适用本法第二编最高额抵押权的有关规定。

续表

民法典担保制度解释	关联规定
保的最高债权额包括主债权的数额和相应的利息、违约金、损害赔偿金以及实现债权的费用，保证人即应当依照约定对利息、违约金、损害赔偿金以及实现债权的费用承担保证责任，而不受主债权数额的限制。】	
第十六条【借新还旧下的担保人责任】 主合同当事人协议以新贷偿还旧贷，债权人请求旧贷的担保人承担担保责任的，人民法院不予支持；债权人请求新贷的担保人承担担保责任的，按照下列情形处理： （一）新贷与旧贷的担保人相同的，人民法院应予支持； （二）新贷与旧贷的担保人不同，或者旧贷无担保新贷有担保的，人民法院不予支持，但是债权人有证据证明新贷的担保人提供担保时对以新贷偿还旧贷的事实知道或者应当知道的除外。 主合同当事人协议以新贷偿还旧贷，旧贷的物的担保人在登记尚未注销的情形下同意继续为新贷提供担保，在订立新的贷款合同前又以该担保财产为其他债权人设立担保物权，其他债权人主张其担保物权顺位优先于新贷债权人的，人民法院不予支持。	**《民法典》** **第695条【主合同变更对保证责任影响】** 债权人和债务人未经保证人书面同意，协商变更主债权债务合同内容，减轻债务的，保证人仍对变更后的债务承担保证责任；加重债务的，保证人对加重的部分不承担保证责任。 债权人和债务人变更主债权债务合同的履行期限，未经保证人书面同意的，保证期间不受影响。 **《全国法院民商事审判工作会议纪要》** **57.** 贷款到期后，借款人与贷款人订立新的借款合同，将新贷用于归还旧贷，旧贷因清偿而消灭，为旧贷设立的担保物权也随之消灭。贷款人以旧贷上的担保物权尚未进行涂销登记为由，主张对新贷行使担保物权的，人民法院不予支持，但当事人约定继续为新贷提供担保的除外。

续表

民法典担保制度解释	关联规定
解读：借新还旧，是指债权人与债务人在旧的贷款尚未清偿的情况下再次签订贷款合同，以新贷出的款项清偿部分或者全部旧的贷款，这在实践中较为常见。借新还旧在性质上属于债务更新，即当事人通过设立新债的方式消灭旧贷。基于担保的从属性，旧贷上的担保也因之消灭，旧贷的担保人无须承担担保责任。但对新贷的担保人而言，是否承担责任需区分认定。若新贷担保人与旧贷担保人相同，则新贷担保人仍应承担担保责任；若新贷担保人与旧贷担保人不同，或旧贷无担保而新贷有担保的，则应根据新贷担保人对于借新还旧的事实是否知情进行判断。新贷担保人对此知情或应知情的，应承担担保责任，否则不承担担保责任。另，当事人约定借新还旧，在新贷合同尚未订立且旧贷上担保物权尚未进行涂销登记的情况下，物上担保人为他人提供担保并办理登记手续的，新贷债权人的担保物权应优先于其他债权人。此外需注意，借新还旧虽也属于一种特殊的贷款展期，但其与一般的贷款展期亦存在实质区别。前者是通过借新还旧的方式实现贷款展期，而后者属于履行期限的变更。根据民法典	*《担保法解释》（已废止）* ***第39条*** *主合同当事人双方协议以新贷偿还旧贷，除保证人知道或者应当知道的外，保证人不承担民事责任。* *新贷与旧贷系同一保证人的，不适用前款的规定。*

续表

民法典担保制度解释	关联规定
第695条第2款的规定，债权人和债务人变更主债权债务合同的履行期限，未经保证人同意的，保证期间不受影响。故实践中应对两者加以区分，进而适用不同规则。 **案例参考**：《卞松祥与许峰、徐州利峰木业有限公司等民间借贷纠纷案》【《最高人民法院公报》2021年第1期】 **案例要旨**：民间借贷中，债权人与债务人协议以新贷偿还旧贷，等同于新贷保证人为旧贷提供担保，在前后保证人并非同一人且新贷保证人不知情的情况下，有违保证人的真实意思，保证人不承担民事责任。	
第十七条【保合同无效下担保人的赔偿责任】 主合同有效而第三人提供的担保合同无效，人民法院应当区分不同情形确定担保人的赔偿责任： （一）债权人与担保人均有过错的，担保人承担的赔偿责任不应超过债务人不能清偿部分的二分之一； （二）担保人有过错而债权人无过错的，担保人对债务人不能清偿的部分承担赔偿责任； （三）债权人有过错而担保人无过错的，担保人不承担赔偿责任。	《民法典》 **第682条【保证合同的从属性及保证合同无效的法律后果】** 保证合同是主债权债务合同的从合同。主债权债务合同无效的，保证合同无效，但是法律另有规定的除外。 保证合同被确认无效后，债务人、保证人、债权人有过错的，应当根据其过错各自承担相应的民事责任。 *《担保法解释》（已废止）* ***第7条*** *主合同有效而担保合同无效，债权人无过错的，担保*

续表

民法典担保制度解释	关联规定
主合同无效导致第三人提供的担保合同无效，担保人无过错的，不承担赔偿责任；担保人有过错的，其承担的赔偿责任不应超过债务人不能清偿部分的三分之一。 **解读：**担保合同无效的原因与情形有多种，可能表现为主合同无效而担保合同无效，也可能表现为主合同有效而担保合同无效。为此，应区分不同情形认定担保人应否承担责任及承担责任的大小。实际上，担保合同被确认无效后，各方当事人的责任承担应根据其是否存在过错及过错程度，对债权人损失承担相应民事责任。无论是主合同有效还是无效，对于担保人而言，因担保合同无效，其承担的均是缔约过失责任，性质上属于补充责任，责任范围一般小于违约责任，故本条将担保人承担责任的范围统一限定为债务人不能清偿的部分。 **案例参考：**《江北中行诉樊东农行等信用证垫款纠纷案》【《最高人民法院公报》2006 年第 3 期】 **案例要旨：**因主合同无效而导致担保合同无效，担保人无过错的，不承担民事责任；担保人有过错的，应当依法承担民事责任。	*人与债务人对主合同债权人的经济损失，承担连带赔偿责任；债权人、担保人有过错的，担保人承担民事责任的部分，不应超过债务人不能清偿部分的二分之一。* ***第 8 条*** *主合同无效而导致担保合同无效，担保人无过错的，担保人不承担民事责任；担保人有过错的，担保人承担民事责任的部分，不应超过债务人不能清偿部分的三分之一。*

续表

民法典担保制度解释	关联规定
所谓担保人的过错，是指担保人明知主合同无效仍为之提供担保，或者明知主合同无效仍促使主合同成立或为主合同的签订作中介等情形。	
第十八条【承担担保或赔偿责任后向债务人追偿】 承担了担保责任或者赔偿责任的担保人，在其承担责任的范围内向债务人追偿的，人民法院应予支持。 同一债权既有债务人自己提供的物的担保，又有第三人提供的担保，承担了担保责任或者赔偿责任的第三人，主张行使债权人对债务人享有的担保物权的，人民法院应予支持。 **解读**：担保人追偿权，指担保人承担民事责任后向主债务人请求返还的权利。因债务人是责任的最终义务人，担保人承担担保责任或者赔偿责任实质上是为主债务人履行债务，而非履行自身债务，因此可向因其清偿而得利的主债务人追偿。且此情形下的追偿原则上只对担保人产生权利而无义务。换言之，承担担保或赔偿责任后的担保人对债务人的追偿，原则上是无条件的。关于担保人可追偿的范围，应包括承担责任所支付的成本、承担责任之日	**《民法典》** **第700条【保证人追偿权】** 保证人承担保证责任后，除当事人另有约定外，有权在其承担保证责任的范围内向债务人追偿，享有债权人对债务人的权利，但是不得损害债权人的利益。 **第392条【人保和物保并存时担保权的实行规则】** 被担保的债权既有物的担保又有人的担保的，债务人不履行到期债务或者发生当事人约定的实现担保物权的情形，债权人应当按照约定实现债权；没有约定或者约定不明确，债务人自己提供物的担保的，债权人应当先就该物的担保实现债权；第三人提供物的担保的，债权人可以就物的担保实现债权，也可以请求保证人承担保证责任。提供担保的第三人承担担保责任后，有权向债务人追偿。 **《全国法院民商事审判工作会议纪要》** 56. 被担保的债权既有保证又有第三人提供的物的担保的，担保法司法解释第38条明确规定，

续表

民法典担保制度解释	关联规定
起的利息及为承担责任而支付的其他必要费用。此外，就同一债权既有债务人自己提供的物的担保又有第三人提供的担保情形而言，第三人承担担保责任或赔偿责任后有权向债务人追偿，享有债权人对债务人的权利，也当然包括对债务人财产的抵押权等担保物权。 **案例参考**：《孙某某与刘某某、岳某某、承德市凯旋房地产开发有限责任公司、滦平县信通科技小额贷款有限公司追偿权纠纷案》【最高人民法院民事审判第一庭编：《民事审判指导与参考》（总第77辑）人民法院出版社2019年版，第169页】 **案例要旨**：保证人的追偿权和代位权既存在密切联系，又在基础法律关系、法律性质、诉讼时效、抗辩事由等方面存在明显的区别。基于这些区别，担保法律规定的保证人在承担保证责任后向债务人的追偿权，应不具有代位权性质，不适用债权转移的法律规则。对于追偿范围，应结合保证人是否依据合同约定履行义务、是否尽到了承担保证责任前的通知义务、债务人是否尽到了告知义务等因素确定保证人是否存在过错。如果保证人不存在过错，债务人不得以主债权数额在履行中发生变化等事由对抗保证人。	承担了担保责任的担保人可以要求其他担保人清偿其应当分担的份额。但《物权法》第176条并未作出类似规定，根据《物权法》第178条关于“担保法与本法的规定不一致的，适用本法”的规定，承担了担保责任的担保人向其他担保人追偿的，人民法院不予支持，但担保人在担保合同中约定可以相互追偿的除外。 **《民事诉讼法解释》** **第363条**　依照民法典第三百九十二条的规定，被担保的债权既有物的担保又有人的担保，当事人对实现担保物权的顺序有约定，实现担保物权的申请违反该约定的，人民法院裁定不予受理；没有约定或者约定不明的，人民法院应当受理。

续表

民法典担保制度解释	关联规定
第十九条【担保合同无效下反担保合同的效力及反担保人责任】 担保合同无效，承担了赔偿责任的担保人按照反担保合同的约定，在其承担赔偿责任的范围内请求反担保人承担担保责任的，人民法院应予支持。 反担保合同无效的，依照本解释第十七条的有关规定处理。当事人仅以担保合同无效为由主张反担保合同无效的，人民法院不予支持。 **解读：**反担保，是指债务人或者第三人向担保人作出保证或者设定物的担保，在担保人因履行债务或者承担责任而遭受损失时，向担保人作出清偿。反担保的主要功能是保障担保人追偿权的实现，其本质上是为保障担保人将来可能发生的追偿权实现而采取的措施，担保的对象是担保人向债务人的追偿权。因此，担保合同并非反担保合同的主合同，担保合同无效不必然导致反担保合同无效。担保合同无效担保人承担赔偿责任后，此时也应根据反担保合同的效力确定反担保人承担责任的类型和范围：若反担保合同有效则反担保人应当按照反担保合同的约定承担担保责任；	《民法典》 **第689条【反担保】** 保证人可以要求债务人提供反担保。 **第387条【担保物权的适用范围和反担保】** 债权人在借贷、买卖等民事活动中，为保障实现其债权，需要担保的，可以依照本法和其他法律的规定设立担保物权。 第三人为债务人向债权人提供担保的，可以要求债务人提供反担保。反担保适用本法和其他法律的规定。 *《担保法解释》（已废止）* ***第2条*** *反担保人可以是债务人，也可以是债务人之外的其他人。* *反担保方式可以是债务人提供的抵押或者质押，也可以是其他人提供的保证、抵押或者质押。* ***第9条*** *担保人因无效担保合同向债权人承担赔偿责任后，可以向债务人追偿，或者在承担赔偿责任的范围内，要求有过错的反担保人承担赔偿责任。* *担保人可以根据承担赔偿责任的事实对债务人或者反担保人另行提起诉讼。*

续表

民法典担保制度解释	关联规定
若反担保合同无效，反担保人无过错的不承担赔偿责任，反担保人有过错的，则应当根据担保人和反担保人的过错确定反担保人赔偿责任的范围。即在反担保合同无效的情况下，按照本解释第17条有关规定处理。 **案例参考**：《安徽省外经建设(集团)有限公司诉东方置业房地产有限公司保函欺诈纠纷案》【最高人民法院指导案例109号】 **案例要旨**：认定独立反担保函项下是否存在欺诈时，即使独立保函存在欺诈情形，独立保函项下已经善意付款的，人民法院亦不得裁定止付独立反担保函项下款项。	
第二十条【第三人提供物保对保证合同有关规定的适用】 人民法院在审理第三人提供的物的担保纠纷案件时，可以适用民法典第六百九十五条第一款、第六百九十六条第一款、第六百九十七条第二款、第六百九十九条、第七百条、第七百零一条、第七百零二条等关于保证合同的规定。 **解读**：担保物权既可由债务人提供担保财产予以设定，也可由第三人提供财产进行设定。在第	《民法典》 **第695条【主合同变更对保证责任影响】** 债权人和债务人未经保证人书面同意，协商变更主债权债务合同内容，减轻债务的，保证人仍对变更后的债务承担保证责任；加重债务的，保证人对加重的部分不承担保证责任。 债权人和债务人变更主债权债务合同的履行期限，未经保证人书面同意的，保证期间不受影响。 **第696条【债权转让对保证责任影响】** 债权人转让全部或者

续表

民法典担保制度解释	关联规定
三人以特定财产为债权提供担保的场合，第三人也被称为物上保证人。本条补充了民法典内容，明确了审理第三人提供的物的担保案件时，可适用民法典有关保证合同的条款。而第三人提供的物的担保案件之所以可适用民法典合同编保证合同一章相关条款，根本原因在于物上保证人与保证人法律地位本质相同。可适用的内容主要包括：1. 主合同内容变更未经保证人书面同意，保证人对加重部分不承担责任；2. 债权转让未通知保证人，该转让对保证人不发生效力；3. 第三人加入债务的，保证人的担保责任不受影响；4. 同一债务有两个以上第三人提供保证的，保证人应当按照合同约定份额承担担保责任，没有约定担保份额的，债权人可以请求任何一个保证人在其担保范围内承担担保责任；5. 保证人承担保证责任后，在其承担担保责任的范围内可以向债务人追偿，享有债权人对债务人的权利，但是不得损害债权人的利益；6. 保证人可以主张债务人对债权人的抗辩，即使债务人放弃抗辩的，保证人仍有权向债权人主张抗辩；7. 债务人对债权人享有	部分债权，未通知保证人的，该转让对保证人不发生效力。 保证人与债权人约定禁止债权转让，债权人未经保证人书面同意转让债权的，保证人对受让人不再承担保证责任。 **第697条【债务承担对保证责任影响】** 债权人未经保证人书面同意，允许债务人转移全部或者部分债务，保证人对未经其同意转移的债务不再承担保证责任，但是债权人和保证人另有约定的除外。 第三人加入债务的，保证人的保证责任不受影响。 **第699条【共同保证】** 同一债务有两个以上保证人的，保证人应当按照保证合同约定的保证份额，承担保证责任；没有约定保证份额的，债权人可以请求任何一个保证人在其保证范围内承担保证责任。 **第700条【保证人追偿权】** 保证人承担保证责任后，除当事人另有约定外，有权在其承担保证责任的范围内向债务人追偿，享有债权人对债务人的权利，但是不得损害债权人的利益。 **第701条【保证人抗辩权】** 保证人可以主张债务人对债权人

续表

民法典担保制度解释	关联规定
抵销权或者撤销权的，保证人可以在相应范围内拒绝承担保证责任等。除上述内容外，其他条款对提供物的担保的第三人也可以适用。最后以“等”字兜底规定。但需注意，根据权利性质以及民法典物权编担保物权一章已有相应规定的，则不应适用民法典合同编保证合同一章的规定。	的抗辩。债务人放弃抗辩的，保证人仍有权向债权人主张抗辩。 **第702条【保证人拒绝履行权】** 债务人对债权人享有抵销权或者撤销权的，保证人可以在相应范围内拒绝承担保证责任。
第二十一条【涉担保纠纷案件的主管与管辖】 主合同或者担保合同约定了仲裁条款的，人民法院对约定仲裁条款的合同当事人之间的纠纷无管辖权。 债权人一并起诉债务人和担保人的，应当根据主合同确定管辖法院。 债权人依法可以单独起诉担保人且仅起诉担保人的，应当根据担保合同确定管辖法院。 **解读：** 就案件的主管而言，由于诉讼与仲裁是纠纷解决领域并行且排斥的两种纠纷解决机制，按照或裁或审原则，若存在有效的仲裁协议，法院不予受理；若没有有效的仲裁协议，则仲裁机构亦无权对该争议纠纷予以仲裁，争议应通过向法院诉讼解决。本条第1款即是解决的担保纠纷中仲裁	《民事诉讼法》 **第24条** 因合同纠纷提起的诉讼，由被告住所地或者合同履行地人民法院管辖。 **第35条** 合同或者其他财产权益纠纷的当事人可以书面协议选择被告住所地、合同履行地、合同签订地、原告住所地、标的物所在地等与争议有实际联系的地点的人民法院管辖，但不得违反本法对级别管辖和专属管辖的规定。 《仲裁法》 **第4条** 当事人采用仲裁方式解决纠纷，应当双方自愿，达成仲裁协议。没有仲裁协议，一方申请仲裁的，仲裁委员会不予受理。 **第5条** 当事人达成仲裁协议，一方向人民法院起诉的，人民法院不予受理，但仲裁协议无效的除外。

续表

民法典担保制度解释	关联规定
与诉讼的关系问题即主管问题。根据该款规定，主合同或担保合同约定了仲裁条款的，则法院对约定仲裁条款的合同当事人之间的纠纷无管辖权。换言之，担保法律关系与主债权债务法律关系相互独立，担保合同当事人是否受仲裁管辖，应基于法律关系当事人之间是否达成有效的仲裁协议判断，主合同中的仲裁条款不必然约束担保合同当事人。当然，若主合同中的仲裁条款调整担保合同法律关系，则担保合同当事人应受主合同仲裁协议约定的规制。就涉担保纠纷案件的诉讼管辖而言，应遵循民事诉讼基本原则确定案件的级别管辖与地域管辖。债权人一并起诉债务人和担保人的，根据主合同确定管辖法院，即首先根据主债权债务的标的额等因素来确定级别管辖，然后根据主合同来确定地域管辖。主合同当事人约定了有效的协议管辖的，按照协议管辖条款确定管辖法院。债权人依法单独起诉担保人的，则应基于担保合同来确定管辖法院。	*《担保法解释》（已废止）* ***第129条*** *主合同和担保合同发生纠纷提起诉讼的，应当根据主合同确定案件管辖。担保人承担连带责任的担保合同发生纠纷，债权人向担保人主张权利的，应当由担保人住所地的法院管辖。* *主合同和担保合同选择管辖的法院不一致的，应当根据主合同确定案件管辖。*
第二十二条【担保债务在债务人破产程序中停止计息】 人民法院受理债务人破产案件后，债权人请求担保人承担担保责任，	《民法典》 **第389条【担保物权的担保范围】** 担保物权的担保范围包括主债权及其利息、违约金、损

续表

民法典担保制度解释	关联规定
担保人主张担保债务自人民法院受理破产申请之日起停止计息的，人民法院对担保人的主张应予支持。 **解读：**相较于主债务，担保债务具有从属性，且担保的责任范围不应超过主债务的范围，尤其是民法典第389条、第691条均采用了"主债权及其利息"的表述，表明担保债务的利息范围以主债权利息为限。但企业破产法第46条第2款明确规定"附利息的债权自破产申请受理时起停止计息"，相应地，担保债务作为附利息的债权债务自不例外，也应适用债务人破产程序中停止计息的规则，以确保担保债务的范围不会超过主债务的范围。实际上，除了符合企业破产法规定外，担保债务停止计息说更加符合当前我国的实际情况。担保物权所担保的范围已经较为宽泛，如不停止计息无疑会加重担保人的负担和风险。此外，停止计息也更加符合担保从属性的基本立场。在主债务人破产后，主债务的利息依法只计算到破产申请受理之日止。若要求保证人承担主债务人申请破产之日后的利息，将使得保证人承担的责任大于主债务人，无疑违反了保证范围从属性特征。	害赔偿金、保管担保财产和实现担保物权的费用。当事人另有约定的，按照其约定。 **第691条【保证范围】** 保证的范围包括主债权及其利息、违约金、损害赔偿金和实现债权的费用。当事人另有约定的，按照其约定。 **《企业破产法》** **第46条** 未到期的债权，在破产申请受理时视为到期。 附利息的债权自破产申请受理时起停止计息。

续表

民法典担保制度解释	关联规定
第二十三条【债务人破产程序与担保人责任衔接】 人民法院受理债务人破产案件，债权人在破产程序中申报债权后又向人民法院提起诉讼，请求担保人承担担保责任的，人民法院依法予以支持。 担保人清偿债权人的全部债权后，可以代替债权人在破产程序中受偿；在债权人的债权未获全部清偿前，担保人不得代替债权人在破产程序中受偿，但是有权就债权人通过破产分配和实现担保债权等方式获得清偿总额中超出债权的部分，在其承担担保责任的范围内请求债权人返还。 债权人在债务人破产程序中未获全部清偿，请求担保人继续承担担保责任的，人民法院应予支持；担保人承担担保责任后，向和解协议或者重整计划执行完毕后的债务人追偿的，人民法院不予支持。 **解读：**债务人破产与担保人责任承担二者并不排斥，在债务人进入破产程序的情况下，债权人依法申报债权的同时，还可以向担保人主张担保责任。本条第1款即对此作了明确。在债权人依法申报债权与向担保人主张担保	**《民法典》** **第700条【保证人追偿权】** 保证人承担保证责任后，除当事人另有约定外，有权在其承担保证责任的范围内向债务人追偿，享有债权人对债务人的权利，但是不得损害债权人的利益。 **《企业破产法》** **第51条** 债务人的保证人或者其他连带债务人已经代替债务人清偿债务的，以其对债务人的求偿权申报债权。 债务人的保证人或者其他连带债务人尚未代替债务人清偿债务的，以其对债务人的将来求偿权申报债权。但是，债权人已经向管理人申报全部债权的除外。 **第92条** 经人民法院裁定批准的重整计划，对债务人和全体债权人均有约束力。 债权人未依照本法规定申报债权的，在重整计划执行期间不得行使权利；在重整计划执行完毕后，可以按照重整计划规定的同类债权的清偿条件行使权利。 债权人对债务人的保证人和其他连带债务人所享有的权利，不受重整计划的影响。 **第101条** 和解债权人对债务人的保证人和其他连带债务人所享

续表

民法典担保制度解释	关联规定
责任并存的情形下，若债权人先从担保人处获得全部清偿的，为确保及时实现债权人合法权利并依法保护担保人追偿权，避免债权人双重受偿，根据民法典第700条、企业破产法第51条规定之精神，担保人可通过请求转付债权人在债务人破产程序中可获清偿相应金额的方式进行追偿。但若担保人仅部分清偿而非全部清偿债务，按照行使追偿权不得损害债权人利益的原则，此时担保人的追偿权应受到限制。本条第2款对此作了明确。本条第3款仍是以债权人依法申报债权与向担保人主张担保责任并存为前提，明确若债权人先从债务人破产程序中获得清偿的，可依据企业破产法第92条、第101条、第124条规定，要求担保人就未能受偿部分继续承担担保责任。但需注意，基于破产程序中同类债权平等受偿之原则，为避免债务人对同一笔债权重复清偿，此类情形下担保人并不能对重整或者和解后的债务人行使追偿权。	有的权利，不受和解协议的影响。 **第124条** 破产人的保证人和其他连带债务人，在破产程序终结后，对债权人依照破产清算程序未受清偿的债权，依法继续承担清偿责任。 **《全国法院破产审判工作会议纪要》** **31.** 保证人的清偿责任和求偿权的限制。破产程序终结前，已向债权人承担了保证责任的保证人，可以要求债务人向其转付已申报债权的债权人在破产程序中应得清偿部分。破产程序终结后，债权人就破产程序中未受清偿部分要求保证人承担保证责任的，应在破产程序终结后六个月内提出。保证人承担保证责任后，不得再向和解或重整后的债务人行使求偿权。 ***《担保法解释》（已废止）*** ***第44条*** *保证期间，人民法院受理债务人破产案件的，债权人既可以向人民法院申报债权，也可以向保证人主张权利。* *债权人申报债权后在破产程序中未受清偿的部分，保证人仍应当承担保证责任。债权人要求保证人承担保证责任的，应当在破产程序终结后六个月内提出。*

续表

民法典担保制度解释	关联规定
第二十四条【债权人未及时通知致担保人未能行使预先追偿权的后果】 债权人知道或者应当知道债务人破产，既未申报债权也未通知担保人，致使担保人不能预先行使追偿权的，担保人就该债权在破产程序中可能受偿的范围内免除担保责任，但是担保人因自身过错未行使追偿权的除外。 **解读：**为确保保证人在法院受理债务人破产申请后未清偿保证债务前即可就自己将要承担的保证责任向主债务人求偿，进而避免担保人于承担责任后不能实现追偿权情形的发生，担保法、企业破产法尤其是担保法解释第45条确立了保证人的追偿权预先行使制度。本条亦承袭该内容，并增加“但是担保人因自身过错未行使追偿权的除外”这一除外内容的表述。保证人申报债权行使预先追偿权，以债权人不申报债权为前提，但债权人是否申报的情况，保证人一般无法清楚，这就需要债权人主动告知。否则容易出现保证人要行使预先追偿权，却因已过申报债权期限或者补充申报期限而不得的情况。本条	《民法典》 **第700条【保证人追偿权】** 保证人承担保证责任后，除当事人另有约定外，有权在其承担保证责任的范围内向债务人追偿，享有债权人对债务人的权利，但是不得损害债权人的利益。 **第392条【人保和物保并存时担保权的实行规则】** 被担保的债权既有物的担保又有人的担保的，债务人不履行到期债务或者发生当事人约定的实现担保物权的情形，债权人应当按照约定实现债权；没有约定或者约定不明确，债务人自己提供物的担保的，债权人应当先就该物的担保实现债权；第三人提供物的担保的，债权人可以就物的担保实现债权，也可以请求保证人承担保证责任。提供担保的第三人承担担保责任后，有权向债务人追偿。 《企业破产法》 **第51条** 债务人的保证人或者其他连带债务人已经代替债务人清偿债务的，以其对债务人的求偿权申报债权。 债务人的保证人或者其他连带债务人尚未代替债务人清偿债务的，以其对债务人的将来求偿权申报债权。但是，债权人已经向

续表

民法典担保制度解释	关联规定
明确了债权人的通知义务，并赋予担保人通告抗辩权，即债权人在知道或应该知道债务人破产时，有义务在债权申报期限内的适当时间，向担保人作出不参加破产程序而向担保人求偿的意思表示。若债权人知道债务人破产时既不申报债权，又不告知担保人相关情形，致担保人未能预先从债务人破产财产中得到补偿的，担保人就该债权在破产程序中可能受偿的范围内免除担保责任。需注意，本条所谓“债权人未申报债权”并不是债权申报期限或者补充申报期限届满后的法律事实，而应是债权人在债权申报期限内或者破产财产最后分配前向担保人作出的放弃申报债权、要求担保人承担责任的一种意思表示。	管理人申报全部债权的除外。 *《担保法解释》（已废止）* *第45条　债权人知道或者应当知道债务人破产，既未申报债权也未通知保证人，致使保证人不能预先行使追偿权的，保证人在该债权在破产程序中可能受偿的范围内免除保证责任。*
二、关于保证合同	
第二十五条【保证方式的认定】　当事人在保证合同中约定了保证人在债务人不能履行债务或者无力偿还债务时才承担保证责任等类似内容，具有债务人应当先承担责任的意思表示的，人民法院应当将其认定为一般保证。 当事人在保证合同中约定了保	《民法典》 **第686条【保证方式】**　保证的方式包括一般保证和连带责任保证。 当事人在保证合同中对保证方式没有约定或者约定不明确的，按照一般保证承担保证责任。 **第687条【一般保证及其先诉抗辩权】**　当事人在保证合同中

续表

民法典担保制度解释	关联规定
证人在债务人不履行债务或者未偿还债务时即承担保证责任、无条件承担保证责任等类似内容，不具有债务人应当先承担责任的意思表示的，人民法院应当将其认定为连带责任保证。 **解读**：《民法典》第686条第2款将当事人没有约定或者约定不明时的保证类型从担保法规定的推定为连带责任保证修改为推定为一般保证，这是担保制度中一个重大变动，值得关注。但如何认定、理解所谓的“没有约定或者约定不明确”，民法典并未作出明确。实际上，民法典规定的推定规则只有在难以确定保证人真实意思表示的情况下才能适用。如果可以通过意思表示解释规则，确定当事人承担的是连带责任保证的，就不能简单地根据推定规则将其认定为一般保证。本条即对如何通过意思表示解释规则确定保证方式作了规定，具体而言：若保证合同中含有债务人应先承担责任的意思表示，则应将其解释为一般保证，如约定保证人在债务人不能履行债务或者无力偿还债务时才承担保证责任等内容。若保证合同含有债权人可以选择	约定，债务人不能履行债务时，由保证人承担保证责任的，为一般保证。 一般保证的保证人在主合同纠纷未经审判或者仲裁，并就债务人财产依法强制执行仍不能履行债务前，有权拒绝向债权人承担保证责任，但是有下列情形之一的除外： （一）债务人下落不明，且无财产可供执行； （二）人民法院已经受理债务人破产案件； （三）债权人有证据证明债务人的财产不足以履行全部债务或者丧失履行债务能力； （四）保证人书面表示放弃本款规定的权利。 **第688条【连带责任保证】** 当事人在保证合同中约定保证人和债务人对债务承担连带责任的，为连带责任保证。 连带责任保证的债务人不履行到期债务或者发生当事人约定的情形时，债权人可以请求债务人履行债务，也可以请求保证人在其保证范围内承担保证责任。

续表

民法典担保制度解释	关联规定
债务人或保证人承担责任的意思表示的，则应解释为连带责任保证，如约定保证人在债务人不履行债务或者未偿还债务时即承担保证责任、无条件承担责任等内容。	
第二十六条【一般保证的诉讼当事人】 一般保证中，债权人以债务人为被告提起诉讼的，人民法院应予受理。债权人未就主合同纠纷提起诉讼或者申请仲裁，仅起诉一般保证人的，人民法院应当驳回起诉。 一般保证中，债权人一并起诉债务人和保证人的，人民法院可以受理，但是在作出判决时，除有民法典第六百八十七条第二款但书规定的情形外，应当在判决书主文中明确，保证人仅对债务人财产依法强制执行后仍不能履行的部分承担保证责任。 债权人未对债务人的财产申请保全，或者保全的债务人的财产足以清偿债务，债权人申请对一般保证人的财产进行保全的，人民法院不予准许。 **解读：**根据民法典第687条的规定，一般保证人享有先诉抗辩权。所谓一般保证人的先诉抗辩	**《民法典》** **第687条【一般保证及其先诉抗辩权】** 当事人在保证合同中约定，债务人不能履行债务时，由保证人承担保证责任的，为一般保证。 一般保证的保证人在主合同纠纷未经审判或者仲裁，并就债务人财产依法强制执行仍不能履行债务前，有权拒绝向债权人承担保证责任，但是有下列情形之一的除外： （一）债务人下落不明，且无财产可供执行； （二）人民法院已经受理债务人破产案件； （三）债权人有证据证明债务人的财产不足以履行全部债务或者丧失履行债务能力； （四）保证人书面表示放弃本款规定的权利。 **《民事诉讼法解释》** **第66条** 因保证合同纠纷提起的诉讼，债权人向保证人和被

续表

民法典担保制度解释	关联规定
权，是指在主合同纠纷未经审判或者仲裁，并就债务人财产依法强制执行仍不能履行债务前，保证人对债权人可以拒绝承担保证责任。就此而言，本条之规定实际上就是一般保证人先诉抗辩权在诉讼、执行、保全阶段的具体体现：诉讼阶段，债权人不能单独对保证人提起诉讼。债权人未就主合同纠纷提起诉讼或者申请仲裁，仅起诉一般保证人的，法院应释明一并提起诉讼，否则应驳回起诉。执行阶段，保证人仅对债务人不能清偿部分承担保证责任。故在债权人一并起诉债务人和保证人的情形下，虽然可以受理，但在作出判决时，除有民法典第 687 条第 2 款但书规定情形外，应在判决主文中明确，保证人仅对债务人财产依法强制执行后仍不能履行的部分承担保证责任。财产保全中，若债权人未对债务人的财产申请保全或者保全的债务人财产足以清偿债务，债权人申请对一般保证人财产进行保全的，不应准许。 **案例参考**：《青海金泰融资担保有限公司与上海金桥工程建设发展有限公司、青海三工置业有限公司执行复议案》【最高人民法院指导案例 120 号】	保证人一并主张权利的，人民法院应当将保证人和被保证人列为共同被告。保证合同约定为一般保证，债权人仅起诉保证人的，人民法院应当通知被保证人作为共同被告参加诉讼；债权人仅起诉被保证人的，可以只列被保证人为被告。

续表

民法典担保制度解释	关联规定
案例要旨：在案件审理期间保证人为被执行人提供保证，承诺在被执行人无财产可供执行或者财产不足清偿债务时承担保证责任的，执行法院对保证人应当适用一般保证的执行规则。在被执行人虽有财产但严重不方便执行时，可以执行保证人在保证责任范围内的财产。	
第二十七条【先诉抗辩权内涵填补】 一般保证的债权人取得对债务人赋予强制执行效力的公证债权文书后，在保证期间内向人民法院申请强制执行，保证人以债权人未在保证期间内对债务人提起诉讼或者申请仲裁为由主张不承担保证责任的，人民法院不予支持。 **解读**：按照一般保证先诉抗辩权的含义，债权人须在保证期间内向债务人提起诉讼或者申请仲裁，并就债务人财产依法强制执行仍不能履行债务的，才能向保证人主张保证责任。但基于目的解释而言，债权人提起诉讼或者申请仲裁的目的是得到生效法律文书，并以此为依据申请执行债务人的财产。基于此，在诉讼或者	《民法典》 **第687条【一般保证及其先诉抗辩权】** 当事人在保证合同中约定，债务人不能履行债务时，由保证人承担保证责任的，为一般保证。 一般保证的保证人在主合同纠纷未经审判或者仲裁，并就债务人财产依法强制执行仍不能履行债务前，有权拒绝向债权人承担保证责任，但是有下列情形之一的除外： （一）债务人下落不明，且无财产可供执行； （二）人民法院已经受理债务人破产案件； （三）债权人有证据证明债务人的财产不足以履行全部债务或者丧失履行债务能力； （四）保证人书面表示放弃本

续表

民法典担保制度解释	关联规定
仲裁外，债权人若能直接取得执行依据即债权人取得赋予强制执行效力的公证债权文书，亦应认为与基于诉讼或仲裁而取得的具有强制执行效力的法律文书具有同等性。也就是说，债权人在取得赋予强制执行效力的公证债权文书后，依法就债务人财产申请强制执行仍不能履行的，债权人有权要求保证人承担保证责任，保证人此时不能以先诉抗辩权拒绝承担保证责任。	款规定的权利。 《公证法》 **第37条** 对经公证的以给付为内容并载明债务人愿意接受强制执行承诺的债权文书，债务人不履行或者履行不适当的，债权人可以依法向有管辖权的人民法院申请执行。 前款规定的债权文书确有错误的，人民法院裁定不予执行，并将裁定书送达双方当事人和公证机构。
第二十八条【一般保证债务诉讼时效】 一般保证中，债权人依据生效法律文书对债务人的财产依法申请强制执行，保证债务诉讼时效的起算时间按照下列规则确定： （一）人民法院作出终结本次执行程序裁定，或者依照民事诉讼法第二百五十七条第三项、第五项的规定作出终结执行裁定的，自裁定送达债权人之日起开始计算； （二）人民法院自收到申请执行书之日起一年内未作出前项裁定的，自人民法院收到申请执行书满一年之日起开始计算，但是保证人有证据证明债务人仍有财产可供执行的除外。	《民法典》 **第693条【保证责任免除】** 一般保证的债权人未在保证期间对债务人提起诉讼或者申请仲裁的，保证人不再承担保证责任。 连带责任保证的债权人未在保证期间请求保证人承担保证责任的，保证人不再承担保证责任。 **第694条【保证债务诉讼时效】** 一般保证的债权人在保证期间届满前对债务人提起诉讼或者申请仲裁的，从保证人拒绝承担保证责任的权利消灭之日起，开始计算保证债务的诉讼时效。 连带责任保证的债权人在保证期间届满前请求保证人承担保证责任的，从债权人请求保证人承担保证责任之日起，开始计算保证债务的诉讼时效。

续表

民法典担保制度解释	关联规定
一般保证的债权人在保证期间届满前对债务人提起诉讼或者申请仲裁，债权人举证证明存在民法典第六百八十七条第二款但书规定情形的，保证债务的诉讼时效自债权人知道或者应当知道该情形之日起开始计算。 **解读**：就一般保证人而言，其主要有三次“机会”避免承担保证责任：一是保证期间届满；二是主债务诉讼时效届满；三是保证债务诉讼时效届满。本条的规定主要涉及一般保证债务诉讼时效问题。按照民法典第694条第1款的规定，一般保证的债权人在保证期间届满前对债务人提起诉讼或者申请仲裁的，从保证人拒绝承担保证责任的权利消灭之日起，开始计算保证债务的诉讼时效。该款所谓的“保证人拒绝承担保证责任的权利消灭之日”，即先诉抗辩权消灭之日，又具体包括两种情形：一是债权人已就债务人的财产依法强制执行仍不能清偿债务，一般需由法院作出因无财产可供执行而终结本次执行的裁定或依照民事诉讼法第268条第3项、第5项的规定作出终结执行裁定。而此种情形下，一	**第687条【一般保证人先诉抗辩权】** 当事人在保证合同中约定，债务人不能履行债务时，由保证人承担保证责任的，为一般保证。 一般保证的保证人在主合同纠纷未经审判或者仲裁，并就债务人财产依法强制执行仍不能履行债务前，有权拒绝向债权人承担保证责任，但是有下列情形之一的除外： （一）债务人下落不明，且无财产可供执行； （二）人民法院已经受理债务人破产案件； （三）债权人有证据证明债务人的财产不足以履行全部债务或者丧失履行债务能力； （四）保证人书面表示放弃本款规定的权利。 **《民事诉讼法》** **第268条** 有下列情形之一的，人民法院裁定终结执行： （一）申请人撤销申请的； （二）据以执行的法律文书被撤销的； （三）作为被执行人的公民死亡，无遗产可供执行，又无义务承担人的； （四）追索赡养费、扶养费、抚养费案件的权利人死亡的；

续表

民法典担保制度解释	关联规定
般保证债务的诉讼时效应自裁定送达债权人之日起开始计算。当然，实践中并不排除部分法院未及时作出前述裁定的情况，在此情况下，本条规定法院自收到申请执行书之日起1年内未作出前述裁定的，保证债务诉讼时效自人民法院收到申请执行书满1年之日起计算。需注意，此处规定1年只针对推定债务人没有可供执行财产的情形，若保证人有证据证明债务人仍有可供执行的财产，并不受此限。二是存在民法典第687条第2款但书规定的四种情形时，由于此时保证人的先诉抗辩权已消灭。但债权人对该四种情形的发生可能并不知情，为此本条第2款规定此时保证债务诉讼时效“自债权人知道或者应当知道”该情形之日起开始计算。	（五）作为被执行人的公民因生活困难无力偿还借款，无收入来源，又丧失劳动能力的； （六）人民法院认为应当终结执行的其他情形。 *《担保法解释》（已废止）* ***第34条*** *一般保证的债权人在保证期间届满前对债务人提起诉讼或者申请仲裁的，从判决或者仲裁裁决生效之日起，开始计算保证合同的诉讼时效。* *连带责任保证的债权人在保证期间届满前要求保证人承担保证责任的，从债权人要求保证人承担保证责任之日起，开始计算保证合同的诉讼时效。*
第二十九条【债权人向部分保证人行使权利对其他保证人的影响】 同一债务有两个以上保证人，债权人以其已经在保证期间内依法向部分保证人行使权利为由，主张已经在保证期间内向其他保证人行使权利的，人民法院不予支持。	《民法典》 **第519条【连带债务人的份额确定及追偿权】** 连带债务人之间的份额难以确定的，视为份额相同。 实际承担债务超过自己份额的连带债务人，有权就超出部分在其他连带债务人未履行的份额

续表

民法典担保制度解释	关联规定
同一债务有两个以上保证人，保证人之间相互有追偿权，债权人未在保证期间内依法向部分保证人行使权利，导致其他保证人在承担保证责任后丧失追偿权，其他保证人主张在其不能追偿的范围内免除保证责任的，人民法院应予支持。 **解读**：在同一债务上有数个保证人的情况下，保证人之间既可能存在连带债务关系（相互之间有追偿权），也可能不存在连带债务关系（相互之间没有追偿权）。按照民法典第520条的规定，在连带债务中，只有“履行、抵销、提存、免除、混同、给付受领迟延”这六种行为下导致的债务消灭才对其他债务人发生效力。就共同保证而言，债权人向其中部分保证人依法主张权利的行为，其效果不应认为及于其他保证人。无论是存在连带债务关系的保证还是不存在连带债务关系的保证，债权人对部分保证人行使权利的行为，均应认为其效力不及于其他担保人。此外，就保证人之间的追偿而言，在保证人之间构成连带债务关系的情况下，由于债权人未在保证期间内依法	范围内向其追偿，并相应地享有债权人的权利，但是不得损害债权人的利益。其他连带债务人对债权人的抗辩，可以向该债务人主张。 被追偿的连带债务人不能履行其应分担份额的，其他连带债务人应当在相应范围内按比例分担。 **第520条【连带债务涉他效力】** 部分连带债务人履行、抵销债务或者提存标的物的，其他债务人对债权人的债务在相应范围内消灭；该债务人可以依据前条规定向其他债务人追偿。 部分连带债务人的债务被债权人免除的，在该连带债务人应当承担的份额范围内，其他债务人对债权人的债务消灭。 部分连带债务人的债务与债权人的债权同归于一人的，在扣除该债务人应当承担的份额后，债权人对其他债务人的债权继续存在。 债权人对部分连带债务人的给付受领迟延的，对其他连带债务人发生效力。 **第693条【保证责任免除】** 一般保证的债权人未在保证期间对债务人提起诉讼或者申请仲裁的，保证人不再承担保证责任。

续表

民法典担保制度解释	关联规定
向部分保证人行使权利，依据民法典第519条第2款之规定，该保证人对债权人的抗辩，自可向行使追偿权的保证人主张，这将导致已经承担了保证责任的保证人的追偿权不能得到实现。由于该后果系因债权人行为所致，且债权人的该行为本质上属于免除部分保证人责任的行为，民法典第520条第2款规定，在债权人免除该保证人债务的范围内，其他保证人的责任也应免除。	连带责任保证的债权人未在保证期间请求保证人承担保证责任的，保证人不再承担保证责任。
第三十条【最高额保证保证期间的起算】 最高额保证合同对保证期间的计算方式、起算时间等有约定的，按照其约定。 最高额保证合同对保证期间的计算方式、起算时间等没有约定或者约定不明，被担保债权的履行期限均已届满的，保证期间自债权确定之日起开始计算；被担保债权的履行期限尚未届满的，保证期间自最后到期债权的履行期限届满之日起开始计算。 前款所称债权确定之日，依照民法典第四百二十三条的规定认定。	《民法典》 **第690条【最高额保证合同】** 保证人与债权人可以协商订立最高额保证的合同，约定在最高债权额限度内就一定期间连续发生的债权提供保证。 最高额保证除适用本章规定外，参照适用本法第二编最高额抵押权的有关规定。 **第423条【最高额抵押权所担保的债权确定】** 有下列情形之一的，抵押权人的债权确定： （一）约定的债权确定期间届满； （二）没有约定债权确定期间或者约定不明确，抵押权人或者抵押人自最高额抵押权设立之日起

续表

民法典担保制度解释	关联规定
解读：当事人对于最高额保证的保证期间，多数情况下是有约定的，按照意思自治原则，此时应从其约定。但在没有约定或者约定不明确的情况下，债权应逐笔单独计算保证期间还是统一计算保证期间则有待明确。由于最高额担保是对一定时期连续发生的债权提供担保，逐笔单独计算保证期间将无法体现最高额担保的该特点。但若采取统一计算方式，也可能存在起算点难以确定的问题。为此，本条对最高额保证的保证期间采取统一计算方式，但对保证期间的起算点，则视债权确定时被担保债权的履行期限是否已经届满来确定。债权确定时，对于被担保的履行期限已届满的债权，保证期间自债权确定之日起开始计算；对于被担保的履行期限尚未届满的（至少有一笔被担保的债权未到履行期限），保证期间则自最后到期债权的履行期限届满之日起开始计算。而所谓"债权确定之日"，参照民法典第423条进行认定。	满二年后请求确定债权； （三）新的债权不可能发生； （四）抵押权人知道或者应当知道抵押财产被查封、扣押； （五）债务人、抵押人被宣告破产或者解散； （六）法律规定债权确定的其他情形。 ***《担保法解释》（已废止）*** ***第23条*** *最高额保证合同的不特定债权确定后，保证人应当对在最高债权额限度内就一定期间连续发生的债权余额承担保证责任。* ***第37条*** *最高额保证合同对保证期间没有约定或者约定不明的，如最高额保证合同约定有保证人清偿债务期限的，保证期间为清偿期限届满之日起六个月。没有约定债务清偿期限的，保证期间自最高额保证终止之日或自债权人收到保证人终止保证合同的书面通知到达之日起六个月。*

续表

民法典担保制度解释	关联规定
第三十一条【债权人撤诉或撤回仲裁申请对保证人权利的影响】 一般保证的债权人在保证期间内对债务人提起诉讼或者申请仲裁后，又撤回起诉或者仲裁申请，债权人在保证期间届满前未再行提起诉讼或者申请仲裁，保证人主张不再承担保证责任的，人民法院应予支持。 连带责任保证的债权人在保证期间内对保证人提起诉讼或者申请仲裁后，又撤回起诉或者仲裁申请，起诉状副本或者仲裁申请书副本已经送达保证人的，人民法院应当认定债权人已经在保证期间内向保证人行使了权利。 **解读：**债权人提起诉讼或者申请仲裁后又撤回起诉或者仲裁申请，是否视为债权人依法向保证人主张过权利，对此应根据一般保证和连带责任的不同而认定。就一般保证而言，由于保证人享有先诉抗辩权，只有在债权人向债务人提起诉讼或者申请仲裁并就债务人财产依法强制执行仍未履行债务时，才能向保证人主张实体权利。而当事人撤诉或者撤回仲裁申请本质上意味着其并无让债务人先承担责任的意思表示。	《民法典》 **第692条【保证期间】** 保证期间是确定保证人承担保证责任的期间，不发生中止、中断和延长。 债权人与保证人可以约定保证期间，但是约定的保证期间早于主债务履行期限或者与主债务履行期限同时届满的，视为没有约定；没有约定或者约定不明确的，保证期间为主债务履行期限届满之日起六个月。 债权人与债务人对主债务履行期限没有约定或者约定不明确的，保证期间自债权人请求债务人履行债务的宽限期届满之日起计算。 **第693条【保证责任免除】** 一般保证的债权人未在保证期间对债务人提起诉讼或者申请仲裁的，保证人不再承担保证责任。 连带责任保证的债权人未在保证期间请求保证人承担保证责任的，保证人不再承担保证责任。

续表

民法典担保制度解释	关联规定
因此，无论起诉状副本或者仲裁申请书副本是否已送达保证人，只要债权人在保证期间内没有再次对债务人提起诉讼或者申请仲裁，保证人就不应再承担保证责任。就连带责任保证而言，考虑到保证期间的意义在于使处于或然状态的保证责任成为确定的保证债务，故不仅需要债权人主张权利，而且要让保证人知道债权人在主张权利。因此，仅受理案件或仲裁申请尚不足以构成依法行使权利，只有在起诉状副本或者仲裁申请书副本送达连带责任保证人后才意味着债权人依法行使了权利。换言之，针对连带责任，若起诉状副本或仲裁申请书副本送达保证人的，则应认为债权人向保证人主张了权利。否则，视为没有对保证人主张权利。	
第三十二条【承担保证责任直至主债务本息还清为止等类似约定的性质】 保证合同约定保证人承担保证责任直至主债务本息还清时为止等类似内容的，视为约定不明，保证期间为主债务履行期限届满之日起六个月。	《民法典》 **第692条【保证期间】** 保证期间是确定保证人承担保证责任的期间，不发生中止、中断和延长。 债权人与保证人可以约定保证期间，但是约定的保证期间早于主债务履行期限或者与主债务履行期限同时届满的，视为没有约

续表

民法典担保制度解释	关联规定
解读：保证合同约定保证人承担保证责任直至主债务本息还清时为止等类似内容，并不属于民法典第692条规定的“没有约定”保证期间的情况。单纯从文字表述看，应属当事人对保证期间有约定的情形，只是其约定的保证期间是不固定的。换言之，只要债务人没有履行完债务，保证人就一直承担保证责任，保证期间一直处于不确定状态，这无疑显著有利于债权人。但民法典对保证合同的修改主要在于减轻保证人责任，若完全承认类似约定的效力，则明显不利于保证人利益保障，不符合民法典关于保证合同修改的指导思想。为此，此种情形应“视为”约定不明确。需注意，相较担保法解释第32条“约定不明，保证期间为主债务履行期届满之日起二年”的规定，民法典调整为将没有约定或者约定不明确的保证期间，均规定为“主债务履行期限届满之日起六个月”，以为保证人“松绑”，本条亦符合该精神。另需注意，由于单纯通过保证合同约定保证人承担保证责任直至主债务本息还清时为止等类似内容，看不出保证人承担保证责任的方式是一般保证	定；没有约定或者约定不明确的，保证期间为主债务履行期限届满之日起六个月。 债权人与债务人对主债务履行期限没有约定或者约定不明确的，保证期间自债权人请求债务人履行债务的宽限期届满之日起计算。 **第686条【保证方式】** 保证的方式包括一般保证和连带责任保证。 当事人在保证合同中对保证方式没有约定或者约定不明确的，按照一般保证承担保证责任。 **《民法典时间效力规定》** **第27条** 民法典施行前成立的保证合同，当事人对保证期间约定不明确，主债务履行期限届满至民法典施行之日不满二年，当事人主张保证期间为主债务履行期限届满之日起二年的，人民法院依法予以支持；当事人对保证期间没有约定，主债务履行期限届满至民法典施行之日不满六个月，当事人主张保证期间为主债务履行期限届满之日起六个月的，人民法院依法予以支持。 ***《担保法解释》（已废止）*** ***第32条*** *保证合同约定的保证期间早于或者等于主债务履行期限的，*

续表

民法典担保制度解释	关联规定
还是连带责任保证，基于民法典减轻保证人责任的指导思想，此时应将保证方式也“视为”约定不明，按一般保证处理。	*视为没有约定，保证期间为主债务履行期届满之日起六个月。* *保证合同约定保证人承担保证责任直至主债务本息还清时为止等类似内容的，视为约定不明，保证期间为主债务履行期届满之日起二年。*
第三十三条【保证合同无效时能否适用保证期间制度】 保证合同无效，债权人未在约定或者法定的保证期间内依法行使权利，保证人主张不承担赔偿责任的，人民法院应予支持。 **解读：** 就保证合同无效时能否适用保证期间制度而言，由于债权人通常不会主观上认为保证合同无效，否则其将不会订立保证合同甚至订立主合同。故在债权人不知道保证合同无效的情况下，若其认为保证人应承担保证责任，应在保证期间内向保证人主张保证责任。若其未在保证期间内向保证人主张保证责任，应理解为债权人不再要求保证人承担保证责任，也无意要求保证人承担赔偿责任。从制度比较角度来看，保证合同有效时，保证人因未在保证期间内行使权利而无须承担任何责任。在保证合同无效	**《民法典》** **第692条【保证期间】** 保证期间是确定保证人承担保证责任的期间，不发生中止、中断和延长。 债权人与保证人可以约定保证期间，但是约定的保证期间早于主债务履行期限或者与主债务履行期限同时届满的，视为没有约定；没有约定或者约定不明确的，保证期间为主债务履行期限届满之日起六个月。 债权人与债务人对主债务履行期限没有约定或者约定不明确的，保证期间自债权人请求债务人履行债务的宽限期届满之日起计算。

续表

民法典担保制度解释	关联规定
时，若保证人不能受到保证期间的保护，将产生保证人在保证合同无效时的责任较保证合同有效时更重，这有悖公平原则。通过本条明确保证合同无效时，债权人仍然要在保证期间内主张权利。在保证合同被撤销的情况下，同样如此，故应参照本条规定处理。换言之，在保证合同无效或被撤销的情况下，债权人未在保证期间内依法行使权利的，保证人主张不承担赔偿责任的，应予支持。	
第三十四条【与保证期间有关的案件基本事实的查明以及保证责任消灭后，债权人书面通知保证人要求其承担保证责任如何处理】 人民法院在审理保证合同纠纷案件时，应当将保证期间是否届满、债权人是否在保证期间内依法行使权利等事实作为案件基本事实予以查明。 债权人在保证期间内未依法行使权利的，保证责任消灭。保证责任消灭后，债权人书面通知保证人要求承担保证责任，保证人在通知书上签字、盖章或者按指印，债权人请求保证人继续承担保证责任的，人民法院不予支持，但是债权人有证据证明成立了新的保证合同的除外。	《民法典》 **第692条【保证期间】** 保证期间是确定保证人承担保证责任的期间，不发生中止、中断和延长。 债权人与保证人可以约定保证期间，但是约定的保证期间早于主债务履行期限或者与主债务履行期限同时届满的，视为没有约定；没有约定或者约定不明确的，保证期间为主债务履行期限届满之日起六个月。 债权人与债务人对主债务履行期限没有约定或者约定不明确的，保证期间自债权人请求债务人履行债务的宽限期届满之日起计算。

续表

民法典担保制度解释	关联规定
解读：保证期间不同于诉讼时效，其可由当事人约定，且无中止、中断和延长情形，故不同于诉讼时效。保证期间也不同于除斥期间，因除斥期间为法定期间，不允许当事人约定，且除斥期间届满后消灭的是形成权。基于保证期间的独特性以及保证期间届满消灭的是实体权利，其对当事人权利义务的影响很大，故对与保证期间有关的事实审理时不宜采取类似诉讼时效的当事人抗辩主义，而应在向当事人释明的基础上查明与保证期间有关的基本事实，重点查明保证期间是否已届满、债权人是否在保证期间内依法行使权利等内容。如前所述，保证期间不同于诉讼时效，其届满产生的是实体权利的消灭。因此，保证期间届满后，保证人仅在债权人的催款通知书上签字、盖章或者按指印，不足以认定保证人有重新为债务提供担保的意思表示。但，债权人有证据证明成立了新的保证合同的除外。需注意，是否成立了新的保证合同，应按照合同成立的一般要件进行审理。	
第三十五条【对超过诉讼时效的债务提供保证或者承担保证责任的处理】 保证人知道或者应	《民法典》 **第694条【保证债务诉讼时效】** 一般保证的债权人在保证期

续表

民法典担保制度解释	关联规定
当知道主债权诉讼时效期间届满仍然提供保证或者承担保证责任，又以诉讼时效期间届满为由拒绝承担保证责任或者请求返还财产的，人民法院不予支持；保证人承担保证责任后向债务人追偿的，人民法院不予支持，但是债务人放弃诉讼时效抗辩的除外。 **解读**：在保证人已知道或应当知道主债权诉讼时效期间届满的情况下，其仍然提供保证或者承担保证责任，不应认定存在重大误解或者受欺诈、胁迫的情形，此时应认定保证人的行为系真实意思表示，其提供保证或承担保证责任的行为应属有效。在此情形下，保证人又以诉讼时效期间届满为由拒绝承担保证责任或者请求返还财产的，不应支持。此时若保证人转向债务人追偿，因主债权诉讼时效期间已届满，债务人对此可向债权人抗辩，也可向承担责任的保证人抗辩。在此情形下，若债务人放弃诉讼时效抗辩的，相当于放弃对债权人和保证人的抗辩，此时应支持保证人向债务人行使的追偿权。但若债务人未放弃诉讼时效抗辩的，则不应支持保证人向债务人的追偿。	间届满前对债务人提起诉讼或者申请仲裁的，从保证人拒绝承担保证责任的权利消灭之日起，开始计算保证债务的诉讼时效。 连带责任保证的债权人在保证期间届满前请求保证人承担保证责任的，从债权人请求保证人承担保证责任之日起，开始计算保证债务的诉讼时效。 ***《担保法解释》（已废止）*** ***第35条*** *保证人对已经超过诉讼时效期间的债务承担保证责任或者提供保证的，又以超过诉讼时效为由抗辩的，人民法院不予支持。*

续表

民法典担保制度解释	关联规定
第三十六条【提供差额补足、流动性支持等类似承诺文件法律性质的认定】 第三人向债权人提供差额补足、流动性支持等类似承诺文件作为增信措施，具有提供担保的意思表示，债权人请求第三人承担保证责任的，人民法院应当依照保证的有关规定处理。 第三人向债权人提供的承诺文件，具有加入债务或者与债务人共同承担债务等意思表示的，人民法院应当认定为民法典第五百五十二条规定的债务加入。 前两款中第三人提供的承诺文件难以确定是保证还是债务加入的，人民法院应当将其认定为保证。 第三人向债权人提供的承诺文件不符合前三款规定的情形，债权人请求第三人承担保证责任或者连带责任的，人民法院不予支持，但是不影响其依据承诺文件请求第三人履行约定的义务或者承担相应的民事责任。 **解读：**按照民法典第685条以及第552条的规定，第三人向债权人提供差额补足、流动性支持等类似承诺文件的行为，既可	《民法典》 **第697条【债务承担对保证责任影响】** 债权人未经保证人书面同意，允许债务人转移全部或者部分债务，保证人对未经其同意转移的债务不再承担保证责任，但是债权人和保证人另有约定的除外。 第三人加入债务的，保证人的保证责任不受影响。 **第685条【保证合同形式】** 保证合同可以是单独订立的书面合同，也可以是主债权债务合同中的保证条款。 第三人单方以书面形式向债权人作出保证，债权人接收且未提出异议的，保证合同成立。 **第552条【债务加入】** 第三人与债务人约定加入债务并通知债权人，或者第三人向债权人表示愿意加入债务，债权人未在合理期限内明确拒绝的，债权人可以请求第三人在其愿意承担的债务范围内和债务人承担连带债务。 **《全国法院民商事审判工作会议纪要》** **91.【增信文件的性质】** 信托合同之外的当事人提供第三方差额补足、代为履行到期回购义务、

续表

民法典担保制度解释	关联规定
能被认定为保证，也可能被认定为债务加入。本条基于对承诺文件内容的意思上的解释，分三种情形对待：1. 若承诺文件具有提供担保的意思表示，债权人请求该第三人承担保证责任的，法院应当依照保证的有关规定处理。此种情形下保证方式为一般保证还是连带责任保证，应根据本解释第25条规定的解释规则认定。无法准确判断的，按照降低保证人责任风险的思想，应推定为一般保证。2. 承诺文件具有加入债务或具有与债务人共同承担债务等的意思表示，此时应认定为民法典第552条规定的债务加入。按照意思表示解释规则难以确定为保证还是债务加入的，从平衡保护债权人与担保人的立场出发，应当推定为保证。就保证方式而言，同样也应先通过解释当事人意思表示来确定，不能确定时适用推定规则认定为一般保证。3. 承诺文件既没有提供担保也没有加入债务的意思表示，而是约定了第三人的有关义务或责任，基于尊重当事人意思自治的原则，债权人有权请求第三人按照承诺文件的内容来履行义务或承担责任。 **案例参考：**《某银行与投资公	流动性支持等类似承诺文件作为增信措施，其内容符合法律关于保证的规定的，人民法院应当认定当事人之间成立保证合同关系。其内容不符合法律关于保证的规定的，依据承诺文件的具体内容确定相应的权利义务关系，并根据案件事实情况确定相应的民事责任。

续表

民法典担保制度解释	关联规定
司其他合同纠纷案》①【2021年全国法院十大商事案件】 **案例要旨**：人民法院在审理私募资管案件中，对于差额补足等增信措施是何种性质，不能一概而论。如果确定符合保证规定的，理应按照保证担保处理。如果属于其他法律性质的，则应当按照差额补足的实际性质认定法律关系确定法律责任。	
三、关于担保物权	
（一）担保合同与担保物权的效力	
第三十七条【违反《民法典》第399条第4项、第5项规定所订抵押合同的效力】 当事人以所有权、使用权不明或者有争议的财产抵押，经审查构成无权处分的，人民法院应当依照民法典第三百一十一条的规定处理。 当事人以依法被查封或者扣押的财产抵押，抵押权人请求行使抵押权，经审查查封或者扣押措施已经解除的，人民法院应予支持。抵押人以抵押权设立时财产被查封或者扣押为由主张抵押合同无效的，人民法院不予支持。	《民法典》 **第311条【善意取得】** 无处分权人将不动产或者动产转让给受让人的，所有权人有权追回；除法律另有规定外，符合下列情形的，受让人取得该不动产或者动产的所有权： （一）受让人受让该不动产或者动产时是善意； （二）以合理的价格转让； （三）转让的不动产或者动产依照法律规定应当登记的已经登记，不需要登记的已经交付给受让人。

① 载中华人民共和国最高人民法院网站，https：//www.court.gov.cn/zixun-xiangqing-344441.html，2023年10月24日访问。

续表

民法典担保制度解释	关联规定
以依法被监管的财产抵押的，适用前款规定。 **解读**：民法典第399条明确了禁止抵押的财产范围，其第4项、第5项分别为“所有权、使用权不明或者有争议的财产”“依法被查封、扣押、监管的财产”。需注意的是，该条并非作为裁判规则的强制性规定，即不作为民法典第153条规定的“违反法律、行政法规的强制性规定的民事法律行为无效”中的法律强制性规定，而是作为行为规则的警示性规定，以引导、提醒当事人行为所可能带来的不利后果。换言之，法院不能因当事人抵押了该条规定的不得抵押的财产而认定抵押合同无效。基于此，本条第1款针对“以所有权、使用权不明或者有争议的财产抵押的行为”，明确法院应依照民法典第311条关于善意取得之规定进行审查，即在审查当事人行为是否构成无权处分的基础上进而确定行为效力。若构成无权处分，担保合同虽然有效，但债权人能否取得担保物权则取决于其是否满足善意取得的条件。此外，针对以“依法被查封、扣押、监管的财产进行抵押	受让人依据前款规定取得不动产或者动产的所有权的，原所有权人有权向无处分权人请求损害赔偿。 当事人善意取得其他物权的，参照适用前两款规定。 **第399条【禁止抵押的财产范围】** 下列财产不得抵押： （一）土地所有权； （二）宅基地、自留地、自留山等集体所有土地的使用权，但是法律规定可以抵押的除外； （三）学校、幼儿园、医疗机构等为公益目的成立的非营利法人的教育设施、医疗卫生设施和其他公益设施； （四）所有权、使用权不明或者有争议的财产； （五）依法被查封、扣押、监管的财产； （六）法律、行政法规规定不得抵押的其他财产。 **《民法典物权编解释一》** **第14条** 受让人受让不动产或者动产时，不知道转让人无处分权，且无重大过失的，应当认定受让人为善意。 真实权利人主张受让人不构成善意的，应当承担举证证明责任。

续表

民法典担保制度解释	关联规定
的行为”，本条对此的处理思路为：担保合同虽然不因违反民法典第399条之规定而无效，但在相关强制措施或监管措施解除前，债权人行使担保物权不得影响已向法院申请采取强制措施的其他权利人的利益，亦不得对抗监管机构采取的监管措施。另需注意，由于登记仅是不动产物权的公示方式，而非不动产物权本身。因此不能将未办理登记的不动产理解为所有权、使用权不明的财产。	
第三十八条【担保物权的不可分性】 主债权未受全部清偿，担保物权人主张就担保财产的全部行使担保物权的，人民法院应予支持，但是留置权人行使留置权的，应当依照民法典第四百五十条的规定处理。 担保财产被分割或者部分转让，担保物权人主张就分割或者转让后的担保财产行使担保物权的，人民法院应予支持，但是法律或者司法解释另有规定的除外。 **解读**：担保物权的不可分性，指担保财产的分割、部分灭失或者转让，以及被担保债权的分割或者部分转让，均不影响担保物权，	《民法典》 **第450条【留置财产为可分物的特殊规定】** 留置财产为可分物的，留置财产的价值应当相当于债务的金额。 **第407条【抵押权处分的从属性】** 抵押权不得与债权分离而单独转让或者作为其他债权的担保。债权转让的，担保该债权的抵押权一并转让，但是法律另有规定或者当事人另有约定的除外。 *《担保法解释》（已废止）* *第71条　主债权未受全部清偿的，抵押权人可以就抵押物的全部行使其抵押权。* *抵押物被分割或者部分转让的，抵押权人可以就分割或者转让*

续表

民法典担保制度解释	关联规定
担保物权人仍可完整地行使其担保物权。简单来说，就是担保财产的每一个部分都担保着全部债权的实现，债权的每一个部分也都受全部担保财产的担保。需注意，担保物权不可分性的规定并非强行性规定，而是任意性规定，当事人可通过约定排除其适用。除了通过当事人约定排除担保物权的不可分性外，针对担保财产各个部分担保全部债权实现这一问题，亦通过本条规定了两种例外情形：1. 留置权的行使。基于民法典第 450 条的规定，留置财产为可分物的，留置财产的价值应当相当于债务的金额。而之所以对留置权单独进行例外规定，在于留置权是法定担保物权，当事人无法通过约定排除其担保物权的不可分性。2. 担保财产被分割或者部分转让时法律或司法解释有特别规定的情形。如按照民法典第 404 条的规定，以动产抵押的，不得对抗正常经营活动中已经支付合理价款并取得抵押财产的买受人。该规定实际上是对抵押权追及效力的限制。此种情形下，抵押权不再继续存在于该部分抵押物上，即属于民法典对担保物权不可分性的例外性规定。	*后的抵押物行使抵押权。* ***第 110 条*** *留置权人在债权未受全部清偿前，留置物为不可分物的，留置权人可以就其留置物的全部行使留置权。*

续表

民法典担保制度解释	关联规定
第三十九条【主债权各部分均受担保物权担保】 主债权被分割或者部分转让，各债权人主张就其享有的债权份额行使担保物权的，人民法院应予支持，但是法律另有规定或者当事人另有约定的除外。 主债务被分割或者部分转移，债务人自己提供物的担保，债权人请求以该担保财产担保全部债务履行的，人民法院应予支持；第三人提供物的担保，主张对未经其书面同意转移的债务不再承担担保责任的，人民法院应予支持。 **解读**：如本解释第38条解读中提及，担保物权的不可分性包括两个方面的内容：一是担保财产的各个部分担保全部债权的实现；二是主债权的各个部分均被担保物权所担保。而本条主要针对后者。基于担保物权的不可分性，主债权被分割或者部分转让时，担保物权仍应担保全部债权的实现，各债权人均可根据其享有的债权份额主张行使担保物权，从而形成担保物权的共有状态，但法律另有规定或者当事人另有约定的除外。需注意，若担保财产的价值低于全部被担保的债权，	《民法典》 **第407条【抵押权处分的从属性】** 抵押权不得与债权分离而单独转让或者作为其他债权的担保。债权转让的，担保该债权的抵押权一并转让，但是法律另有规定或者当事人另有约定的除外。 **第391条【未经担保人同意转移债务的法律后果】** 第三人提供担保，未经其书面同意，债权人允许债务人转移全部或者部分债务的，担保人不再承担相应的担保责任。 **第421条【最高额抵押权担保的债权转让】** 最高额抵押担保的债权确定前，部分债权转让的，最高额抵押权不得转让，但是当事人另有约定的除外。 **第696条【债权转让对保证责任影响】** 债权人转让全部或者部分债权，未通知保证人的，该转让对保证人不发生效力。 保证人与债权人约定禁止债权转让，债权人未经保证人书面同意转让债权的，保证人对受让人不再承担保证责任。 **第697条【债务承担对保证责任影响】** 债权人未经保证人书面同意，允许债务人转移全部或者部分债务，保证人对未经其同

续表

民法典担保制度解释	关联规定
此时，各债权人应依据其享有的债权份额主张行使担保物权，即对变价款受偿比例按照其债权份额确定。此外，按照民法典第421条的规定，最高额担保中，在最高额抵押所担保的债权确定前，如果主债权部分转让，而当事人对此又没有特别约定，则被转让的部分债权将不再作为被担保的债权。但如果是主债权被分割，若分割并非基于当事人自己的意思而是基于法律的规定，则担保物权仍应担保全部债权的实现，若主债权被分割是基于当事人自己的意思，则应参照前面债权部分转让之规则。这也是本条第1款作出但书规定的重要原因。就主债务被分割或者部分转移而言，若是债务人自己提供的物保，则即使主债务全部或者部分发生转移，也不至于对其造成不利影响。如果允许债务人此时不再承担担保责任，则对债权人不公平。故本条第2款明确债务人此时仍需承担担保责任。但在第三人提供物保的情况下，未经担保人书面同意，担保人不应再对分割出去的债务或者被转让的债务承担担保责任，本条第2款亦对此作了明确。	意转移的债务不再承担保证责任，但是债权人和保证人另有约定的除外。 第三人加入债务的，保证人的保证责任不受影响。 **《全国法院民商事审判工作会议纪要》** **62.** 抵押权是从属于主合同的从权利，根据“从随主”规则，债权转让的，除法律另有规定或者当事人另有约定外，担保该债权的抵押权一并转让。受让人向抵押人主张行使抵押权，抵押人以受让人不是抵押合同的当事人、未办理变更登记等为由提出抗辩的，人民法院不予支持。 ***《担保法解释》（已废止）*** ***第72条*** *主债权被分割或者部分转让的，各债权人可以就其享有的债权份额行使抵押权。* *主债务被分割或者部分转让的，抵押人仍以其抵押物担保数个债务人履行债务。但是，第三人提供抵押的，债权人许可债务人转让债务未经抵押人书面同意的，抵押人对未经其同意转让的债务，不再承担担保责任。*

续表

民法典担保制度解释	关联规定
第四十条【抵押权及于从物】 从物产生于抵押权依法设立前，抵押权人主张抵押权的效力及于从物的，人民法院应予支持，但是当事人另有约定的除外。 从物产生于抵押权依法设立后，抵押权人主张抵押权的效力及于从物的，人民法院不予支持，但是在抵押权实现时可以一并处分。 **解读：**基于保障债权人的交易安全以及贯彻物尽其用的原则，就抵押权是否及于从物而言，一般以从物产生于抵押权设立前、后而区别对待：对抵押权设定时抵押人已取得的从物，在当事人没有特别约定的情况下，抵押权的效力应及于该从物。而针对在抵押权设定后取得的从物，则不应认定抵押权的效力及于该从物。否则可能损害抵押人及抵押人的其他债权人的利益与交易安全。但需注意，此时抵押权效力虽不及从物，但基于最大限度实现物的价值以及效率方面的考量，在拍卖、变卖主物时可一并处理从物，只是抵押权人对从物的价值无权优先受偿。	**《民法典》** **第412条【抵押权对抵押财产孳息的效力】** 债务人不履行到期债务或者发生当事人约定的实现抵押权的情形，致使抵押财产被人民法院依法扣押的，自扣押之日起，抵押权人有权收取该抵押财产的天然孳息或者法定孳息，但是抵押权人未通知应当清偿法定孳息义务人的除外。 前款规定的孳息应当先充抵收取孳息的费用。 ***《担保法解释》(已废止)*** ***第63条*** *抵押权设定前为抵押物的从物的，抵押权的效力及于抵押物的从物。但是，抵押物与其从物为两个以上的人分别所有时，抵押权的效力不及于抵押物的从物。*

续表

民法典担保制度解释	关联规定
第四十一条【抵押财产发生添附时抵押权的效力范围】 抵押权依法设立后，抵押财产被添附，添附物归第三人所有，抵押权人主张抵押权效力及于补偿金的，人民法院应予支持。 抵押权依法设立后，抵押财产被添附，抵押人对添附物享有所有权，抵押权人主张抵押权的效力及于添附物的，人民法院应予支持，但是添附导致抵押财产价值增加的，抵押权的效力不及于增加的价值部分。 抵押权依法设立后，抵押人与第三人因添附成为添附物的共有人，抵押权人主张抵押权的效力及于抵押人对共有物享有的份额的，人民法院应予支持。 本条所称添附，包括附合、混合与加工。 **解读：** 加工、附合、混合统称添附，是指不同所有人的物被结合、混合在一起成为一个新物，或者利用别人之物加工成为新物的事实状态。民法典第322条关于添附取得物的归属只是规定了一种确定归属的原则与方法，并未明确规定添附物由哪一方取得。实际上，按照该条规定的原则与方	《民法典》 **第322条【添附取得物的归属】** 因加工、附合、混合而产生的物的归属，有约定的，按照约定；没有约定或者约定不明确的，依照法律规定；法律没有规定的，按照充分发挥物的效用以及保护无过错当事人的原则确定。因一方当事人的过错或者确定物的归属造成另一方当事人损害的，应当给予赔偿或者补偿。 ***《担保法解释》（已废止）*** *__第62条__ 抵押物因附合、混合或者加工使抵押物的所有权为第三人所有的，抵押权的效力及于补偿金；抵押物所有人为附合物、混合物或者加工物的所有人的，抵押权的效力及于附合物、混合物或者加工物；第三人与抵押物所有人为附合物、混合物或者加工物的共有人的，抵押权的效力及于抵押人对共有物享有的份额。*

续表

民法典担保制度解释	关联规定
法，在抵押财产发生添附的情形下，添附物既可能归属抵押人所有，也可能归属第三人所有，还可能为抵押人与第三人共有。为此，本条分别针对这三种情形，就抵押财产发生添附时抵押权的效力范围作了规定：1. 添附物归第三人所有时，基于抵押权的物上代位效力，抵押权效力应及于抵押人所取得的补偿金。2. 添附物归抵押人所有时，抵押权的效力虽及于添附物，但在添附导致抵押财产价值增加的情况下，为保障因添附而丧失权利的当事人的补偿请求权得到实现，抵押权人此时并无权就增加价值部分主张优先受偿。3. 添附物归第三人与抵押人共有时，抵押权效力应及于抵押人对添附物的应有部分(份额)，如此有助于平衡各方当事人权益保护。	
第四十二条【抵押权的物上代位效力】 抵押权依法设立后，抵押财产毁损、灭失或者被征收等，抵押权人请求按照原抵押权的顺位就保险金、赔偿金或者补偿金等优先受偿的，人民法院应予支持。 给付义务人已经向抵押人给付了保险金、赔偿金或者补偿金，	《民法典》 **第390条【担保物权的物上代位性及代位物的提存】** 担保期间，担保财产毁损、灭失或者被征收等，担保物权人可以就获得的保险金、赔偿金或者补偿金等优先受偿。被担保债权的履行期限未届满的，也可以提存该保险金、赔偿金或者补偿金等。

续表

民法典担保制度解释	关联规定
抵押权人请求给付义务人向其给付保险金、赔偿金或者补偿金的，人民法院不予支持，但是给付义务人接到抵押权人要求向其给付的通知后仍然向抵押人给付的除外。 抵押权人请求给付义务人向其给付保险金、赔偿金或者补偿金的，人民法院可以通知抵押人作为第三人参加诉讼。 **解读：**担保物权的物上代位性或者说物上代位效力，指在担保物权存续期间，担保财产因毁损、灭失或者被征收等原因获得保险金、赔偿金等补偿时，担保物权人仍可就保险金、赔偿金等补偿优先受偿。之所以具有物上代位性，原因在于担保物权实质上是一种价值权，无论担保物的状态如何，只要其交换价值没有消失，无论其交换价值存在于何种代位物之上，均为担保物权的效力所及。换言之，物上代位性为原担保物的延续，并非产生一种新的担保物权。因此，抵押权人有权请求按照原抵押权的顺位就保险金、赔偿金或者补偿金等优先受偿。且基于担保物权的物上代位在性质上属法定的债权质押，故可	*《担保法解释》（已废止）* ***第80条*** *在抵押物灭失、毁损或者被征用的情况下，抵押权人可以就该抵押物的保险金、赔偿金或者补偿金优先受偿。* *抵押物灭失、毁损或者被征用的情况下，抵押权所担保的债权未届清偿期的，抵押权人可以请求人民法院对保险金、赔偿金或补偿金等采取保全措施。*

续表

民法典担保制度解释	关联规定
适用债权质押一般规则。而民法典对债权质押的实现程序并未规定，故此种情况下只能类推适用有关债权转让的规则。基于此，若给付义务人接到抵押权人要求向其给付的通知后仍然向抵押人给付，给付义务人仍应承担向抵押权人给付保险金、赔偿金或者补偿金的义务，但给付义务人之后可依不当得利要求抵押人返还。若给付义务人在接到通知前已向抵押人给付了保险金、赔偿金或者补偿金，则抵押权人无权再请求给付义务人给付。另需注意，担保财产被毁损后的残留物并不属于代位物，而是担保物权的标的物，仍在担保物权的效力范围。	
第四十三条【抵押财产转让】 当事人约定禁止或者限制转让抵押财产但是未将约定登记，抵押人违反约定转让抵押财产，抵押权人请求确认转让合同无效的，人民法院不予支持；抵押财产已经交付或者登记，抵押权人请求确认转让不发生物权效力的，人民法院不予支持，但是抵押权人有证据证明受让人知道的除外；抵押权人请求抵押人承担违约责任的，人民法院依法予以支持。	《民法典》 **第406条【抵押财产的处分】** 抵押期间，抵押人可以转让抵押财产。当事人另有约定的，按照其约定。抵押财产转让的，抵押权不受影响。 抵押人转让抵押财产的，应当及时通知抵押权人。抵押权人能够证明抵押财产转让可能损害抵押权的，可以请求抵押人将转让所得的价款向抵押权人提前清偿债务或者提存。转让的价款超过债权数额的部分归抵押人所有，

续表

民法典担保制度解释	关联规定
当事人约定禁止或者限制转让抵押财产且已经将约定登记，抵押人违反约定转让抵押财产，抵押权人请求确认转让合同无效的，人民法院不予支持；抵押财产已经交付或者登记，抵押权人主张转让不发生物权效力的，人民法院应予支持，但是因受让人代替债务人清偿债务导致抵押权消灭的除外。 **解读**：按照民法典第406条的规定，抵押期间抵押人可转让抵押财产。该条同时规定“当事人另有约定的，按照其约定”。对此值得思考并在实践中常见的问题是，在抵押人违反“约定”转让抵押财产的情形下，抵押人与买受人所订立的买卖合同效力如何、物权是否发生变动。就合同效力而言，由于合同效力与物权变动属于不同领域、不同调整范围的概念，只要当事人双方意思表示真实合法，无论“当事人约定禁止或者限制转让抵押财产”是否进行登记，抵押人与买受人所订立的买卖合同效力都不应被否定。就物权是否发生变动即抵押权人与抵押人关于限制或者禁止抵押财产转让的约定是否具有约束买受人	不足部分由债务人清偿。 **第403条【动产抵押的效力】** 以动产抵押的，抵押权自抵押合同生效时设立；未经登记，不得对抗善意第三人。 **第404条【动产抵押权无追及效力】** 以动产抵押的，不得对抗正常经营活动中已经支付合理价款并取得抵押财产的买受人。

续表

民法典担保制度解释	关联规定
的效力而言，则需根据该约定是否在不动产登记簿上办理登记来确定。若该约定已进行登记，则应赋予该约定类似预告登记的效力，即根据区分原则，虽然买卖合同不因违反该约定而无效，但相对于抵押权人，抵押物所有权的变动应无效，即使当事人已经就抵押物所有权的变动办理了变更登记。另值得一提的是，虽然民法典第406条对抵押人自由转让抵押物没有限制，但若为动产抵押的，因民法典第403条已明确规定未办理登记的动产抵押权不具有对抗善意第三人的效力。故在买受人为善意的情形下，不应适用民法典第406条的规定。此外，由于针对正常经营活动中的买受人，民法典第404条已就动产抵押权追及效力的切断作出明确规定，也同样不应再适用民法典第406条之规定。	
第四十四条【债权诉讼时效期间届满对担保物权影响】 主债权诉讼时效期间届满后，抵押权人主张行使抵押权的，人民法院不予支持；抵押人以主债权诉讼时效期间届满为由，主张不承担担保责任的，人民法院应予支持。主债权诉讼时效期间届满前，	**《民法典》** **第419条【抵押权存续期间】** 抵押权人应当在主债权诉讼时效期间行使抵押权；未行使的，人民法院不予保护。 **《全国法院民商事审判工作会议纪要》** 59. 抵押权人应当在主债权的

续表

民法典担保制度解释	关联规定
债权人仅对债务人提起诉讼，经人民法院判决或者调解后未在民事诉讼法规定的申请执行时效期间内对债务人申请强制执行，其向抵押人主张行使抵押权的，人民法院不予支持。 主债权诉讼时效期间届满后，财产被留置的债务人或者对留置财产享有所有权的第三人请求债权人返还留置财产的，人民法院不予支持；债务人或者第三人请求拍卖、变卖留置财产并以所得价款清偿债务的，人民法院应予支持。 主债权诉讼时效期间届满的法律后果，以登记作为公示方式的权利质权，参照适用第一款的规定；动产质权、以交付权利凭证作为公示方式的权利质权，参照适用第二款的规定。 **解读：**担保物权从属于主债权，在主债权因诉讼时效期间届满而成为自然债务后，抵押权也无法通过法院予以保护。由于最高法院对民事诉讼法规定的申请执行期间进行了时效化的改造，故抵押权人在获得胜诉判决后，还应在民事诉讼法规定的申请执行时效期间内申请对债务人进行强制执行。如未在申请执行时效	诉讼时效期间内行使抵押权。抵押权人在主债权诉讼时效届满前未行使抵押权，抵押人在主债权诉讼时效届满后请求涂销抵押权登记的，人民法院依法予以支持。 以登记作为公示方法的权利质权，参照适用前款规定。

续表

民法典担保制度解释	关联规定
期间内申请对债务人进行强制执行，将因申请执行时效期间经过而不再受法院的保护。在主债权不再受法院保护的情况下，从属于主债权的抵押权也同样不应再受法院保护。另，由于民法典仅规定主债权时效期间届满，抵押权不再受人民法院保护。就质权和留置权是否也会因主债权诉讼时效期间届满而不再受法院保护，则有待明确。就留置权而言，留置权人留置债务人的财产，可以理解为其在向债务人主张权利，因此应无主债权已过诉讼时效期间的问题。本条第2款亦对此作了明确。但对于质权而言，则需区分不同情形处理。就动产质权或以交付权利凭证作为公示方式的权利质权而言，权利人占有债务人提交或债务人委托第三人提交的动产或者权利凭证，类似留置权人留置债务人合法占有的动产，故应类推适用留置权的相关规则即本条第2款的规定。而针对以登记为公示方式的权利质权，则应类推适用抵押权的相关规则即第1款的规定。	
第四十五条【担保物权实现程序】 当事人约定当债务人不履行到期债务或者发生当事人约	《民法典》 **第410条【抵押权的实现】** 债务人不履行到期债务或者发生

续表

民法典担保制度解释	关联规定
定的实现担保物权的情形，担保物权人有权将担保财产自行拍卖、变卖并就所得的价款优先受偿的，该约定有效。因担保人的原因导致担保物权人无法自行对担保财产进行拍卖、变卖，担保物权人请求担保人承担因此增加的费用的，人民法院应予支持。 当事人依照民事诉讼法有关“实现担保物权案件”的规定，申请拍卖、变卖担保财产，被申请人以担保合同约定仲裁条款为由主张驳回申请的，人民法院经审查后，应当按照以下情形分别处理： （一）当事人对担保物权无实质性争议且实现担保物权条件已经成就的，应当裁定准许拍卖、变卖担保财产； （二）当事人对实现担保物权有部分实质性争议的，可以就无争议的部分裁定准许拍卖、变卖担保财产，并告知可以就有争议的部分申请仲裁； （三）当事人对实现担保物权有实质性争议的，裁定驳回申请，并告知可以向仲裁机构申请仲裁。 债权人以诉讼方式行使担保物权的，应当以债务人和担保人作为共同被告。	当事人约定的实现抵押权的情形，抵押权人可以与抵押人协议以抵押财产折价或者以拍卖、变卖该抵押财产所得的价款优先受偿。协议损害其他债权人利益的，其他债权人可以请求人民法院撤销该协议。 抵押权人与抵押人未就抵押权实现方式达成协议的，抵押权人可以请求人民法院拍卖、变卖抵押财产。 抵押财产折价或者变卖的，应当参照市场价格。 **《民事诉讼法》** **第207条** 申请实现担保物权，由担保物权人以及其他有权请求实现担保物权的人依照民法典等法律，向担保财产所在地或者担保物权登记地基层人民法院提出。 **第208条** 人民法院受理申请后，经审查，符合法律规定的，裁定拍卖、变卖担保财产，当事人依据该裁定可以向人民法院申请执行；不符合法律规定的，裁定驳回申请，当事人可以向人民法院提起诉讼。 **《民事诉讼法解释》** **第359条** 民事诉讼法第二百零三条规定的担保物权人，包括抵押权人、质权人、留置权人；其他

续表

民法典担保制度解释	关联规定
解读：按照民法典的立法精神，当事人在抵押合同中约定以折价的方式实现抵押权，该约定并非无效，只是抵押权仍需按照担保物权的实现方式就抵押财产优先受偿。进言之，即使认定当事人在抵押合同中约定抵押权人可自行实现担保物权，但在因抵押人的原因导致抵押权人无法自行实现担保物权时，仍需通过诉讼或者非诉方式请求法院拍卖、变卖抵押财产，从而实现抵押权，而不能采取私力救济。另需注意，担保物权的非诉执行仅是为了提高担保物权实现的效率、降低实现成本，并非要解决当事人间的实体争议。因此，如果当事人之间就担保物权存在实质性争议，只能通过诉讼或仲裁先解决实体争议，再通过执行程序实现担保物权。就担保物权有关的实质性正义而言，主要体现在主合同的效力、期限、履行情况，担保物权是否有效设立、担保财产的范围、被担保的债权范围、被担保的债权是否已届清偿期等担保物权实现的条件，以及是否损害他人合法权益等方面。亦如前述，即使当事人在担保合同中约定了仲裁条款，也应按照是否涉及实质性争议来确定是否需进行仲裁。若涉及担保物权实现的事项不存在	有权请求实现担保物权的人，包括抵押人、出质人、财产被留置的债务人或者所有权人等。 **第360条** 实现票据、仓单、提单等有权利凭证的权利质权案件，可以由权利凭证持有人住所地人民法院管辖；无权利凭证的权利质权，由出质登记地人民法院管辖。 **第361条** 实现担保物权案件属于海事法院等专门人民法院管辖的，由专门人民法院管辖。 **第362条** 同一债权的担保物有多个且所在地不同，申请人分别向有管辖权的人民法院申请实现担保物权的，人民法院应当依法受理。 **第363条** 依照民法典第三百九十二条的规定，被担保的债权既有物的担保又有人的担保，当事人对实现担保物权的顺序有约定，实现担保物权的申请违反该约定的，人民法院裁定不予受理；没有约定或者约定不明的，人民法院应当受理。 **第364条** 同一财产上设立多个担保物权，登记在先的担保物权尚未实现的，不影响后顺位的担保物权人向人民法院申请实现担保物权。

续表

民法典担保制度解释	关联规定
实质性争议，无须仲裁可直接向法院申请非诉执行。有部分实质性争议的，可就无争议部分裁定准许拍卖、变卖担保财产。对实现担保物权有实质性争议的，裁定驳回申请，并告知申请人向仲裁机构申请仲裁。 **案例参考：**《某信用社与某公司民间借贷纠纷上诉案》【最高人民法院民事审判第一庭编：《民事审判指导与参考》（总第75辑），人民法院出版社2018年版，第229页】 **案例要旨：**民事诉讼法规定的申请实现担保物权程序属于非讼程序。当事人通过非讼程序申请实现担保物权，人民法院作出的准许拍卖、变卖担保财产裁定，属于国家权力机关作出的许可性裁定，具有法律上的强制执行力，阻断了当事人通过其他民事诉讼程序再行争执的机会，使得申请人和被申请人均丧失了相应诉权。因此，人民法院在实现担保物权非讼程序中作出准许拍卖、变卖担保财产的裁定后，当事人又就同一担保法律关系向人民法院提起担保物权纠纷之诉的，人民法院不应受理。但是，通过实现担保物权非讼程序拍卖、变卖担保物	**第365条**　申请实现担保物权，应当提交下列材料： （一）申请书。申请书应当记明申请人、被申请人的姓名或者名称、联系方式等基本信息，具体的请求和事实、理由； （二）证明担保物权存在的材料，包括主合同、担保合同、抵押登记证明或者他项权利证书，权利质权的权利凭证或者质权出质登记证明等； （三）证明实现担保物权条件成就的材料； （四）担保财产现状的说明； （五）人民法院认为需要提交的其他材料。 **第366条**　人民法院受理申请后，应当在五日内向被申请人送达申请书副本、异议权利告知书等文书。 被申请人有异议的，应当在收到人民法院通知后的五日内向人民法院提出，同时说明理由并提供相应的证据材料。 **第367条**　实现担保物权案件可以由审判员一人独任审查。担保财产标的额超过基层人民法院管辖范围的，应当组成合议庭进行审查。 **第368条**　人民法院审查实现担保物权案件，可以询问申请人、

续表

民法典担保制度解释	关联规定
后仍不足以清偿全部主债权的，债权人可就未实现的债权另行通过诉讼程序主张权利。 **案例参考**：《某银行诉张某某金融借款合同纠纷案》【最高人民法院中国应用法学研究所编：《人民法院案例选》（总第103辑）人民法院出版社2016年版，第172页】 **案例要旨**：当事人在担保物权案件中可以选择实现担保物权案件特别程序，也可以选择实现担保物权的一般诉讼程序，两个程序没有先后顺序。选择特别程序，对于符合条件的案件，法院可以通过直接裁定拍卖、变卖担保财产进入执行程序；选择担保物权案件一般诉讼程序，法院在确认债权的同时，也可以一并解决拍卖、变卖担保财产问题。	被申请人、利害关系人，必要时可以依职权调查相关事实。 **第369条** 人民法院应当就主合同的效力、期限、履行情况，担保物权是否有效设立、担保财产的范围、被担保的债权范围、被担保的债权是否已届清偿期等担保物权实现的条件，以及是否损害他人合法权益等内容进行审查。 被申请人或者利害关系人提出异议的，人民法院应当一并审查。 **第370条** 人民法院审查后，按下列情形分别处理： （一）当事人对实现担保物权无实质性争议且实现担保物权条件成就的，裁定准许拍卖、变卖担保财产； （二）当事人对实现担保物权有部分实质性争议的，可以就无争议部分裁定准许拍卖、变卖担保财产； （三）当事人对实现担保物权有实质性争议的，裁定驳回申请，并告知申请人向人民法院提起诉讼。 **第371条** 人民法院受理申请后，申请人对担保财产提出保全申请的，可以按照民事诉讼法关于诉讼保全的规定办理。 **第372条** 适用特别程序作出

续表

民法典担保制度解释	关联规定
	的判决、裁定，当事人、利害关系人认为有错误的，可以向作出该判决、裁定的人民法院提出异议。人民法院经审查，异议成立或者部分成立的，作出新的判决、裁定撤销或者改变原判决、裁定；异议不成立的，裁定驳回。 对人民法院作出的确认调解协议、准许实现担保物权的裁定，当事人有异议的，应当自收到裁定之日起十五日内提出；利害关系人有异议的，自知道或者应当知道其民事权益受到侵害之日起六个月内提出。
（二）不动产抵押	
第四十六条【不动产抵押合同效力】 不动产抵押合同生效后未办理抵押登记手续，债权人请求抵押人办理抵押登记手续的，人民法院应予支持。 抵押财产因不可归责于抵押人自身的原因灭失或者被征收等导致不能办理抵押登记，债权人请求抵押人在约定的担保范围内承担责任的，人民法院不予支持；但是抵押人已经获得保险金、赔偿金或者补偿金等，债权人请求抵押人在其所获金额范围内承担赔偿责任的，人民法院依法予以支持。 因抵押人转让抵押财产或者其	《民法典》 **第402条【不动产抵押登记】** 以本法第三百九十五条第一款第一项至第三项规定的财产或者第五项规定的正在建造的建筑物抵押的，应当办理抵押登记。抵押权自登记时设立。 **第395条【抵押财产的范围】** 债务人或者第三人有权处分的下列财产可以抵押： （一）建筑物和其他土地附着物； （二）建设用地使用权； （三）海域使用权； （四）生产设备、原材料、半成品、产品；

续表

民法典担保制度解释	关联规定
他可归责于抵押人自身的原因导致不能办理抵押登记，债权人请求抵押人在约定的担保范围内承担责任的，人民法院依法予以支持，但是不得超过抵押权能够设立时抵押人应当承担的责任范围。 **解读：**基于民法典第215条规定的区分原则，在不动产抵押中，抵押合同效力与抵押权设立二者是分开的。不动产抵押合同自合同成立时生效，抵押物未办理抵押登记的，不影响抵押合同的效力。但不动产抵押物未进行抵押登记的，抵押权未设立，债权人对抵押物不享有优先受偿权。故在不动产抵押合同生效的情况下，债权人可基于有效的合同请求抵押人继续履行合同，以取得抵押权。实践中，因抵押人的原因导致抵押权无法实现的情况并不少见。在抵押权无法设立即抵押合同无法继续履行的情况下，抵押人应承担违反抵押合同的违约赔偿责任。在不可归责于抵押人的如自然灾害致标的物灭失等情形中，抵押人仅在取得的代位物范围内承担违约损害赔偿责任；在可归责于抵押人自身的原因导致未能办理抵押登记如抵押人将抵	（五）正在建造的建筑物、船舶、航空器； （六）交通运输工具； （七）法律、行政法规未禁止抵押的其他财产。 抵押人可以将前款所列财产一并抵押。 **第215条【合同效力与物权变动区分】**　当事人之间订立有关设立、变更、转让和消灭不动产物权的合同，除法律另有规定或者当事人另有约定外，自合同成立时生效；未办理物权登记的，不影响合同效力。 **第390条【担保物权的物上代位性及代位物的提存】**　担保期间，担保财产毁损、灭失或者被征收等，担保物权人可以就获得的保险金、赔偿金或者补偿金等优先受偿。被担保债权的履行期限未届满的，也可以提存该保险金、赔偿金或者补偿金等。 **《全国法院民商事审判工作会议纪要》** **60.** 不动产抵押合同依法成立，但未办理抵押登记手续，债权人请求抵押人办理抵押登记手续的，人民法院依法予以支持。因抵押物灭失以及抵押物转让他人等原因不能办理抵押登记，债权

续表

民法典担保制度解释	关联规定
押财产转让他人等情形中，抵押人应在约定的担保范围内承担违约赔偿责任，但不得超过抵押权能够设立时抵押人应当承担的责任范围。另，在抵押合同生效但未办理抵押登记的情况下，除非抵押合同明确约定抵押人承担连带责任。否则，抵押人仅在债务人不能清偿时承担补充责任。而此种补充责任以抵押物价值为限。若抵押合同约定的担保范围少于抵押物价值的，以约定的担保范围为限，不得超过抵押权有效设立时抵押人所应当承担的责任。 **案例参考：**《中信银行股份有限公司东莞分行诉陈某1等金融借款合同纠纷案》【最高人民法院指导案例168号】 **案例要旨：**以不动产提供抵押担保，抵押人未依抵押合同约定办理抵押登记的，不影响抵押合同的效力。债权人依据抵押合同主张抵押人在抵押物的价值范围内承担违约赔偿责任的，人民法院应予支持。抵押权人对未能办理抵押登记有过错的，相应减轻抵押人的赔偿责任。	人请求抵押人以抵押物的价值为限承担责任的，人民法院依法予以支持，但其范围不得超过抵押权有效设立时抵押人所应当承担的责任。

续表

民法典担保制度解释	关联规定
第四十七条【不动产登记簿效力】 不动产登记簿就抵押财产、被担保的债权范围等所作的记载与抵押合同约定不一致的，人民法院应当根据登记簿的记载确定抵押财产、被担保的债权范围等事项。 **解读：**根据民法典第216条的规定，不动产登记簿是物权归属和内容的根据。实际上，在确立了不动产物权登记生效的原则之后，不动产登记簿就自然应成为不动产物权的法律根据，这是不动产物权公示原则的当然体现，也是保障物权变动安全的必要手段。由于不动产登记簿具有公示公信力，就不动产抵押而言，在不动产登记簿就抵押财产、被担保的债权范围等所作的记载与抵押合同约定不一致的情况下，为保护可能存在的第三人交易安全，应以不动产登记簿记载的范围而非担保合同约定的范围为准。当然，若不动产登记簿记载的优先受偿范围大于担保合同约定的优先受偿范围，此时则应以担保合同约定的范围为准。	《民法典》 **第216条【不动产登记簿的效力和管理】** 不动产登记簿是物权归属和内容的根据。 不动产登记簿由登记机构管理。 **第214条【不动产物权变动的生效时间】** 不动产物权的设立、变更、转让和消灭，依照法律规定应当登记的，自记载于不动产登记簿时发生效力。 **第217条【不动产登记簿与不动产权属证书的关系】** 不动产权属证书是权利人享有该不动产物权的证明。不动产权属证书记载的事项，应当与不动产登记簿一致；记载不一致的，除有证据证明不动产登记簿确有错误外，以不动产登记簿为准。 **《全国法院民商事审判工作会议纪要》** **58.** 以登记作为公示方式的不动产担保物权的担保范围，一般应当以登记的范围为准。但是，我国目前不动产担保物权登记，不同地区的系统设置及登记规则并不一致，人民法院在审理案件时应当充分注意制度设计上的差别，作出符合实际的判断：一是多数省区市的登记系统未设置"担保范围"栏目，仅有"被担保主债权数额（最高债权

续表

民法典担保制度解释	关联规定
	数额）”的表述，且只能填写固定数字。而当事人在合同中又往往约定担保物权的担保范围包括主债权及其利息、违约金等附属债权，致使合同约定的担保范围与登记不一致。显然，这种不一致是由于该地区登记系统设置及登记规则造成的该地区的普遍现象。人民法院以合同约定认定担保物权的担保范围，是符合实际的妥当选择。二是一些省区市不动产登记系统设置与登记规则比较规范，担保物权登记范围与合同约定一致在该地区是常态或者普遍现象，人民法院在审理案件时，应当以登记的担保范围为准。
第四十八条【登记机构因过错不能办理抵押登记的赔偿责任】 当事人申请办理抵押登记手续时，因登记机构的过错致使其不能办理抵押登记，当事人请求登记机构承担赔偿责任的，人民法院依法予以支持。 **解读**：不动产登记内容是否正确或者说是否完备对维护交易的安全和有序意义重大。若登记有错误，将会给真正权利人及其他因信赖登记公示而发生交易的当事人造成损失。为此，民法典第222条第2款规定：“因登记错误，	《民法典》 **第212条【登记机构职责】** 登记机构应当履行下列职责： （一）查验申请人提供的权属证明和其他必要材料； （二）就有关登记事项询问申请人； （三）如实、及时登记有关事项； （四）法律、行政法规规定的其他职责。 申请登记的不动产的有关情况需要进一步证明的，登记机构可以要求申请人补充材料，必要时可以实地查看。

续表

民法典担保制度解释	关联规定
造成他人损害的，登记机构应当承担赔偿责任。登记机构赔偿后，可以向造成登记错误的人追偿。”一般而言，不动产登记错误主要指登记内容错误，但实践中也存在因登记机构的过错致使其不能办理抵押登记的情况。为减少此类影响当事人权益与市场经济发展的情况发生，本条明确规定因不动产登记机构的过错致使当事人无法办理抵押登记的，当事人可以请求登记机构赔偿因此发生的损失。	**第222条【不动产登记错误的赔偿】** 当事人提供虚假材料申请登记，造成他人损害的，应当承担赔偿责任。 因登记错误，造成他人损害的，登记机构应当承担赔偿责任。登记机构赔偿后，可以向造成登记错误的人追偿。 **《不动产登记暂行条例》** **第17条** 不动产登记机构收到不动产登记申请材料，应当分别按照下列情况办理： （一）属于登记职责范围，申请材料齐全、符合法定形式，或者申请人按照要求提交全部补正申请材料的，应当受理并书面告知申请人； （二）申请材料存在可以当场更正的错误的，应当告知申请人当场更正，申请人当场更正后，应当受理并书面告知申请人； （三）申请材料不齐全或者不符合法定形式的，应当当场书面告知申请人不予受理并一次性告知需要补正的全部内容； （四）申请登记的不动产不属于本机构登记范围的，应当当场书面告知申请人不予受理并告知申请人向有登记权的机构申请。 不动产登记机构未当场书面告

续表

民法典担保制度解释	关联规定
	知申请人不予受理的，视为受理。 **第30条** 不动产登记机构工作人员进行虚假登记，损毁、伪造不动产登记簿，擅自修改登记事项，或者有其他滥用职权、玩忽职守行为的，依法给予处分；给他人造成损害的，依法承担赔偿责任；构成犯罪的，依法追究刑事责任。
第四十九条【违法建筑物抵押合同效力】 以违法的建筑物抵押的，抵押合同无效，但是一审法庭辩论终结前已经办理合法手续的除外。抵押合同无效的法律后果，依照本解释第十七条的有关规定处理。 当事人以建设用地使用权依法设立抵押，抵押人以土地上存在违法的建筑物为由主张抵押合同无效的，人民法院不予支持。 **解读：** 按照民法典第399条关于不得抵押的财产之列举，其中未包括违法建筑物。就司法实践而言，因违法建筑物往往不能办理抵押登记，故双方多针对抵押合同效力产生争议。违法建筑物既可能是实质违法，也可能是形式违法或程序违法。但无论如何，建造人不能取得违法建筑物的	**《民法典》** **第402条【不动产抵押登记】** 以本法第三百九十五条第一款第一项至第三项规定的财产或者第五项规定的正在建造的建筑物抵押的，应当办理抵押登记。抵押权自登记时设立。 **第395条【抵押财产的范围】** 债务人或者第三人有权处分的下列财产可以抵押： （一）建筑物和其他土地附着物； （二）建设用地使用权； （三）海域使用权； （四）生产设备、原材料、半成品、产品； （五）正在建造的建筑物、船舶、航空器； （六）交通运输工具； （七）法律、行政法规未禁止抵押的其他财产。

续表

民法典担保制度解释	关联规定
所有权，只能形成占有的事实状态。就此而言，违法建筑物不能依法设立所有权，实践中也无法办理抵押登记，进而不得以这些财产设立抵押。为此，通过本条一方面明确当事人以违法的建筑物抵押签订的抵押合同无效。另一方面也对此类抵押合同的效力作出补正性规定，即当事人在一审法庭辩论终结前已经办理合法手续的，应肯定抵押合同的效力。此外，如果当事人以合法取得的建设用地使用权抵押，虽然该建设用地上的建筑物系违法建筑物，但抵押人是以建设用地使用权依法设立的抵押，抵押合同标的物指向的是建设用地使用权而非其上的违法建筑物，故不应以违法建筑物而否定建设用地使用权抵押合同的效力。	抵押人可以将前款所列财产一并抵押。 **第 399 条【禁止抵押的财产范围】** 下列财产不得抵押： （一）土地所有权； （二）宅基地、自留地、自留山等集体所有土地的使用权，但是法律规定可以抵押的除外； （三）学校、幼儿园、医疗机构等为公益目的成立的非营利法人的教育设施、医疗卫生设施和其他公益设施； （四）所有权、使用权不明或者有争议的财产； （五）依法被查封、扣押、监管的财产； （六）法律、行政法规规定不得抵押的其他财产。 **第 397 条【建筑物与建设用地使用权同时抵押规则】** 以建筑物抵押的，该建筑物占用范围内的建设用地使用权一并抵押。以建设用地使用权抵押的，该土地上的建筑物一并抵押。 抵押人未依据前款规定一并抵押的，未抵押的财产视为一并抵押。 ***《担保法解释》（已废止）*** ***第 48 条*** *以法定程序确认为违法、违章的建筑物抵押的，抵押无效。*

续表

民法典担保制度解释	关联规定
第五十条【划拨土地使用权抵押及其上的建筑物抵押】 抵押人以划拨建设用地上的建筑物抵押，当事人以该建设用地使用权不能抵押或者未办理批准手续为由主张抵押合同无效或者不生效的，人民法院不予支持。抵押权依法实现时，拍卖、变卖建筑物所得的价款，应当优先用于补缴建设用地使用权出让金。 当事人以划拨方式取得的建设用地使用权抵押，抵押人以未办理批准手续为由主张抵押合同无效或者不生效的，人民法院不予支持。已经依法办理抵押登记，抵押权人主张行使抵押权的，人民法院应予支持。抵押权依法实现时所得的价款，参照前款有关规定处理。 **解读：** 为促进市场资源流通、增进市场效率，以划拨建设用地使用权依法依规设立抵押权已被允许。国务院办公厅关于完善建设用地使用权转让、出租、抵押二级市场的指导意见（国办发〔2019〕34号）第12条明确指出，以划拨方式取得的建设用地使用权可以依法依规设定抵押权，划拨土地抵押权实现时应优先缴	《民法典》 **第395条【抵押财产的范围】** 债务人或者第三人有权处分的下列财产可以抵押： （一）建筑物和其他土地附着物； （二）建设用地使用权； （三）海域使用权； （四）生产设备、原材料、半成品、产品； （五）正在建造的建筑物、船舶、航空器； （六）交通运输工具； （七）法律、行政法规未禁止抵押的其他财产。 抵押人可以将前款所列财产一并抵押。 **第399条【禁止抵押的财产范围】** 下列财产不得抵押： （一）土地所有权； （二）宅基地、自留地、自留山等集体所有土地的使用权，但是法律规定可以抵押的除外； （三）学校、幼儿园、医疗机构等为公益目的成立的非营利法人的教育设施、医疗卫生设施和其他公益设施； （四）所有权、使用权不明或者有争议的财产； （五）依法被查封、扣押、监

续表

民法典担保制度解释	关联规定
纳土地出让收入。就此而言，审批手续并非划拨建设用地使用权抵押合同的生效要件。同样基于此，无论是以划拨方式取得的建设用地使用权的抵押，还是以其上建筑物的抵押，本条均明确抵押合同不因没有办理审批手续而无效或者不生效。但需注意，在依法实现抵押权时所得的价款，应优先用于补缴建设用地使用权出让金。如此，不仅维护了建设用地使用权人和抵押权人的合法权益，也可以保障国家土地所有权的实现。	管的财产； （六）法律、行政法规规定不得抵押的其他财产。 **第397条【建筑物与建设用地使用权同时抵押规则】** 以建筑物抵押的，该建筑物占用范围内的建设用地使用权一并抵押。以建设用地使用权抵押的，该土地上的建筑物一并抵押。 抵押人未依据前款规定一并抵押的，未抵押的财产视为一并抵押。 **《城市房地产管理法》** **第51条** 设定房地产抵押权的土地使用权是以划拨方式取得的，依法拍卖该房地产后，应当从拍卖所得的价款中缴纳相当于应缴纳的土地使用权出让金的款额后，抵押权人方可优先受偿。
第五十一条【房地分别抵押时的效力范围和实现顺序】 当事人仅以建设用地使用权抵押，债权人主张抵押权的效力及于土地上已有的建筑物以及正在建造的建筑物已完成部分的，人民法院应予支持。债权人主张抵押权的效力及于正在建造的建筑物的续建部分以及新增建筑物的，人民法院不予支持。 当事人以正在建造的建筑物抵押，抵押权的效力范围限于已办	**《民法典》** **第397条【房地一体抵押规则】** 以建筑物抵押的，该建筑物占用范围内的建设用地使用权一并抵押。以建设用地使用权抵押的，该土地上的建筑物一并抵押。 抵押人未依据前款规定一并抵押的，未抵押的财产视为一并抵押。 **第417条【抵押权对新增建筑物的效力】** 建设用地使用权抵押后，该土地上新增的建筑物不属于抵押财产。该建设用地使用

续表

民法典担保制度解释	关联规定
理抵押登记的部分。当事人按照担保合同的约定，主张抵押权的效力及于续建部分、新增建筑物以及规划中尚未建造的建筑物的，人民法院不予支持。 抵押人将建设用地使用权、土地上的建筑物或者正在建造的建筑物分别抵押给不同债权人的，人民法院应当根据抵押登记的时间先后确定清偿顺序。 **解读：**民法典第397条明确了“房地一体”的抵押规则，具体为以建设用地使用权抵押的，该土地上的建筑物一并抵押；以建筑物抵押的，该建筑物占用范围内的建设用地使用权一并抵押。但考虑到目前在建工程抵押实行现状登记，为确保第三人的交易安全，民法典第417条规定抵押权效力不及于续建部分、新增建筑物及规划中尚未建造的建筑物。故以建设用地使用权设立抵押权的效力范围为已经建造的建筑物或者正在建造的建筑物已完成部分；以正在建造的建筑物抵押，抵押权的效力范围限于已办理抵押登记的部分。此外，针对建设用地使用权、建筑物分别抵押给不同债权人的情形，按照民法典第	权实现抵押权时，应当将该土地上新增的建筑物与建设用地使用权一并处分。但是，新增建筑物所得的价款，抵押权人无权优先受偿。 **第414条【数个抵押权的清偿顺序】** 同一财产向两个以上债权人抵押的，拍卖、变卖抵押财产所得的价款依照下列规定清偿： （一）抵押权已经登记的，按照登记的时间先后确定清偿顺序； （二）抵押权已经登记的先于未登记的受偿； （三）抵押权未登记的，按照债权比例清偿。 其他可以登记的担保物权，清偿顺序参照适用前款规定。 **《全国法院民商事审判工作会议纪要》** **61.** 根据《物权法》第182条之规定，仅以建筑物设定抵押的，抵押权的效力及于占用范围内的土地；仅以建设用地使用权抵押的，抵押权的效力亦及于其上的建筑物。在房地分别抵押，即建设用地使用权抵押给一个债权人，而其上的建筑物又抵押给另一个人的情况下，可能产生两个抵押权的冲突问题。基于“房地一体”规则，此时应当将建筑物和建设用地使用权视为同一财产，

续表

民法典担保制度解释	关联规定
414条之规定，应当根据抵押登记的时间先后确定清偿顺序。同一天登记，视为同时登记。在同时登记的情况下，则按照债权比例清偿。	从而依照《物权法》第199条的规定确定清偿顺序：登记在先的先清偿；同时登记的，按照债权比例清偿。同一天登记的，视为同时登记。应予注意的是，根据《物权法》第200条的规定，建设用地使用权抵押后，该土地上新增的建筑物不属于抵押财产。 *《担保法解释》（已废止）* ***第47条*** *以依法获准尚未建造的或者正在建造中的房屋或者其他建筑物抵押的，当事人办理了抵押物登记，人民法院可以认定抵押有效。* ***第58条*** *当事人同一天在不同的法定登记部门办理抵押物登记的，视为顺序相同。* *因登记部门的原因致使抵押物进行连续登记的，抵押物第一次登记的日期，视为抵押登记的日期，并依此确定抵押权的顺序。*
第五十二条【不动产抵押预告登记的效力】 当事人办理抵押预告登记后，预告登记权利人请求就抵押财产优先受偿，经审查存在尚未办理建筑物所有权首次登记、预告登记的财产与办理建筑物所有权首次登记时的财产不一致、抵押预告登记已经失效等情形，导致不具备办理抵押登记条件的，人民法院不予支持；	**《民法典》** **第221条【预告登记】** 当事人签订买卖房屋的协议或者签订其他不动产物权的协议，为保障将来实现物权，按照约定可以向登记机构申请预告登记。预告登记后，未经预告登记的权利人同意，处分该不动产的，不发生物权效力。 预告登记后，债权消灭或者自能够进行不动产登记之日起九十

续表

民法典担保制度解释	关联规定
经审查已经办理建筑物所有权首次登记，且不存在预告登记失效等情形的，人民法院应予支持，并应当认定抵押权自预告登记之日起设立。 当事人办理了抵押预告登记，抵押人破产，经审查抵押财产属于破产财产，预告登记权利人主张就抵押财产优先受偿的，人民法院应当在受理破产申请时抵押财产的价值范围内予以支持，但是在人民法院受理破产申请前一年内，债务人对没有财产担保的债务设立抵押预告登记的除外。 **解读：**预告登记，指为保全一项请求权而进行的不动产登记，属于不动产登记的特殊类型。一般的不动产登记是对现实的不动产物权进行登记，而预告登记所登记的是将来发生不动产物权变动的请求权。其本质特征是使被登记的请求权具有物权的效力。换言之，进行了预告登记的请求权，对后来发生的与该项请求权内容相同的不动产物权的处分行为，具有对抗的效力。就抵押权的预告登记而言，因抵押权本身无法阻止抵押人转让抵押物或在抵	日内未申请登记的，预告登记失效。 **第410条【抵押权的实现】**债务人不履行到期债务或者发生当事人约定的实现抵押权的情形，抵押权人可以与抵押人协议以抵押财产折价或者以拍卖、变卖该抵押财产所得的价款优先受偿。协议损害其他债权人利益的，其他债权人可以请求人民法院撤销该协议。 抵押权人与抵押人未就抵押权实现方式达成协议的，抵押权人可以请求人民法院拍卖、变卖抵押财产。 抵押财产折价或者变卖的，应当参照市场价格。 **《企业破产法》** **第46条** 未到期的债权，在破产申请受理时视为到期。 附利息的债权自破产申请受理时起停止计息。 **第31条** 人民法院受理破产申请前一年内，涉及债务人财产的下列行为，管理人有权请求人民法院予以撤销： （一）无偿转让财产的； （二）以明显不合理的价格进行交易的； （三）对没有财产担保的债务提供财产担保的；

续表

民法典担保制度解释	关联规定
押物上为他人再次设定抵押权，办理抵押预告登记也同样无法阻止抵押人转让标的物或者再次以标的物设定担保物权。从这一角度看，办理抵押预告登记之目的在于当能够办理抵押登记时，可获得较其他担保物权人优先的顺位。简言之，基于不动产抵押本身的特殊性，抵押预告登记虽然不具有限制抵押人处分标的物的效力，但具有顺位效力。此外，虽然当事人办理的只是抵押预告登记而非抵押登记，但在诉讼过程中经法院审查具备办理抵押登记条件的，为节约成本、提高效率，法院应当认定抵押权自预告登记之日起设立。另，在抵押人破产时，由于此种情况下预告登记权利人已无法等到办理抵押登记的条件具备时再主张优先受偿权，故应参照企业破产法有关债权加速到期的规定，赋予抵押预告登记以抵押登记之效力，可主张就抵押财产优先受偿。但为防止债务人以提供担保为名进行个别清偿，进而损害其他债权人的利益，企业破产法第31条规定，在法院受理破产申请前一年内，如果债务人对没有财产担保的债务提供财产担保的，则管理人有权	（四）对未到期的债务提前清偿的； （五）放弃债权的。 **《民法典物权编解释一》** **第4条** 未经预告登记的权利人同意，转让不动产所有权等物权，或者设立建设用地使用权、居住权、地役权、抵押权等其他物权的，应当依照民法典第二百二十一条第一款的规定，认定其不发生物权效力。 **第5条** 预告登记的买卖不动产物权的协议被认定无效、被撤销，或者预告登记的权利人放弃债权的，应当认定为民法典第二百二十一条第二款所称的“债权消灭”。

续表

民法典担保制度解释	关联规定
请求人民法院撤销该行为。由于本条赋予抵押预告登记具有相当于本登记的效力，可能导致当事人通过办理抵押预告登记来实现个别清偿。为此，本条另对预告登记权利人对抵押财产享有优先受偿权作了限制性规定，即“在人民法院受理破产申请前一年内，债务人对没有财产担保的债务设立抵押预告登记的除外”。 **案例参考：**《某银行诉张某某、某公司借款合同纠纷案》【张红柳，《人民法院报》2016 年 8 月 25 日】 **案例要旨：**预告登记后，能够进行不动产登记而未申请登记系预告登记义务人的违约行为所致，不应当产生预告登记失效的法律后果。	
（三）动产与权利担保	
第五十三条【担保物特定化与担保成立】 当事人在动产和权利担保合同中对担保财产进行概括描述，该描述能够合理识别担保财产的，人民法院应当认定担保成立。	《民法典》 **第 427 条【质押合同】** 设立质权，当事人应当采用书面形式订立质押合同。 质押合同一般包括下列条款： （一）被担保债权的种类和数额； （二）债务人履行债务的期限；

续表

民法典担保制度解释	关联规定
解读：民法典虽简化了抵押合同和质押合同“一般包括”的条款，但并未就抵押合同或质押合同能否对抵押物采用一般性或概括性描述作出明确规定。则通过本条明确担保合同可以对担保物采取概括性的描述。同时，考虑到担保物权客体必须特定，否则权利人无法进行排他性支配，故本条在规定担保合同可以对担保物采取概括性描述的同时，也明确规定该描述必须达到能够合理识别担保财产的程度。另，由于动产抵押采意思主义物权变动模式，当事人意思表示一致时不仅抵押合同成立，抵押权也设立。故在动产抵押中，担保财产的特定化既是担保合同成立的要件，也是担保物权设立的要件。但就权利质押而言，其采取的是形式主义物权变动模式，担保合同仅在当事人之间发生债权债务关系，不能直接引起物权发生变动。标的物不特定并不影响担保合同成立只影响担保物权的设立。但如前所述，由于签订担保合同是为设立担保物权，故担保合同关于担保财产的约定亦应足够明确，以使当事人在办理质押登记或交付权利凭证时可以特定化。	（三）质押财产的名称、数量等情况； （四）担保的范围； （五）质押财产交付的时间、方式。 **第400条【抵押合同】** 设立抵押权，当事人应当采用书面形式订立抵押合同。 抵押合同一般包括下列条款： （一）被担保债权的种类和数额； （二）债务人履行债务的期限； （三）抵押财产的名称、数量等情况； （四）担保的范围。

续表

民法典担保制度解释	关联规定
第五十四条【未办理登记的动产抵押权效力】 动产抵押合同订立后未办理抵押登记，动产抵押权的效力按照下列情形分别处理： （一）抵押人转让抵押财产，受让人占有抵押财产后，抵押权人向受让人请求行使抵押权的，人民法院不予支持，但是抵押权人能够举证证明受让人知道或者应当知道已经订立抵押合同的除外； （二）抵押人将抵押财产出租给他人并移转占有，抵押权人行使抵押权的，租赁关系不受影响，但是抵押权人能够举证证明承租人知道或者应当知道已经订立抵押合同的除外； （三）抵押人的其他债权人向人民法院申请保全或者执行抵押财产，人民法院已经作出财产保全裁定或者采取执行措施，抵押权人主张对抵押财产优先受偿的，人民法院不予支持； （四）抵押人破产，抵押权人主张对抵押财产优先受偿的，人民法院不予支持。 **解读：**在登记对抗主义物权变动模式下，当事人可以取得物权，但未办理登记的，该物权不具有对抗善意第三人的效力。也就是	《民法典》 **第403条【动产抵押的效力】** 以动产抵押的，抵押权自抵押合同生效时设立；未经登记，不得对抗善意第三人。 **第404条【动产抵押权无追及效力】** 以动产抵押的，不得对抗正常经营活动中已经支付合理价款并取得抵押财产的买受人。 **第405条【抵押权与租赁权的关系】** 抵押权设立前，抵押财产已经出租并转移占有的，原租赁关系不受该抵押权的影响。 **第311条【善意取得】** 无处分权人将不动产或者动产转让给受让人的，所有权人有权追回；除法律另有规定外，符合下列情形的，受让人取得该不动产或者动产的所有权： （一）受让人受让该不动产或者动产时是善意； （二）以合理的价格转让； （三）转让的不动产或者动产依照法律规定应当登记的已经登记，不需要登记的已经交付给受让人。 受让人依据前款规定取得不动产或者动产的所有权的，原所有权人有权向无处分权人请求损害赔偿。 当事人善意取得其他物权的，参照适用前两款规定。

续表

民法典担保制度解释	关联规定
说此种情况下，善意第三人能够自原权利人处“善意取得”物权。但需注意，此处的“善意取得”与民法典第311条规定的善意取得并不一致：前者是通过弱化物权效力的方式实现对受让人的保护，后者则是通过赋予公示以一定公信力的方式实现对受让人的保护。动产抵押情形下抵押权未登记的，若抵押人转让抵押物，则善意买受人将取得无权利负担的标的物，但其取得的原因在于法律为保护买受人的交易安全而限制了抵押权的效力。就动产抵押未经登记不能对抗善意第三人的具体而言，应注意以下方面：1. 因担保物权人之间的顺位无须考虑彼此之间是否为善意，故此处的第三人并不包括抵押权人、质权人、留置权人等担保物权人。2. 此处的第三人也不应包括普通债权人。由于物权优先于债权，若第三人为普通债权人，无论是善意还是恶意，抵押权人都是可对抗的。而本条规定的已经取得占有的买受人或承租人，要么已经取得物权，要么取得了具有一定物权效力的债权，此时具有对抗抵押权人的效力。另，为消除隐性担保，若抵押人的其他债权人已申	**《执行异议和复议案件规定》** **第31条** 承租人请求在租赁期内阻止向受让人移交占有被执行的不动产，在人民法院查封之前已签订合法有效的书面租赁合同并占有使用该不动产的，人民法院应予支持。 承租人与被执行人恶意串通，以明显不合理的低价承租被执行的不动产或者伪造交付租金证据的，对其提出的阻止移交占有的请求，人民法院不予支持。 ***《担保法解释》（已废止）*** ***第66条*** *抵押人将已抵押的财产出租的，抵押权实现后，租赁合同对受让人不具有约束力。* *抵押人将已抵押的财产出租时，如果抵押人未书面告知承租人该财产已抵押的，抵押人对出租抵押物造成承租人的损失承担赔偿责任；如果抵押人已书面告知承租人该财产已抵押的，抵押权实现造成承租人的损失，由承租人自己承担。*

续表

民法典担保制度解释	关联规定
请法院对标的物采取了查封、扣押措施，应认为未经登记的抵押权人不能向其主张优先受偿。在抵押人进入破产程序后，认定未经登记的抵押权具有对抗效力可能对其他债权人不公平，有悖于公平受偿的破产程序理念。故，本条规定未办理抵押登记的抵押权人主张优先受偿的，不予支持。此外，民法典第404条明确了动产抵押权无追及效力。即无论动产抵押是否办理登记，动产抵押权都不能对抗正常经营活动中已经支付合理价款并取得抵押财产的买受人。 **案例参考：**《化学工业集团诉科技公司合同纠纷案》【2021年度河南法院十大商事暨涉企典型案例①】 **案例要旨：**抵押人进入破产程序后，如果认定未经登记的动产抵押权具有优先受偿的效力，一方面与动产抵押实行登记对抗主义的法律规定相冲突，另一方面与破产程序概括清偿，保障债权人公平受偿的理念相违背，损害债权的平等性，故债务人进入破产程序后，抵押权人对未经登记的抵押动产不再享有优先受偿权。	

① 载河南省高级人民法院新浪官方微博“豫法阳光”，https：//weibo. com/ttarticle/p/show？id=2309404759987791724808，2023年10月24日访问。

续表

民法典担保制度解释	关联规定
第五十五条【财产由第三方监管的质押】 债权人、出质人与监管人订立三方协议，出质人以通过一定数量、品种等概括描述能够确定范围的货物为债务的履行提供担保，当事人有证据证明监管人系受债权人的委托监管并实际控制该货物的，人民法院应当认定质权于监管人实际控制货物之日起设立。监管人违反约定向出质人或者其他人放货、因保管不善导致货物毁损灭失，债权人请求监管人承担违约责任的，人民法院依法予以支持。 在前款规定情形下，当事人有证据证明监管人系受出质人委托监管该货物，或者虽然受债权人委托但是未实际履行监管职责，导致货物仍由出质人实际控制的，人民法院应当认定质权未设立。债权人可以基于质押合同的约定请求出质人承担违约责任，但是不得超过质权有效设立时出质人应当承担的责任范围。监管人未履行监管职责，债权人请求监管人承担责任的，人民法院依法予以支持。 **解读：**就质权设立而言，向质权人交付质物既是质权成立的要件，也是质权存续的前提。实际上，我国民法并不排斥指示交付	**《民法典》** **第429条【质权生效时间】** 质权自出质人交付质押财产时设立。 **第227条【指示交付】** 动产物权设立和转让前，第三人占有该动产的，负有交付义务的人可以通过转让请求第三人返还原物的权利代替交付。 **第228条【占有改定】** 动产物权转让时，当事人又约定由出让人继续占有该动产的，物权自该约定生效时发生效力。 **《全国法院民商事审判工作会议纪要》** **63.** 在流动质押中，经常由债权人、出质人与监管人订立三方监管协议，此时应当查明监管人究竟是受债权人的委托还是受出质人的委托监管质物，确定质物是否已经交付债权人，从而判断质权是否有效设立。如果监管人系受债权人的委托监管质物，则其是债权人的直接占有人，应当认定完成了质物交付，质权有效设立。监管人违反监管协议约定，违规向出质人放货、因保管不善导致质物毁损灭失，债权人请求监管人承担违约责任的，人民法院依法予以支持。 如果监管人系受出质人委托监管质物，表明质物并未交付债

续表

民法典担保制度解释	关联规定
作为质权成立要件中"交付"的一种形式，即允许在第三人对标的物直接占有的情形下，由债权人取得间接占有。在流动质押的设立中，只要第三方系接受质权人的委托对标的物进行占有，就应认为质权被有效设立。反之，若第三方虽直接占有标的物，但并非受质权人委托而是受出质人委托占有的，则不应认定质权被有效设立。另，实践中也存在监管人虽受债权人委托监管货物，但其并未实际履行监管职责，以致质物仍由出质人完全控制，此时也不应认为质权被有效设立。就此而言，无论是监管人未履行监管职责致质权未有效设立，还是在质权设立后未有效履行监管职责造成质物被出质人再次处分，监管人都应承担与其过错相适应的责任。此外，关于占有改定能否作为质权设立要件中"交付"的一种方式问题。对此，如前所述，只要符合监管人系受债权人的委托监管质物且已经进行了实质监管的要求，即意味着质物并非完全处于出质人控制下，此时可认定质权设立。但若当事人仅订立监管协议，监管人并未实际履行监管职责，质物仍由出质人完全控制，则质权未有效设立。	权人，应当认定质权未有效设立。尽管监管协议约定监管人系受债权人的委托监管质物，但有证据证明其并未履行监管职责，质物实际上仍由出质人管领控制的，也应当认定质物并未实际交付，质权未有效设立。此时，债权人可以基于质押合同的约定请求质押人承担违约责任，但其范围不得超过质权有效设立时质押人所应当承担的责任。监管人未履行监管职责的，债权人也可以请求监管人承担违约责任。 ***《担保法解释》（已废止）*** ***第87条*** *出质人代质权人占有质物的，质押合同不生效；质权人将质物返还于出质人后，以其质权对抗第三人的，人民法院不予支持。* *因不可归责于质权人的事由而丧失对质物的占有，质权人可以向不当占有人请求停止侵害、恢复原状、返还质物。* ***第88条*** *出质人以间接占有的财产出质的，质押合同自书面通知送达占有人时视为移交。占有人收到出质通知后，仍接受出质人的指示处分出质财产的，该行为无效。* ***第89条*** *质押合同中对质押的财产约定不明，或者约定的出质财产与实际移交的财产不一致的，以实际交付占有的财产为准。*

续表

民法典担保制度解释	关联规定
第五十六条【动产买受人的价款优先权】 买受人在出卖人正常经营活动中通过支付合理对价取得已被设立担保物权的动产，担保物权人请求就该动产优先受偿的，人民法院不予支持，但是有下列情形之一的除外： （一）购买商品的数量明显超过一般买受人； （二）购买出卖人的生产设备； （三）订立买卖合同的目的在于担保出卖人或者第三人履行债务； （四）买受人与出卖人存在直接或者间接的控制关系； （五）买受人应当查询抵押登记而未查询的其他情形。 前款所称出卖人正常经营活动，是指出卖人的经营活动属于其营业执照明确记载的经营范围，且出卖人持续销售同类商品。前款所称担保物权人，是指已经办理登记的抵押权人、所有权保留买卖的出卖人、融资租赁合同的出租人。 **解读：**民法典第404条是关于动产抵押权无追及效力的规定。该条设立目的在于动产数量众多	《民法典》 **第404条【动产抵押权无追及效力】** 以动产抵押的，不得对抗正常经营活动中已经支付合理价款并取得抵押财产的买受人。

续表

民法典担保制度解释	关联规定
且价值较低，大量的抵押登记将带来庞大的登记成本，也会给潜在的交易者（第三人）带来很多查询成本。为此，民法典在规定动产抵押制度的同时，也通过第404条对正常经营活动中买受人给予特别保护，以期降低该制度产生的交易成本。所谓“正常经营活动”，从买受人的角度看，交易本身没有异常性，具体则指出卖人的经营活动是在其营业执照明确记载的经营范围内且持续销售同类商品。本条第2款对此作了明确。另外，本条第1款也明确列举了5种买受人的价款优先权不能对抗担保物权人的情形。此外，由于所有权保留买卖和融资租赁中的所有权亦属非典型担保物权，且标的物也是动产、以登记为公示方式，故除抵押权人可作为正常经营活动中买受人外，本条亦明确经办理登记的所有权保留、融资租赁亦属其中。	
第五十七条【《民法典》第416条规定的价款超级优先权的适用】 担保人在设立动产浮动抵押并办理抵押登记后又购入或者以融资租赁方式承租新的动产，下列权利人为担保价款债权或者租金的实现而订立担保合同，并在该动产交付后十日内办理登记，	**《民法典》** **第416条【动产购买价款抵押担保的优先权】** 动产抵押担保的主债权是抵押物的价款，标的物交付后十日内办理抵押登记的，该抵押权人优先于抵押物买受人的其他担保物权人受偿，但是留置权人除外。

续表

民法典担保制度解释	关联规定
主张其权利优先于在先设立的浮动抵押权的，人民法院应予支持： （一）在该动产上设立抵押权或者保留所有权的出卖人； （二）为价款支付提供融资而在该动产上设立抵押权的债权人； （三）以融资租赁方式出租该动产的出租人。 买受人取得动产但未付清价款或者承租人以融资租赁方式占有租赁物但是未付清全部租金，又以标的物为他人设立担保物权，前款所列权利人为担保价款债权或者租金的实现而订立担保合同，并在该动产交付后十日内办理登记，主张其权利优先于买受人为他人设立的担保物权的，人民法院应予支持。 同一动产上存在多个价款优先权的，人民法院应当按照登记的时间先后确定清偿顺序。 **解读：**民法典第416条对动产购买价款抵押担保的优先权作了规定，该条内容也被称为价款超级优先权或超级优先权。本条则将这一制度在实践中的具体运用分两类情形：1. 债务人在设定动产浮动抵押后又购入新的动产时，为担保价款的支付而在该动产上为出卖人设定抵押权。2. 动产买	**第414条【数个抵押权的清偿顺序】** 同一财产向两个以上债权人抵押的，拍卖、变卖抵押财产所得的价款依照下列规定清偿： （一）抵押权已经登记的，按照登记的时间先后确定清偿顺序； （二）抵押权已经登记的先于未登记的受偿； （三）抵押权未登记的，按照债权比例清偿。 其他可以登记的担保物权，清偿顺序参照适用前款规定。 **第415条【抵押权与质权的清偿顺序】** 同一财产既设立抵押权又设立质权的，拍卖、变卖该财产所得的价款按照登记、交付的时间先后确定清偿顺序。 **《全国法院民商事审判工作会议纪要》** **64.【浮动抵押的效力】** 企业将其现有的以及将有的生产设备、原材料、半成品及产品等财产设定浮动抵押后，又将其中的生产设备等部分财产设定了动产抵押，并都办理了抵押登记的，根据《物权法》第199条的规定，登记在先的浮动抵押优先于登记在后的动产抵押。 **66.【担保关系的认定】**当事人订立的具有担保功能的合同，不

续表

民法典担保制度解释	关联规定
受人通过赊销取得动产后立即为他人设定担保物权，出卖人为担保价款支付而在该动产上设定抵押权。就第1种情形而言，其有助于解决再融资问题。因动产浮动抵押设定在前且已办理登记的，新购入的动产将自动成为浮动抵押权的客体，即使买受人为出卖人设定了抵押权，由于该抵押权登记在后，出卖人交易安全无法获得有效保障，无疑将影响到出卖人与抵押人进行交易的积极性。而价款超级优先权旨在打破民法典第414条、第415条的清偿顺序，赋予后设立的抵押权优先于先设立的浮动抵押权的效力，有助于增强抵押人的再融资能力。就第2种情形而言，民法典第416条从文义上看，应包括此种情形。虽然第2种情形被本条确立后可能带来第三人交易安全问题，但这种安全问题可由第三人借助尽职调查等方式进行解决或弱化。另需注意，由于实践中对价款支付进行担保的手段除了以标的物设定抵押外，还包括所有权保留、融资租赁等方式。为此，本条将前述第1种、第2种情形下可主张价款优先权的主体确立为三类主体，即本条第1款所列举的三项。	存在法定无效情形的，应当认定有效。虽然合同约定的权利义务关系不属于物权法规定的典型担保类型，但是其担保功能应予肯定。

续表

民法典担保制度解释	关联规定
第五十八条【汇票质押时质权设立条件】 以汇票出质，当事人以背书记载“质押”字样并在汇票上签章，汇票已经交付质权人的，人民法院应当认定质权自汇票交付质权人时设立。 **解读：**按照民法典第441条的规定，以汇票等有价证券出质的，质权自权利凭证交付质权人时设立；没有权利凭证的，质权自办理出质登记时设立。但是法律另有规定的，依照其规定。汇票一般存在权利凭证，但交付权利凭证仅是汇票质权设立的条件之一，并不意味着交付了权利凭证汇票质权就当然设立。按照票据法第35条的规定，汇票出质时还需背书记载“质押”字样。按照特别法优先于普通法适用的规定，票据法第35条关于“背书记载‘质押’字样”的规定属于对以汇票出质的权利质权之设立条件有特别规定，此时应按照该规定确定汇票质权的设立条件。当然，票据法第35条规定背书记载“质押”字样的背后无疑还隐含了“交付”的要求，否则背书记载“质押”字样的要求也没有意义。综上所述，本条在综合票据法第35条、民法典第441条规定的基础上，对当事人以汇	《民法典》 **第440条【权利质权的范围】** 债务人或者第三人有权处分的下列权利可以出质： （一）汇票、本票、支票； （二）债券、存款单； （三）仓单、提单； （四）可以转让的基金份额、股权； （五）可以转让的注册商标专用权、专利权、著作权等知识产权中的财产权； （六）现有的以及将有的应收账款； （七）法律、行政法规规定可以出质的其他财产权利。 **第441条【有价证券出质的质权的设立】** 以汇票、本票、支票、债券、存款单、仓单、提单出质的，质权自权利凭证交付质权人时设立；没有权利凭证的，质权自办理出质登记时设立。法律另有规定的，依照其规定。 《票据法》 **第35条** 背书记载“委托收款”字样的，被背书人有权代背书人行使被委托的汇票权利。但是，被背书人不得再以背书转让汇票权利。 汇票可以设定质押；质押时应

续表

民法典担保制度解释	关联规定
票质押时的质权设立条件作了明确，即需“当事人以背书记载“质押”字样并在汇票上签章，且已经将汇票交付质权人的，才能认定质权从汇票交付质权人时设立。	当以背书记载“质押”字样。被背书人依法实现其质权时，可以行使汇票权利。
第五十九条【仓单质押】 存货人或者仓单持有人在仓单上以背书记载“质押”字样，并经保管人签章，仓单已经交付质权人的，人民法院应当认定质权自仓单交付质权人时设立。没有权利凭证的仓单，依法可以办理出质登记的，仓单质权自办理出质登记时设立。 出质人既以仓单出质，又以仓储物设立担保，按照公示的先后确定清偿顺序；难以确定先后的，按照债权比例清偿。 保管人为同一货物签发多份仓单，出质人在多份仓单上设立多个质权，按照公示的先后确定清偿顺序；难以确定先后的，按照债权比例受偿。 存在第二款、第三款规定的情形，债权人举证证明其损失系由出质人与保管人的共同行为所致，请求出质人与保管人承担连带赔偿责任的，人民法院应予支持。	《民法典》 **第440条【权利质权的范围】** 债务人或者第三人有权处分的下列权利可以出质： （一）汇票、本票、支票； （二）债券、存款单； （三）仓单、提单； （四）可以转让的基金份额、股权； （五）可以转让的注册商标专用权、专利权、著作权等知识产权中的财产权； （六）现有的以及将有的应收账款； （七）法律、行政法规规定可以出质的其他财产权利。 **第441条【有价证券出质的质权的设立】** 以汇票、本票、支票、债券、存款单、仓单、提单出质的，质权自权利凭证交付质权人时设立；没有权利凭证的，质权自办理出质登记时设立。法律另有规定的，依照其规定。 **第442条【有价证券出质的质权的特别实现方式】** 汇票、本票、支票、债券、存款单、仓单、

续表

民法典担保制度解释	关联规定
解读：仓单兼具债权凭证和物权凭证属性。与本解释第58条关于汇票质押的要求类似，仓单质押也必须符合背书、签章以及交付这三项要求。只是背书人为存货人或者仓单持有人，签章人为保管人。此外需注意，对于没有权利凭证的仓单，其质押可通过办理出质登记的方式进行，如此可避免出现空单质押、重复质押等情况。本条第1款对此进行了明确。另，针对实践中仓单领域多发的“单货同质”“一单多质”等乱象，基于民法典第414条、第415条之规定并结合规定精神，第2款、第3款规定了相应情形下的优先顺位规则，能够按照公示的先后确定清偿顺序的，按照公示先后确定；难以确定先后的，按照债权比例受偿。此外，前述“单货同质”“一单多质”等乱象的出现，虽看似由保管人伪造仓单所致，但保管人伪造仓单多出于出质人的请求，出质人与保管人在此情况下实质上往往构成共同侵权。为切实减少乃至杜绝仓单乱象，强化债权人合法利益保护，有效夯实保管人责任，第4款明确规定债权人若能举证证明其损失是由出质人与保管人的共同行为所致的，可请求出质人与保管人承担连带赔偿责任。	提单的兑现日期或者提货日期先于主债权到期的，质权人可以兑现或者提货，并与出质人协议将兑现的价款或者提取的货物提前清偿债务或者提存。 **第908条【保管人出具仓单、入库单义务】** 存货人交付仓储物的，保管人应当出具仓单、入库单等凭证。 **第910条【仓单性质和转让】** 仓单是提取仓储物的凭证。存货人或者仓单持有人在仓单上背书并经保管人签名或者盖章的，可以转让提取仓储物的权利。 **第414条【数个抵押权的清偿顺序】** 同一财产向两个以上债权人抵押的，拍卖、变卖抵押财产所得的价款依照下列规定清偿： （一）抵押权已经登记的，按照登记的时间先后确定清偿顺序； （二）抵押权已经登记的先于未登记的受偿； （三）抵押权未登记的，按照债权比例清偿。 其他可以登记的担保物权，清偿顺序参照适用前款规定。 **第415条【抵押权与质权的清偿顺序】** 同一财产既设立抵押权又设立质权的，拍卖、变卖该财产所得的价款按照登记、交付的时间先后确定清偿顺序。

续表

民法典担保制度解释	关联规定
第六十条【跟单信用证项下开证行基于提单享有的权利内容】 在跟单信用证交易中，开证行与开证申请人之间约定以提单作为担保的，人民法院应当依照民法典关于质权的有关规定处理。 在跟单信用证交易中，开证行依据其与开证申请人之间的约定或者跟单信用证的惯例持有提单，开证申请人未按照约定付款赎单，开证行主张对提单项下货物优先受偿的，人民法院应予支持；开证行主张对提单项下货物享有所有权的，人民法院不予支持。 在跟单信用证交易中，开证行依据其与开证申请人之间的约定或者跟单信用证的惯例，通过转让提单或者提单项下货物取得价款，开证申请人请求返还超出债权部分的，人民法院应予支持。 前三款规定不影响合法持有提单的开证行以提单持有人身份主张运输合同项下的权利。 **解读：**跟单信用证在国际贸易中使用广泛，在开证申请人与开证行之间因申请开立信用证而产生纠纷时，因对外付款而合法持有提单的开证行对提单项下货物	《民法典》 **第440条【权利质权的范围】** 债务人或者第三人有权处分的下列权利可以出质： （一）汇票、本票、支票； （二）债券、存款单； （三）仓单、提单； （四）可以转让的基金份额、股权； （五）可以转让的注册商标专用权、专利权、著作权等知识产权中的财产权； （六）现有的以及将有的应收账款； （七）法律、行政法规规定可以出质的其他财产权利。 **第441条【有价证券出质的质权的设立】** 以汇票、本票、支票、债券、存款单、仓单、提单出质的，质权自权利凭证交付质权人时设立；没有权利凭证的，质权自办理出质登记时设立。法律另有规定的，依照其规定。

续表

民法典担保制度解释	关联规定
享有何种权利是其中一个重要的法律问题。在跟单信用证下，买方出于资金融通的需求，可将提单作为权利质押的标的出质给开证行。开证申请人与开证行可以通过合同约定提单质押或者基于跟单信用证的惯例持有提单从而取得提单质权。就质押法律关系下的提单属性而言，开证行取得提单质权的目的并不在于取得物之所有权，而在于取得其担保清偿的权利质权。故，提单虽由银行占有，但该占有不能产生物权所有权的法律效果。对于提单项下的货物，开证行虽具有优先受偿权，但无权对提单项下的货物取得所有权。另，开证行作为提单持有人，在提货日期届至时可向承运人提取货物，其也可以依据与开证申请人之间的约定或交易惯例，转让提单或者转让提单项下的货物，基于此取得的价款中超出开证申请人应付款项的部分，应返还开证申请人。此外，因承运人或第三人原因造成提单项下的货物毁损、灭失的，开证行可以提单持有人身份要求责任人赔偿。	
第六十一条【应收账款质押】 以现有的应收账款出质，应收账款债务人向质权人确认应收账款	《民法典》 **第440条【权利质权的范围】** 债务人或者第三人有权处分的下

续表

民法典担保制度解释	关联规定
的真实性后，又以应收账款不存在或者已经消灭为由主张不承担责任的，人民法院不予支持。 以现有的应收账款出质，应收账款债务人未确认应收账款的真实性，质权人以应收账款债务人为被告，请求就应收账款优先受偿，能够举证证明办理出质登记时应收账款真实存在的，人民法院应予支持；质权人不能举证证明办理出质登记时应收账款真实存在，仅以已经办理出质登记为由，请求就应收账款优先受偿的，人民法院不予支持。 以现有的应收账款出质，应收账款债务人已经向应收账款债权人履行了债务，质权人请求应收账款债务人履行债务的，人民法院不予支持，但是应收账款债务人接到质权人要求向其履行的通知后，仍然向应收账款债权人履行的除外。 以基础设施和公用事业项目收益权、提供服务或者劳务产生的债权以及其他将有的应收账款出质，当事人为应收账款设立特定账户，发生法定或者约定的质权实现事由时，质权人请求就该特定账户内的款项优先受偿的，人民法院应予支持；特定账户内的	列权利可以出质： （一）汇票、本票、支票； （二）债券、存款单； （三）仓单、提单； （四）可以转让的基金份额、股权； （五）可以转让的注册商标专用权、专利权、著作权等知识产权中的财产权； （六）现有的以及将有的应收账款； （七）法律、行政法规规定可以出质的其他财产权利。 **第 445 条【以应收账款出质的质权的设立及转让限制】** 以应收账款出质的，质权自办理出质登记时设立。 应收账款出质后，不得转让，但是出质人与质权人协商同意的除外。出质人转让应收账款所得的价款，应当向质权人提前清偿债务或者提存。

续表

民法典担保制度解释	关联规定
款项不足以清偿债务或者未设立特定账户，质权人请求折价或者拍卖、变卖项目收益权等将有的应收账款，并以所得的价款优先受偿的，人民法院依法予以支持。 **解读**：应收账款是指权利人因提供一定的商品、服务或者劳务而获得的要求义务人付款的权利，不包括因票据或者其他有价证券而产生的付款请求权，它本质上是一个会计学概念。就应收账款质押而言，作为质押标的的应收账款，可以是已存在的债权，也可以是有稳定预期的未来债权。但其标的仅限于金钱之债，而不包括非金钱债权。此外，作为普通债权质权的一种，应收账款质权兼具物权和债权两种特性。民法典第 445 条就以应收账款出质的质权的设立及转让限制作了规定，明确应收账款质权自办理出质登记时设立。本条则进一步对现有的应收账款、将有的应收质押分别作出具体规定。该条前三款针对的是现有的应收账款质押：1. 明确应收账款债务人向质权人确认应收账款的真实性后，即便应收账款不存在或已消灭，其仍需承担责任；2. 由于权利质押中的登	

续表

民法典担保制度解释	关联规定
记簿不具有公信力，因而应收账款质权人仍应对应收账款是否真实存在承担举证证明责任，不能仅以办理质押登记为由即主张优先受偿；3. 应收账款债务人在质权人履行通知前，其可以向应收账款债权人履行债务，但在接到通知后只能向质权人履行，这实际上采用了债权转让的通知对抗主义。就将有应收账款质押而言，第四款作出以下明确：1. 将有的应收账款主要包括基础设施和公用事业项目收益权、提供服务或劳务产生的债权以及其他将有的应收账款；2. 以将有的应收账款质押，一般需设立特定账户；3. 应收账款质押实现时，一般应先就特定账户内的款项优先受偿；4. 未设立特定账户或特定账户内款项不足以清偿债务的，可处置将有的应收账款。	
第六十二条【留置权成立与否】 债务人不履行到期债务，债权人因同一法律关系留置合法占有的第三人的动产，并主张就该留置财产优先受偿的，人民法院应予支持。第三人以该留置财产并非债务人的财产为由请求返还的，人民法院不予支持。 企业之间留置的动产与债权并	《民法典》 **第447条【留置权的定义】** 债务人不履行到期债务，债权人可以留置已经合法占有的债务人的动产，并有权就该动产优先受偿。 前款规定的债权人为留置权人，占有的动产为留置财产。 **第448条【留置财产与债权的关系】** 债权人留置的动产，应

续表

民法典担保制度解释	关联规定
非同一法律关系，债务人以该债权不属于企业持续经营中发生的债权为由请求债权人返还留置财产的，人民法院应予支持。 企业之间留置的动产与债权并非同一法律关系，债权人留置第三人的财产，第三人请求债权人返还留置财产的，人民法院应予支持。 **解读**：一般而言，可被债权人留置的财产既可以是债务人所有的财产，也可以是债务人合法占有的他人财产。但是，如果留置情形发生在企业之间（即商事留置），且留置的财产与企业之间的债权债务非属同一法律关系，此种情况下债权人将不能留置属于第三人所有的财产，而只能留置债务人所有的财产。此外需注意，在企业之间发生留置的情况下，尽管不要求留置财产与债权必须基于同一法律关系，但仍要求该债权必须是企业持续经营中发生的债权。换言之，虽然商事留置不以留置的动产与债权是同一法律关系为要件，但要求债权需为与企业持续经营存在关联的债权，否则将给债务人带来交易上不可预测之风险，还可能对被留	当与债权属于同一法律关系，但是企业之间留置的除外。 **第449条【留置权适用范围限制】** 法律规定或者当事人约定不得留置的动产，不得留置。 ***《担保法解释》（已废止）*** ***第109条*** *债权人的债权已届清偿期，债权人对动产的占有与其债权的发生有牵连关系，债权人可以留置其所占有的动产。*

续表

民法典担保制度解释	关联规定
置财产享有其他担保物权的第三人带来巨大风险。因此，若债权发生与企业持续经营无关，不应认定留置权成立。 **案例参考**：《长三角商品交易所有限公司诉卢海云返还原物纠纷案》【《最高人民法院公报》2017年第1期】 **案例要旨**：1. 留置权是平等主体之间实现债权的担保方式；除企业之间留置的以外，债权人留置的动产，应当与债权属于同一法律关系。2. 劳动关系主体双方在履行劳动合同过程中处于管理与被管理的不平等关系。劳动者以用人单位拖欠劳动报酬为由，主张对用人单位供其使用的工具、物品等动产行使留置权，因此类动产不是劳动合同关系的标的物，与劳动债权不属于同一法律关系，故人民法院不予支持该主张。	
四、关于非典型担保	
第六十三条【新类型担保中的担保合同效力与物权效力】 债权人与担保人订立担保合同，约定以法律、行政法规尚未规定可以担保的财产权利设立担保，当事人主张合同无效的，人民法院不予支持。当事人未在法定的登	《民法典》 **第440条【权利质权的范围】** 债务人或者第三人有权处分的下列权利可以出质： （一）汇票、本票、支票； （二）债券、存款单； （三）仓单、提单；

续表

民法典担保制度解释	关联规定
记机构依法进行登记，主张该担保具有物权效力的，人民法院不予支持。 **解读**：本条针对的是财产权利，而非一般意义上的财产。故，与其关联的民法典规定应为民法典第440条关于权利质权范围而非第395条关于可抵押财产范围之规定。就民法典第440条而言，其采取了“封闭式”的立法模式，即除法律规定可质押的财产权利外（该条前六项），只有符合第7项即“法律、行政法规规定可以出质的其他财产权利”的，才允许出质。但值得注意的是，该条第6项较物权法“应收账款”这一简单表述而言，改为“现有的以及将有的应收账款”。结合民法典的立法观点之调整以及全国法院民商事审判工作会议纪要第66条、第67条之规定，本条就当事人约定以法律、行政法规尚未规定可以担保的财产权利设立担保的担保合同效力与物权效力作了规定。当然，由于部分财产权利本质上属于应收账款，故应首先判断该财产权利能否被纳入应收账款，如能纳入，则属于民法典第440条第6项之规定的权利形态，并不	（四）可以转让的基金份额、股权； （五）可以转让的注册商标专用权、专利权、著作权等知识产权中的财产权； （六）现有的以及将有的应收账款； （七）法律、行政法规规定可以出质的其他财产权利。 **《民法典担保制度解释》** **第1条** 因抵押、质押、留置、保证等担保发生的纠纷，适用本解释。所有权保留买卖、融资租赁、保理等涉及担保功能发生的纠纷，适用本解释的有关规定。 **《全国法院民商事审判工作会议纪要》** **66.** 当事人订立的具有担保功能的合同，不存在法定无效情形的，应当认定有效。虽然合同约定的权利义务关系不属于物权法规定的典型担保类型，但是其担保功能应予肯定。 **67.** 债权人与担保人订立担保合同，约定以法律、行政法规未禁止抵押或者质押的财产设定以登记作为公示方法的担保，因无法定的登记机构而未能进行登记的，不具有物权效力。当事人请求

续表

民法典担保制度解释	关联规定
属于本条所调整的范围。若财产权利并不属于应收账款的，此时应分合同效力与物权效力两个方面考量：就担保合同的效力言，除非当事人签订的担保合同违反法律、行政法规的强制性规定或者违背公序良俗，否则不应以该财产权利不属于法律、行政法院规定的用于提供担保的财产权利范围或未在法定登记机关办理登记为由认定担保合同无效。就物权效力而言，虽然担保合同效力不因未在法定登记机关办理登记而无效，但当事人是否能取得担保物权仍须看是否办理出质登记。未办理登记的，不应认定已取得物权。	按照担保合同的约定就该财产折价、变卖或者拍卖所得价款等方式清偿债务的，人民法院依法予以支持，但对其他权利人不具有对抗效力和优先性。
第六十四条【所有权保留买卖中出卖人所有权及其实现程序】 在所有权保留买卖中，出卖人依法有权取回标的物，但是与买受人协商不成，当事人请求参照民事诉讼法"实现担保物权案件"的有关规定，拍卖、变卖标的物的，人民法院应予准许。 出卖人请求取回标的物，符合民法典第六百四十二条规定的，人民法院应予支持；买受人以抗辩或者反诉的方式主张拍卖、变卖标的物，并在扣除买受人未支付的价款以及必要费用后返还剩	《民法典》 **第642条【出卖人的取回权】** 当事人约定出卖人保留合同标的物的所有权，在标的物所有权转移前，买受人有下列情形之一，造成出卖人损害的，除当事人另有约定外，出卖人有权取回标的物： （一）未按照约定支付价款，经催告后在合理期限内仍未支付； （二）未按照约定完成特定条件； （三）将标的物出卖、出质或者作出其他不当处分。

续表

民法典担保制度解释	关联规定
余款项的，人民法院应当一并处理。 **解读**：分期付款买卖中，当事人约定在标的物交付买受人后由出卖人继续保留所有权的情况较为常见。而出卖人保留所有权的目的，主要在于担保价款债权的实现。需注意，民法典第642条第2款规定“出卖人可以与买受人协商取回标的物；协商不成的，可以参照适用担保物权的实现程序”，但这里规定的是“可以”而非“必须”。换言之，在当事人不能协商取回标的物时，民法典一方面允许当事人通过非讼程序的方式实现担保物权，另一方面也允许出卖人通过诉讼的方式取回标的物。若出卖人以提起诉讼的方式请求取回标的物，此时则应根据买受人是否提出抗辩或反诉进行处理：1. 买受人反诉请求出卖人将标的物价值超过欠付价款及其他费用的部分予以返还或买受人抗辩标的物的价值大于欠付价款及其他费用，请求法院拍卖、变卖标的物的，则应对买受人的主张一并予以处理。买受人抗辩或反诉不成立的，应支持出卖人取回标的物；买受人反诉或	出卖人可以与买受人协商取回标的物；协商不成的，可以参照适用担保物权的实现程序。 **第359条** 民事诉讼法第二百零三条规定的担保物权人，包括抵押权人、质权人、留置权人；其他有权请求实现担保物权的人，包括抵押人、出质人、财产被留置的债务人或者所有权人等。 **《买卖合同解释》** **第26条** 买受人已经支付标的物总价款的百分之七十五以上，出卖人主张取回标的物的，人民法院不予支持。 在民法典第六百四十二条第一款第三项情形下，第三人依据民法典第三百一十一条的规定已经善意取得标的物所有权或者其他物权，出卖人主张取回标的物的，人民法院不予支持。 **《民事诉讼法》** **第207条** 申请实现担保物权，由担保物权人以及其他有权请求实现担保物权的人依照民法典等法律，向担保财产所在地或者担保物权登记地基层人民法院提出。 **第208条** 人民法院受理申请后，经审查，符合法律规定的，裁定拍卖、变卖担保财产，当事人

续表

民法典担保制度解释	关联规定
抗辩成立，法院应判决对标的物进行拍卖、变卖并以所得价款偿还买受人所负债务。	依据该裁定可以向人民法院申请执行；不符合法律规定的，裁定驳回申请，当事人可以向人民法院提起诉讼。 **《民事诉讼法解释》** **第360-372条**（详见本解释第45条“关联对照”部分）
第六十五条【融资租赁中出租人对租赁物享有的所有权及其实现程序】 在融资租赁合同中，承租人未按照约定支付租金，经催告后在合理期限内仍不支付，出租人请求承租人支付全部剩余租金，并以拍卖、变卖租赁物所得的价款受偿的，人民法院应予支持；当事人请求参照民事诉讼法“实现担保物权案件”的有关规定，以拍卖、变卖租赁物所得价款支付租金的，人民法院应予准许。 出租人请求解除融资租赁合同并收回租赁物，承租人以抗辩或者反诉的方式主张返还租赁物价值超过欠付租金以及其他费用的，人民法院应当一并处理。当事人对租赁物的价值有争议的，应当按照下列规则确定租赁物的价值： （一）融资租赁合同有约定的，按照其约定； （二）融资租赁合同未约定或	**《民法典》** **第752条【承租人支付租金义务】** 承租人应当按照约定支付租金。承租人经催告后在合理期限内仍不支付租金的，出租人可以请求支付全部租金；也可以解除合同，收回租赁物。 **第755条【承租人承担赔偿责任】** 融资租赁合同因买卖合同解除、被确认无效或者被撤销而解除，出卖人、租赁物系由承租人选择的，出租人有权请求承租人赔偿相应损失；但是，因出租人原因致使买卖合同解除、被确认无效或者被撤销的除外。 出租人的损失已经在买卖合同解除、被确认无效或者被撤销时获得赔偿的，承租人不再承担相应的赔偿责任。 **第758条【租赁物价值返还及租赁物无法返还】** 当事人约定租赁期限届满租赁物归承租人所有，承租人已经支付大部分租金，

续表

民法典担保制度解释	关联规定
者约定不明的，根据约定的租赁物折旧以及合同到期后租赁物的残值来确定； （三）根据前两项规定的方法仍然难以确定，或者当事人认为根据前两项规定的方法确定的价值严重偏离租赁物实际价值的，根据当事人的申请委托有资质的机构评估。 **解读**：融资租赁中出租人对租赁物享有的所有权与所有权保留制度类似，也具有担保功能。但民法典关于融资租赁中出租人权利保护的规定有两个不同之处：一是明确规定出租人收回租赁物的前提是解除合同；二是没有规定当事人无法就租赁物的取回协商一致时是否可请求参照适用担保物权的实现程序。基于民法典第752条的规定，就出租人对租赁物的所有权及其实现而言，需根据出租人的选择进行不同处理：1. 出租人选择要求承租人支付全部未付租金的，其一方面可通过诉讼请求承租人支付全部未付租金，并可主张就拍卖、变卖租赁物所得价款受偿；另一方面可以非诉执行方式直接申请法院拍卖、变卖租赁物并就所得价款受偿。这	但是无力支付剩余租金，出租人因此解除合同收回租赁物，收回的租赁物的价值超过承租人欠付的租金以及其他费用的，承租人可以请求相应返还。 当事人约定租赁期限届满租赁物归出租人所有，因租赁物毁损、灭失或者附合、混合于他物致使承租人不能返还的，出租人有权请求承租人给予合理补偿。 **《融资租赁合同解释》** **第5条** 有下列情形之一，出租人请求解除融资租赁合同的，人民法院应予支持： （一）承租人未按照合同约定的期限和数额支付租金，符合合同约定的解除条件，经出租人催告后在合理期限内仍不支付的； （二）合同对于欠付租金解除合同的情形没有明确约定，但承租人欠付租金达到两期以上，或者数额达到全部租金百分之十五以上，经出租人催告后在合理期限内仍不支付的； （三）承租人违反合同约定，致使合同目的不能实现的其他情形。 **第9条** 承租人逾期履行支付租金义务或者迟延履行其他付款义务，出租人按照融资租赁合同

续表

民法典担保制度解释	关联规定
也是出租人对租赁物享有的所有权仍具有担保功能的体现。当然，出租人能否就拍卖、变卖租赁物所得价款优先受偿，取决于出租人的所有权是否办理登记，未经登记，不得对抗善意第三人。2. 出租人选择解除租赁合同并收回租赁物的，但双方无法就合同解除和租赁物的收回达成一致，此时出租人可诉至法院请求解除合同并收回租赁物。同前面所有权保留买受人抗辩或反诉情形类似，此时若承租人以抗辩或者反诉方式主张返还租赁物价值超过欠付租金以及其他费用的，法院应一并处理。需注意，就租赁物价值而言，应遵循约定优先原则。融资租赁合同未约定或约定不明的，则根据约定的租赁物折旧及合同到期后租赁物残值来确定。根据前述方法仍难以确定或当事人认为确定的价值严重偏离租赁物实际价值的，根据当事人的申请委托有资质的机构评估。 **案例参考：**《乙公司诉丙公司融资租赁合同纠纷案》【李少平主编：《最高人民法院第五巡回法庭法官会议纪要》人民法院出版社 2021 年版，第 23 页】 **案例要旨：** 设立抵押权在先融	的约定要求承租人支付逾期利息、相应违约金的，人民法院应予支持。 **第 10 条** 出租人既请求承租人支付合同约定的全部未付租金又请求解除融资租赁合同的，人民法院应告知其依照民法典第七百五十二条的规定作出选择。 出租人请求承租人支付合同约定的全部未付租金，人民法院判决后承租人未予履行，出租人再行起诉请求解除融资租赁合同、收回租赁物的，人民法院应予受理。 **第 11 条** 出租人依照本解释第五条的规定请求解除融资租赁合同，同时请求收回租赁物并赔偿损失的，人民法院应予支持。 前款规定的损失赔偿范围为承租人全部未付租金及其他费用与收回租赁物价值的差额。合同约定租赁期间届满后租赁物归出租人所有的，损失赔偿范围还应包括融资租赁合同到期后租赁物的残值。 **《民事诉讼法》** **第207 条** 申请实现担保物权，由担保物权人以及其他有权请求实现担保物权的人依照民法典等法律，向担保财产所在地或者担保物权登记地基层人民法院提出。

续表

民法典担保制度解释	关联规定
资租赁在后的情况下，承租人先将设备抵押给第三方，再将设备出售给出租人后回租，一般优先保护抵押权。若融资租赁的出租人在购买设备时没有查清设备的权利负担，则不属于善意且无过失，应自行承担不利法律后果。融资租赁在先设立抵押权在后的情况下，原则上优先保护出租人的所有权，但若抵押权人同时满足抵押权已经登记以及善意取得两个条件，则优先保护抵押权。	**第 208 条** 人民法院受理申请后，经审查，符合法律规定的，裁定拍卖、变卖担保财产，当事人依据该裁定可以向人民法院申请执行；不符合法律规定的，裁定驳回申请，当事人可以向人民法院提起诉讼。 **《民事诉讼法解释》** **第360-372 条**（详见本解释第 45 条“关联对照”部分）
第六十六条【同一应收账款同时存在保理、应收账款质押和债权转让的优先顺序以及有追索权保理的诉讼当事人等问题】 同一应收账款同时存在保理、应收账款质押和债权转让，当事人主张参照民法典第七百六十八条的规定确定优先顺序的，人民法院应予支持。 在有追索权的保理中，保理人以应收账款债权人或者应收账款债务人为被告提起诉讼，人民法院应予受理；保理人一并起诉应收账款债权人和应收账款债务人的，人民法院可以受理。 应收账款债权人向保理人返还保理融资款本息或者回购应收账款债权后，请求应收账款债务人	**《民法典》** **第 761 条【保理合同定义】** 保理合同是应收账款债权人将现有的或者将有的应收账款转让给保理人，保理人提供资金融通、应收账款管理或者催收、应收账款债务人付款担保等服务的合同。 **第 768 条【多重保理的清偿顺序】** 应收账款债权人就同一应收账款订立多个保理合同，致使多个保理人主张权利的，已经登记的先于未登记的取得应收账款；均已经登记的，按照登记时间的先后顺序取得应收账款；均未登记的，由最先到达应收账款债务人的转让通知中载明的保理人取得应收账款；既未登记也未通知的，按照保理融资款或者服务

续表

民法典担保制度解释	关联规定
向其履行应收账款债务的，人民法院应予支持。 **解读**：民法典第761条对保理合同的概念作了规定，但需注意，该条中保理人提供的“应收账款债务人付款担保”服务，指保理人就应收账款债务人的付款义务向债权人提供担保，但这并非保理合同本身的担保功能。保理合同的担保功能仅存在于有追索权的保理，而无追索权保理仅是保理人为赚取应收账款与保理融资款之间的差价而受让的应收账款。根据民法典第766条的规定，有追索权的保理中，应收账款虽名义上已转让给保理人，但其目的在于担保保理人对应收账款债权人所享有的保理融资款本息。从这一角度看，有追索权保理与应收账款质押一样，都是为了担保债权实现。而针对同一应收账款，可能发生多次质押或多次转让一样，也可能发生多重保理。当然，也可能三者同时存在于同一应收账款。虽然民法典第768条针对同一应收账款存在多个保理的情形明确清偿顺序，但该规则可类推适用于就同一应收账款同时存在保理、应收账款质押或者	报酬的比例取得应收账款。 **第766条【有追索权保理】** 当事人约定有追索权保理的，保理人可以向应收账款债权人主张返还保理融资款本息或者回购应收账款债权，也可以向应收账款债务人主张应收账款债权。保理人向应收账款债务人主张应收账款债权，在扣除保理融资款本息和相关费用后有剩余的，剩余部分应当返还给应收账款债权人。

续表

民法典担保制度解释	关联规定
债权让与的情形。本条第1款对此作了明确。此外，在有追索权的保理中，保理人分别以应收账款债权人和债务人为被告提起诉讼应予支持。如前所述，有追索权的保理本质上是应收账款债权人为保理人提供的担保，可适用担保的一般规则，即保理人应有权同时起诉应收账款债务人和债权人。另，应收账款债权人向保理人返还保理融资款本息或回购应收账款债权后，可以认为其并未将应收账款债权转让给保理人，在此情况下，其亦有权请求应收账款债务人向其履行应收账款债务。本条第2款、第3款对此分别作了明确。	
第六十七条【所有权保留买卖、融资租赁等合同中，出卖人、出租人等的所有权未经登记不得对抗的“善意第三人”的范围及其效力】 在所有权保留买卖、融资租赁等合同中，出卖人、出租人的所有权未经登记不得对抗的“善意第三人”的范围及其效力，参照本解释第五十四条的规定处理。 **解读：**民法典第641条第2款以及第745条虽规定出卖人保留的所有权或者出租人享有的所有	《民法典》 **第641条【所有权保留】** 当事人可以在买卖合同中约定买受人未履行支付价款或者其他义务的，标的物的所有权属于出卖人。 出卖人对标的物保留的所有权，未经登记，不得对抗善意第三人。 **第745条【租赁物的所有权】** 出租人对租赁物享有的所有权，未经登记，不得对抗善意第三人。 **第403条【动产抵押的效力】** 以动产抵押的，抵押权自抵押合同生效时设立；未经登记，不得对抗善意第三人。

续表

民法典担保制度解释	关联规定
权未经登记，不得对抗善意第三人。但这两条均对未经登记不得对抗“善意第三人”的范围及其效力作出明确。基于所有权保留和融资租赁中的所有权与动产抵押权在功能构造上具有一定的相似性，以及上述两条规定与民法典第403条关于动产抵押效力中“未经登记，不得对抗善意第三人”表述上的一致性，通过本条对所有权保留买卖、融资租赁等合同中出卖人、出租人的所有权未经登记不得对抗“善意第三人”的范围及其效力问题作了规定，即参照本解释第54条关于动产抵押的规则适用。如此，有助于理顺动产担保的公示规则体系，进而统一法律适用。	**《民法典担保制度解释》第54条** 动产抵押合同订立后未办理抵押登记，动产抵押权的效力按照下列情形分别处理： （一）抵押人转让抵押财产，受让人占有抵押财产后，抵押权人向受让人请求行使抵押权的，人民法院不予支持，但是抵押权人能够举证证明受让人知道或者应当知道已经订立抵押合同的除外； （二）抵押人将抵押财产出租给他人并移转占有，抵押权人行使抵押权的，租赁关系不受影响，但是抵押权人能够举证证明承租人知道或者应当知道已经订立抵押合同的除外； （三）抵押人的其他债权人向人民法院申请保全或者执行抵押财产，人民法院已经作出财产保全裁定或者采取执行措施，抵押权人主张对抵押财产优先受偿的，人民法院不予支持； （四）抵押人破产，抵押权人主张对抵押财产优先受偿的，人民法院不予支持。
第六十八条【让与担保认定及权利实现程序】 债务人或者第三人与债权人约定将财产形式上转移至债权人名下，债务人不履	**《民法典》** **第146条【虚假表示与隐藏行为的效力】** 行为人与相对人以虚假的意思表示实施的民事法律

续表

民法典担保制度解释	关联规定
行到期债务，债权人有权对财产折价或者以拍卖、变卖该财产所得价款偿还债务的，人民法院应当认定该约定有效。当事人已经完成财产权利变动的公示，债务人不履行到期债务，债权人请求参照民法典关于担保物权的有关规定就该财产优先受偿的，人民法院应予支持。 债务人或者第三人与债权人约定将财产形式上转移至债权人名下，债务人不履行到期债务，财产归债权人所有的，人民法院应当认定该约定无效，但是不影响当事人有关提供担保的意思表示的效力。当事人已经完成财产权利变动的公示，债务人不履行到期债务，债权人请求对该财产享有所有权的，人民法院不予支持；债权人请求参照民法典关于担保物权的规定对财产折价或者以拍卖、变卖该财产所得的价款优先受偿的，人民法院应予支持；债务人履行债务后请求返还财产，或者请求对财产折价或者以拍卖、变卖所得的价款清偿债务的，人民法院应予支持。 债务人与债权人约定将财产转移至债权人名下，在一定期间后再由债务人或者其指定的第三人	行为无效。 以虚假的意思表示隐藏的民事法律行为的效力，依照有关法律规定处理。 **第401条【流押】** 抵押权人在债务履行期限届满前，与抵押人约定债务人不履行到期债务时抵押财产归债权人所有的，只能依法就抵押财产优先受偿。 **第428条【流质】** 质权人在债务履行期限届满前，与出质人约定债务人不履行到期债务时质押财产归债权人所有的，只能依法就质押财产优先受偿。 **《全国法院民商事审判工作会议纪要》** **71.** 债务人或者第三人与债权人订立合同，约定将财产形式上转让至债权人名下，债务人到期清偿债务，债权人将该财产返还给债务人或第三人，债务人到期没有清偿债务，债权人可以对财产拍卖、变卖、折价偿还债权的，人民法院应当认定合同有效。合同如果约定债务人到期没有清偿债务，财产归债权人所有的，人民法院应当认定该部分约定无效，但不影响合同其他部分的效力。 当事人根据上述合同约定，已经完成财产权利变动的公示方式转

续表

民法典担保制度解释	关联规定
以交易本金加上溢价款回购，债务人到期不履行回购义务，财产归债权人所有的，人民法院应当参照第二款规定处理。回购对象自始不存在的，人民法院应当依照民法典第一百四十六条第二款的规定，按照其实际构成的法律关系处理。 **解读**：让与担保，指债务人或者第三人为担保债务的履行，将标的物转移给他人，在债务不履行时，他人可就标的物受偿的一种非典型担保。将标的物转移给他人的债务人或第三人形式上是转让人，实质上是担保人；受领标的物的他人形式上是受让人，实质上是担保权人。让与担保作为非典型担保，其在订立担保合同的方式上有别于典型担保。在保证、质押、抵押等典型担保中，当事人通常采取订立书面合同的方式明确担保的方式和责任范围，而让与担保从形式上则一般表现为财产转让，其与财产转让较易混淆，故需从性质上区分。让与担保中，转让人转让财产的目的并非获得对价（财产转让则以此为目的），受让人受让财产通常也无须支付对价，双方主要目的在于	让至债权人名下，债务人到期没有清偿债务，债权人请求确认财产归其所有的，人民法院不予支持，但债权人请求参照法律关于担保物权的规定对财产拍卖、变卖、折价优先偿还其债权的，人民法院依法予以支持。债务人因到期没有清偿债务，请求对该财产拍卖、变卖、折价偿还所欠债权人合同项下债务的，人民法院亦应依法予以支持。 **《民法典合同编通则解释》** **第28条**　债务人或者第三人与债权人在债务履行期限届满前达成以物抵债协议的，人民法院应当在审理债权债务关系的基础上认定该协议的效力。 当事人约定债务人到期没有清偿债务，债权人可以对抵债财产拍卖、变卖、折价以实现债权的，人民法院应当认定该约定有效。当事人约定债务人到期没有清偿债务，抵债财产归债权人所有的，人民法院应当认定该约定无效，但是不影响其他部分的效力；债权人请求对抵债财产拍卖、变卖、折价以实现债权的，人民法院应予支持。 当事人订立前款规定的以物抵债协议后，债务人或者第三人未

续表

民法典担保制度解释	关联规定
为主债务提供担保。就让与担保的合同效力言，民法典虽未明确规定让与担保，但通过第401条、第428条对流押、流质条款的修改，足以产生让与担保的制度效果。实践中，不应简单认定担保形式无效，尤其不应依据有关流押或流质之禁止规定认定担保合同无效。基于上论，本条通过三款对让与担保的认定及权利实现程序作了规定：一是明确了让与担保的一般情形，即当事人签订合同约定将财产转移至债权人名下，债权人有权就财产折价或者拍卖、变卖所得价款偿还债务的，此类约定应认定合法有效，并视当事人是否已经完成了财产权利的变动公示，赋予债权人就财产享有优先受偿权。二是明确了当事人约定债务人到期不履行债务财产归债权人所有的，应认定为无效，但不影响当事人提供担保意思表示的效力。三是针对实践中常见的溢价回购情形，认定其具备让与担保的构成要件。基于审查回购对象是否真实存在的情形，按不同规则处理。	将财产权利转移至债权人名下，债权人主张优先受偿的，人民法院不予支持；债务人或者第三人已将财产权利转移至债权人名下的，依据《最高人民法院关于适用〈中华人民共和国民法典〉有关担保制度的解释》第六十八条的规定处理。
第六十九条【股权让与担保下作为名义股东的债权人责任】 股东以将其股权转移至债权人	**《公司法解释三》** **第18条** 有限责任公司的股东未履行或者未全面履行出资义务

续表

民法典担保制度解释	关联规定
名下的方式为债务履行提供担保，公司或者公司的债权人以股东未履行或者未全面履行出资义务、抽逃出资等为由，请求作为名义股东的债权人与股东承担连带责任的，人民法院不予支持。 **解读：**股权让与担保在实践中较为常见，但与动产、不动产让与担保仅涉及财产权利不同的是，股权兼具财产权和成员权的双重属性，这将使名义股东的权利义务更加复杂。在股权让与担保中，虽然办理了股权变更登记手续，使债权人成为名义股东，但债权人作为名义股东并不具有实际股东资格，也不得对公司行使股东权利。实际上，名义股东的实际地位仍为债权人，其对公司并不负有出资义务，其与真正的股权受让人之间存在本质区别。就此而言，公司债权人以股东未履行或未全面履行出资义务或者抽逃出资等为由，要求名义股东的债权人承担连带责任，不应支持。但需注意，公司债权人虽不能要求作为名义股东的债权人承担责任，但在相关事实查明的基础上，公司债权人可要求作为实际股东的转让人对出资瑕疵承担	即转让股权，受让人对此知道或者应当知道，公司请求该股东履行出资义务、受让人对此承担连带责任的，人民法院应予支持；公司债权人依照本规定第十三条第二款向该股东提起诉讼，同时请求前述受让人对此承担连带责任的，人民法院应予支持。 受让人根据前款规定承担责任后，向该未履行或者未全面履行出资义务的股东追偿的，人民法院应予支持。但是，当事人另有约定的除外。

续表

民法典担保制度解释	关联规定
相应的责任。另，实践中如何判断是股权转让还是股权让与担保，应从当事人的真实意思表示是为了转让股权取得对价还是以转让股权的方式为债务提供担保方面考量，具体可通过被担保的主债权债务关系是否存在、股权回购条款是否存在以及股东是否享有并行使股东权利等方面进行。 **案例参考：**《昆明哦客商贸有限公司、熊某某与李某某等股东资格确认纠纷案》【《最高人民法院公报》2022 年第 6 期】 **案例要旨：**1. 名为股权转让，但转让各方资金往来表现为借贷关系，存在以债务清偿为股权返还条件、转让后受让方未接手公司管理、表达了担保意思等不享有股东权利特征的，应当认定为股权让与担保，股权让与担保权人仅为名义股东，不实际享有股东权利。股权让与担保人请求确认自己享有的股权的，应予支持。在清偿完被担保的债务前，股权让与担保人请求变更股权登记至其名下的，不予支持。2. 人民法院在处理股权让与担保纠纷案件时，应注意审查相关合同的具体约定，准确认定当事人的真实意思表示，充分尊重当事人的意思自治；	

续表

民法典担保制度解释	关联规定
注意参照质押担保的法律要件准确认定股权让与担保，是否移交公司经营权并非必要要件；注意在涉及移交公司经营权的案件中，综合考虑担保权人的投资和经营贡献、市场行情等因素，运用利益平衡原则妥善处理因经营损益、股权价值变动等引发的纠纷。	
第七十条【保证金质押】 债务人或者第三人为担保债务的履行，设立专门的保证金账户并由债权人实际控制，或者将其资金存入债权人设立的保证金账户，债权人主张就账户内的款项优先受偿的，人民法院应予支持。当事人以保证金账户内的款项浮动为由，主张实际控制该账户的债权人对账户内的款项不享有优先受偿权的，人民法院不予支持。 在银行账户下设立的保证金分户，参照前款规定处理。 当事人约定的保证金并非为担保债务的履行设立，或者不符合前两款规定的情形，债权人主张就保证金优先受偿的，人民法院不予支持，但是不影响当事人依照法律的规定或者按照当事人的约定主张权利。	《民法典》 **第425条【动产质权的定义】** 为担保债务的履行，债务人或者第三人将其动产出质给债权人占有的，债务人不履行到期债务或者发生当事人约定的实现质权的情形，债权人有权就该动产优先受偿。 前款规定的债务人或者第三人为出质人，债权人为质权人，交付的动产为质押财产。 *《担保法解释》（已废止）* ***第85条*** *债务人或者第三人将其金钱以特户、封金、保证金等形式特定化后，移交债权人占有作为债权的担保，债务人不履行债务时，债权人可以以该金钱优先受偿。*

续表

民法典担保制度解释	关联规定
解读：货币作为动产的一种，应适用动产物权的基本规则，但考虑到货币是特殊动产，尤其是在存款货币中，存款人将货币存入银行即丧失所有权。为此，以金钱作为特殊动产提供担保时，若能够以封金的方式予以特定化，则可以适用动产质押的规则，成立保证金质押。保证金质押实际上是债权人为保证其到期债权的实现，要求债务人或第三人提供的一种担保方式。其有效设立的条件应符合担保物权的一般要求：1. 为明确担保财产的对象，标的财产需特定化。需注意，保证金账户的特定化并非金额的固定化，账户与资金能区别于质押人的其他财产即可，并不要求账户资金固定不变。2. 为达到占有标的物财产的公示要求，债权人对标的财产能够实际控制。债权人对保证金账户的实际控制主要有两种情形：一是以债权人的名义开立保证金账户。二是在保证金账户非以债权人名义开立的情况下，债权人与银行签订账户监管协议，约定非依债权人指令不得对账户内资金操作，或者通过设立共管账户实现共同监管。在设立保证金账户完成担保财产特定化并移交	

续表

民法典担保制度解释	关联规定
占有后，将产生担保物权效力，债权人可针对账户内的保证金主张享有优先受偿权。 **案例参考：**《中国农业发展银行安徽省分行诉张大标、安徽长江融资担保集团有限公司执行异议之诉纠纷案》【最高人民法院指导案例 54 号】 **案例要旨：**当事人依约为出质的金钱开立保证金专门账户，且质权人取得对该专门账户的占有控制权，符合金钱特定化和移交占有的要求，即使该账户内资金余额发生浮动，也不影响该金钱质权的设立。	
五、附则	
第七十一条【解释施行时间】 本解释自 2021 年 1 月 1 日起施行。 **解读：**民法典于 2021 年 1 月 1 日起施行，民法典担保制度解释在民法典规定之外，对原有的担保法及其解释、物权法、合同法等法律法规、司法解释进行了系统性梳理。为与民法典施行时间保持一致及对诉讼程序有效衔接，本解释施行的时间也确定为 2021 年 1 月 1 日。另，民法典施行后尚	**《民法典》** **第 1260 条【施行日期及旧法废止】** 本法自 2021 年 1 月 1 日起施行。《中华人民共和国婚姻法》、《中华人民共和国继承法》、《中华人民共和国民法通则》、《中华人民共和国收养法》、《中华人民共和国担保法》、《中华人民共和国合同法》、《中华人民共和国物权法》、《中华人民共和国侵权责任法》、《中华人民共和国民法总则》同时废止。

续表

民法典担保制度解释	关联规定
未审结和新受理的一、二审案件，若法律事实发生于2021年1月1日前，依照民法典时间效力规定应适用民法典及其配套司法解释的，在援引民法典及司法解释的同时还应援引民法典时间效力规定相关规定。能否溯及适用的具体判断，需根据规定本身以及民法典时间效力规定的相关内容确定。	《民法典时间效力规定》 **第7条** 民法典施行前，当事人在债务履行期限届满前约定债务人不履行到期债务时抵押财产或者质押财产归债权人所有的，适用民法典第四百零一条和第四百二十八条的规定。 **第12条** 民法典施行前订立的保理合同发生争议的，适用民法典第三编第十六章的规定。 **第27条** 民法典施行前成立的保证合同，当事人对保证期间约定不明确，主债务履行期限届满至民法典施行之日不满二年，当事人主张保证期间为主债务履行期限届满之日起二年的，人民法院依法予以支持；当事人对保证期间没有约定，主债务履行期限届满至民法典施行之日不满六个月，当事人主张保证期间为主债务履行期限届满之日起六个月的，人民法院依法予以支持。

《民法典合同编通则解释》条文对照与重点解读

民法典合同编通则解释	关联规定
一、一般规定	
第一条【合同条款的解释规则】 人民法院依据民法典第一百四十二条第一款、第四百六十六条第一款的规定解释合同条款时，应当以词句的通常含义为基础，结合相关条款、合同的性质和目的、习惯以及诚信原则，参考缔约背景、磋商过程、履行行为等因素确定争议条款的含义。 有证据证明当事人之间对合同条款有不同于词句的通常含义的其他共同理解，一方主张按照词句的通常含义理解合同条款的，人民法院不予支持。 对合同条款有两种以上解释，可能影响该条款效力的，人民法院应当选择有利于该条款有效的解释；属于无偿合同的，应当选择对债务人负担较轻的解释。 **解读：** 就合同条款的解释而言，基于条款通常或字面含义的文义解释具有优先性与基础性。	《民法典》 **第142条【意思表示的解释】** 有相对人的意思表示的解释，应当按照所使用的词句，结合相关条款、行为的性质和目的、习惯以及诚信原则，确定意思表示的含义。 无相对人的意思表示的解释，不能完全拘泥于所使用的词句，而应当结合相关条款、行为的性质和目的、习惯以及诚信原则，确定行为人的真实意思。 **第143条【民事法律行为的有效要件】** 具备下列条件的民事法律行为有效： （一）行为人具有相应的民事行为能力； （二）意思表示真实； （三）不违反法律、行政法规的强制性规定，不违背公序良俗。 **第146条第1款【虚假表示行为无效】** 行为人与相对人以虚假的意思表示实施的民事法律行为无效。

续表

民法典合同编通则解释	关联规定
根据词句无法确定争议条款含义的，应采用整体、目的、习惯及诚信等方法解释，缔约背景、磋商过程、履行行为等作为参考因素。需注意的是，文义解释虽具有基础性，但一般针对的是可以用来印证合同目的解释结果的情况，在其与目的解释不一致时，应以后者为准，典型如“误载不害真意”，本条第2款有相应体现。此外，在有多种解释的情况下，本条第3款明确了采用鼓励交易解释与负担较轻解释规则。鼓励交易规则，意味着合同或合同条款可以被解释为有效、无效、可撤销或者不成立时，应按照合同有效来解释。实际上，有效解释是可以从目的解释中推导出来的。负担较轻规则，多适用无偿合同场合，本质上体现的是民法的公平原则。 **案例参考：**《李占江、朱丽敏与贝洪峰、沈阳东昊地产有限公司民间借贷纠纷案》【《最高人民法院公报》2015年第9期】 **案例要旨：**当事人对合同条款理解有争议的，应运用目的解释确定条款的真实意思。该案中，双方当事人签订的合同为《担保借款合同》，具体到该合同第四条	**第153条【违反强制性规定及违背公序良俗的民事法律行为的效力】** 违反法律、行政法规的强制性规定的民事法律行为无效。但是，该强制性规定不导致该民事法律行为无效的除外。 违背公序良俗的民事法律行为无效。 **第154条【恶意串通的民事法律行为的效力】** 行为人与相对人恶意串通，损害他人合法权益的民事法律行为无效。 **第466条【合同条款解释】** 当事人对合同条款的理解有争议的，应当依据本法第一百四十二条第一款的规定，确定争议条款的含义。 合同文本采用两种以上文字订立并约定具有同等效力的，对各文本使用的词句推定具有相同含义。各文本使用的词句不一致的，应当根据合同的相关条款、性质、目的以及诚信原则等予以解释。 *《合同法》（已废止）* ***第125条*** *当事人对合同条款的理解有争议的，应当按照合同所使用的词句、合同的有关条款、合同的目的、交易习惯以及诚实信用原则，确定该条款的真实意思。*

续表

民法典合同编通则解释	关联规定
第一款约定的目的，是保证款项的出借方对款项使用情况的知情权、监督权，以便在发现借款人擅自改变款项用途或发生其他可能影响出借人权利的情况时，及时采取措施、收回款项及利息。由目的解释的原理可以得知，提供不真实的材料和报表固然会影响出借方对借款人使用款项的监督，而不提供相关材料和报表却会使得出借人无从了解案涉款项的使用情况，不利于其及时行使自己的权利。因此，借款人在借款的两年多时间里，从未向出借人提供相关材料和报表，属于违约。	合同文本采用两种以上文字订立并约定具有同等效力的，对各文本使用的词句推定具有相同含义。各文本使用的词句不一致的，应当根据合同的目的予以解释。
第二条【交易习惯的认定】 下列情形，不违反法律、行政法规的强制性规定且不违背公序良俗的，人民法院可以认定为民法典所称的“交易习惯”： （一）当事人之间在交易活动中的惯常做法； （二）在交易行为当地或者某一领域、某一行业通常采用并为交易对方订立合同时所知道或者应当知道的做法。 对于交易习惯，由提出主张的当事人一方承担举证责任。	《民法典》 **第153条第1款【违反强制性规定及违背公序良俗的民事法律行为的效力】** 违反法律、行政法规的强制性规定的民事法律行为无效。但是，该强制性规定不导致该民事法律行为无效的除外。 **第509条第2款【合同履行原则】** 当事人应当遵循诚信原则，根据合同的性质、目的和交易习惯履行通知、协助、保密等义务。 **第510条【合同无约定或约定不明的补救】** 合同生效后，当

续表

民法典合同编通则解释	关联规定
解读：由于民法典第 153 条明确了违反法律、行政法规的强制性规定的民事法律行为、违背公序良俗的民事法律行为无效。因此，民法典合同编所称可作为依据的交易习惯的前提便是“不违反法律、行政法规的强制性规定”且“不违背公序良俗”的，以维护社会公共利益和公共道德。本条明确了两种可被认定为交易习惯的情形。第 1 种的“当事人之间在交易活动中的惯常做法”，特定当事人之间的这种惯常做法可以和某一领域、某一行业长期采用、普遍遵守的惯常做法一致，也可以不一致。在一致的情况下，当事人可直接主张属于符合后者情形下的交易习惯；在不一致的情况下，只能证明属于前者情形下的交易习惯。第 2 种情形下交易习惯的成立要求交易对方所知道或者应当知道的做法时间限定在“订立合同时”而非“合同成立后”。	事人就质量、价款或者报酬、履行地点等内容没有约定或者约定不明确的，可以协议补充；不能达成补充协议的，按照合同相关条款或者交易习惯确定。 **第 515 条第 1 款【选择之债中选择权归属】** 标的有多项而债务人只需履行其中一项的，债务人享有选择权；但是，法律另有规定、当事人另有约定或者另有交易习惯的除外。 **第 558 条【后合同义务】** 债权债务终止后，当事人应当遵循诚信等原则，根据交易习惯履行通知、协助、保密、旧物回收等义务。 *《合同法解释二》（已废止）* ***第 7 条*** *下列情形，不违反法律、行政法规强制性规定的，人民法院可以认定为合同法所称“交易习惯”：* *（一）在交易行为当地或者某一领域、某一行业通常采用并为交易对方订立合同时所知道或者应当知道的做法；* *（二）当事人双方经常使用的习惯做法。* *对于交易习惯，由提出主张的一方当事人承担举证责任。*

续表

民法典合同编通则解释	关联规定
二、合同的订立	
第三条【合同成立与合同内容】 当事人对合同是否成立存在争议，人民法院能够确定当事人姓名或者名称、标的和数量的，一般应当认定合同成立。但是，法律另有规定或者当事人另有约定的除外。 根据前款规定能够认定合同已经成立的，对合同欠缺的内容，人民法院应当依据民法典第五百一十条、第五百一十一条等规定予以确定。 当事人主张合同无效或者请求撤销、解除合同等，人民法院认为合同不成立的，应当依据《最高人民法院关于民事诉讼证据的若干规定》第五十三条的规定将合同是否成立作为焦点问题进行审理，并可以根据案件的具体情况重新指定举证期限。 **解读：** 双方民事法律行为成立需要双方的意思表示一致，仅凭一方的意思表示而没有经过对方的认可或者同意不能成立，其典型代表便是合同行为。合同的主要条款即决定合同成立的必备条款，本条第1款明确了合同必备条款为当事人主体（姓名或名称）、	《民法典》 **第134条第1款【民事法律行为的成立】** 民事法律行为可以基于双方或者多方的意思表示一致成立，也可以基于单方的意思表示成立。 **第136条【民事法律行为的生效时间】** 民事法律行为自成立时生效，但是法律另有规定或者当事人另有约定的除外。 行为人非依法律规定或者未经对方同意，不得擅自变更或者解除民事法律行为。 **第466条【合同条款的解释】** 当事人对合同条款的理解有争议的，应当依据本法第一百四十二条第一款的规定，确定争议条款的含义。 合同文本采用两种以上文字订立并约定具有同等效力的，对各文本使用的词句推定具有相同含义。各文本使用的词句不一致的，应当根据合同的相关条款、性质、目的以及诚信原则等予以解释。 **第470条【合同主要内容】** 合同的内容由当事人约定，一般包括下列条款： （一）当事人的姓名或者名称和住所；

续表

民法典合同编通则解释	关联规定
标的、数量三项。当然，这三项只是常见而非绝对事项。就合同必备条款而言，虽然不同合同对当事人权利义务有实质性影响的内容并不完全一样，但主要集中在质量、价款或者报酬、履行期限、履行地点和方式、违约责任和解决争议方法等方面。若无法认定双方已对相关实质性内容已经协商达成一致的，将无法明确当事人具体的权利义务，而上述内容又属于对当事人权利义务有实质性影响的内容。在此种情况下，虽然对上述内容已进行协商但未达成一致的，或者当事人明确约定就上述内容另行协商但事后仍无法达成协议的，此时应认定合同不成立。另，就欠缺的合同非必备条款而言，即在依据前述规定能认定合同成立，但当事人不能就合同欠缺的其他内容达成补充协议时，按照意思自治原则的要求，应首先由当事人协议补充确定。当不能达成补充协议的，则应按照民法典第510条、第511条等有关合同解释与补充的规定进行确定。 **案例参考**：《甲某与某能源公司买卖合同纠纷案》【2015-2019年度江苏法院买卖合同商事纠纷	（二）标的； （三）数量； （四）质量； （五）价款或者报酬； （六）履行期限、地点和方式； （七）违约责任； （八）解决争议的方法。 当事人可以参照各类合同的示范文本订立合同。 **第510条【合同没有约定或者约定不明的补救措施】** 合同生效后，当事人就质量、价款或者报酬、履行地点等内容没有约定或者约定不明确的，可以协议补充；不能达成补充协议的，按照合同相关条款或者交易习惯确定。 **第511条【合同约定不明确时的履行】** 当事人就有关合同内容约定不明确，依据前条规定仍不能确定的，适用下列规定： （一）质量要求不明确的，按照强制性国家标准履行；没有强制性国家标准的，按照推荐性国家标准履行；没有推荐性国家标准的，按照行业标准履行；没有国家标准、行业标准的，按照通常标准或者符合合同目的的特定标准履行。 （二）价款或者报酬不明确的，

续表

民法典合同编通则解释	关联规定
十大典型案例①】 **案例要旨：** 网络交易中，出卖人以严重低于商品价值的不合理价格标价并自行刷单，虽然不具有以标价进行交易的真实意思，但在买受人不知情在线购买、出卖人确认交易的情况下，应当认定买卖合同成立。因出卖人拒绝履行合同，买受人要求出卖人承担违约造成的可得利益损失的，人民法院应予支持。	按照订立合同时履行地的市场价格履行；依法应当执行政府定价或者政府指导价的，依照规定履行。 （三）履行地点不明确，给付货币的，在接受货币一方所在地履行；交付不动产的，在不动产所在地履行；其他标的，在履行义务一方所在地履行。 （四）履行期限不明确的，债务人可以随时履行，债权人也可以随时请求履行，但是应当给对方必要的准备时间。 （五）履行方式不明确的，按照有利于实现合同目的的方式履行。 （六）履行费用的负担不明确的，由履行义务一方负担；因债权人原因增加的履行费用，由债权人负担。 **《民事诉讼证据规定》** **第53条** 诉讼过程中，当事人主张的法律关系性质或者民事行为效力与人民法院根据案件事实作出的认定不一致的，人民法院应当将法律关系性质或者民事行为效力作为焦点问题进行审理。但法律关系性质对裁判理由及结果没有影响，或者有关问题已经当事人充分辩论的除外。

① 载江苏法院网，http：//jsfy. gov. cn/article/91584. html，2023年10月24日访问。

续表

民法典合同编通则解释	关联规定
	存在前款情形，当事人根据法庭审理情况变更诉讼请求的，人民法院应当准许并可以根据案件的具体情况重新指定举证期限。 ***《合同法解释二》（已废止）*** ***第1条*** *当事人对合同是否成立存在争议，人民法院能够确定当事人名称或者姓名、标的和数量的，一般应当认定合同成立。但法律另有规定或者当事人另有约定的除外。* *对合同欠缺的前款规定以外的其他内容，当事人达不成协议的，人民法院依照合同法第六十一条、第六十二条、第一百二十五条等有关规定予以确定。*
第四条【以竞价方式订立合同】 采取招标方式订立合同，当事人请求确认合同自中标通知书到达中标人时成立的，人民法院应予支持。合同成立后，当事人拒绝签订书面合同的，人民法院应当依据招标文件、投标文件和中标通知书等确定合同内容。 采取现场拍卖、网络拍卖等公开竞价方式订立合同，当事人请求确认合同自拍卖师落槌、电子交易系统确认成交时成立的，人民法院应予支持。合同成立后，当事人拒绝签订成交确认书的，	**《民法典》** **第471条【合同订立方式】** 当事人订立合同，可以采取要约、承诺方式或者其他方式。 **第483条【合同成立时间】** 承诺生效时合同成立，但是法律另有规定或者当事人另有约定的除外。 **第490条【书面形式订立的合同成立时间】** 当事人采用合同书形式订立合同的，自当事人均签名、盖章或者按指印时合同成立。在签名、盖章或者按指印之前，当事人一方已经履行主要义务，对方接受时，该合同成立。

续表

民法典合同编通则解释	关联规定
人民法院应当依据拍卖公告、竞买人的报价等确定合同内容。 产权交易所等机构主持拍卖、挂牌交易，其公布的拍卖公告、交易规则等文件公开确定了合同成立需要具备的条件，当事人请求确认合同自该条件具备时成立的，人民法院应予支持。 **解读：** 一般而言，招投标、拍卖等公开竞价方式订立的合同成立并生效后，后续签订的书面合同、成交确认书或另行签订的其他书面合同等文件是对招投标、拍卖等活动结果的确认，因此，招投标应以中标通知书到达中标人的时间确定合同成立时间，现场拍卖、网络拍卖中应以拍卖师落槌、电子交易系统确认成交时间确定合同成立时间。就产权交易所等机构主持的拍卖、挂牌交易活动而言，其所公布拍卖公告、拍卖规程、交易规则等文件已经公开，这确定了合同成立需要具备的条件。在此种情况下，当事人请求确认在产权交易所等机构主持的拍卖、挂牌交易合同自拍卖公告、拍卖规程、交易规则等文件确定的条件具备时成立的，应予支持。另，实践中，可能会出	法律、行政法规规定或者当事人约定合同应当采用书面形式订立，当事人未采用书面形式但是一方已经履行主要义务，对方接受时，该合同成立。 **《招投标法》** **第45条** 中标人确定后，招标人应当向中标人发出中标通知书，并同时将中标结果通知所有未中标的投标人。 中标通知书对招标人和中标人具有法律效力。中标通知书发出后，招标人改变中标结果的，或者中标人放弃中标项目的，应当依法承担法律责任。 **《拍卖法》** **第51条** 竞买人的最高应价经拍卖师落槌或者以其他公开表示买定的方式确认后，拍卖成交。

续表

民法典合同编通则解释	关联规定
现后续签订的书面合同、成交确认书与前述时间不一致的情形。因书面合同、成交确认书或另行签订的其他书面合同在后，故应认定属于双方当事人对合同的变更。但需注意的是，合同变更效力的认定，仍要遵从合同效力的一般规则判定。 **案例参考：**《某物业公司与某研究所房屋租赁合同纠纷案》【最高人民法院发布民法典合同编通则司法解释相关典型案例①】 **案例要旨：**招投标程序中，中标通知书送达后，一方当事人不履行订立书面合同的义务，相对方请求确认合同自中标通知书到达中标人时成立的，人民法院应予支持。	
第五条【合同订立中的第三人责任】 第三人实施欺诈、胁迫行为，使当事人在违背真实意思的情况下订立合同，受到损失的当事人请求第三人承担赔偿责任的，人民法院依法予以支持；当事人亦有违背诚信原则的行为的，人民法院应当根据各自的过错确定相应的责任。但是，法律、司法解释对当事人与第三人的民事责任另有规定的，依照其规定。	《民法典》 **第149条【受第三人欺诈的民事法律行为的效力】** 第三人实施欺诈行为，使一方在违背真实意思的情况下实施的民事法律行为，对方知道或者应当知道该欺诈行为的，受欺诈方有权请求人民法院或者仲裁机构予以撤销。 **第150条【以胁迫手段实施的民事法律行为的效力】** 一方或者第三人以胁迫手段，使对方在违

① 载微信公众号“人民法院报”，https：//mp. weixin. qq. com/s/daDCyv6GgNraphWHxy-HNA，2023 年 12 月 6 日访问。

续表

民法典合同编通则解释	关联规定
解读：第三人并非当事人，在未明确规定的情况下，不能要求其承担合同责任，也不宜直接要求其承担缔约过失责任。为此，本条明确了处理方式，即根据各自过错确定相应责任。	背真实意思的情况下实施的民事法律行为，受胁迫方有权请求人民法院或者仲裁机构予以撤销。 **第157条【民事法律行为无效、被撤销或确定不发生效力的法律后果】** 民事法律行为无效、被撤销或者确定不发生效力后，行为人因该行为取得的财产，应当予以返还；不能返还或者没有必要返还的，应当折价补偿。有过错的一方应当赔偿对方由此所受到的损失；各方都有过错的，应当各自承担相应的责任。法律另有规定的，依照其规定。 **《民法典总则编解释》** **第21条** 故意告知虚假情况，或者负有告知义务的人故意隐瞒真实情况，致使当事人基于错误认识作出意思表示的，人民法院可以认定为民法典第一百四十八条、第一百四十九条规定的欺诈。 **第22条** 以给自然人及其近亲属等的人身权利、财产权利以及其他合法权益造成损害或者以给法人、非法人组织的名誉、荣誉、财产权益等造成损害为要挟，迫使其基于恐惧心理作出意思表示的，人民法院可以认定为民法典第一百五十条规定的胁迫。

续表

民法典合同编通则解释	关联规定
第六条【预约合同的认定】 当事人以认购书、订购书、预订书等形式约定在将来一定期限内订立合同，或者为担保在将来一定期限内订立合同交付了定金，能够确定将来所要订立合同的主体、标的等内容的，人民法院应当认定预约合同成立。 当事人通过签订意向书或者备忘录等方式，仅表达交易的意向，未约定在将来一定期限内订立合同，或者虽然有约定但是难以确定将来所要订立合同的主体、标的等内容，一方主张预约合同成立的，人民法院不予支持。 当事人订立的认购书、订购书、预订书等已就合同标的、数量、价款或者报酬等主要内容达成合意，符合本解释第三条第一款规定的合同成立条件，未明确约定在将来一定期限内另行订立合同，或者虽然有约定但是当事人一方已实施履行行为且对方接受的，人民法院应当认定本约合同成立。 **解读**：预约合同与本约合同的区分：(1) 根据合同的文本内容判断当事人订立合同是为了履行具体的权利义务进而完成交易行	**《民法典》** **第490条【合同成立时间】** 当事人采用合同书形式订立合同的，自当事人均签名、盖章或者按指印时合同成立。在签名、盖章或者按指印之前，当事人一方已经履行主要义务，对方接受时，该合同成立。 法律、行政法规规定或者当事人约定合同应当采用书面形式订立，当事人未采用书面形式但是一方已经履行主要义务，对方接受时，该合同成立。 **第495条【预约合同】** 当事人约定在将来一定期限内订立合同的认购书、订购书、预订书等，构成预约合同。 当事人一方不履行预约合同约定的订立合同义务的，对方可以请求其承担预约合同的违约责任。 **《商品房买卖合同解释》** **第5条** 商品房的认购、订购、预订等协议具备《商品房销售管理办法》第十六条规定的商品房买卖合同的主要内容，并且出卖人已经按照约定收受购房款的，该协议应当认定为商品房买卖合同。

续表

民法典合同编通则解释	关联规定
为（此为本约合同），还是单纯地为了锁定交易机会，未来还需要签订其他合同以实现权利义务的履行（此为预约合同）。在当事人未明确约定将来一定期限内另行订立合同的情形下，由于不符合预约合同的预备性、期限性特征，此时不应认定成立预约合同。若已经具备了合同成立的条件，应认定成立本约合同。（2）考察合同内容是否完备。预约合同在合同规范上的完备性要明显比本约合同低得多。除了订立本约合同外，预约合同不能形成其他具体的债权债务关系。而本约合同的条款一般来说较为完备，当事人可直接根据本约合同履行权利、承担义务。（3）已具备将来所要订立合同的主体、标的的，一般应认定预约合同成立，但在当事人明确表示不受意思表示约束或仅表达交易的意向，未约定在将来一定期限内订立合同，或者虽然有约定但是难以确定将来所要订立合同的主体、标的等内容的情况下，不应认定预约合同成立，否则将有违预约合同约束性特征及意思表示真实有效的原则。 **案例参考：**《某通讯公司与某实业公司房屋买卖合同纠纷案》	

续表

民法典合同编通则解释	关联规定
【最高人民法院发布民法典合同编通则司法解释相关典型案例①】 **案例要旨：**判断当事人之间订立的合同是本约还是预约的根本标准应当是当事人是否有意在将来另行订立一个新的合同，以最终明确双方之间的权利义务关系。即使当事人对标的、数量以及价款等内容进行了约定，但如果约定将来一定期间后仍须另行订立合同，就应认定该约定是预约而非本约。当事人在签订预约合同后，已经实施交付标的物或者支付价款等履行行为，应当认定当事人以行为的方式订立了本约合同。 **案例参考：**《张某某诉徐州市同力创展房地产有限公司商品房预售合同纠纷案》【《最高人民法院公报》2012 年第 11 期】 **案例要旨：**判断商品房买卖中的认购、订购、预订等协议究竟是预约合同还是本约合同，最主要的是看此类协议是否具备商品房销售管理办法第 16 条规定的商品房买卖合同的主要内容，即只要具备了双方当事人的姓名或名	

① 载微信公众号“人民法院报”，https：//mp. weixin. qq. com/s/daDCyv6GgNraphWHxy-HNA，2023 年 12 月 6 日访问。

续表

民法典合同编通则解释	关联规定
称，商品房的基本情况（包括房号、建筑面积）、总价或单价、付款时间、方式、交付条件及日期，同时出卖人已经按照约定收受购房款的，就可以认定此类协议已经具备了商品房买卖合同本约的条件；反之，则应认定为预约合同。如果双方当事人在协议中明确约定在具备商品房预售条件时还需重新签订商品房买卖合同的，该协议应认定为预约合同。	
第七条【违反预约合同的认定】 预约合同生效后，当事人一方拒绝订立本约合同或者在磋商订立本约合同时违背诚信原则导致未能订立本约合同的，人民法院应当认定该当事人不履行预约合同约定的义务。 人民法院认定当事人一方在磋商订立本约合同时是否违背诚信原则，应当综合考虑该当事人在磋商时提出的条件是否明显背离预约合同约定的内容以及是否已尽合理努力进行协商等因素。 **解读**：不履行预约合同约定的订立合同义务，常见的情形主要包括两种，即本条第1款规定的两种情形：一是当事人一方拒绝订立本约合同，二是在磋商订立	《民法典》 **第495条【预约合同】** 当事人约定在将来一定期限内订立合同的认购书、订购书、预订书等，构成预约合同。 当事人一方不履行预约合同约定的订立合同义务的，对方可以请求其承担预约合同的违约责任。

续表

民法典合同编通则解释	关联规定
本约合同时违背诚信原则，导致未能订立本约合同。前者中的拒绝订立又包括明示拒绝订立和以行动表明拒绝订立两种情形。后者也被称为恶意磋商，又包括对未决条款恶意磋商（包括没有已决条款的情形）、对已决条款重启磋商两类情形。 **案例参考**：《戴某某诉华新公司商品房订购协议定金纠纷案》【《最高人民法院公报》2006年第8期】 **案例要旨**：对于双方在公平、诚信原则下进行了磋商，由于各自利益考虑，无法就其他条款达成一致致使正式合同不能订立的，则属于不可归责于双方的原因，不构成预约合同所指的违约情形，预约合同应当解除，已付定金应当返还。购房者对开发商的样板房表示满意，与开发商签订订购协议并向其交付了定金，约定双方于某日订立商品房预售合同。后由于开发商提供的商品房预售格式合同中有样板房仅供参考等不利于购房者的条款，购房者对该格式条款提出异议要求删除，开发商不能立即给予答复。以致商品房预售合同没有在订购协议约定的日期订立的，属于“不可归责于当事人双方的事由”，开发商应当将收取的定金返还给购房者。	

续表

民法典合同编通则解释	关联规定
第八条【违反预约合同的违约责任】 预约合同生效后，当事人一方不履行订立本约合同的义务，对方请求其赔偿因此造成的损失的，人民法院依法予以支持。 前款规定的损失赔偿，当事人有约定的，按照约定；没有约定的，人民法院应当综合考虑预约合同在内容上的完备程度以及订立本约合同的条件的成就程度等因素酌定。 **解读：**就预约合同违约责任下损害赔偿责任而言，有约定从约定，但在没有约定的情况下，预约合同的订立及履行使整个交易所达到的成熟度，或者说预约合同在内容上的完备程度以及订立本约合同的条件成就程度等因素，应在计算预约合同违约损害赔偿范围中予以体现。一方面，当事人的最终目的不在于预约合同的履行，而在于本约合同的订立及履行。本约合同的履行利益可作为预约合同违约损害赔偿的上限（若当事人在预约阶段就对整个交易的主要内容通过谈判达成一致，相当于预约合同的订立及预约合同的履行就完成了整个	《民法典》 **第470条【合同主要条款与示范文本】** 合同的内容由当事人约定，一般包括下列条款： （一）当事人的姓名或者名称和住所； （二）标的； （三）数量； （四）质量； （五）价款或者报酬； （六）履行期限、地点和方式； （七）违约责任； （八）解决争议的方法。 当事人可以参照各类合同的示范文本订立合同。 **第495条【预约合同】** 当事人约定在将来一定期限内订立合同的认购书、订购书、预订书等，构成预约合同。 当事人一方不履行预约合同约定的订立合同义务的，对方可以请求其承担预约合同的违约责任。 **第510条【合同没有约定或者约定不明的补救措施】** 合同生效后，当事人就质量、价款或者报酬、履行地点等内容没有约定或者约定不明确的，可以协议补充；不能达成补充协议的，按照合同相关条款或者交易习惯确定。

续表

民法典合同编通则解释	关联规定
交易的绝大部分，本约合同义务的履行在整个交易环节只是占有非常小的分量，预约合同的违约损害赔偿范围就可以非常接近于甚至等同于本约合同的违约损害赔偿范围）。另一方面，由于预约合同所处的阶段，实际上是本约合同的缔约阶段，故缔约过失责任的范围可以看作预约合同违约责任范围的下限标准。在上下限范围内，即可根据本条规定综合考虑预约合同在内容上的完备程度以及订立本约合同的条件的成就程度等因素酌定一定数额。该观点亦有参考价值。当然，预约的赔偿责任也适用减轻损害规则、损益相抵规则。 **案例参考**：《房地产开发公司与经营管理公司长岭分公司、经营管理公司合资、合作开发房地产合同纠纷案》【程鹏，《人民法院案例选》（总第 145 辑），人民法院出版社 2020 年版，第 148 页】 **案例要旨**：对于建设工程中的招标投标合同，在中标人确定后，招标人应当向中标人发出中标通知书。此时，投标行为的性质为要约，中标通知书性质为承诺，至此双方合同已经成立。双方构成本约合同关系，并非预约合同关系，当事人承担的是违约责任，而非缔约过失责任。	**第 511 条【合同约定不明确时的履行】** 当事人就有关合同内容约定不明确，依据前条规定仍不能确定的，适用下列规定： （一）质量要求不明确的，按照强制性国家标准履行；没有强制性国家标准的，按照推荐性国家标准履行；没有推荐性国家标准的，按照行业标准履行；没有国家标准、行业标准的，按照通常标准或者符合合同目的的特定标准履行。 （二）价款或者报酬不明确的，按照订立合同时履行地的市场价格履行；依法应当执行政府定价或者政府指导价的，依照规定履行。 （三）履行地点不明确，给付货币的，在接受货币一方所在地履行；交付不动产的，在不动产所在地履行；其他标的，在履行义务一方所在地履行。 （四）履行期限不明确的，债务人可以随时履行，债权人也可以随时请求履行，但是应当给对方必要的准备时间。 （五）履行方式不明确的，按照有利于实现合同目的的方式履行。 （六）履行费用的负担不明确的，由履行义务一方负担；因债权人原因增加的履行费用，由债权人负担。

续表

民法典合同编通则解释	关联规定
案例参考：《房地产开发公司诉朱某餐饮服务合同纠纷案》【王晶、周运，《人民法院案例选》（总第155辑），人民法院出版社2021年版，第34页】 **案例要旨**：预约合同是一项以订立本约为目的的独立合同，基于预约合同性质的特殊性，违反预约合同所造成的损失不同于违反本约合同的违约责任，也不同于缔约过失责任，而是一种独立的违约责任。	**第577条【违约责任】** 当事人一方不履行合同义务或者履行合同义务不符合约定的，应当承担继续履行、采取补救措施或者赔偿损失等违约责任。 **第584条【损害赔偿范围】** 当事人一方不履行合同义务或者履行合同义务不符合约定，造成对方损失的，损失赔偿额应当相当于因违约所造成的损失，包括合同履行后可以获得的利益；但是，不得超过违约一方订立合同时预见到或者应当预见到的因违约可能造成的损失。 **第585条【违约金】** 当事人可以约定一方违约时应当根据违约情况向对方支付一定数额的违约金，也可以约定因违约产生的损失赔偿额的计算方法。 约定的违约金低于造成的损失的，人民法院或者仲裁机构可以根据当事人的请求予以增加；约定的违约金过分高于造成的损失的，人民法院或者仲裁机构可以根据当事人的请求予以适当减少。 当事人就迟延履行约定违约金的，违约方支付违约金后，还应当履行债务。 **第586条【定金担保】** 当事人可以约定一方向对方给付定金

续表

民法典合同编通则解释	关联规定
	作为债权的担保。定金合同自实际交付定金时成立。 定金的数额由当事人约定；但是，不得超过主合同标的额的百分之二十，超过部分不产生定金的效力。实际交付的定金数额多于或者少于约定数额的，视为变更约定的定金数额。 **第 587 条【定金罚则】** 债务人履行债务的，定金应当抵作价款或者收回。给付定金的一方不履行债务或者履行债务不符合约定，致使不能实现合同目的的，无权请求返还定金；收受定金的一方不履行债务或者履行债务不符合约定，致使不能实现合同目的的，应当双倍返还定金。 **第 588 条【违约金与定金竞合时的责任】** 当事人既约定违约金，又约定定金的，一方违约时，对方可以选择适用违约金或者定金条款。 定金不足以弥补一方违约造成的损失的，对方可以请求赔偿超过定金数额的损失。
第九条【格式条款的认定】 合同条款符合民法典第四百九十六条第一款规定的情形，当事人仅以合同系依据合同示范文本制作或者双方已经明确约定合同	**《民法典》** **第 496 条【格式条款】** 格式条款是当事人为了重复使用而预先拟定，并在订立合同时未与对方协商的条款。

续表

民法典合同编通则解释	关联规定
条款不属于格式条款为由主张该条款不是格式条款的，人民法院不予支持。 从事经营活动的当事人一方仅以未实际重复使用为由主张其预先拟定且未与对方协商的合同条款不是格式条款的，人民法院不予支持。但是，有证据证明该条款不是为了重复使用而预先拟定的除外。 **解读**：格式条款的主要特点包括：一是由一方为了重复使用的目的而预先制订的，二是相对人一方通常是不特定的，三是内容具有定型化的特点。实际上，“未与对方协商”是格式条款最本质的特征。需注意的是，格式条款与是否参考示范文本并无直接的关系，只要合同条款符合民法典第 496 条第 1 款规定的“为了重复使用而预先拟定，并在订立合同时未与对方协商”的格式条款核心特征，依据示范文本订立并不能作为排除格式条款的理由。这里的重复使用是指预先拟定的目的在于重复使用，并不要求该条款实际上被多次使用。此外，一般不认为当事人可以通过约定来排除对格式条款的认定。	采用格式条款订立合同的，提供格式条款的一方应当遵循公平原则确定当事人之间的权利和义务，并采取合理的方式提示对方注意免除或者减轻其责任等与对方有重大利害关系的条款，按照对方的要求，对该条款予以说明。提供格式条款的一方未履行提示或者说明义务，致使对方没有注意或者理解与其有重大利害关系的条款的，对方可以主张该条款不成为合同的内容。 **第 497 条【格式条款无效情形】** 有下列情形之一的，该格式条款无效： （一）具有本法第一编第六章第三节和本法第五百零六条规定的无效情形； （二）提供格式条款一方不合理地免除或者减轻其责任、加重对方责任、限制对方主要权利； （三）提供格式条款一方排除对方主要权利。 **第 498 条【格式条款解释】** 对格式条款的理解发生争议的，应当按照通常理解予以解释。对格式条款有两种以上解释的，应当作出不利于提供格式条款一方的解释。格式条款和非格式条款不一致的，应当采用非格式条款。

续表

民法典合同编通则解释	关联规定
案例参考：《周显治、俞美芳与余姚众安房地产开发有限公司商品房销售合同纠纷案》【《最高人民法院公报》2016年第11期】 **案例要旨**：在商品房买卖中，开发商的交房义务不仅局限于交钥匙，还需出示相应的证明文件，并签署房屋交接单等。合同中分别约定了逾期交房与逾期办证的违约责任，但同时又约定开发商承担了逾期交房的责任之后，逾期办证的违约责任不予承担的，应认定该约定属于免除开发商按时办证义务的无效格式条款，开发商仍应按照合同约定承担逾期交房、逾期办证的多项违约之责。	
第十条【格式条款订入合同】 提供格式条款的一方在合同订立时采用通常足以引起对方注意的文字、符号、字体等明显标识，提示对方注意免除或者减轻其责任、排除或者限制对方权利等与对方有重大利害关系的异常条款的，人民法院可以认定其已经履行民法典第四百九十六条第二款规定的提示义务。 提供格式条款的一方按照对方的要求，就与对方有重大利害关系的异常条款的概念、内容及其法律后果以书面或者口头形式向	《民法典》 **第496条【格式条款】** 格式条款是当事人为了重复使用而预先拟定，并在订立合同时未与对方协商的条款。 采用格式条款订立合同的，提供格式条款的一方应当遵循公平原则确定当事人之间的权利和义务，并采取合理的方式提示对方注意免除或者减轻其责任等与对方有重大利害关系的条款，按照对方的要求，对该条款予以说明。提供格式条款的一方未履行提示或者说明义务，致使对方没有

续表

民法典合同编通则解释	关联规定
对方作出通常能够理解的解释说明的，人民法院可以认定其已经履行民法典第四百九十六条第二款规定的说明义务。 提供格式条款的一方对其已经尽到提示义务或者说明义务承担举证责任。对于通过互联网等信息网络订立的电子合同，提供格式条款的一方仅以采取了设置勾选、弹窗等方式为由主张其已经履行提示义务或者说明义务的，人民法院不予支持，但是其举证符合前两款规定的除外。 **解读：**实践中，格式条款的提供者是否履行了提示和说明义务常常成为案件的争议焦点。就提示义务而言，所谓合理方式，主要是指能引起注意、提请强调和吸引对方注意的方式。本条第1款对此要求所采用的足以引起对方注意的文字、符号、字体等明显标识，从一般人角度来看应是明显的。此外，明确提示的范围，并不限于免除或减轻己方责任、排除或限制对方权利的条款，与对方有重大利害关系的异常条款亦应进行合理提示。就说明义务而言，本条第2款对与对方有重大利害关系的条款的说明义务的	注意或者理解与其有重大利害关系的条款的，对方可以主张该条款不成为合同的内容。 **《全国法院贯彻实施民法典工作会议纪要》** **7.** 提供格式条款的一方对格式条款中免除或者减轻其责任等与对方有重大利害关系的内容，在合同订立时采用足以引起对方注意的文字、符号、字体等特别标识，并按照对方的要求以常人能够理解的方式对该格式条款予以说明的，人民法院应当认定符合民法典第四百九十六条所称“采取合理的方式”。提供格式条款一方对已尽合理提示及说明义务承担举证责任。 ***《合同法解释二》（已废止）*** ***第6条*** *提供格式条款的一方对格式条款中免除或者限制其责任的内容，在合同订立时采用足以引起对方注意的文字、符号、字体等特别标识，并按照对方的要求对该格式条款予以说明的，人民法院应当认定符合合同法第三十九条所称“采取合理的方式”。* *提供格式条款一方对已尽合理提示及说明义务承担举证责任。*

续表

民法典合同编通则解释	关联规定
履行（包括说明内容、说明程度）作了明确规定。说明的程度要求为通常能够理解的程度。另值得注意的是，本条第3款对电子合同下仅通过设置勾选、弹窗等方式来完成提示义务或说明义务的主张，一般不予支持。	
三、合同的效力	
第十一条【缺乏判断能力的认定】 当事人一方是自然人，根据该当事人的年龄、智力、知识、经验并结合交易的复杂程度，能够认定其对合同的性质、合同订立的法律后果或者交易中存在的特定风险缺乏应有的认知能力的，人民法院可以认定该情形构成民法典第一百五十一条规定的“缺乏判断能力”。 **解读：**所谓缺乏判断能力，学理上一般是指行为人明显缺乏理智考虑而实施民事法律行为或正确评判双方对待给付与民事法律行为经济后果之能力。其特点在于，一方对所从事的交易的有关知识储备不足，另一方利用了一方的这一缺点，结果导致交易时利益“显著”失衡，“极”不公平。如金融机构人员向文化程度	《民法典》 **第151条【显失公平的民事法律行为的效力】** 一方利用对方处于危困状态、缺乏判断能力等情形，致使民事法律行为成立时显失公平的，受损害方有权请求人民法院或者仲裁机构予以撤销。 **第508条【合同效力援引】** 本编对合同的效力没有规定的，适用本法第一编第六章的有关规定。 《民法典总则编解释》 **第5条** 限制民事行为能力人实施的民事法律行为是否与其年龄、智力、精神健康状况相适应，人民法院可以从行为与本人生活相关联的程度，本人的智力、精神健康状况能否理解其行为并预见相应的后果，以及标的、数量、价款或者报酬等方面认定。

续表

民法典合同编通则解释	关联规定
较低的老年人出售名义利率较高但实际利率较低且风险较大的理财产品。判断能力的缺乏，多体现在合同当事人对合同性质、后果、风险等对当事人权利义务有着较大影响方面的判断不准确、出入较大甚至大相径庭，而这大多源于当事人在知识或者经验上存在不足。	
第十二条【批准生效合同的法律适用】 合同依法成立后，负有报批义务的当事人不履行报批义务或者履行报批义务不符合合同的约定或者法律、行政法规的规定，对方请求其继续履行报批义务的，人民法院应予支持；对方主张解除合同并请求其承担违反报批义务的赔偿责任的，人民法院应予支持。 人民法院判决当事人一方履行报批义务后，其仍不履行，对方主张解除合同并参照违反合同的违约责任请求其承担赔偿责任的，人民法院应予支持。 合同获得批准前，当事人一方起诉请求对方履行合同约定的主要义务，经释明后拒绝变更诉讼请求的，人民法院应当判决驳回其诉讼请求，但是不影响其另行提起诉讼。	**《民法典》** **第502条【合同生效时间】** 依法成立的合同，自成立时生效，但是法律另有规定或者当事人另有约定的除外。 依照法律、行政法规的规定，合同应当办理批准等手续的，依照其规定。未办理批准等手续影响合同生效的，不影响合同中履行报批等义务条款以及相关条款的效力。应当办理申请批准等手续的当事人未履行义务的，对方可以请求其承担违反该义务的责任。 依照法律、行政法规的规定，合同的变更、转让、解除等情形应当办理批准等手续的，适用前款规定。 **《全国法院民商事审判工作会议纪要》** **37.【未经批准合同的效力】** 法律、行政法规规定某类合同应

续表

民法典合同编通则解释	关联规定
负有报批义务的当事人已经办理申请批准等手续或者已经履行生效判决确定的报批义务，批准机关决定不予批准，对方请求其承担赔偿责任的，人民法院不予支持。但是，因迟延履行报批义务等可归责于当事人的原因导致合同未获批准，对方请求赔偿因此受到的损失的，人民法院应当依据民法典第一百五十七条的规定处理。 **解读**：一般情况下，合同的生效与合同的成立是一致的，合同一般成立就产生效力。但在法律对合同生效时间另有规定或者当事人对此另有约定的情况下，依照法律规定或者当事人约定。法律另有规定的情形，主要是指合同成立与生效相分离的情形。如应当依法办理批准等手续的合同，即使合同成立也不发生效力。当事人另有约定的情形，则主要是指附条件和附期限的合同。需注意的是，未生效合同是一个特定的概念，并非为合同无效。对于未生效合同而言，一旦弥补了程序上的瑕疵，就可以认定该合同生效。另需注意，本条第1、2款分别规定了两种违约责任。前一	当办理批准手续生效的，如商业银行法、证券法、保险法等法律规定购买商业银行、证券公司、保险公司5%以上股权须经相关主管部门批准，依据《合同法》第44条第2款的规定，批准是合同的法定生效条件，未经批准的合同因欠缺法律规定的特别生效条件而未生效。实践中的一个突出问题是，把未生效合同认定为无效合同，或者虽认定为未生效，却按无效合同处理。无效合同从本质上来说是欠缺合同的有效要件，或者具有合同无效的法定事由，自始不发生法律效力。而未生效合同已具备合同的有效要件，对双方具有一定的拘束力，任何一方不得擅自撤回、解除、变更，但因欠缺法律、行政法规规定或当事人约定的特别生效条件，在该生效条件成就前，不能产生请求对方履行合同主要权利义务的法律效力。 ***《合同法解释二》（已废止）*** ***第8条*** *依照法律、行政法规的规定经批准或者登记才能生效的合同成立后，有义务办理申请批准或者申请登记等手续的一方当事人未按照法律规定或者合同约定办理申请批准或者未申请*

续表

民法典合同编通则解释	关联规定
种为当事人直接请求解除合同并请求负有报批义务的人承担违反报批义务的违约责任的情形。后一种为在法院判决负有报批义务的人继续履行报批义务之后，在其仍拒绝履行报批义务的情况下，当事人另行起诉要求解除合同并请求其承担参照违反合同的违约责任。后一种违反合同的违约责任，不仅在赔偿范围上要大于违反报批义务的赔偿责任，且不要求合同明确约定，合同没有约定时可依照法律规定来承担。 **案例参考：**《大宗集团有限公司、宗锡晋与淮北圣火矿业有限公司、淮北圣火房地产开发有限责任公司等股权转让纠纷案》【《最高人民法院公报》2016年第6期】 **案例要旨：**矿业权与股权是两种不同的民事权利，如果仅转让公司股权而不导致矿业权主体的变更，则不属于矿业权转让，转让合同无须地质矿产主管部门审批，在不违反法律、行政法规强制性规定的情况下，应认定合同合法有效。迟延履行生效合同约定义务的当事人以迟延履行期间国家政策变化为由主张情势变更的，不予支持。	*登记的，属于合同法第四十二条第（三）项规定的“其他违背诚实信用原则的行为”，人民法院可以根据案件的具体情况和相对人的请求，判决相对人自己办理有关手续；对方当事人对由此产生的费用和给相对人造成的实际损失，应当承担损害赔偿责任。* ***《合同法解释一》（已废止）*** ***第9条*** *依照合同法第四十四条第二款的规定，法律、行政法规规定合同应当办理批准手续，或者办理批准、登记等手续才生效，在一审法庭辩论终结前当事人仍未办理批准手续的，或者仍未办理批准、登记等手续的，人民法院应当认定该合同未生效；法律、行政法规规定合同应当办理登记手续，但未规定登记后生效的，当事人未办理登记手续不影响合同的效力，合同标的物所有权及其他物权不能转移。* *合同法第七十七条第二款、第八十七条、第九十六条第二款所列合同变更、转让、解除等情形，依照前款规定处理。*

续表

民法典合同编通则解释	关联规定
案例参考：《陈允斗与宽甸满族自治县虎山镇老边墙村民委员会采矿权转让合同纠纷案》【《最高人民法院公报》2012年第3期】 **案例要旨：**租赁采矿权属于一种特殊的矿业权转让方式，采矿权转让合同属于批准后才生效的合同。根据国务院《探矿权采矿权转让管理办法》的规定，出租采矿权须经有权批准的机关审批，批准转让的，转让合同自批准之日起生效。诉讼中，采矿权租赁合同未经批准，人民法院应认定该合同未生效。采矿权合同虽未生效，但合同约定的报批条款依然有效。如果一方当事人据此请求对方继续履行报批义务，人民法院经审查认为客观条件允许的，对其请求应予支持；继续报批缺乏客观条件的，依法驳回其请求。	
第十三条【备案合同或者已批准合同的效力】 合同存在无效或者可撤销的情形，当事人以该合同已在有关行政管理部门办理备案、已经批准机关批准或者已依据该合同办理财产权利的变更登记、移转登记等为由主张合同有效的，人民法院不予支持。	**《民法典》** **第143条【民事法律行为有效条件】** 具备下列条件的民事法律行为有效： （一）行为人具有相应的民事行为能力； （二）意思表示真实； （三）不违反法律、行政法规的强制性规定，不违背公序良俗。

续表

民法典合同编通则解释	关联规定
解读：备案、批准、财产权利变更登记、移转登记等手续与合同效力是相互分离的，未进行备案、批准、财产权利变更或移转的登记，一般不影响合同效力。反之，也不能以已经进行了备案、批准或者财产权利变更、移转的登记，而倒推合同必然有效。合同是否有效的判断，应当依据法律行为有效要件进行判断，其基本依据或者说最重要的依据为民法典合同编第三章（合同的效力）以及总则编第六章第三节（民事法律行为的效力）。这里除了民法典第502条涉及批准等手续外，其他条文均不涉及备案、批准、权利变更登记。因此可以说，备案、批准、权利变更或移转登记不应作为判断合同效力的要件，既不能以未办理备案、批准、权利变更或移转登记手续认定合同无效或者未生效，也不能以已经办理备案、批准、权利变更登记或移转手续倒推合同有效。尤其针对存在无效或者可撤销情形的合同而言，并不能以"已在有关行政管理部门办理备案、已经批准机关批准或者已依据该合同办理财产权利的变更登记、移转登记等"为由超越合同无效或可撤销的规定，而认定有效。	**第144条【无民事行为能力人实施的民事法律行为的效力】** 无民事行为能力人实施的民事法律行为无效。 **第146条【虚假表示与隐藏行为的效力】** 行为人与相对人以虚假的意思表示实施的民事法律行为无效。 以虚假的意思表示隐藏的民事法律行为的效力，依照有关法律规定处理。 **第147条【基于重大误解实施的民事法律行为的效力】** 基于重大误解实施的民事法律行为，行为人有权请求人民法院或者仲裁机构予以撤销。 **第148条【以欺诈手段实施的民事法律行为的效力】** 一方以欺诈手段，使对方在违背真实意思的情况下实施的民事法律行为，受欺诈方有权请求人民法院或者仲裁机构予以撤销。 **第149条【受第三人欺诈的民事法律行为的效力】** 第三人实施欺诈行为，使一方在违背真实意思的情况下实施的民事法律行为，对方知道或者应当知道该欺诈行为的，受欺诈方有权请求人民法院或者仲裁机构予以撤销。 **第150条【以胁迫手段实施的**

续表

民法典合同编通则解释	关联规定
	民事法律行为的效力】 一方或者第三人以胁迫手段，使对方在违背真实意思的情况下实施的民事法律行为，受胁迫方有权请求人民法院或者仲裁机构予以撤销。 **第151条【显失公平的民事法律行为的效力】** 一方利用对方处于危困状态、缺乏判断能力等情形，致使民事法律行为成立时显失公平的，受损害方有权请求人民法院或者仲裁机构予以撤销。 **第153条【违反强制性规定及违背公序良俗的民事法律行为的效力】** 违反法律、行政法规的强制性规定的民事法律行为无效。但是，该强制性规定不导致该民事法律行为无效的除外。 违背公序良俗的民事法律行为无效。 **第154条【恶意串通的民事法律行为的效力】** 行为人与相对人恶意串通，损害他人合法权益的民事法律行为无效。 **第215条【合同效力与物权变动区分】** 当事人之间订立有关设立、变更、转让和消灭不动产物权的合同，除法律另有规定或者当事人另有约定外，自合同成立时生效；未办理物权登记的，不影响合同效力。

续表

民法典合同编通则解释	关联规定
	第 502 条第 1 款【合同生效时间】 依法成立的合同，自成立时生效，但是法律另有规定或者当事人另有约定的除外。 **第 508 条【合同效力援引规定】** 本编对合同的效力没有规定的，适用本法第一编第六章的有关规定。
第十四条【多份合同的效力认定】 当事人之间就同一交易订立多份合同，人民法院应当认定其中以虚假意思表示订立的合同无效。当事人为规避法律、行政法规的强制性规定，以虚假意思表示隐藏真实意思表示的，人民法院应当依据民法典第一百五十三条第一款的规定认定被隐藏合同的效力；当事人为规避法律、行政法规关于合同应当办理批准等手续的规定，以虚假意思表示隐藏真实意思表示的，人民法院应当依据民法典第五百零二条第二款的规定认定被隐藏合同的效力。 依据前款规定认定被隐藏合同无效或者确定不发生效力的，人民法院应当以被隐藏合同为事实基础，依据民法典第一百五十七条的规定确定当事人的民事责任。但是，法律另有规定的除外。	**《民法典》** **第 143 条【民事法律行为有效的条件】** 具备下列条件的民事法律行为有效： （一）行为人具有相应的民事行为能力； （二）意思表示真实； （三）不违反法律、行政法规的强制性规定，不违背公序良俗。 **第 146 条【虚假表示与隐藏行为的效力】** 行为人与相对人以虚假的意思表示实施的民事法律行为无效。 以虚假的意思表示隐藏的民事法律行为的效力，依照有关法律规定处理。 **第 153 条【违反强制性规定及违背公序良俗的民事法律行为的效力】** 违反法律、行政法规的强制性规定的民事法律行为无效。但是，该强制性规定不导致该民事法律行为无效的除外。

续表

民法典合同编通则解释	关联规定
当事人就同一交易订立的多份合同均系真实意思表示，且不存在其他影响合同效力情形的，人民法院应当在查明各合同成立先后顺序和实际履行情况的基础上，认定合同内容是否发生变更。法律、行政法规禁止变更合同内容的，人民法院应当认定合同的相应变更无效。 **解读**：针对同一交易而订立多份合同，难免会存在虚假意思表示的合同。而对其中虚假意思表示的合同效力予以否定，在于这一“意思表示”所指向的法律效果并非双方当事人的内心真意，且此种情形多属于违反公共秩序的行为。而隐藏法律行为的效力，则依据有关法律的规定处理。一般而言，当事人出于规避法律行政法规强制性规定等目的而以虚假的意思表示订立的合同为“阳合同”，属于民法典第146条第1款规定的虚假意思表示行为，应直接依据该款认定该“阳合同”无效。当事人虚假的意思表示背后隐藏的合同为“阴合同”，应依据有关法律的规定处理。若被隐藏的合同本身符合该行为的生效要件（行为人具有相应的民事行为	违背公序良俗的民事法律行为无效。 **第157条【民事法律行为无效、被撤销或确定不发生效力的法律后果】** 民事法律行为无效、被撤销或者确定不发生效力后，行为人因该行为取得的财产，应当予以返还；不能返还或者没有必要返还的，应当折价补偿。有过错的一方应当赔偿对方由此所受到的损失；各方都有过错的，应当各自承担相应的责任。法律另有规定的，依照其规定。 **第502条【合同生效时间】** 依法成立的合同，自成立时生效，但是法律另有规定或者当事人另有约定的除外。 依照法律、行政法规的规定，合同应当办理批准等手续的，依照其规定。未办理批准等手续影响合同生效的，不影响合同中履行报批等义务条款以及相关条款的效力。应当办理申请批准等手续的当事人未履行义务的，对方可以请求其承担违反该义务的责任。 依照法律、行政法规的规定，合同的变更、转让、解除等情形应当办理批准等手续的，适用前款规定。

续表

民法典合同编通则解释	关联规定
能力，意思表示真实，不违反法律行政法规的强制性规定、不违背公序良俗），那么有效；反之，则应按照民法典第153条第1款之规定认定无效。另需注意的是，由于民法典第502条第2款单独就报批义务对合同效力的影响作了规定。因此，为规避报批义务而被隐藏的合同效力的判断应据此进行。当然，针对同一交易而订立多份合同，也不排除均为真实意思表示的情况。在这种情况下，则需按照时间先后顺序并结合实际履行情况等认定是否构成合同的变更，本条第3款对此作了明确。	**第508条【合同效力援引】** 本编对合同的效力没有规定的，适用本法第一编第六章的有关规定。 **第543条【协议变更合同】** 当事人协商一致，可以变更合同。 **《招标投标法》** **第46条** 招标人和中标人应当自中标通知书发出之日起三十日内，按照招标文件和中标人的投标文件订立书面合同。招标人和中标人不得再行订立背离合同实质性内容的其他协议。 招标文件要求中标人提交履约保证金的，中标人应当提交。 **《建工合同解释一》** **第2条**招标人和中标人另行签订的建设工程施工合同约定的工程范围、建设工期、工程质量、工程价款等实质性内容，与中标合同不一致，一方当事人请求按照中标合同确定权利义务的，人民法院应予支持。 招标人和中标人在中标合同之外就明显高于市场价格购买承建房产、无偿建设住房配套设施、让利、向建设单位捐赠财物等另行签订合同，变相降低工程价款，一方当事人以该合同背离中标合同实质性内容为由请求确认无效的，人民法院应予支持。

续表

民法典合同编通则解释	关联规定
第十五条【名实不符与合同效力】 人民法院认定当事人之间的权利义务关系，不应当拘泥于合同使用的名称，而应当根据合同约定的内容。当事人主张的权利义务关系与根据合同内容认定的权利义务关系不一致的，人民法院应当结合缔约背景、交易目的、交易结构、履行行为以及当事人是否存在虚构交易标的等事实认定当事人之间的实际民事法律关系。 **解读：**在合同名称与合同内容不一致的情况下，应以合同约定的内容来认定当事人之间的权利义务关系，即在合同名实不符的情况下，应以“实”为准。而在当事人主张的权利义务关系与根据合同内容确立的权利义务关系不一致的情况下，应结合缔约背景、交易目的、交易结构、履行行为以及当事人是否存在虚构交易标的等事实认定当事人之间真实的法律关系，并据此认定合同效力。实际上这是在全面考量交易整个过程的基础上认定合同关系与合同效力而不直接以当事人主张的权利义务关系进行认定的体现，这也适当彰显了法院对合	**《民法典》** **第143条【民事法律行为有效条件】** 具备下列条件的民事法律行为有效： （一）行为人具有相应的民事行为能力； （二）意思表示真实； （三）不违反法律、行政法规的强制性规定，不违背公序良俗。 **第146条【虚假表示与隐藏行为的效力】** 行为人与相对人以虚假的意思表示实施的民事法律行为无效。 以虚假的意思表示隐藏的民事法律行为的效力，依照有关法律规定处理。 **《民法典担保制度解释》** **第68条** 债务人或者第三人与债权人约定将财产形式上转移至债权人名下，债务人不履行到期债务，债权人有权对财产折价或者以拍卖、变卖该财产所得价款偿还债务的，人民法院应当认定该约定有效。当事人已经完成财产权利变动的公示，债务人不履行到期债务，债权人请求参照民法典关于担保物权的有关规定就该财产优先受偿的，人民法院应予支持。 债务人或者第三人与债权人约

续表

民法典合同编通则解释	关联规定
同关系的适当干预与调整。若直接以当事人在诉讼中主张的权利义务关系来确定合同效力，则相当于赋予了当事人通过诉讼方式确立、变更合同效力或者说影响合同权利义务关系的权利，有悖于合同稳定性与民法的意思自治原则，同时也属违反诚信原则的行为。 **案例参考：**《某甲银行和某乙银行合同纠纷案》【最高人民法院发布民法典合同编通则司法解释相关典型案例①】 **案例要旨：**案涉交易符合以票据贴现为手段的多链条融资交易的基本特征。案涉《回购协议》是双方虚假意思表示，目的是借用银行承兑汇票买入返售的形式为某甲银行向实际用资人提供资金通道，真实合意是资金通道合同。在资金通道合同项下，各方当事人的权利义务是，过桥银行提供资金通道服务，由出资银行提供所需划转的资金并支付相应的服务费，过桥银行无交付票据的义务，但应根据其过错对出资银行的损失承担相应的赔偿责任。	定将财产形式上转移至债权人名下，债务人不履行到期债务，财产归债权人所有的，人民法院应当认定该约定无效，但是不影响当事人有关提供担保的意思表示的效力。当事人已经完成财产权利变动的公示，债务人不履行到期债务，债权人请求对该财产享有所有权的，人民法院不予支持；债权人请求参照民法典关于担保物权的规定对财产折价或者以拍卖、变卖该财产所得的价款优先受偿的，人民法院应予支持；债务人履行债务后请求返还财产，或者请求对财产折价或者以拍卖、变卖所得的价款清偿债务的，人民法院应予支持。 债务人与债权人约定将财产转移至债权人名下，在一定期间后再由债务人或者其指定的第三人以交易本金加上溢价款回购，债务人到期不履行回购义务，财产归债权人所有的，人民法院应当参照第二款规定处理。回购对象自始不存在的，人民法院应当依照民法典第一百四十六条第二款的规定，按照其实际构成的法律关系处理。

① 载微信公众号“人民法院报”，https：//mp. weixin. qq. com/s/daDCyv6GgNraphWHxy-HNA，2023 年 12 月 6 日访问。

续表

民法典合同编通则解释	关联规定
	《全国法院民商事审判工作会议纪要》 **92.【保底或者刚兑条款无效】** 信托公司、商业银行等金融机构作为资产管理产品的受托人与受益人订立的含有保证本息固定回报、保证本金不受损失等保底或者刚兑条款的合同，人民法院应当认定该条款无效。受益人请求受托人对其损失承担与其过错相适应的赔偿责任的，人民法院依法予以支持。 实践中，保底或者刚兑条款通常不在资产管理产品合同中明确约定，而是以“抽屉协议”或者其他方式约定，不管形式如何，均应认定无效。
第十六条【民法典第153条第1款但书的适用】 合同违反法律、行政法规的强制性规定，有下列情形之一，由行为人承担行政责任或者刑事责任能够实现强制性规定的立法目的的，人民法院可以依据民法典第一百五十三条第一款关于“该强制性规定不导致该民事法律行为无效的除外”的规定认定该合同不因违反强制性规定无效： （一）强制性规定虽然旨在维护社会公共秩序，但是合同的实际	《民法典》 **第132条【不得滥用民事权利】** 民事主体不得滥用民事权利损害国家利益、社会公共利益或者他人合法权益。 **第153条第1款【违反强制性规定的民事法律行为效力】** 违反法律、行政法规的强制性规定的民事法律行为无效。但是，该强制性规定不导致该民事法律行为无效的除外。 **第502条【合同生效时间】** 依法成立的合同，自成立时生效，

续表

民法典合同编通则解释	关联规定
履行对社会公共秩序造成的影响显著轻微，认定合同无效将导致案件处理结果有失公平公正； （二）强制性规定旨在维护政府的税收、土地出让金等国家利益或者其他民事主体的合法利益而非合同当事人的民事权益，认定合同有效不会影响该规范目的的实现； （三）强制性规定旨在要求当事人一方加强风险控制、内部管理等，对方无能力或者无义务审查合同是否违反强制性规定，认定合同无效将使其承担不利后果； （四）当事人一方虽然在订立合同时违反强制性规定，但是在合同订立后其已经具备补正违反强制性规定的条件却违背诚信原则不予补正； （五）法律、司法解释规定的其他情形。 法律、行政法规的强制性规定旨在规制合同订立后的履行行为，当事人以合同违反强制性规定为由请求认定合同无效的，人民法院不予支持。但是，合同履行必然导致违反强制性规定或者法律、司法解释另有规定的除外。 依据前两款认定合同有效，但是当事人的违法行为未经处理的，	但是法律另有规定或者当事人另有约定的除外。 依照法律、行政法规的规定，合同应当办理批准等手续的，依照其规定。未办理批准等手续影响合同生效的，不影响合同中履行报批等义务条款以及相关条款的效力。应当办理申请批准等手续的当事人未履行义务的，对方可以请求其承担违反该义务的责任。 依照法律、行政法规的规定，合同的变更、转让、解除等情形应当办理批准等手续的，适用前款规定。 **《全国法院民商事审判工作会议纪要》** **30.【强制性规定的识别】** 合同法施行后，针对一些人民法院动辄以违反法律、行政法规的强制性规定为由认定合同无效，不当扩大无效合同范围的情形，合同法司法解释（二）第14条将《合同法》第52条第5项规定的"强制性规定"明确限于"效力性强制性规定"。此后，《最高人民法院关于当前形势下审理民商事合同纠纷案件若干问题的指导意见》进一步提出了"管理性强制性规定"的概念，指出违反管理性强制性规定的，人民法院应当根据

续表

民法典合同编通则解释	关联规定
人民法院应当向有关行政管理部门提出司法建议。当事人的行为涉嫌犯罪的，应当将案件线索移送刑事侦查机关；属于刑事自诉案件的，应当告知当事人可以向有管辖权的人民法院另行提起诉讼。 **解读**：民法典第 153 条第 1 款规定，违反法律、行政法规的强制性规定的民事法律行为无效。但是，该强制性规定不导致该民事法律行为无效的除外。关于该款"但书"部分中的不导致民事法律行为无效的"强制性规定"，如何识别与判断，以往未有明确的规定，实践中也并未形成统一有效的规则。本条第 1 款就相应情形下该"但书"条款的识别与判断作了较为明确的列举：一是合同履行对公共秩序影响轻微型，这主要基于比例原则的考量；二是强制性规定目的非调整合同当事人利益型，主要包括政府财税利益；三是对方当事人无能力或无义务审查型；四是合同订立后具备补正条件不予补正型，典型如开发商未取得预售许可而出售房屋，后取得许可但遇价格上涨而主张合同无效；五是兜底型。需	具体情形认定合同效力。随着这一概念的提出，审判实践中又出现了另一种倾向，有的人民法院认为凡是行政管理性质的强制性规定都属于"管理性强制性规定"，不影响合同效力。这种望文生义的认定方法，应予纠正。 人民法院在审理合同纠纷案件时，要依据《民法总则》第 153 条第 1 款和合同法司法解释（二）第 14 条的规定慎重判断"强制性规定"的性质，特别是要在考量强制性规定所保护的法益类型、违法行为的法律后果以及交易安全保护等因素的基础上认定其性质，并在裁判文书中充分说明理由。下列强制性规定，应当认定为"效力性强制性规定"：强制性规定涉及金融安全、市场秩序、国家宏观政策等公序良俗的；交易标的禁止买卖的，如禁止人体器官、毒品、枪支等买卖；违反特许经营规定的，如场外配资合同；交易方式严重违法的，如违反招投标等竞争性缔约方式订立的合同；交易场所违法的，如在批准的交易场所之外进行期货交易。关于经营范围、交易时间、交易数量等行政管理性质的强制性规定，一般应当认定为"管理性强制性规定"。

续表

民法典合同编通则解释	关联规定
注意的是，上述情形在适用时还需满足一个共同的前提，即“由行为人承担行政责任或者刑事责任能够实现强制性规定的立法目的”。上述情形下，通过行政或刑事责任，法律的规范目的在一定程度上已实现，故否认合同效力已无必要。此外，若强制性规定的目的在于规制合同订立后的履行行为而非订立合同，则一般不以违反强制性规定而认定合同无效，本条第2款对此作了明确。 **案例参考：**《四川金核矿业有限公司与新疆临钢资源投资股份有限公司特殊区域合作勘查合同纠纷案》【《最高人民法院公报》2017年第4期）】 **案例要旨：**当事人关于在自然保护区、风景名胜区、重点生态功能区、生态环境敏感区和脆弱区等区域内勘查开采矿产资源的合同约定，不得违反法律、行政法规的强制性规定或者损害环境公共利益，否则应依法认定无效。环境资源法律法规中的禁止性规定，即便未明确违反相关规定将导致合同无效，但若认定合同有效并继续履行将损害环境公共利益的，应当认定为效力性强制性规定。	*《合同法解释二》（已废止）* ***第14条*** *合同法第五十二条第（五）项规定的“强制性规定”，是指效力性强制性规定。* *《合同法解释一》（已废止）* ***第10条*** *当事人超越经营范围订立合同，人民法院不因此认定合同无效。但违反国家限制经营、特许经营以及法律、行政法规禁止经营规定的除外。*

续表

民法典合同编通则解释	关联规定
第十七条【民法典第 153 条第 2 款的适用】 合同虽然不违反法律、行政法规的强制性规定，但是有下列情形之一，人民法院应当依据民法典第一百五十三条第二款的规定认定合同无效： （一）合同影响政治安全、经济安全、军事安全等国家安全的； （二）合同影响社会稳定、公平竞争秩序或者损害社会公共利益等违背社会公共秩序的； （三）合同背离社会公德、家庭伦理或者有损人格尊严等违背善良风俗的。 人民法院在认定合同是否违背公序良俗时，应当以社会主义核心价值观为导向，综合考虑当事人的主观动机和交易目的、政府部门的监管强度、一定期限内当事人从事类似交易的频次、行为的社会后果等因素，并在裁判文书中充分说理。当事人确因生活需要进行交易，未给社会公共秩序造成重大影响，且不影响国家安全，也不违背善良风俗的，人民法院不应当认定合同无效。 **解读：**公序良俗是公共秩序和善良习俗的简称，属于不确定概念。同强制性规定一样，公序良	《民法典》 **第 1 条【立法目的】** 为了保护民事主体的合法权益，调整民事关系，维护社会和经济秩序，适应中国特色社会主义发展要求，弘扬社会主义核心价值观，根据宪法，制定本法。 **第 8 条【守法与公序良俗原则】** 民事主体从事民事活动，不得违反法律，不得违背公序良俗。 **第 132 条【不得滥用民事权利】** 民事主体不得滥用民事权利损害国家利益、社会公共利益或者他人合法权益。 **第 143 条【民事法律行为有效的条件】** 具备下列条件的民事法律行为有效： （一）行为人具有相应的民事行为能力； （二）意思表示真实； （三）不违反法律、行政法规的强制性规定，不违背公序良俗。 **第 153 条第 2 款【违背公序良俗的民事法律行为效力】** 违背公序良俗的民事法律行为无效。 **《全国法院民商事审判工作会议纪要》** **30.【强制性规定的识别】** 合同法施行后，针对一些人民法院动辄以违反法律、行政法规的强

续表

民法典合同编通则解释	关联规定
俗也体现了国家对民事领域意思自治的一种限制。因此，对公序良俗的违背也构成民事法律行为无效的理由。民法典第153条第2款虽然规定了违背公序良俗的民事法律行为无效，但实践中如何判断哪些合同或者说民事法律行为是否违背公序良俗，则并未有较为明确的规则。民法学说一般采取类型化研究的方式，将裁判实务中依据公序良俗裁判的典型案件，区别为若干公序良俗违反的行为类型。解释本条在借鉴相关观点基础上，立足核心价值观，按照国家、社会、个人三大层面，分类确立了危害国家安全型、违背社会公共秩序刑、违背善良风俗型三大类违背公序良俗行为。此外，本条第2款还就认定合同是否违背公序良俗时应坚持的导向、考量的因素作了明确，将社会主义核心价值观明确为导向，将当事人的主观动机和交易目的、政府部门的监管强度、一定期限内当事人从事类似交易的频次、行为的社会后果等因素作为重要考量因素。且坚持以人为本，基于保障民生需要，明确因生活需要的交易，未给社会公共秩序造成重大影响且不影响国家安全也不违背善良风俗的，不应认定合同无效。	制性规定为由认定合同无效，不当扩大无效合同范围的情形，合同法司法解释（二）第14条将《合同法》第52条第5项规定的“强制性规定”明确限于“效力性强制性规定”。此后，《最高人民法院关于当前形势下审理民商事合同纠纷案件若干问题的指导意见》进一步提出了“管理性强制性规定”的概念，指出违反管理性强制性规定的，人民法院应当根据具体情形认定合同效力。随着这一概念的提出，审判实践中又出现了另一种倾向，有的人民法院认为凡是行政管理性质的强制性规定都属于“管理性强制性规定”，不影响合同效力。这种望文生义的认定方法，应予纠正。 人民法院在审理合同纠纷案件时，要依据《民法总则》第153条第1款和合同法司法解释（二）第14条的规定慎重判断“强制性规定”的性质，特别是要在考量强制性规定所保护的法益类型、违法行为的法律后果以及交易安全保护等因素的基础上认定其性质，并在裁判文书中充分说明理由。下列强制性规定，应当认定为“效力性强制性规定”：强制性规定涉及金融安全、市场秩

续表

民法典合同编通则解释	关联规定
	序、国家宏观政策等公序良俗的；交易标的禁止买卖的，如禁止人体器官、毒品、枪支等买卖；违反特许经营规定的，如场外配资合同；交易方式严重违法的，如违反招投标等竞争性缔约方式订立的合同；交易场所违法的，如在批准的交易场所之外进行期货交易。关于经营范围、交易时间、交易数量等行政管理性质的强制性规定，一般应当认定为“管理性强制性规定”。 **31.【违反规章的合同效力】**违反规章一般情况下不影响合同效力，但该规章的内容涉及金融安全、市场秩序、国家宏观政策等公序良俗的，应当认定合同无效。人民法院在认定规章是否涉及公序良俗时，要在考察规范对象基础上，兼顾监管强度、交易安全保护以及社会影响等方面进行慎重考量，并在裁判文书中进行充分说理。 ***《合同法解释二》（已废止）*** ***第14条*** *合同法第五十二条第（五）项规定的“强制性规定”，是指效力性强制性规定。* ***《合同法解释一》（已废止）*** ***第10条*** *当事人超越经营范围订立合同，人民法院不因此认定合同无效。但违反国家限制经营、特许经营以及法律、行政法规禁止经营规定的除外。*

续表

民法典合同编通则解释	关联规定
第十八条【违反强制性规定但应适用具体规定的情形】 法律、行政法规的规定虽然有“应当”“必须”或者“不得”等表述，但是该规定旨在限制或者赋予民事权利，行为人违反该规定将构成无权处分、无权代理、越权代表等，或者导致合同相对人、第三人因此获得撤销权、解除权等民事权利的，人民法院应当依据法律、行政法规规定的关于违反该规定的民事法律后果认定合同效力。 **解读：**并非所有属于民法典第153条“强制性规定”的内容，均可作为直接认定合同无效的依据。除本解释第16条规定的情形外，也存在违反强制性规定但应适用具体规定的情形。换言之，在某些情况下，虽然民法典其他规定或者其他法律、行政法规的规定属于民法典第153条第1款规定的强制性规定，但不应按照第153条第1款前半部分规定认定民事法律行为无效，而是按照民法典或者其他法律、行政法规的相应规定认定民事法律行为的效力。本条即对明确了相应的两类情形，一是旨在赋予或者限制民	《民法典》 **第153条第1款【违反强制性规定的民事法律行为效力】** 违反法律、行政法规的强制性规定的民事法律行为无效。但是，该强制性规定不导致该民事法律行为无效的除外。 **第171条【无权代理】** 行为人没有代理权、超越代理权或者代理权终止后，仍然实施代理行为，未经被代理人追认的，对被代理人不发生效力。 相对人可以催告被代理人自收到通知之日起三十日内予以追认。被代理人未作表示的，视为拒绝追认。行为人实施的行为被追认前，善意相对人有撤销的权利。撤销应当以通知的方式作出。 行为人实施的行为未被追认的，善意相对人有权请求行为人履行债务或者就其受到的损害请求行为人赔偿。但是，赔偿的范围不得超过被代理人追认时相对人所能获得的利益。 相对人知道或者应当知道行为人无权代理的，相对人和行为人按照各自的过错承担责任。 **第504条【越权订立的合同效力】** 法人的法定代表人或者非法人组织的负责人超越权限订立

续表

民法典合同编通则解释	关联规定
事权利，行为人违反该规定将构成无权处分、无权代理、越权代表等。这种情形主要在于限制特定民事主体的民事权利及其行使，而非对相应背后指向的行为的限制或禁止。二是导致合同相对人、第三人因此获得撤销权、解除权等民事权利的情形。因撤销权、解除权的前提为合同是有效的。若合同等本身是无效的，则并无赋予撤销权、解除权的必要。	的合同，除相对人知道或者应当知道其超越权限外，该代表行为有效，订立的合同对法人或者非法人组织发生效力。 **第508条【合同效力援引】** 本编对合同的效力没有规定的，适用本法第一编第六章的有关规定。 **第538条【无偿处分时的债权人撤销权行使】** 债务人以放弃其债权、放弃债权担保、无偿转让财产等方式无偿处分财产权益，或者恶意延长其到期债权的履行期限，影响债权人的债权实现的，债权人可以请求人民法院撤销债务人的行为。 **第539条【不合理价格交易时的债权人撤销权行使】** 债务人以明显不合理的低价转让财产、以明显不合理的高价受让他人财产或者为他人的债务提供担保，影响债权人的债权实现，债务人的相对人知道或者应当知道该情形的，债权人可以请求人民法院撤销债务人的行为。 **第562条【合同约定解除】** 当事人协商一致，可以解除合同。 当事人可以约定一方解除合同的事由。解除合同的事由发生时，解除权人可以解除合同。

续表

民法典合同编通则解释	关联规定
	第563条【合同法定解除】 有下列情形之一的，当事人可以解除合同： （一）因不可抗力致使不能实现合同目的； （二）在履行期限届满前，当事人一方明确表示或者以自己的行为表明不履行主要债务； （三）当事人一方迟延履行主要债务，经催告后在合理期限内仍未履行； （四）当事人一方迟延履行债务或者有其他违约行为致使不能实现合同目的； （五）法律规定的其他情形。 以持续履行的债务为内容的不定期合同，当事人可以随时解除合同，但是应当在合理期限之前通知对方。 **第597条【无权处分效力】** 因出卖人未取得处分权致使标的物所有权不能转移的，买受人可以解除合同并请求出卖人承担违约责任。 法律、行政法规禁止或者限制转让的标的物，依照其规定。 **《全国法院民商事审判工作会议纪要》** **30.【强制性规定的识别】** 合同法施行后，针对一些人民法院

续表

民法典合同编通则解释	关联规定
	动辄以违反法律、行政法规的强制性规定为由认定合同无效，不当扩大无效合同范围的情形，合同法司法解释（二）第14条将《合同法》第52条第5项规定的"强制性规定"明确限于"效力性强制性规定"。此后，《最高人民法院关于当前形势下审理民商事合同纠纷案件若干问题的指导意见》进一步提出了"管理性强制性规定"的概念，指出违反管理性强制性规定的，人民法院应当根据具体情形认定合同效力。随着这一概念的提出，审判实践中又出现了另一种倾向，有的人民法院认为凡是行政管理性质的强制性规定都属于"管理性强制性规定"，不影响合同效力。这种望文生义的认定方法，应予纠正。 人民法院在审理合同纠纷案件时，要依据《民法总则》第153条第1款和合同法司法解释（二）第14条的规定慎重判断"强制性规定"的性质，特别是要在考量强制性规定所保护的法益类型、违法行为的法律后果以及交易安全保护等因素的基础上认定其性质，并在裁判文书中充分说明理由。下列强制性规定，应当认定为"效力性强制性规定"：

续表

民法典合同编通则解释	关联规定
	强制性规定涉及金融安全、市场秩序、国家宏观政策等公序良俗的；交易标的禁止买卖的，如禁止人体器官、毒品、枪支等买卖；违反特许经营规定的，如场外配资合同；交易方式严重违法的，如违反招投标等竞争性缔约方式订立的合同；交易场所违法的，如在批准的交易场所之外进行期货交易。关于经营范围、交易时间、交易数量等行政管理性质的强制性规定，一般应当认定为“管理性强制性规定”。 ***《合同法解释二》（已废止）*** ***第14条*** *合同法第五十二条第（五）项规定的“强制性规定”，是指效力性强制性规定。* ***《合同法解释一》（已废止）*** ***第10条*** *当事人超越经营范围订立合同，人民法院不因此认定合同无效。但违反国家限制经营、特许经营以及法律、行政法规禁止经营规定的除外。*
第十九条【无权处分的合同效力】 以转让或者设定财产权利为目的的订立的合同，当事人或者真正权利人仅以让与人在订立合同时对标的物没有所有权或者处分权为由主张合同无效的，人民法院不予支持；因未取得真正权	**《民法典》** **第209条【不动产物权登记的效力】** 不动产物权的设立、变更、转让和消灭，经依法登记，发生效力；未经登记，不发生效力，但是法律另有规定的除外。 依法属于国家所有的自然资源，

续表

民法典合同编通则解释	关联规定
利人事后同意或者让与人事后未取得处分权导致合同不能履行，受让人主张解除合同并请求让与人承担违反合同的赔偿责任的，人民法院依法予以支持。 前款规定的合同被认定有效，且让与人已经将财产交付或者移转登记至受让人，真正权利人请求认定财产权利未发生变动或者请求返还财产的，人民法院应予支持。但是，受让人依据民法典第三百一十一条等规定善意取得财产权利的除外。 **解读：**就无权处分他人之物所订立的合同效力而言，民法典第597条尽管没有明确出卖人处分他人之物所订立的合同是否为有效合同，但通过条文可推知合同应是有效的。而民法典第215条亦从另一侧面显示出卖人对标的物没有所有权或者处分权时所订立的合同，原则上从合同的成立时生效。在无权处分情形下，虽然合同可被认定有效，但出卖人因未取得所有权或者处分权，标的物所有权一般不能转移。因此，在这种情况下，受让人即使依据有效的合同请求让与人履行合同，一般不应获得支持。此时，	所有权可以不登记。 **第215条【合同效力与物权变动区分】** 当事人之间订立有关设立、变更、转让和消灭不动产物权的合同，除法律另有规定或者当事人另有约定外，自合同成立时生效；未办理物权登记的，不影响合同效力。 **第224条【动产交付的效力】** 动产物权的设立和转让，自交付时发生效力，但是法律另有规定的除外。 **第311条【善意取得】** 无处分权人将不动产或者动产转让给受让人的，所有权人有权追回；除法律另有规定外，符合下列情形的，受让人取得该不动产或者动产的所有权： （一）受让人受让该不动产或者动产时是善意； （二）以合理的价格转让； （三）转让的不动产或者动产依照法律规定应当登记的已经登记，不需要登记的已经交付给受让人。 受让人依据前款规定取得不动产或者动产的所有权的，原所有权人有权向无处分权人请求损害赔偿。 当事人善意取得其他物权的，参照适用前两款规定。

续表

民法典合同编通则解释	关联规定
买受人可根据实际情况，因履行不能无法达到合同目的，要求解除买卖合同并请求行为人赔偿损失。当然，并非所有的无权处分下的合同均不能得到履行，一种例外为真正权利人予以追认或者让与人事后取得处分权的情况下，受让人即可请求让与人履行合同。但此种情况实际上已基于追认等行为将原来的“无权处分”变为“有权处分”。另一种例外则为受让人符合善意取得情形的要求。 **案例参考**：《中信银行股份有限公司东莞分行诉陈志华等金融借款合同纠纷案》【最高人民法院指导案例168号】 **案例要旨**：以不动产提供抵押担保，抵押人未依抵押合同约定办理抵押登记的，不影响抵押合同的效力。债权人依据抵押合同主张抵押人在抵押物的价值范围内承担违约赔偿责任的，人民法院应予支持。抵押权人对未能办理抵押登记有过错的，相应减轻抵押人的赔偿责任。 **案例参考**：《刘志兵诉卢志成财产权属纠纷案》【《最高人民法院公报》2008年第2期】 **案例要旨**：善意取得是指无处分权人将不动产或者动产转让给	**第597条【无权处分效力】** 因出卖人未取得处分权致使标的物所有权不能转移的，买受人可以解除合同并请求出卖人承担违约责任。 法律、行政法规禁止或者限制转让的标的物，依照其规定。 **第646条【买卖合同准用于有偿合同】** 法律对其他有偿合同有规定的，依照其规定；没有规定的，参照适用买卖合同的有关规定。 **《民法典担保制度解释》** **第37条** 当事人以所有权、使用权不明或者有争议的财产抵押，经审查构成无权处分的，人民法院应当依照民法典第三百一十一条的规定处理。 当事人以依法被查封或者扣押的财产抵押，抵押权人请求行使抵押权，经审查查封或者扣押措施已经解除的，人民法院应予支持。抵押人以抵押权设立时财产被查封或者扣押为由主张抵押合同无效的，人民法院不予支持。 以依法被监管的财产抵押的，适用前款规定。 ***《合同法解释二》（已废止）*** ***第15条*** *出卖人就同一标的物订立多重买卖合同，合同均不具*

续表

民法典合同编通则解释	关联规定
受让人，受让人是善意的且付出合理的价格，依法取得该不动产或者动产的所有权。因此，善意取得应当符合以下三个条件：受让人受让该动产时是善意的；以合理的价格受让；受让的动产依照法律规定应当登记的已经登记，不需要登记的已经交付给受让人。机动车虽然属于动产，但存在一些严格的管理措施使机动车不同于其他无须登记的动产。行为人未在二手机动车交易市场内交易取得他人合法所有的机动车，不能证明自己为善意并付出相应合理价格的，对其主张善意取得机动车所有权的请求，人民法院不予支持。	*有合同法第五十二条规定的无效情形，买受人因不能按照合同约定取得标的物所有权，请求追究出卖人违约责任的，人民法院应予支持。* *《买卖合同解释》* ***第3条（编者注：该条在该解释2020年修正时被删除）*** *当事人一方以出卖人在缔约时对标的物没有所有权或者处分权为由主张合同无效的，人民法院不予支持。* *出卖人因未取得所有权或者处分权致使标的物所有权不能转移，买受人要求出卖人承担违约责任或者要求解除合同并主张损害赔偿的，人民法院应予支持。*
第二十条【越权代表的合同效力】 法律、行政法规为限制法人的法定代表人或者非法人组织的负责人的代表权，规定合同所涉事项应当由法人、非法人组织的权力机构或者决策机构决议，或者应当由法人、非法人组织的执行机构决定，法定代表人、负责人未取得授权而以法人、非法人组织的名义订立合同，未尽到合理审查义务的相对人主张该合同对法人、非法人组织发生效力并由其承担违约责任的，人民法院	《民法典》 **第61条【法定代表人】** 依照法律或者法人章程的规定，代表法人从事民事活动的负责人，为法人的法定代表人。 法定代表人以法人名义从事的民事活动，其法律后果由法人承受。 法人章程或者法人权力机构对法定代表人代表权的限制，不得对抗善意相对人。 **第157条【民事法律行为无效、被撤销或确定不发生效力的法律后果】** 民事法律行为无效、

续表

民法典合同编通则解释	关联规定
不予支持，但是法人、非法人组织有过错的，可以参照民法典第一百五十七条的规定判决其承担相应的赔偿责任。相对人已尽到合理审查义务，构成表见代表的，人民法院应当依据民法典第五百零四条的规定处理。 合同所涉事项未超越法律、行政法规规定的法定代表人或者负责人的代表权限，但是超越法人、非法人组织的章程或者权力机构等对代表权的限制，相对人主张该合同对法人、非法人组织发生效力并由其承担违约责任的，人民法院依法予以支持。但是，法人、非法人组织举证证明相对人知道或者应当知道该限制的除外。 法人、非法人组织承担民事责任后，向有过错的法定代表人、负责人追偿因越权代表行为造成的损失的，人民法院依法予以支持。法律、司法解释对法定代表人、负责人的民事责任另有规定的，依照其规定。 **解读：**法人的法定代表人或者其他组织的负责人超越权限订立合同的，一般情况下代表行为有效，即所谓的“表见代表”。但在法律、行政法规为限制法人的法	被撤销或者确定不发生效力后，行为人因该行为取得的财产，应当予以返还；不能返还或者没有必要返还的，应当折价补偿。有过错的一方应当赔偿对方由此所受到的损失；各方都有过错的，应当各自承担相应的责任。法律另有规定的，依照其规定。 **第504条【越权订立的合同效力】** 法人的法定代表人或者非法人组织的负责人超越权限订立的合同，除相对人知道或者应当知道其超越权限外，该代表行为有效，订立的合同对法人或者非法人组织发生效力。 **《公司法》** **第16条** 公司向其他企业投资或者为他人提供担保，依照公司章程的规定，由董事会或者股东会、股东大会决议；公司章程对投资或者担保的总额及单项投资或者担保的数额有限额规定的，不得超过规定的限额。 公司为公司股东或者实际控制人提供担保的，必须经股东会或者股东大会决议。 前款规定的股东或者受前款规定的实际控制人支配的股东，不得参加前款规定事项的表决。该项表决由出席会议的其他股东所

续表

民法典合同编通则解释	关联规定
定代表人或者非法人组织的负责人的代表权，规定合同所涉事项应当由法人、非法人组织的权力机构或者决策机构决议，或者应当由法人、非法人组织的执行机构决定的情况下，相对人不能证明其已尽到合理审查义务的，而仍与之订立合同，则应认为存在“恶意”，此时没有对合同相对人加以保护的必要。但若法人、非法人组织有过错的，虽然不保护合同效力，但基于利益平衡角度，可参照民法典第157条判决法人、非法人组织赔偿一定损失。对法人的法定代表人、非法人组织的负责人的代表权的限制主要包括两种情形：一是意定限制，包括公司章程对代表权事先所作的一般性限制，以及股东会、股东大会等公司权力机构对代表权所作的个别限制。二是法定限制，即法律、行政法规对代表权所作的限制。需注意的是，意定限制仅具有内部效力，不得对抗善意相对人。换言之，在相对人善意的情况下，仍有构成表见代表的可能。与意定限制不同的是，法律、行政法规一经公布，推定所有人都应当知晓并遵守。因此，存在对代表权的法定限制的情形下，相对人	持表决权的过半数通过。 **《民法典担保制度解释》** **第7条** 公司的法定代表人违反公司法关于公司对外担保决议程序的规定，超越权限代表公司与相对人订立担保合同，人民法院应当依照民法典第六十一条和第五百零四条等规定处理： （一）相对人善意的，担保合同对公司发生效力；相对人请求公司承担担保责任的，人民法院应予支持。 （二）相对人非善意的，担保合同对公司不发生效力；相对人请求公司承担赔偿责任的，参照适用本解释第十七条的有关规定。 法定代表人超越权限提供担保造成公司损失，公司请求法定代表人承担赔偿责任的，人民法院应予支持。 第一款所称善意，是指相对人在订立担保合同时不知道且不应当知道法定代表人超越权限。相对人有证据证明已对公司决议进行了合理审查，人民法院应当认定其构成善意，但是公司有证据证明相对人知道或者应当知道决议系伪造、变造的除外。 **《全国法院民商事审判工作会议纪要》** **17.** 为防止法定代表人随意代

续表

民法典合同编通则解释	关联规定
一般不能以不知道该法定限制为由主张其属于善意而构成表见代表。值得注意的是，虽然合同涉及的事项并未超过法定代表人或者非法人组织负责人的代表权限，但是超越法人、非法人组织章程或者权力机构对法定代表人、负责人代表权进行的限制，此种情形应认为属于学理上的意定限制。该种情形下法定代表人、负责人的代表权的限制来源于组织体内部，其效力具有相对性，一般不能对抗善意第三人，但确有证据证明相对人知道或者应当知道该限制的除外。 **案例参考：**《招商银行股份有限公司大连东港支行与大连振邦氟涂料股份有限公司、大连振邦集团有限公司借款合同纠纷案》【《最高人民法院公报》2015年第2期】 **案例要旨：**公司法第16条第2款规定，公司为公司股东或者实际控制人提供担保的，必须经股东会或者股东大会决议。该条款是关于公司内部控制管理的规定，不应以此作为评价合同效力的依据。担保人抗辩认为其法定代表人订立抵押合同的行为超越代表权，债权人以其对相关股东会决议履行了形式审查义务，主张担保人的法定代表人构成表见代表的，人民法院应予支持。	表公司为他人提供担保给公司造成损失，损害中小股东利益，《公司法》第16条对法定代表人的代表权进行了限制。根据该条规定，担保行为不是法定代表人所能单独决定的事项，而必须以公司股东（大）会、董事会等公司机关的决议作为授权的基础和来源。法定代表人未经授权擅自为他人提供担保的，构成越权代表，人民法院应当根据《合同法》第50条关于法定代表人越权代表的规定，区分订立合同时债权人是否善意分别认定合同效力：债权人善意的，合同有效；反之，合同无效。 **18.** 前条所称的善意，是指债权人不知道或者不应当知道法定代表人超越权限订立担保合同。《公司法》第16条对关联担保和非关联担保的决议机关作出了区别规定，相应地，在善意的判断标准上也应当有所区别。一种情形是，为公司股东或者实际控制人提供关联担保，《公司法》第16条明确规定必须由股东（大）会决议，未经股东（大）会决议，构成越权代表。在此情况下，债权人主张担保合同有效，应当提供证据证明其在订立合同时对股东（大）会决议进行了审查，决议

续表

民法典合同编通则解释	关联规定
	的表决程序符合《公司法》第16条的规定，即在排除被担保股东表决权的情况下，该项表决由出席会议的其他股东所持表决权的过半数通过，签字人员也符合公司章程的规定。另一种情形是，公司为公司股东或者实际控制人以外的人提供非关联担保，根据《公司法》第16条的规定，此时由公司章程规定是由董事会决议还是股东（大）会决议。无论章程是否对决议机关作出规定，也无论章程规定决议机关为董事会还是股东（大）会，根据《民法总则》第61条第3款关于"法人章程或者法人权力机构对法定代表人代表权的限制，不得对抗善意相对人"的规定，只要债权人能够证明其在订立担保合同时对董事会决议或者股东（大）会决议进行了审查，同意决议的人数及签字人员符合公司章程的规定，就应当认定其构成善意，但公司能够证明债权人明知公司章程对决议机关有明确规定的除外。 债权人对公司机关决议内容的审查一般限于形式审查，只要求尽到必要的注意义务即可，标准不宜太过严苛。公司以机关决议系法定代表人伪造或者变造、决

续表

民法典合同编通则解释	关联规定
	议程序违法、签章（名）不实、担保金额超过法定限额等事由抗辩债权人非善意的，人民法院一般不予支持。但是，公司有证据证明债权人明知决议系伪造或者变造的除外。 20. 依据前述3条规定，担保合同有效，债权人请求公司承担担保责任的，人民法院依法予以支持；担保合同无效，债权人请求公司承担担保责任的，人民法院不予支持，但可以按照担保法及有关司法解释关于担保无效的规定处理。公司举证证明债权人明知法定代表人超越权限或者机关决议系伪造或者变造，债权人请求公司承担合同无效后的民事责任的，人民法院不予支持。 21. 法定代表人的越权担保行为给公司造成损失，公司请求法定代表人承担赔偿责任的，人民法院依法予以支持。公司没有提起诉讼，股东依据《公司法》第151条的规定请求法定代表人承担赔偿责任的，人民法院依法予以支持。 ***《合同法》（已废止）*** ***第50条*** *法人或者其他组织的法定代表人、负责人超越权限订立的合同，除相对人知道或者应当知道其超越权限的以外，该代表行为有效。*

续表

民法典合同编通则解释	关联规定
	《担保法解释》(已废止) ***第11条*** *法人或者其他组织的法定代表人、负责人超越权限订立的担保合同,除相对人知道或者应当知道其超越权限的以外,该代表行为有效。*
第二十一条【职务代理与合同效力】 法人、非法人组织的工作人员就超越其职权范围的事项以法人、非法人组织的名义订立合同,相对人主张该合同对法人、非法人组织发生效力并由其承担违约责任的,人民法院不予支持。但是,法人、非法人组织有过错的,人民法院可以参照民法典第一百五十七条的规定判决其承担相应的赔偿责任。前述情形,构成表见代理的,人民法院应当依据民法典第一百七十二条的规定处理。 合同所涉事项有下列情形之一的,人民法院应当认定法人、非法人组织的工作人员在订立合同时超越其职权范围: (一)依法应当由法人、非法人组织的权力机构或者决策机构决议的事项; (二)依法应当由法人、非法人组织的执行机构决定的事项; (三)依法应当由法定代表人、	《民法典》 **第61条【法定代表人】** 依照法律或者法人章程的规定,代表法人从事民事活动的负责人,为法人的法定代表人。 法定代表人以法人名义从事的民事活动,其法律后果由法人承受。 法人章程或者法人权力机构对法定代表人代表权的限制,不得对抗善意相对人。 **第157条【民事法律行为无效、被撤销或确定不发生效力的法律后果】** 民事法律行为无效、被撤销或者确定不发生效力后,行为人因该行为取得的财产,应当予以返还;不能返还或者没有必要返还的,应当折价补偿。有过错的一方应当赔偿对方由此所受到的损失;各方都有过错的,应当各自承担相应的责任。法律另有规定的,依照其规定。 **第170条【职务代理】** 执行法人或者非法人组织工作任务

续表

民法典合同编通则解释	关联规定
负责人代表法人、非法人组织实施的事项； （四）不属于通常情形下依其职权可以处理的事项。 合同所涉事项未超越依据前款确定的职权范围，但是超越法人、非法人组织对工作人员职权范围的限制，相对人主张该合同对法人、非法人组织发生效力并由其承担违约责任的，人民法院应予支持。但是，法人、非法人组织举证证明相对人知道或者应当知道该限制的除外。 法人、非法人组织承担民事责任后，向故意或者有重大过失的工作人员追偿的，人民法院依法予以支持。 **解读：**法人、非法人组织的意志不但可以通过代表制度表达，亦可以通过代理制度表达，即法人或非法人组织的员工基于其职务而享有职务范围的代理权，其实施的相关行为法律效果归属其所在的法人或者非法人组织承受。而超越职权范围限制的代理，需看相对人是否善意，进而认定代理行为是否有效。若职务代理人无代理权而作出代理行为，应适用民法典第171条规定的无权代理	的人员，就其职权范围内的事项，以法人或者非法人组织的名义实施的民事法律行为，对法人或者非法人组织发生效力。 法人或者非法人组织对执行其工作任务的人员职权范围的限制，不得对抗善意相对人。 **第171条【无权代理】** 行为人没有代理权、超越代理权或者代理权终止后，仍然实施代理行为，未经被代理人追认的，对被代理人不发生效力。 相对人可以催告被代理人自收到通知之日起三十日内予以追认。被代理人未作表示的，视为拒绝追认。行为人实施的行为被追认前，善意相对人有撤销的权利。撤销应当以通知的方式作出。 行为人实施的行为未被追认的，善意相对人有权请求行为人履行债务或者就其受到的损害请求行为人赔偿。但是，赔偿的范围不得超过被代理人追认时相对人所能获得的利益。 相对人知道或者应当知道行为人无权代理的，相对人和行为人按照各自的过错承担责任。 **第172条【表见代理】** 行为人没有代理权、超越代理权或者代理权终止后，仍然实施代理行

续表

民法典合同编通则解释	关联规定
规则。而在相对人有理由相信行为人有代理权，因而为善意的情形中，表见代理成立，适用民法典第 172 条，由作为被代理人的法人或非法人组织承担代理行为的后果，以保护相对人的利益。民法典第 170 条第 2 款仅规定了表见代理中超越代理权类型中的一种，实际上其属于表见代理的特殊规定。之所以通过民法典第 170 条第 2 款作出特殊规定，原因在于职务代理情形下表见代理构成的特殊性，即只要职务代理人无代理权且相对人为善意，表见代理就会成立，不会让表见代理的其他可能构成要件阻碍表见代理的成立。针对职务代理中超越职权范围的常见情形，本条第 2 款作了明确。此外，与前条类似，同样基于利益平衡角度，在否认合同效力的情况下，可参照民法典第 157 条判决有过错的法人、非法人组织赔偿一定损失。 **案例参考：**《工程公司诉实业公司建设工程施工合同纠纷案》【姚建军，《人民司法·案例》2020 年第 23 期】 **案例要旨：**职务代理是依照劳动或雇佣关系取得的代理权，依据职权对外执行法人工作任务，	为，相对人有理由相信行为人有代理权的，代理行为有效。 **第 503 条【被代理人对无权代理合同的追认】**　无权代理人以被代理人的名义订立合同，被代理人已经开始履行合同义务或者接受相对人履行的，视为对合同的追认。 **《民法典总则编解释》** **第 27 条**　无权代理行为未被追认，相对人请求行为人履行债务或者赔偿损失的，由行为人就相对人知道或者应当知道行为人无权代理承担举证责任。行为人不能证明的，人民法院依法支持相对人的相应诉讼请求；行为人能够证明的，人民法院应当按照各自的过错认定行为人与相对人的责任。 ***《合同法解释二》（已废止）*** ***第 13 条***　*被代理人依照合同法第四十九条的规定承担有效代理行为所产生的责任后，可以向无权代理人追偿因代理行为而遭受的损失。*

续表

民法典合同编通则解释	关联规定
其自然享有相应的代理权，无须法人再次单独授权；承包方的项目经理作为其公司负责人以承包方的名义与发包方签订施工合同后，按约履行义务，项目经理应视为执行承包方工作任务的人员；项目经理与发包人签订的工程造价结算凭证属职务代理行为，民事责任应由承包方承担。	
第二十二条【印章与合同效力】 法定代表人、负责人或者工作人员以法人、非法人组织的名义订立合同且未超越权限，法人、非法人组织仅以合同加盖的印章不是备案印章或者系伪造的印章为由主张该合同对其不发生效力的，人民法院不予支持。 合同系以法人、非法人组织的名义订立，但是仅有法定代表人、负责人或者工作人员签名或者按指印而未加盖法人、非法人组织的印章，相对人能够证明法定代表人、负责人或者工作人员在订立合同时未超越权限的，人民法院应当认定合同对法人、非法人组织发生效力。但是，当事人约定以加盖印章作为合同成立条件的除外。 合同仅加盖法人、非法人组织的印章而无人员签名或者按指	《民法典》 **第61条【法定代表人的定义及行为的法律后果】** 依照法律或者法人章程的规定，代表法人从事民事活动的负责人，为法人的法定代表人。 法定代表人以法人名义从事的民事活动，其法律后果由法人承受。 法人章程或者法人权力机构对法定代表人代表权的限制，不得对抗善意相对人。 **第105条【非法人组织的代表人】** 非法人组织可以确定一人或者数人代表该组织从事民事活动。 **第165条【授权委托书】** 委托代理授权采用书面形式的，授权委托书应当载明代理人的姓名或者名称、代理事项、权限和期限，并由被代理人签名或者盖章。

续表

民法典合同编通则解释	关联规定
印，相对人能够证明合同系法定代表人、负责人或者工作人员在其权限范围内订立的，人民法院应当认定该合同对法人、非法人组织发生效力。 在前三款规定的情形下，法定代表人、负责人或者工作人员在订立合同时虽然超越代表或者代理权限，但是依据民法典第五百零四条的规定构成表见代表，或者依据民法典第一百七十二条的规定构成表见代理的，人民法院应当认定合同对法人、非法人组织发生效力。 **解读：**以法人、非法人组织的名义订立合同的相关主体的权利来源划分，主要分为两种：一是基于代表行为；二是基于代理行为。但无论哪一种情形，自然人在合同书上加盖印章的行为表明，该行为是职务行为而非个人行为，应由法人、非法人承担法律后果。既然盖章行为的本质在于表明行为人从事的是职务行为，而从事职务行为的前提是，该自然人要么享有代表权，要么享有代理权。只要享有代表权或享有代理权的自然人订立合同的行为属于权限内范围的行为，一般而言，无论	**第170条【职务代理】** 执行法人或者非法人组织工作任务的人员，就其职权范围内的事项，以法人或者非法人组织的名义实施的民事法律行为，对法人或者非法人组织发生效力。 法人或者非法人组织对执行其工作任务的人员职权范围的限制，不得对抗善意相对人。 **第172条【表见代理】** 行为人没有代理权、超越代理权或者代理权终止后，仍然实施代理行为，相对人有理由相信行为人有代理权的，代理行为有效。 **第490条【合同成立时间】** 当事人采用合同书形式订立合同的，自当事人均签名、盖章或者按指印时合同成立。在签名、盖章或者按指印之前，当事人一方已经履行主要义务，对方接受时，该合同成立。 法律、行政法规规定或者当事人约定合同应当采用书面形式订立，当事人未采用书面形式但是一方已经履行主要义务，对方接受时，该合同成立。 **第504条【越权订立的合同效力】** 法人的法定代表人或者非法人组织的负责人超越权限订立的合同，除相对人知道或者应当知

续表

民法典合同编通则解释	关联规定
是签名（按指印）与加盖印章有其一即可认定合同效力。本条第2、3款的规定即是如此。实际上，有代表权或代理权的人盖章确认的合同，自然对法人、非法人组织具有约束力。而无代表权或代理权人加盖的印章，即便是真印章，也不能产生合同有效的预期效果。对合同相对人来说，有合同书加盖印章的情况下，其可以信赖印章显示的主体为合同当事人，并推定合同记载的条款系该主体作出的意思表示。至于该意思表示是否自愿真实，盖章之人有无代表权或代理权等问题，均不能通过盖章行为本身直接得到确认。可见，印章之于合同的效力，关键不在印章的真假，而在于盖章之人有无代表权或代理权。盖章之人为法定代表人、非法人组织负责人或工作人员等有权代理人的，即便其未在合同上盖印章或者加盖的为非备案印章甚至为假印章，只要其在合同书上的签字是真实的，或能够证明该假章是其自己加盖或同意他人加盖的，仍应作为法人、非法人组织行为，由法人、非法人组织承担法律后果。当然，对约定以“加盖印章为合同成立条件的”，未加盖印章则将影响合同	道其超越权限外，该代表行为有效，订立的合同对法人或者非法人组织发生效力。 **《全国法院民商事审判工作会议纪要》** **41.【盖章行为的法律效力】** 司法实践中，有些公司有意刻制两套甚至多套公章，有的法定代表人或者代理人甚至私刻公章，订立合同时恶意加盖非备案的公章或者假公章，发生纠纷后法人以加盖的是假公章为由否定合同效力的情形并不鲜见。人民法院在审理案件时，应当主要审查签约人于盖章之时有无代表权或者代理权，从而根据代表或者代理的相关规则来确定合同的效力。 法定代表人或者其授权之人在合同上加盖法人公章的行为，表明其是以法人名义签订合同，除《公司法》第16条等法律对其职权有特别规定的情形外，应当由法人承担相应的法律后果。法人以法定代表人事后已无代表权、加盖的是假章、所盖之章与备案公章不一致等为由否定合同效力的，人民法院不予支持。 代理人以被代理人名义签订合同，要取得合法授权。代理人取得合法授权后，以被代理人名义

续表

民法典合同编通则解释	关联规定
成立。反之，盖章之人如无代表权或超越代理权的，则即便加盖的是真印章，该合同仍然可能会因为无权代表或无权代理而最终归于无效。但也存在例外情况，即相对人为善意的情形。 **案例参考**：《混凝土公司诉建设集团青海分公司、建设集团、矿业公司等民间借贷纠纷案》【（2019）最高法民终1535号】 **案例要旨**：合同是否成立，应当根据订立合同的签约人于盖章之时有无代表权或者代理权，或者交易相对人是否有合理理由相信签约人有权代表公司或代理公司进行相关民事行为来确定，不应仅以加盖的印章印文是否真实作为判断合同是否成立的标准。公司股东如未在公司任职亦无公司授权，仅以公司股东身份签订合同，不足以成为相对人相信其在合同中签字盖章的行为系职务行为或有权代理的合理理由。	签订的合同，应当由被代理人承担责任。被代理人以代理人事后已无代理权、加盖的是假章、所盖之章与备案公章不一致等为由否定合同效力的，人民法院不予支持。 ***《合同法解释二》（已废止）*** ***第5条*** *当事人采用合同书形式订立合同的，应当签字或者盖章。当事人在合同书上摁手印的，人民法院应当认定其具有与签字或者盖章同等的法律效力。* ***《合同法解释一》（已废止）*** ***第10条*** *当事人超越经营范围订立合同，人民法院不因此认定合同无效。但违反国家限制经营、特许经营以及法律、行政法规禁止经营规定的除外。*
第二十三条【代表人或者代理人与相对人恶意串通】 法定代表人、负责人或者代理人与相对人恶意串通，以法人、非法人组织的名义订立合同，损害法人、非法人组织的合法权益，法人、非法人组织主张不承担民事责任的，	《民法典》 **第84条【限制不当利用关联关系】** 营利法人的控股出资人、实际控制人、董事、监事、高级管理人员不得利用其关联关系损害法人的利益；利用关联关系造成法人损失的，应当承担赔偿责任。

续表

民法典合同编通则解释	关联规定
人民法院应予支持。法人、非法人组织请求法定代表人、负责人或者代理人与相对人对因此受到的损失承担连带赔偿责任的，人民法院应予支持。 根据法人、非法人组织的举证，综合考虑当事人之间的交易习惯、合同在订立时是否显失公平、相关人员是否获取了不正当利益、合同的履行情况等因素，人民法院能够认定法定代表人、负责人或者代理人与相对人存在恶意串通的高度可能性的，可以要求前述人员就合同订立、履行的过程等相关事实作出陈述或者提供相应的证据。其无正当理由拒绝作出陈述，或者所作陈述不具合理性又不能提供相应证据的，人民法院可以认定恶意串通的事实成立。 **解读**：无论是法定代表人或负责人的代表行为，还是执行工作任务的人员的代理行为，背后的合同主体均是法人、非法人组织。而法人、非法人组织的法定代表人或负责人、执行工作任务的人员在订立合同时与相对人恶意串通损害的正是法人、非法人组织的合法权益。在这种情况下订	**第154条【恶意串通的民事法律行为的效力】** 行为人与相对人恶意串通，损害他人合法权益的民事法律行为无效。 **第157条【民事法律行为无效、被撤销或确定不发生效力的法律后果】** 民事法律行为无效、被撤销或者确定不发生效力后，行为人因该行为取得的财产，应当予以返还；不能返还或者没有必要返还的，应当折价补偿。有过错的一方应当赔偿对方由此所受到的损失；各方都有过错的，应当各自承担相应的责任。法律另有规定的，依照其规定。 **第164条【代理人不当行为的法律后果】** 代理人不履行或者不完全履行职责，造成被代理人损害的，应当承担民事责任。 代理人和相对人恶意串通，损害被代理人合法权益的，代理人和相对人应当承担连带责任。 **《公司法》** **第21条** 公司的控股股东、实际控制人、董事、监事、高级管理人员不得利用其关联关系损害公司利益。 违反前款规定，给公司造成损失的，应当承担赔偿责任。 **第149条** 董事、监事、高级

续表

民法典合同编通则解释	关联规定
立的合同显然应认为不符合法人、非法人组织的真实意思，认定法人、非法人组织不因此而承担民事责任，相较以民法典第 154 条为依据直接认定无效，更有利于保护各相关方的合法利益，更为合适。此外，针对该恶意串通行为给法人、非法人组织造成的损失，由于串通是指双方在主观上有共同的意思联络；恶意是指双方都明知或者应知其实施的行为会造成被代理人合法权益的损害还故意为之；恶意串通就是双方串通在一起，共同实施某种行为来损害被代理人的合法权益。故双方应为连带责任。	管理人员执行公司职务时违反法律、行政法规或者公司章程的规定，给公司造成损失的，应当承担赔偿责任。
第二十四条【合同不成立、无效、被撤销或者确定不发生效力的法律后果】 合同不成立、无效、被撤销或者确定不发生效力，当事人请求返还财产，经审查财产能够返还的，人民法院应当根据案件具体情况，单独或者合并适用返还占有的标的物、更正登记簿册记载等方式；经审查财产不能返还或者没有必要返还的，人民法院应当以认定合同不成立、无效、被撤销或者确定不发生效力之日该财产的市场价值或者以其他合理方式计算的价值为基准判决折价补偿。	《民法典》 **第 508 条【合同效力援引】** 本编对合同的效力没有规定的，适用本法第一编第六章的有关规定。 **第 157 条【民事法律行为无效、被撤销或确定不发生效力的法律后果】** 民事法律行为无效、被撤销或者确定不发生效力后，行为人因该行为取得的财产，应当予以返还；不能返还或者没有必要返还的，应当折价补偿。有过错的一方应当赔偿对方由此所受到的损失；各方都有过错的，应当

续表

民法典合同编通则解释	关联规定
除前款规定的情形外，当事人还请求赔偿损失的，人民法院应当结合财产返还或者折价补偿的情况，综合考虑财产增值收益和贬值损失、交易成本的支出等事实，按照双方当事人的过错程度及原因力大小，根据诚信原则和公平原则，合理确定损失赔偿额。 合同不成立、无效、被撤销或者确定不发生效力，当事人的行为涉嫌违法且未经处理，可能导致一方或者双方通过违法行为获得不当利益的，人民法院应当向有关行政管理部门提出司法建议。当事人的行为涉嫌犯罪的，应当将案件线索移送刑事侦查机关；属于刑事自诉案件的，应当告知当事人可以向有管辖权的人民法院另行提起诉讼。 **解读**：本条法律后果针对情形包括合同不成立、无效、被撤销或者确定不生效的情形。所谓确定不生效力，是指合同虽已成立，但由于生效条件确定无法具备而不能生效的情况。其主要包括两种：一是法律、行政法规规定须经批准生效的，因未经批准而无法生效；二是附条件生效的，	各自承担相应的责任。法律另有规定的，依照其规定。 **《民法典总则编解释》** **第23条**　民事法律行为不成立，当事人请求返还财产、折价补偿或者赔偿损失的，参照适用民法典第一百五十七条的规定。 **《全国法院民商事审判工作会议纪要》** **32.【合同不成立、无效或者被撤销的法律后果】**《合同法》第58条就合同无效或者被撤销时的财产返还责任和损害赔偿责任作了规定，但未规定合同不成立的法律后果。考虑到合同不成立时也可能发生财产返还和损害赔偿责任问题，故应当参照适用该条的规定。 在确定合同不成立、无效或者被撤销后财产返还或者折价补偿范围时，要根据诚实信用原则的要求，在当事人之间合理分配，不能使不诚信的当事人因合同不成立、无效或者被撤销而获益。合同不成立、无效或者被撤销情况下，当事人所承担的缔约过失责任不应超过合同履行利益。比如，依据《最高人民法院关于审理建设工程施工合同纠纷案件适用法律问题的解释》第2条规定，

续表

民法典合同编通则解释	关联规定
生效条件确定无法具备。在合同不成立、无效、被撤销或者确定不生效的情形下，将产生返还财产、折价补偿、赔偿损失等法律后果。本条在参考全国法院民商事审判工作会议纪要相关规定的基础上，对合同不成立、无效、被撤销或者确定不生效后的返还财产、折价补偿、赔偿损失责任的确定作了相对明确的规定。另，合同不成立、无效、被撤销或者确定不生效的法律后果并非仅限于返还财产、折价补偿以及损失赔偿等民事责任。针对特定情形下的合同不成立、无效、被撤销或者确定不生效情形，如涉及批准生效的合同、阴阳合同、名实不符的合同、违反强制性规定的合同、需承担公法责任的合同、违反地方性法规或行政规章的合同，还多会涉及行政审批、行政处罚等行政行为。法院在民事案件审理中发现当事人的违法行为未经行政管理部门处理的，人民法院应践行能动司法理念，主动向相关行政主管部门发出司法建议，以避免出现当事人的违法行为既未受到合同效力的否定评价也未受到行政主管部门处理的不合理现象。此外，若合同相关行为	建设工程施工合同无效，在建设工程经竣工验收合格情况下，可以参照合同约定支付工程款，但除非增加了合同约定之外新的工程项目，一般不应超出合同约定支付工程款。 **33.【财产返还与折价补偿】** 合同不成立、无效或者被撤销后，在确定财产返还时，要充分考虑财产增值或者贬值的因素。双务合同不成立、无效或者被撤销后，双方因该合同取得财产的，应当相互返还。应予返还的股权、房屋等财产相对于合同约定价款出现增值或者贬值的，人民法院要综合考虑市场因素、受让人的经营或者添附等行为与财产增值或者贬值之间的关联性，在当事人之间合理分配或者分担，避免一方因合同不成立、无效或者被撤销而获益。在标的物已经灭失、转售他人或者其他无法返还的情况下，当事人主张返还原物的，人民法院不予支持，但其主张折价补偿的，人民法院依法予以支持。折价时，应当以当事人交易时约定的价款为基础，同时考虑当事人在标的物灭失或者转售时的获益情况综合确定补偿标准。标的物灭失时当事人获得的保险金或者其他赔偿金，转售时取得的对价，均属于当事人因标的物而获得的利益。对获

续表

民法典合同编通则解释	关联规定
涉嫌犯罪的，法院亦应将案件线索移送至刑事侦查机关，属于刑事自诉案件的，告知当事人可向有管辖权的法院另行提起诉讼。	益高于或者低于价款的部分，也应当在当事人之间合理分配或者分担。 **34.【价款返还】** 双务合同不成立、无效或者被撤销时，标的物返还与价款返还互为对待给付，双方应当同时返还。关于应否支付利息问题，只要一方对标的物有使用情形的，一般应当支付使用费，该费用可与占有价款一方应当支付的资金占用费相互抵销，故在一方返还原物前，另一方仅须支付本金，而无须支付利息。 **35.【损害赔偿】** 合同不成立、无效或者被撤销时，仅返还财产或者折价补偿不足以弥补损失，一方还可以向有过错的另一方请求损害赔偿。在确定损害赔偿范围时，既要根据当事人的过错程度合理确定责任，又要考虑在确定财产返还范围时已经考虑过的财产增值或者贬值因素，避免双重获利或者双重受损的现象发生。 *《合同法》（已废止）* ***第58条*** *合同无效或者被撤销后，因该合同取得的财产，应当予以返还；不能返还或者没有必要返还的，应当折价补偿。有过错的一方应当赔偿对方因此所受到的损失，双方都有过错的，应当各自承担相应的责任。*

续表

民法典合同编通则解释	关联规定
第二十五条【价款返还及其利息计算】 合同不成立、无效、被撤销或者确定不发生效力，有权请求返还价款或者报酬的当事人一方请求对方支付资金占用费的，人民法院应当在当事人请求的范围内按照中国人民银行授权全国银行间同业拆借中心公布的一年期贷款市场报价利率（LPR）计算。但是，占用资金的当事人对于合同不成立、无效、被撤销或者确定不发生效力没有过错的，应当以中国人民银行公布的同期同类存款基准利率计算。 双方互负返还义务，当事人主张同时履行的，人民法院应予支持；占有标的物的一方对标的物存在使用或者依法可以使用的情形，对方请求将其应支付的资金占用费与应收取的标的物使用费相互抵销的，人民法院应予支持，但是法律另有规定的除外。 **解读：**前条涉及的是合同不成立、无效、被撤销或者确定不生效情形下的返还财产、折价补偿、损害赔偿责任，本条则是另一种责任形态，即价款返还。就价款、报酬的资金占用费应否返还而言，除借款合同体现为利息	《民法典》 **第157条【民事法律行为无效、被撤销或确定不发生效力的法律后果】** 民事法律行为无效、被撤销或者确定不发生效力后，行为人因该行为取得的财产，应当予以返还；不能返还或者没有必要返还的，应当折价补偿。有过错的一方应当赔偿对方由此所受到的损失；各方都有过错的，应当各自承担相应的责任。法律另有规定的，依照其规定。 **第561条【费用、利息、主债务抵充顺序】** 债务人在履行主债务外还应当支付利息和实现债权的有关费用，其给付不足以清偿全部债务的，除当事人另有约定外，应当按照下列顺序履行： （一）实现债权的有关费用； （二）利息； （三）主债务。 **第568条【债务法定抵销】** 当事人互负债务，该债务的标的物种类、品质相同的，任何一方可以将自己的债务与对方的到期债务抵销；但是，根据债务性质、按照当事人约定或者依照法律规定不得抵销的除外。 当事人主张抵销的，应当通知对方。通知自到达对方时生效。

续表

民法典合同编通则解释	关联规定
之外，买卖、租赁等合同中一方当事人支付的价款，亦往往是以对价的形式出现的，对其的资金占用费，本条认定应予返还。资金占用费的标准，商事活动中，原则上应参照贷款利率确定资金占用损失。故本条明确在当事人请求范围内按照一年期贷款市场报价利率（LPR）计算资金占用费。但以利率计算资金占用费并非绝对，除了当事人另有约定外，还有一种例外情形：占用资金的当事人对于合同不成立、无效、被撤销或者确定不生效没有过错的，则以中国人民银行公布的同期同类存款基准利率计算，以体现公平原则。此外，在双务合同下，价款或报酬的支付与标的物的交付构成对待给付。即便在合同无效、被撤销、不成立以及被确定不生效的情况下，双方负有的返还义务仍然构成对待给付。虽然二者返还的请求权基础并不一致，但在当事人未就返还事宜作出特别约定的情况下，仍应同时履行。当然，在占有标的物一方使用标的物或依法可以使用的情况下，资金占用费与标的物使用费亦可抵销。	抵销不得附条件或者附期限。 **第569条【债务约定抵销】** 当事人互负债务，标的物种类、品质不相同的，经协商一致，也可以抵销。 **第579条【金钱债务实际履行责任】** 当事人一方未支付价款、报酬、租金、利息，或者不履行其他金钱债务的，对方可以请求其支付。 **《民法典总则编解释》** **第23条** 民事法律行为不成立，当事人请求返还财产、折价补偿或者赔偿损失的，参照适用民法典第一百五十七条的规定。 **《全国法院民商事审判工作会议纪要》** **34.【价款返还】** 双务合同不成立、无效或者被撤销时，标的物返还与价款返还互为对待给付，双方应当同时返还。关于应否支付利息问题，只要一方对标的物有使用情形的，一般应当支付使用费，该费用可与占有价款一方应当支付的资金占用费相互抵销，故在一方返还原物前，另一方仅须支付本金，而无须支付利息。 **43.【抵销】** 抵销权既可以通知的方式行使，也可以提出抗辩

续表

民法典合同编通则解释	关联规定
	或者提起反诉的方式行使。抵销的意思表示自到达对方时生效，抵销一经生效，其效力溯及自抵销条件成就之时，双方互负的债务在同等数额内消灭。双方互负的债务数额，是截至抵销条件成就之时各自负有的包括主债务、利息、违约金、赔偿金等在内的全部债务数额。行使抵销权一方享有的债权不足以抵销全部债务数额，当事人对抵销顺序又没有特别约定的，应当根据实现债权的费用、利息、主债务的顺序进行抵销。 **《民间借贷解释》** **第25条** 出借人请求借款人按照合同约定利率支付利息的，人民法院应予支持，但是双方约定的利率超过合同成立时一年期贷款市场报价利率四倍的除外。 前款所称“一年期贷款市场报价利率”，是指中国人民银行授权全国银行间同业拆借中心自2019年8月20日起每月发布的一年期贷款市场报价利率。
四、合同的履行	
第二十六条【从给付义务的履行与救济】 当事人一方未根据法律规定或者合同约定履行开具发票、提供证明文件等非主要	**《民法典》** **第509条【合同履行的原则】** 当事人应当按照约定全面履行自己的义务。

续表

民法典合同编通则解释	关联规定
债务，对方请求继续履行该债务并赔偿因怠于履行该债务造成的损失的，人民法院依法予以支持；对方请求解除合同的，人民法院不予支持，但是不履行该债务致使不能实现合同目的或者当事人另有约定的除外。 **解读**：给付义务分为主给付义务和从给付义务等类型。主给付义务，是决定合同性质和类型的依据，因此是决定合同成立的必备内容，合同未约定主给付义务或者约定不明确且难以通过补充方法予以明确的，合同不成立。从给付义务系补助主给付义务，保障合同目的的圆满实现。按照全面履行原则的要求，当事人应当履行的义务不限于合同的主要义务，对于当事人约定的其他义务，当事人也应当按照约定履行。民法典第599条规定了出卖人在买卖合同中的从义务，即除交付标的物、转移所有权外，出卖人还应按照约定或者交易习惯，向买受人交付提取标的物的单证以外的有关单证和资料。买卖合同作为常见的典型合同，法律对其他合同没有规定的，参照适用买卖合同规定。违反从给付义务也构成	当事人应当遵循诚信原则，根据合同的性质、目的和交易习惯履行通知、协助、保密等义务。 当事人在履行合同过程中，应当避免浪费资源、污染环境和破坏生态。 **第563条第1款【合同法定解除】** 有下列情形之一的，当事人可以解除合同： ……（四）当事人一方迟延履行债务或者有其他违约行为致使不能实现合同目的的…… **第577条【违约责任】** 当事人一方不履行合同义务或者履行合同义务不符合约定的，应当承担继续履行、采取补救措施或者赔偿损失等违约责任。 **第598条【出卖人主给付义务】** 出卖人应当履行向买受人交付标的物或者交付提取标的物的单证，并转移标的物所有权的义务。 **第599条【出卖人从给付义务】** 出卖人应当按照约定或者交易习惯向买受人交付提取标的物单证以外的有关单证和资料。 **第646条【买卖合同准用于有偿合同】** 法律对其他有偿合同有规定的，依照其规定；没有规定的，参照适用买卖合同的有关规定。

续表

民法典合同编通则解释	关联规定
违约，责任形式包括继续履行、采取补救措施或者赔偿损失等，但主要还是继续履行、赔偿损失。就违反从给付义务能否解除合同的问题。一般而言，违反从给付义务不认为属于根本违约，但也存在特殊情况。只要违反从给付义务导致守约方根据合同有权获得的东西完全落空，合同目的无法实现（根本违约），则合同继续存续的基础已经不复存在，应允许买受人通过合同解除制度早日从合同关系中解放出来。 **案例参考：**《纺织公司诉织造厂买卖合同纠纷案》【最高人民法院中国应用法学研究所编：《人民法院案例选》（总第80辑），人民法院出版社2012年版，第171页】 **案例要旨：**买卖合同中，销售方有开具增值税发票的法定义务，但如因销售方原因，导致增值税发票未能有效交付至买受方手中，致使买受方无法申报抵扣，造成损失的，买受方可要求销售方赔偿其损失。	《买卖合同解释》 **第4条** 民法典第五百九十九条规定的“提取标的物单证以外的有关单证和资料”，主要应当包括保险单、保修单、普通发票、增值税专用发票、产品合格证、质量保证书、质量鉴定书、品质检验证书、产品进出口检疫书、原产地证明书、使用说明书、装箱单等。 **第19条** 出卖人没有履行或者不当履行从给付义务，致使买受人不能实现合同目的，买受人主张解除合同的，人民法院应当根据民法典第五百六十三条第一款第四项的规定，予以支持。
第二十七条【债务履行期限届满后达成的以物抵债协议】债务人或者第三人与债权人在债务履行期限届满后达成以物抵债	《民法典》 **第410条【抵押权的实现】**债务人不履行到期债务或者发生当事人约定的实现抵押权的情形，

续表

民法典合同编通则解释	关联规定
协议，不存在影响合同效力情形的，人民法院应当认定该协议自当事人意思表示一致时生效。 债务人或者第三人履行以物抵债协议后，人民法院应当认定相应的原债务同时消灭；债务人或者第三人未按照约定履行以物抵债协议，经催告后在合理期限内仍不履行，债权人选择请求履行原债务或者以物抵债协议的，人民法院应予支持，但是法律另有规定或者当事人另有约定的除外。 前款规定的以物抵债协议经人民法院确认或者人民法院根据当事人达成的以物抵债协议制作成调解书，债权人主张财产权利自确认书、调解书生效时发生变动或者具有对抗善意第三人效力的，人民法院不予支持。 债务人或者第三人以自己不享有所有权或者处分权的财产权利订立以物抵债协议的，依据本解释第十九条的规定处理。 **解读**：代物清偿，是指债权人受领他种给付以代原定给付而使合同关系消灭的现象。其是传统民法上的概念，实践中常以“以物抵债”的形式出现。本条所	抵押权人可以与抵押人协议以抵押财产折价或者以拍卖、变卖该抵押财产所得的价款优先受偿。协议损害其他债权人利益的，其他债权人可以请求人民法院撤销该协议。 抵押权人与抵押人未就抵押权实现方式达成协议的，抵押权人可以请求人民法院拍卖、变卖抵押财产。 抵押财产折价或者变卖的，应当参照市场价格。 **第428条【流质】** 质权人在债务履行期限届满前，与出质人约定债务人不履行到期债务时质押财产归债权人所有的，只能依法就质押财产优先受偿。 **第515条【选择之债中选择权归属与移转】** 标的有多项而债务人只需履行其中一项的，债务人享有选择权；但是，法律另有规定、当事人另有约定或者另有交易习惯的除外。 享有选择权的当事人在约定期限内或者履行期限届满未作选择，经催告后在合理期限内仍未选择的，选择权转移至对方。 **《全国法院民商事审判工作会议纪要》** **44.【履行期届满后达成的以物抵债协议】** 当事人在债务履行

续表

民法典合同编通则解释	关联规定
谓债务履行期限届满后达成的以物抵债协议，也称清偿型以物抵债，此种以物抵债一般出于清偿债务的目的而订立，不同于为担保债务履行订立的担保型以物抵债。担保型以物抵债，债务人或者第三人与债权人在债务履行期届满前达成的以物抵债协议。此种以物抵债规定在本解释第28条。民法典施行后，无论履行期届满之前还是之后的以物抵债协议都不能依据禁止流质而判定无效，当事人在债务履行期限届满后达成的以物抵债协议的效力不应被否定。而从清偿行为说的视角将代物清偿协议理解为诺成型合同，是比较符合当事人真实意思表示的做法。本条第1款即明确了代物清偿协议的诺成型。同时，本条第2款也明确了代物清偿协议具有选择之债的特性，即代物清偿下债权人可选择请求债务人履行原债务，也可选择履行以物抵债协议。另，对清偿型以物抵债协议而言，有时会经法院确认或者法院根据协议制作成调解书。因调解书只是对当事人之间以物抵债协议的确认，并非对物权权属的变动。负有履行义务一方的当事人未履行交付或登记	期限届满后达成以物抵债协议，抵债物尚未交付债权人，债权人请求债务人交付的，人民法院要着重审查以物抵债协议是否存在恶意损害第三人合法权益等情形，避免虚假诉讼的发生。经审查，不存在以上情况，且无其他无效事由的，人民法院依法予以支持。 当事人在一审程序中因达成以物抵债协议申请撤回起诉的，人民法院可予准许。当事人在二审程序中申请撤回上诉的，人民法院应当告知其申请撤回起诉。当事人申请撤回起诉，经审查不损害国家利益、社会公共利益、他人合法权益的，人民法院可予准许。当事人不申请撤回起诉，请求人民法院出具调解书对以物抵债协议予以确认的，因债务人完全可以立即履行该协议，没有必要由人民法院出具调解书，故人民法院不应准许，同时应当继续对原债权债务关系进行审理。

续表

民法典合同编通则解释	关联规定
过户的义务，另一方当事人可以申请法院强制执行。但并不能直接主张财产权利自确认书或者调解书生效时移转至债权人。在债务人或者第三人以自己不享有所有权或者处分权的财产权利订立的以物抵债协议应认定有效，至于债权人能否取得抵债物的所有权，则需结合其是否善意。若为善意，则可基于善意取得制度取得；若非善意，除非真正权利人事后同意或者处分人事后取得处分权，否则债权人请求处分人履行抵债协议的，不予支持。 **案例参考**：《通州建总集团有限公司与内蒙古兴华房地产有限责任公司建设工程施工合同纠纷案》【《最高人民法院公报》2017年第9期】 **案例要旨**：对以物抵债协议的效力、履行等问题的认定，应以尊重当事人的意思自治为基本原则。一般而言，除当事人有明确约定外，当事人于债务清偿期届满后签订的以物抵债协议，并不以债权人现实地受领抵债物，或取得抵债物所有权、使用权等财产权利，为成立或生效要件。只要双方当事人的意思表示真实，合同内容不违反法律、行政法规的	

续表

民法典合同编通则解释	关联规定
强制性规定，合同即为有效。当事人于债务清偿期届满后达成的以物抵债协议，可能构成债的更改，即成立新债务，同时消灭旧债务；亦可能属于新债清偿，即成立新债务，与旧债务并存。基于保护债权的理念，债的更改一般需有当事人明确消灭旧债的合意，否则，当事人于债务清偿期届满后达成的以物抵债协议，性质一般应为新债清偿。在新债清偿情形下，旧债务于新债务履行之前不消灭，旧债务和新债务处于衔接并存的状态；在新债务合法有效并得以履行完毕后，因完成了债务清偿义务，旧债务才归于消灭。在债权人与债务人达成以物抵债协议、新债务与旧债务并存时，确定债权是否得以实现，应以债务人是否按照约定全面履行自己义务为依据。若新债务届期不履行，致使以物抵债协议目的不能实现的，债权人有权请求债务人履行旧债务，且该请求权的行使，并不以物抵债协议无效、被撤销或者被解除为前提。	
第二十八条【债务履行期限届满前达成的以物抵债协议】 债务人或者第三人与债权人在债务履行期限届满前达成以物抵债	《民法典》 **第 388 条【担保合同与主合同的关系】** 设立担保物权，应当依照本法和其他法律的规定订立

续表

民法典合同编通则解释	关联规定
协议的，人民法院应当在审理债权债务关系的基础上认定该协议的效力。 当事人约定债务人到期没有清偿债务，债权人可以对抵债财产拍卖、变卖、折价以实现债权的，人民法院应当认定该约定有效。当事人约定债务人到期没有清偿债务，抵债财产归债权人所有的，人民法院应当认定该约定无效，但是不影响其他部分的效力；债权人请求对抵债财产拍卖、变卖、折价以实现债权的，人民法院应予支持。 当事人订立前款规定的以物抵债协议后，债务人或者第三人未将财产权利转移至债权人名下，债权人主张优先受偿的，人民法院不予支持；债务人或者第三人已将财产权利转移至债权人名下的，依据《最高人民法院关于适用〈中华人民共和国民法典〉有关担保制度的解释》第六十八条的规定处理。 **解读：**如前条指引所言，本条规定的债务人或者第三人与债权人在债务履行期届满前达成的以物抵债协议，为担保债务履行订立的目的而订立担保型以物抵	担保合同。担保合同包括抵押合同、质押合同和其他具有担保功能的合同。担保合同是主债权债务合同的从合同。主债权债务合同无效的，担保合同无效，但是法律另有规定的除外。 担保合同被确认无效后，债务人、担保人、债权人有过错的，应当根据其过错各自承担相应的民事责任。 **第410条【抵押权的实现】** 债务人不履行到期债务或者发生当事人约定的实现抵押权的情形，抵押权人可以与抵押人协议以抵押财产折价或者以拍卖、变卖该抵押财产所得的价款优先受偿。协议损害其他债权人利益的，其他债权人可以请求人民法院撤销该协议。 抵押权人与抵押人未就抵押权实现方式达成协议的，抵押权人可以请求人民法院拍卖、变卖抵押财产。 抵押财产折价或者变卖的，应当参照市场价格。 **第428条【流质】** 质权人在债务履行期限届满前，与出质人约定债务人不履行到期债务时质押财产归债权人所有的，只能依法就质押财产优先受偿。

续表

民法典合同编通则解释	关联规定
债，也称担保型以物抵债。究其本质言，此种情况下当事人是出于担保目的而非代替目的而订立协议的，不宜认定属于严格意义上的选择之债而是接近于一种担保。本条第 1 款亦明确在按照原债权债务关系审理的基础上认定协议效力。按照第 2 款规定，协议不同情形的效力是不同的，若约定到期没有清偿债务，债权人可对抵债财产拍卖、变卖、折价以实现债权的，这并不违反法律、行政法规强制性规定，应认可其效力。若约定到期没有清偿债务，抵债财产归债权人所有的，则有违法律强制性规定，应认定该内容无效，但不影响其他部分的效力。 **案例参考：**《科技公司诉姚某某抵押合同纠纷案》【最高人民法院中国应用法学研究所编：《人民法院案例选》（总第 148 辑），人民法院出版社 2020 年版，第 147 页】 **案例要旨：**当事人在债务履行期届满前达成以物抵债协议，若抵债物已经交付债权人，则此种以物抵债转化为让与担保，债权人对抵债物的折价款享有优先受偿权，债权人和债务人均可向人	**《民法典担保制度解释》** **第 68 条**　债务人或者第三人与债权人约定将财产形式上转移至债权人名下，债务人不履行到期债务，债权人有权对财产折价或者以拍卖、变卖该财产所得价款偿还债务的，人民法院应当认定该约定有效。当事人已经完成财产权利变动的公示，债务人不履行到期债务，债权人请求参照民法典关于担保物权的有关规定就该财产优先受偿的，人民法院应予支持。 债务人或者第三人与债权人约定将财产形式上转移至债权人名下，债务人不履行到期债务，财产归债权人所有的，人民法院应当认定该约定无效，但是不影响当事人有关提供担保的意思表示的效力。当事人已经完成财产权利变动的公示，债务人不履行到期债务，债权人请求对该财产享有所有权的，人民法院不予支持；债权人请求参照民法典关于担保物权的规定对财产折价或者以拍卖、变卖该财产所得的价款优先受偿的，人民法院应予支持；债务人履行债务后请求返还财产，或者请求对财产折价或者以拍卖、变卖所得的价款清偿债务的，人民法院应予支持。

续表

民法典合同编通则解释	关联规定
民法院请求参照法律关于担保物权实现的有关规定，对抵债物拍卖、变卖、折价优先偿还债权人的债权。在债权未获清偿的情况下，如抵债物的原所有权人要求收回抵债物，人民法院不予支持。	债务人与债权人约定将财产转移至债权人名下，在一定期间后再由债务人或者其指定的第三人以交易本金加上溢价款回购，债务人到期不履行回购义务，财产归债权人所有的，人民法院应当参照第二款规定处理。回购对象自始不存在的，人民法院应当依照民法典第一百四十六条第二款的规定，按照其实际构成的法律关系处理。 **《全国法院民商事审判工作会议纪要》** 45.**【履行期届满前达成的以物抵债协议】**　当事人在债务履行期届满前达成以物抵债协议，抵债物尚未交付债权人，债权人请求债务人交付的，因此种情况不同于本纪要第71条规定的让与担保，人民法院应当向其释明，其应当根据原债权债务关系提起诉讼。经释明后当事人仍拒绝变更诉讼请求的，应当驳回其诉讼请求，但不影响其根据原债权债务关系另行提起诉讼。 71.**【让与担保】**　债务人或者第三人与债权人订立合同，约定将财产形式上转让至债权人名下，债务人到期清偿债务，债权人将该财产返还给债务人或第三人，

续表

民法典合同编通则解释	关联规定
	债务人到期没有清偿债务，债权人可以对财产拍卖、变卖、折价偿还债权的，人民法院应当认定合同有效。合同如果约定债务人到期没有清偿债务，财产归债权人所有的，人民法院应当认定该部分约定无效，但不影响合同其他部分的效力。 当事人根据上述合同约定，已经完成财产权利变动的公示方式转让至债权人名下，债务人到期没有清偿债务，债权人请求确认财产归其所有的，人民法院不予支持，但债权人请求参照法律关于担保物权的规定对财产拍卖、变卖、折价优先偿还其债权的，人民法院依法予以支持。债务人因到期没有清偿债务，请求对该财产拍卖、变卖、折价偿还所欠债权人合同项下债务的，人民法院亦应依法予以支持。
第二十九条【向第三人履行的合同】 民法典第五百二十二条第二款规定的第三人请求债务人向自己履行债务的，人民法院应予支持；请求行使撤销权、解除权等民事权利的，人民法院不予支持，但是法律另有规定的除外。 合同依法被撤销或者被解除，	《民法典》 **第157条【民事法律行为无效、被撤销或确定不发生效力的法律后果】** 民事法律行为无效、被撤销或者确定不发生效力后，行为人因该行为取得的财产，应当予以返还；不能返还或者没有必要返还的，应当折价补偿。有过错的一方应当赔偿对方由此所

续表

民法典合同编通则解释	关联规定
债务人请求债权人返还财产的，人民法院应予支持。 债务人按照约定向第三人履行债务，第三人拒绝受领，债权人请求债务人向自己履行债务的，人民法院应予支持，但是债务人已经采取提存等方式消灭债务的除外。第三人拒绝受领或者受领迟延，债务人请求债权人赔偿因此造成的损失的，人民法院依法予以支持。 **解读：**向第三人履行的合同，又称利益第三人合同、利他合同。利益第三人合同可进一步分为真正利益第三人合同、不真正利益第三人合同。不真正利益第三人合同中的第三人仅可以接受债务人的履行，不享有对债务人的履行请求权。而真正的利益第三人合同的第三人取得对债务人的履行请求权，第三人可以直接向债务人请求履行债务，债务人应当向其履行。第三人也可请求债务人承担违约责任，具体包括继续履行、赔偿损失等。当然，在合同依法被撤销或者被解除的情况下，债务人可请求债权人返还财产。此外，由于撤销权、解除权存在权利主体的特定性要求，因此，就解除权、撤销权等民事权利而言，除法律另有规定外，第三人不得行使。	受到的损失；各方都有过错的，应当各自承担相应的责任。法律另有规定的，依照其规定。 **第522条【向第三人履行的合同】** 当事人约定由债务人向第三人履行债务，债务人未向第三人履行债务或者履行债务不符合约定的，应当向债权人承担违约责任。 法律规定或者当事人约定第三人可以直接请求债务人向其履行债务，第三人未在合理期限内明确拒绝，债务人未向第三人履行债务或者履行债务不符合约定的，第三人可以请求债务人承担违约责任；债务人对债权人的抗辩，可以向第三人主张。 ***《合同法》（已废止）*** ***第64条*** *当事人约定由债务人向第三人履行债务的，债务人未向第三人履行债务或者履行债务不符合约定，应当向债权人承担违约责任。* ***《合同法解释二》（已废止）*** ***第16条*** *人民法院根据具体案情可以将合同法第六十四条、第六十五条规定的第三人列为无独立请求权的第三人，但不得依职权将其列为该合同诉讼案件的被告或者有独立请求权的第三人。*

续表

民法典合同编通则解释	关联规定
第三十条【第三人代为清偿规则的适用】 下列民事主体，人民法院可以认定为民法典第五百二十四条第一款规定的对履行债务具有合法利益的第三人： （一）保证人或者提供物的担保的第三人； （二）担保财产的受让人、用益物权人、合法占有人； （三）担保财产上的后顺位担保权人； （四）对债务人的财产享有合法权益且该权益将因财产被强制执行而丧失的第三人； （五）债务人为法人或者非法人组织的，其出资人或者设立人； （六）债务人为自然人的，其近亲属； （七）其他对履行债务具有合法利益的第三人。 第三人在其已经代为履行的范围内取得对债务人的债权，但是不得损害债权人的利益。 担保人代为履行债务取得债权后，向其他担保人主张担保权利的，依据《最高人民法院关于适用〈中华人民共和国民法典〉有关担保制度的解释》第十三条、第十四条、第十八条第二款等规定处理。	《民法典》 **第523条【由第三人履行的合同】** 当事人约定由第三人向债权人履行债务，第三人不履行债务或者履行债务不符合约定的，债务人应当向债权人承担违约责任。 **第524条【第三人代为履行】** 债务人不履行债务，第三人对履行该债务具有合法利益的，第三人有权向债权人代为履行；但是，根据债务性质、按照当事人约定或者依照法律规定只能由债务人履行的除外。 债权人接受第三人履行后，其对债务人的债权转让给第三人，但是债务人和第三人另有约定的除外。 **第551条【债务转移】** 债务人将债务的全部或者部分转移给第三人的，应当经债权人同意。 债务人或者第三人可以催告债权人在合理期限内予以同意，债权人未作表示的，视为不同意。 **第552条【并存的债务承担】** 第三人与债务人约定加入债务并通知债权人，或者第三人向债权人表示愿意加入债务，债权人未在合理期限内明确拒绝的，债权人可以请求第三人在其愿意承担

续表

民法典合同编通则解释	关联规定
解读： 民法典第524条规定的第三人代替履行（第三人代为清偿）与第523条规定的由第三人履行，二者较为接近且容易混淆。就二者不同点而言：（1）性质不同。第523条规定的"由第三人履行"，是指以担保第三人的履行为合同标的的合同。债务人的这种担保责任体现在，当第三人没有按债务人与债权人合意的方式行为时，由债务人负赔偿责任。而"第三人代替履行"则并非一种合同类型，而是一个事实行为。（2）构成要件不同。由第三人履行的合同需以债权人和债务人对第三人履行债务作出明确约定为前提，但第三人代替履行则无此要求，其之所以会对合同债务进行履行一般是因为其对债务具有一定的利害关系。这也是二者最重要的差异。而"第三人对履行该债务具有合法利益"这一法定条件。本条明确了常见情形是否属于此类作了明确。（3）法律效果不同。由第三人履行的合同中，债权人不得拒绝受领；第三人代替履行的情形下，债权人可以拒绝受领。由第三人履行的合同，债务人无权拒绝第三人向债权人的履行；第三人代替履行的，债务人事先提出异议的，	的债务范围内和债务人承担连带债务。 **《民法典担保制度解释》** **第13条** 同一债务有两个以上第三人提供担保，担保人之间约定相互追偿及分担份额，承担了担保责任的担保人请求其他担保人按照约定分担份额的，人民法院应予支持；担保人之间约定承担连带共同担保，或者约定相互追偿但是未约定分担份额的，各担保人按照比例分担向债务人不能追偿的部分。 同一债务有两个以上第三人提供担保，担保人之间未对相互追偿作出约定且未约定承担连带共同担保，但是各担保人在同一份合同书上签字、盖章或者按指印，承担了担保责任的担保人请求其他担保人按照比例分担向债务人不能追偿部分的，人民法院应予支持。 除前两款规定的情形外，承担了担保责任的担保人请求其他担保人分担向债务人不能追偿部分的，人民法院不予支持。 **第14条** 同一债务有两个以上第三人提供担保，担保人受让债权的，人民法院应当认定该行为系承担担保责任。受让债权的担

续表

民法典合同编通则解释	关联规定
第三人不得代为履行。另，第三人单方代为履行后，自动发生债权转让的法律效果；而由第三人履行的合同中，并不自动发生债权转让的效果。此外，民法典第524条第1款规定的对履行债务具有合法利益的第三人的常见情形，本条第1款进行了列举。 **案例参考：**《某物流公司诉吴某运输合同纠纷案》【最高人民法院贯彻实施民法典典型案例（第一批）[①]】 **案例要旨：**物流公司与委托人存在运输合同关系，在委托人未及时向货物承运司机结清费用，致使货物被扣留时，物流公司对履行该债务具有合法利益，有权代委托人向承运司机履行，物流公司代为履行后有权要求委托人支付剩余运费。	保人作为债权人请求其他担保人承担担保责任的，人民法院不予支持；该担保人请求其他担保人分担相应份额的，依照本解释第十三条的规定处理。 **第18条** 承担了担保责任或者赔偿责任的担保人，在其承担责任的范围内向债务人追偿的，人民法院应予支持。 同一债权既有债务人自己提供的物的担保，又有第三人提供的担保，承担了担保责任或者赔偿责任的第三人，主张行使债权人对债务人享有的担保物权的，人民法院应予支持。
第三十一条【同时履行抗辩权与先履行抗辩权】 当事人互负债务，一方以对方没有履行非主要债务为由拒绝履行自己的主要债务的，人民法院不予支持。但是，对方不履行非主要债务致使不能实现合同目的或者当事人另有约定的除外。	**《民法典》** **第525条【同时履行抗辩权】** 当事人互负债务，没有先后履行顺序的，应当同时履行。一方在对方履行之前有权拒绝其履行请求。一方在对方履行债务不符合约定时，有权拒绝其相应的履行请求。

① 载中华人民共和国最高人民法院网站，https：//www.court.gov.cn/zixun-xiangqing-347181.html，2023年10月24日访问。

续表

民法典合同编通则解释	关联规定
当事人一方起诉请求对方履行债务，被告依据民法典第五百二十五条的规定主张双方同时履行的抗辩且抗辩成立，被告未提起反诉的，人民法院应当判决被告在原告履行债务的同时履行自己的债务，并在判项中明确原告申请强制执行的，人民法院应当在原告履行自己的债务后对被告采取执行行为；被告提起反诉的，人民法院应当判决双方同时履行自己的债务，并在判项中明确任何一方申请强制执行的，人民法院应当在该当事人履行自己的债务后对对方采取执行行为。 当事人一方起诉请求对方履行债务，被告依据民法典第五百二十六条的规定主张原告应先履行的抗辩且抗辩成立的，人民法院应当驳回原告的诉讼请求，但是不影响原告履行债务后另行提起诉讼。 **解读：**双务合同中狭义的履行抗辩权即民法典第525条规定的“同时履行抗辩权”、第526条规定的“先履行抗辩权”以及第527条规定的“不安抗辩权”。一般而言，一方当事人不能在对方已经履行合同主要义务的情况下以对方没有履行非主要债务为由	**第526条【先履行抗辩权】**当事人互负债务，有先后履行顺序，应当先履行债务一方未履行的，后履行一方有权拒绝其履行请求。先履行一方履行债务不符合约定的，后履行一方有权拒绝其相应的履行请求。 **第527条【不安抗辩权】**应当先履行债务的当事人，有确切证据证明对方有下列情形之一的，可以中止履行： （一）经营状况严重恶化； （二）转移财产、抽逃资金，以逃避债务； （三）丧失商业信誉； （四）有丧失或者可能丧失履行债务能力的其他情形。 当事人没有确切证据中止履行的，应当承担违约责任。 *《合同法》（已废止）* ***第66条*** *当事人互负债务，没有先后履行顺序的，应当同时履行。一方在对方履行之前有权拒绝其履行要求。一方在对方履行债务不符合约定时，有权拒绝其相应的履行要求。* ***第67条*** *当事人互负债务，有先后履行顺序，先履行一方未履行的，后履行一方有权拒绝其履行要求。先履行一方履行债务不*

续表

民法典合同编通则解释	关联规定
拒绝履行自己的主要债务的。但也存在例外：一是不履行非主要债务将导致不能实现的情况；二是当事人对此另有约定。本条第1款对此作了明确。需注意的是，此种情形不仅适用同时履行抗辩，也适用先履行抗辩。另需注意抗辩与反诉的区别，提出抗辩只是反驳原告，而反诉才意味着要求原告履行相应义务。因此，针对同时履行抗辩权成立的情形，法院虽然可以直接判决双方同时履行，但这只有在被告明确提出反诉请求的情况下才能采用。为从本质上解决矛盾纠纷、便利当事人，对于只提出抗辩未提出反诉的，本条第2款在判令被告承担履行义务的同时限定了条件，即“被告在原告履行债务的同时履行自己的债务”且在判项中明确“原告申请强制执行的，人民法院应当在原告履行自己的债务后对被告采取执行行为”。另，先履行抗辩权属延期的抗辩权，只是暂时阻止对方当事人请求权的行使，非永久的抗辩权。在对方当事人履行了合同义务之后，后履行的一方当事人应履行自己的义务。此外，后履行一方当事人行使先履行抗辩权致使合同迟延履行的，该当事人一般无须承担违约责任，	*符合约定的，后履行一方有权拒绝其相应的履行要求。* ***第68条*** *应当先履行债务的当事人，有确切证据证明对方有下列情形之一的，可以中止履行：* *（一）经营状况严重恶化；* *（二）转移财产、抽逃资金，以逃避债务；* *（三）丧失商业信誉；* *（四）有丧失或者可能丧失履行债务能力的其他情形。* *当事人没有确切证据中止履行的，应当承担违约责任。*

续表

民法典合同编通则解释	关联规定
迟延履行的责任应由对方承担。 **案例参考：**《俞财新与福建华辰房地产有限公司、魏传瑞商品房买卖（预约）合同纠纷案》【《最高人民法院公报》2011年第8期】 **案例要旨：**根据合同的相对性原则，涉案合同一方当事人以案外人违约为由，主张在涉案合同履行中行使不安抗辩权的，人民法院不予支持。	
第三十二条【情势变更制度的适用】 合同成立后，因政策调整或者市场供求关系异常变动等原因导致价格发生当事人在订立合同时无法预见的、不属于商业风险的涨跌，继续履行合同对于当事人一方明显不公平的，人民法院应当认定合同的基础条件发生了民法典第五百三十三条第一款规定的“重大变化”。但是，合同涉及市场属性活跃、长期以来价格波动较大的大宗商品以及股票、期货等风险投资型金融产品的除外。 合同的基础条件发生了民法典第五百三十三条第一款规定的重大变化，当事人请求变更合同的，人民法院不得解除合同；当事人一方请求变更合同，对方请求解除合同的，或者当事人一方请求解除合同，对方请求变更合同的，人民法院应	**《民法典》** **第180条【不可抗力】** 因不可抗力不能履行民事义务的，不承担民事责任。法律另有规定的，依照其规定。 不可抗力是不能预见、不能避免且不能克服的客观情况。 **第533条【情势变更】** 合同成立后，合同的基础条件发生了当事人在订立合同时无法预见的、不属于商业风险的重大变化，继续履行合同对于当事人一方明显不公平的，受不利影响的当事人可以与对方重新协商；在合理期限内协商不成的，当事人可以请求人民法院或者仲裁机构变更或者解除合同。 人民法院或者仲裁机构应当结合案件的实际情况，根据公平原则变更或者解除合同。

续表

民法典合同编通则解释	关联规定
当结合案件的实际情况，根据公平原则判决变更或者解除合同。 人民法院依据民法典第五百三十三条的规定判决变更或者解除合同的，应当综合考虑合同基础条件发生重大变化的时间、当事人重新协商的情况以及因合同变更或者解除给当事人造成的损失等因素，在判项中明确合同变更或者解除的时间。 当事人事先约定排除民法典第五百三十三条适用的，人民法院应当认定该约定无效。 **解读**：适用情势变更将产生两种结果：一是当事人重新协商达成协议的，按照协商达成的协议确定双方当事人的权利义务关系。二是再次协商达不成协议的，可变更或解除合同。需注意的是，民法典之后，不可抗力与情势变更并非互相排斥的两个概念。发生适用情势变更的客观事由，可能是不可抗力，也可能是非不可抗力。简言之，情势变更的事由范围广于不可抗力。在法律后果方面两者虽有交叉但也存在不同。不可抗力导致合同目的不能实现的情况下，一方有法定解除权。而情势变更下，则是重新协商变更合同或通过诉讼、仲裁变更	**第563条【合同法定解除】** 有下列情形之一的，当事人可以解除合同： （一）因不可抗力致使不能实现合同目的； （二）在履行期限届满前，当事人一方明确表示或者以自己的行为表明不履行主要债务； （三）当事人一方迟延履行主要债务，经催告后在合理期限内仍未履行； （四）当事人一方迟延履行债务或者有其他违约行为致使不能实现合同目的； （五）法律规定的其他情形。 以持续履行的债务为内容的不定期合同，当事人可以随时解除合同，但是应当在合理期限之前通知对方。 ***《合同法解释二》（已废止）*** ***第26条*** *合同成立以后客观情况发生了当事人在订立合同时无法预见的、非不可抗力造成的不属于商业风险的重大变化，继续履行合同对于一方当事人明显不公平或者不能实现合同目的，当事人请求人民法院变更或者解除合同的，人民法院应当根据公平原则，并结合案件的实际情况确定是否变更或者解除。*

续表

民法典合同编通则解释	关联规定
或解除合同。市场经济下，商品价格变动较为常见。若价格涨落符合市场供求调整范围或者价格波动较大，但其本身属于市场属性活跃、长期以来价格波动较大的大宗商品以及股票、期货等风险投资型金融产品，市场对其应有较大的预见性，不认为属于情势变更的情况。只有那些因政策调整或市场供求关系异常变动导致的价格异常涨落才认为属于情势变更之事由。这里的异常，应理解为当事人订立合同时无法预见、不属于商业风险的涨跌。此外，就情势变更规则能否由当事人约定排除而言，若允许当事人约定排除情势变更规则，实际上是排除了诚实信用原则、公平原则的适用，不符合民法精神，故不应允许。另值得注意的是，情势变更的时间要件要求合同基础条件发生重大变化的事实应发生在合同成立后、合同义务履行完毕前。若发生在合同义务履行完毕后，则该客观情势的变化并不影响合同的履行，不会导致当事人之间权利失衡。 **案例参考：**《齐某与某房产公司商品房预售合同纠纷案》【周洪林、孙政，《人民法院报》2017 年 9 月 7 日】 **案例要旨：**情势变更的事项只能	

续表

民法典合同编通则解释	关联规定
发生于合同成立后履行完毕前。如在订立合同前就已发生了该事项，表明相关当事人已认识到合同订立时的条件包括了该事项。合同仍被签订的，说明当事方对该事项对合同履行产生的影响自愿负担风险，不属情势变更适用范围。 **案例参考：**《某旅游管理公司与某村村民委员会等合同纠纷案》【最高人民法院发布民法典合同编通则司法解释相关典型案例①】 **案例要旨：**当事人签订具有合作性质的长期性合同，因政策变化对当事人履行合同产生影响，但该变化不属于订立合同时无法预见的重大变化，按照变化后的政策要求予以调整亦不影响合同继续履行，且继续履行不会对当事人一方明显不公平，该当事人不能依据民法典第533条请求变更或者解除合同。该当事人请求终止合同权利义务关系，守约方不同意终止合同，但双方当事人丧失合作可能性导致合同目的不能实现的，属于民法典第580条第1款第2项规定的“债务的标的不适于强制履行”，应根据违约方的请求判令终止合同权利义务关系并判决违约方承担相应的违约责任。	

① 载微信公众号“人民法院报”，https：//mp. weixin. qq. com/s/daDCyv6GgNraphWHxy-HNA，2023年12月6日访问。

续表

民法典合同编通则解释	关联规定
五、合同的保全	
第三十三条【怠于行使权利影响到期债权实现的认定】 债务人不履行其对债权人的到期债务，又不以诉讼或者仲裁方式向相对人主张其享有的债权或者与该债权有关的从权利，致使债权人的到期债权未能实现的，人民法院可以认定为民法典第五百三十五条规定的“债务人怠于行使其债权或者与该债权有关的从权利，影响债权人的到期债权实现”。 **解读：**本条在合同法解释一第13条的基础上，将怠于行使权利的方式明确为不履行到期债务，又不以诉讼方式或仲裁方式向债务人的相对人主张债权。债务人怠于行使权利的具体情形千差万别，实践中应以本条规定为基础，同时结合主观、客观、行为等方面综合判断“怠于行使行为”。其一，债务人的主观状态须为故意或过失，即将不可抗力等合理事由排除在外。其二，债务人通过诉讼或仲裁的方式履行权利，客观上达到一般债权人的勤勉程度，但是不宜将债务人积极增加责任财产的行为限制于是否提起诉讼或仲裁，还应兼顾是否真正利用	《民法典》 **第535条【债权人代位权】** 因债务人怠于行使其债权或者与该债权有关的从权利，影响债权人的到期债权实现的，债权人可以向人民法院请求以自己的名义代位行使债务人对相对人的权利，但是该权利专属于债务人自身的除外。 代位权的行使范围以债权人的到期债权为限。债权人行使代位权的必要费用，由债务人负担。 相对人对债务人的抗辩，可以向债权人主张。 *《合同法解释一》（已废止）* ***第13条*** *合同法第七十三条规定的“债务人怠于行使其到期债权，对债权人造成损害的”，是指债务人不履行其对债权人的到期债务，又不以诉讼方式或者仲裁方式向其债务人主张其享有的具有金钱给付内容的到期债权，致使债权人的到期债权未能实现。* *次债务人（即债务人的债务人）不认为债务人有怠于行使其到期债权情况的，应当承担举证责任。*

续表

民法典合同编通则解释	关联规定
诉讼和仲裁程序求得次债务人清偿的结果。若债务人以要求次债务人偿还债权诉至法院，而后又申请撤诉或未缴纳诉讼费用按照撤诉处理的，该行为自然不能视为怠于履行行为的例外，反而应认定为利用司法救济手段行为规避债权人行使代位权之实。其三，债务人主张债权的行为须在合理期限及时作出。 **案例参考：**《张家港涤纶厂代位权纠纷案》【《最高人民法院公报》2004 年第 4 期】 **案例要旨：**债务人在债务到期后，没有以诉讼或者仲裁方式向次债务人主张债权，而是与次债务人签订协议延长履行债务期限，损害债权人债权的，属于合同法第 73 条规定的怠于行使到期债权的行为，债权人可以以自己的名义代位行使债务人的债权。债务人与次债务人之间的具体债务数额是否确定，不影响债权人行使代位权。	
第三十四条【专属于债务人自身的权利】 下列权利，人民法院可以认定为民法典第五百三十五条第一款规定的专属于债务人自身的权利： （一）抚养费、赡养费或者扶养费请求权；	**《民法典》** **第 535 条【债权人代位权】** 因债务人怠于行使其债权或者与该债权有关的从权利，影响债权人的到期债权实现的，债权人可以向人民法院请求以自己的名义代位行使债务人对相对人的权利，

续表

民法典合同编通则解释	关联规定
（二）人身损害赔偿请求权； （三）劳动报酬请求权，但是超过债务人及其所扶养家属的生活必需费用的部分除外； （四）请求支付基本养老保险金、失业保险金、最低生活保障金等保障当事人基本生活的权利； （五）其他专属于债务人自身的权利。 **解读：** 民法典第535条并未对专属于债务人自身的权利作出明确的规定。本条分类列举了几种常见的债务人专属权：一是抚养、赡养、扶养费给付请求权的财产权，此类权利主要为保护权利人的无形利益；二是人身损害赔偿请求权，属于具有人身性的非财产性权利；三是劳务为内容劳动报酬请求权，但由于存在过高报酬的可能，因此限定在债务人及其所扶养家属的生活必需费用之内；四是基本养老保险金、失业保险金、最低生活保障金请求权等保障权利人基本生活的权利；五是兜底性规定，即其他专属于债务人自身的权利。以上权利的行使虽会间接对债务人的责任财产产生影响，但基于利益位阶的考量，为保障债务人及其家人基本生活需要，仍须禁止债权人于此种权利进行代位行使。	但是该权利专属于债务人自身的除外。 代位权的行使范围以债权人的到期债权为限。债权人行使代位权的必要费用，由债务人负担。 相对人对债务人的抗辩，可以向债权人主张。 *《合同法》（已废止）* ***第73条*** *因债务人怠于行使其到期债权，对债权人造成损害的，债权人可以向人民法院请求以自己的名义代位行使债务人的债权，但该债权专属于债务人自身的除外。* *代位权的行使范围以债权人的债权为限。债权人行使代位权的必要费用，由债务人负担。* *《合同法解释一》（已废止）* ***第12条*** *合同法第七十三条第一款规定的专属于债务人自身的债权，是指基于扶养关系、抚养关系、赡养关系、继承关系产生的给付请求权和劳动报酬、退休金、养老金、抚恤金、安置费、人寿保险、人身伤害赔偿请求权等权利。*

续表

民法典合同编通则解释	关联规定
第三十五条【代位权诉讼的管辖】 债权人依据民法典第五百三十五条的规定对债务人的相对人提起代位权诉讼的，由被告住所地人民法院管辖，但是依法应当适用专属管辖规定的除外。 债务人或者相对人以双方之间的债权债务关系订有管辖协议为由提出异议的，人民法院不予支持。 **解读：**本条规定以被告住所地为依据确定代位权诉讼的一般管辖法院。一方面与民事诉讼法原告就被告的一般原则以及合同纠纷的管辖原则保持一致。另一方面在于可操作性强，可有效避免或减少管辖争议和管辖异议。其例外情形只有专属管辖一种。而之所以不将协议管辖规定为例外情形，在于代位权诉讼中，至少存在两个合同，而无论是债权人与债务人之间，还是债务人与次债务人之间的合同是否约定管辖，均不能形成协议管辖对两个以上合同有效的效力。	**《民法典》** **第535条【债权人代位权】** 因债务人怠于行使其债权或者与该债权有关的从权利，影响债权人的到期债权实现的，债权人可以向人民法院请求以自己的名义代位行使债务人对相对人的权利，但是该权利专属于债务人自身的除外。 **《民事诉讼法》** **第24条** 因合同纠纷提起的诉讼，由被告住所地或者合同履行地人民法院管辖。 **第34条** 下列案件，由本条规定的人民法院专属管辖： （一）因不动产纠纷提起的诉讼，由不动产所在地人民法院管辖； （二）因港口作业中发生纠纷提起的诉讼，由港口所在地人民法院管辖； （三）因继承遗产纠纷提起的诉讼，由被继承人死亡时住所地或者主要遗产所在地人民法院管辖。 **第35条** 合同或者其他财产权益纠纷的当事人可以书面协议选择被告住所地、合同履行地、合同签订地、原告住所地、标的物所在地等与争议有实际联系的地点的人民法院管辖，但不得违反本法对级别管辖和专属管辖的规定。

续表

民法典合同编通则解释	关联规定
	第276条 因涉外民事纠纷，对在中华人民共和国领域内没有住所的被告提起除身份关系以外的诉讼，如果合同签订地、合同履行地、诉讼标的物所在地、可供扣押财产所在地、侵权行为地、代表机构住所地位于中华人民共和国领域内的，可以由合同签订地、合同履行地、诉讼标的物所在地、可供扣押财产所在地、侵权行为地、代表机构住所地人民法院管辖。 除前款规定外，涉外民事纠纷与中华人民共和国存在其他适当联系的，可以由人民法院管辖。 ***《合同法解释一》（已废止）*** ***第14条*** *债权人依照合同法第七十三条的规定提起代位权诉讼的，由被告住所地人民法院管辖。* ***《合同法解释二》（已废止）*** ***第17条*** *债权人以境外当事人为被告提起的代位权诉讼，人民法院根据《中华人民共和国民事诉讼法》第二百四十一条的规定确定管辖。*
第三十六条【代位权诉讼与仲裁协议】 债权人提起代位权诉讼后，债务人或者相对人以双方之间的债权债务关系订有仲裁	《民法典》 **第535条【债权人代位权】** 因债务人怠于行使其债权或者与该债权有关的从权利，影响债权人

续表

民法典合同编通则解释	关联规定
协议为由对法院主管提出异议的，人民法院不予支持。但是，债务人或者相对人在首次开庭前就债务人与相对人之间的债权债务关系申请仲裁的，人民法院可以依法中止代位权诉讼。 **解读：**根据现有法律及相关司法解释的规定，代位权的行使应通过诉讼方式进行，即代位权纠纷受限于法院司法管辖权。与此同时，实务中通常存在债务人与次债务人（相对人）之间订立有效仲裁条款或仲裁协议的情形，意味着债务人与次债务人之间的纠纷排除了法院司法管辖。由于债权人提起代位权诉讼以次债务人为被告，并以债务人与次债务人之间的债权债务关系为基础之一，从而在一定程度上引发代位权诉讼司法管辖与后者仲裁管辖之间的冲突。为此，本条明确了提起代位权诉讼后，债务人与相对人之间仲裁协议不构成对法院主管提出异议的事由。但也存在特殊情况的处理，即债务人或者相对人在首次开庭前就债务人与相对人之间的债权债务关系申请仲裁的，法院可依法中止代位权诉讼。	的到期债权实现的，债权人可以向人民法院请求以自己的名义代位行使债务人对相对人的权利，但是该权利专属于债务人自身的除外。 **第537条【债权人代位权行使效果】** 人民法院认定代位权成立的，由债务人的相对人向债权人履行义务，债权人接受履行后，债权人与债务人、债务人与相对人之间相应的权利义务终止。债务人对相对人的债权或者与该债权有关的从权利被采取保全、执行措施，或者债务人破产的，依照相关法律的规定处理。 **《民事诉讼法》** **第288条第2款** 当事人在合同中没有订有仲裁条款或者事后没有达成书面仲裁协议的，可以向人民法院起诉。 ***《合同法解释一》（已废止）*** ***第14条*** *债权人依照合同法第七十三条的规定提起代位权诉讼的，由被告住所地人民法院管辖。* ***第15条*** *债权人向人民法院起诉债务人以后，又向同一人民法院对次债务人提起代位权诉讼，符合本解释第十四条的规定和《中华人民共和国民事诉讼法》第*

续表

民法典合同编通则解释	关联规定
案例参考：《某株式会社与某利公司等债权人代位权纠纷案》【最高人民法院发布民法典合同编通则司法解释相关典型案例①】 **案例要旨**：在代位权诉讼中，相对人以其与债务人之间的债权债务关系约定了仲裁条款为由，主张案件不属于人民法院受理案件范围的，人民法院不予支持。	一百零八条规定的起诉条件的，应当立案受理；不符合本解释第十四条规定的，告知债权人向次债务人住所地人民法院另行起诉。 受理代位权诉讼的人民法院在债权人起诉债务人的诉讼裁决发生法律效力以前，应当依照《中华人民共和国民事诉讼法》第一百三十六条第（五）项的规定中止代位权诉讼。
第三十七条【代位权诉讼中债务人、相对人的诉讼地位及合并审理】 债权人以债务人的相对人为被告向人民法院提起代位权诉讼，未将债务人列为第三人的，人民法院应当追加债务人为第三人。 两个以上债权人以债务人的同一相对人为被告提起代位权诉讼的，人民法院可以合并审理。债务人对相对人享有的债权不足以清偿其对两个以上债权人负担的债务的，人民法院应当按照债权人享有的债权比例确定相对人的履行份额，但是法律另有规定的除外。	**《民法典》** **第535条【债权人代位权】** 因债务人怠于行使其债权或者与该债权有关的从权利，影响债权人的到期债权实现的，债权人可以向人民法院请求以自己的名义代位行使债务人对相对人的权利，但是该权利专属于债务人自身的除外。 **《民事诉讼法》** **第55条** 当事人一方或者双方为二人以上，其诉讼标的是共同的，或者诉讼标的是同一种类、人民法院认为可以合并审理并经当事人同意的，为共同诉讼。

① 载微信公众号“人民法院报”，https：//mp. weixin. qq. com/s/daDCyv6GgNraphWHxy-HNA，2023年12月6日访问。

续表

民法典合同编通则解释	关联规定
解读：就债务人来讲，本条规定“应当”追加为第三人，这就意味着债务人参加债权人提起的代位权诉讼属于强制性要求。一般而言，债务人以第三人名义参加债权人代位诉讼，其诉讼地位应为无独立请求权的第三人。此外，在多个债权人提起的代位权诉讼中，被告为同一债务人的相对人，诉讼主体虽不完全相同，但诉讼标的相同。因此，基于普通共同诉讼的原理，法院可以合并审理。当然，也可以不合并审理。此种制度安排有利于查清债务人与债权人、债务人与债务人的相对人之间的权利义务关系，有利于简化诉讼程序和节约司法资源。	*《合同法解释一》（已废止）* ***第16条*** *债权人以次债务人为被告向人民法院提起代位权诉讼，未将债务人列为第三人的，人民法院可以追加债务人为第三人。* *两个或者两个以上债权人以同一次债务人为被告提起代位权诉讼的，人民法院可以合并审理。*
第三十八条【起诉债务人后又提起代位权诉讼】 债权人向人民法院起诉债务人后，又向同一人民法院对债务人的相对人提起代位权诉讼，属于该人民法院管辖的，可以合并审理。不属于该人民法院管辖的，应当告知其向有管辖权的人民法院另行起诉； 在起诉债务人的诉讼终结前，代位权诉讼应当中止。 **解读**：基于禁止二重诉讼精神及司法资源的节约，在债权人提	**《民法典》** **第535条【债权人代位权】** 因债务人怠于行使其债权或者与该债权有关的从权利，影响债权人的到期债权实现的，债权人可以向人民法院请求以自己的名义代位行使债务人对相对人的权利，但是该权利专属于债务人自身的除外。 **《民事诉讼法》** **第122条** 起诉必须符合下列条件： （一）原告是与本案有直接利

续表

民法典合同编通则解释	关联规定
起代位权诉讼后，又向同一法院或不同法院以债务人为被告提起诉讼的场合，人民法院应予受理，两诉均为同一法院管辖的，可以合并审理。不属于该法院管辖的，应告知有管辖权的法院另行起诉。此外，在普通诉讼和代位权诉讼并存的情形下，无论哪一个诉讼先行提起，都要贯彻普通诉讼优先进行的原则，受理代位权诉讼的人民法院应当中止代位权诉讼案件的审理。因为在以债务人为被告的普通诉讼裁判发生法律效力之前，债权人对债务人享有的债权和真实数额是否确定尚未可知，而这些内容直接决定着代位权诉讼的结果，故受理代位权诉讼的人民法院无法认定该代位权是否成立。在起诉债务人的诉讼终结前，代位权诉讼应当中止。	害关系的公民、法人和其他组织； （二）有明确的被告； （三）有具体的诉讼请求和事实、理由； （四）属于人民法院受理民事诉讼的范围和受诉人民法院管辖。 **第153条** 有下列情形之一的，中止诉讼： （一）一方当事人死亡，需要等待继承人表明是否参加诉讼的； （二）一方当事人丧失诉讼行为能力，尚未确定法定代理人的； （三）作为一方当事人的法人或者其他组织终止，尚未确定权利义务承受人的； （四）一方当事人因不可抗拒的事由，不能参加诉讼的； （五）本案必须以另一案的审理结果为依据，而另一案尚未审结的； （六）其他应当中止诉讼的情形。 ***《合同法解释一》（已废止）*** ***第14条*** *债权人依照合同法第七十三条的规定提起代位权诉讼的，由被告住所地人民法院管辖。* ***第15条*** *债权人向人民法院起诉债务人以后，又向同一人民法院对次债务人提起代位权诉讼，*

续表

民法典合同编通则解释	关联规定
	符合本解释第十四条的规定和《中华人民共和国民事诉讼法》第一百零八条规定的起诉条件的，应当立案受理；不符合本解释第十四条规定的，告知债权人向次债务人住所地人民法院另行起诉。 *受理代位权诉讼的人民法院在债权人起诉债务人的诉讼裁决发生法律效力以前，应当依照《中华人民共和国民事诉讼法》第一百三十六条第（五）项的规定中止代位权诉讼。*
第三十九条【代位权诉讼中债务人起诉相对人】 在代位权诉讼中，债务人对超过债权人代位请求数额的债权部分起诉相对人，属于同一人民法院管辖的，可以合并审理。不属于同一人民法院管辖的，应当告知其向有管辖权的人民法院另行起诉；在代位权诉讼终结前，债务人对相对人的诉讼应当中止。 **解读：**本条确定了对超过债权人代位请求数额的债务人对次债务人的诉讼与债权人代位权诉讼可合并审理（前提条件是属同一人民法院管辖），同前条一样，主要基于合并审理有助于事实查明，也可节约司法资源。"超额"，	**《民法典》** **第535条【债权人代位权】** 因债务人怠于行使其债权或者与该债权有关的从权利，影响债权人的到期债权实现的，债权人可以向人民法院请求以自己的名义代位行使债务人对相对人的权利，但是该权利专属于债务人自身的除外。 **第537条【债权人代位权行使效果】** 人民法院认定代位权成立的，由债务人的相对人向债权人履行义务，债权人接受履行后，债权人与债务人、债务人与相对人之间相应的权利义务终止。债务人对相对人的债权或者与该债权有关的从权利被采取保全、执行措施，或者债务人破产的，依照相关法律的规定处理。

续表

民法典合同编通则解释	关联规定
即债务人对次债务人债权数额中超出债权人在代位权诉讼中请求数额的部分。在不属于同一法院管辖的情形下，由于无法合并审理，而债务人就超额部分对次债务人的诉讼应以债权人代位权诉讼的审结结果为基础与前提条件。因此，受理债务人起诉的人民法院在代位权诉讼终结前，应当依法中止审理。	《民事诉讼法》 **第22条** 对公民提起的民事诉讼，由被告住所地人民法院管辖；被告住所地与经常居住地不一致的，由经常居住地人民法院管辖。 对法人或者其他组织提起的民事诉讼，由被告住所地人民法院管辖。 同一诉讼的几个被告住所地、经常居住地在两个以上人民法院辖区的，各该人民法院都有管辖权。 **第122条** 起诉必须符合下列条件： （一）原告是与本案有直接利害关系的公民、法人和其他组织； （二）有明确的被告； （三）有具体的诉讼请求和事实、理由； （四）属于人民法院受理民事诉讼的范围和受诉人民法院管辖。 **第153条** 有下列情形之一的，中止诉讼： （一）一方当事人死亡，需要等待继承人表明是否参加诉讼的； （二）一方当事人丧失诉讼行为能力，尚未确定法定代理人的； （三）作为一方当事人的法人或者其他组织终止，尚未确定权利义务承受人的；

续表

民法典合同编通则解释	关联规定
	（四）一方当事人因不可抗拒的事由，不能参加诉讼的； （五）本案必须以另一案的审理结果为依据，而另一案尚未审结的； （六）其他应当中止诉讼的情形。 中止诉讼的原因消除后，恢复诉讼。 ***《合同法解释一》（已废止）*** ***第22条*** *债务人在代位权诉讼中，对超过债权人代位请求数额的债权部分起诉次债务人的，人民法院应当告知其向有管辖权的人民法院另行起诉。* *债务人的起诉符合法定条件的，人民法院应当受理；受理债务人起诉的人民法院在代位权诉讼裁决发生法律效力以前，应当依法中止。*
第四十条【代位权不成立的处理】 代位权诉讼中，人民法院经审理认为债权人的主张不符合代位权行使条件的，应当驳回诉讼请求，但是不影响债权人根据新的事实再次起诉。 债务人的相对人仅以债权人提起代位权诉讼时债权人与债务人之间的债权债务关系未经生效	**《民法典》** **第535条【债权人代位权】** 因债务人怠于行使其债权或者与该债权有关的从权利，影响债权人的到期债权实现的，债权人可以向人民法院请求以自己的名义代位行使债务人对相对人的权利，但是该权利专属于债务人自身的除外。

续表

民法典合同编通则解释	关联规定
法律文书确认为由，主张债权人提起的诉讼不符合代位权行使条件的，人民法院不予支持。 **解读**：代位权诉讼使得债权人对次债务人的直接追索权突破了程序上的意义，具备了实体意义。这种情况下，不应忽略对债务人权利的保护。在债权人代位权诉讼中，代位权的行使条件是代位权的构成要件，应认为属于实体性判断要件，而不同于代位权诉讼中程序性的起诉条件。故，若债权人提起代位权主张不符合代位权行使要件的，应判决驳回原告的诉讼请求。但是，基于在判决驳回起诉后一般不得再次起诉的规定，为平衡债权人合法权益，本条还规定，先前驳回诉讼请求的判决并不影响后续发生新的事实，债权人可根据新的事实再次提起代位权诉讼。之所以如此规定，一是发生了符合代位权行使条件的事实，该事实使得债权人具备再次提起代位权诉讼并获得支持的条件。这本来就是代位权诉讼能否获得支持的基础性条件。二是实现代位权的功能。债权人代位权的规范目的，是为避免债务人消极行使债权及其从	*《合同法解释一》（已废止）* ***第18条*** *在代位权诉讼中，次债务人对债务人的抗辩，可以向债权人主张。* *债务人在代位权诉讼中对债权人的债权提出异议，经审查异议成立的，人民法院应当裁定驳回债权人的起诉。*

续表

民法典合同编通则解释	关联规定
权利而导致债务人的责任财产不当减少的后果。若债权人的代位主张被判决驳回诉讼请求后，其无法再行通过提起诉讼行使代位权，又因为代位权法定行使方式的规定，彻底断绝了债权人行使代位权的渠道和机会，那么代位权制度的功能将荡然无存。	
第四十一条【代位权诉讼中债务人处分行为的限制】 债权人提起代位权诉讼后，债务人无正当理由减免相对人的债务或者延长相对人的履行期限，相对人以此向债权人抗辩的，人民法院不予支持。 **解读：**从债权人代位权诉讼制度的目的而言，系为防止债务人怠于行使其到期债权，损害债权人利益和交易安全，而突破合同相对性原则创设的制度。基于此，且债权人提起代位权诉讼有着严格的法律程序，因此在债权人行使代位权后，债务人对债权的不良处分行为，主要为无正当理由减免相对人的债务或者延长相对人的履行期限，不构成对抗债权人的事由，本条对此进行了明确。	**《民法典》** **第535条第1款【债权人代位权】** 因债务人怠于行使其债权或者与该债权有关的从权利，影响债权人的到期债权实现的，债权人可以向人民法院请求以自己的名义代位行使债务人对相对人的权利，但是该权利专属于债务人自身的除外。 ***《合同法解释一》（已废止）*** ***第18条*** *在代位权诉讼中，次债务人对债务人的抗辩，可以向债权人主张。* *债务人在代位权诉讼中对债权人的债权提出异议，经审查异议成立的，人民法院应当裁定驳回债权人的起诉。*

续表

民法典合同编通则解释	关联规定
第四十二条【债权人撤销权诉讼中明显不合理低价或者高价的认定】 对于民法典第五百三十九条规定的“明显不合理”的低价或者高价，人民法院应当按照交易当地一般经营者的判断，并参考交易时交易地的市场交易价或者物价部门指导价予以认定。 转让价格未达到交易时交易地的市场交易价或者指导价百分之七十的，一般可以认定为“明显不合理的低价”；受让价格高于交易时交易地的市场交易价或者指导价百分之三十的，一般可以认定为“明显不合理的高价”。 债务人与相对人存在亲属关系、关联关系的，不受前款规定的百分之七十、百分之三十的限制。 **解读**：本条规定了撤销权诉讼中债务人有偿不当处分财产下两种不合理价格交易的判断：一是债务人以明显不合理的低价（未达到70%）转让财产，二是以明显不合理的高价（高于30%）受让财产。两种情形下判断参考的时间基准均为“交易当时”、地点基准均为交易地、价格为市场交易价或者物价部门指导价。这	《民法典》 **第539条【不合理价格交易时的债权人撤销权行使】** 债务人以明显不合理的低价转让财产、以明显不合理的高价受让他人财产或者为他人的债务提供担保，影响债权人的债权实现，债务人的相对人知道或者应当知道该情形的，债权人可以请求人民法院撤销债务人的行为。 **《全国法院贯彻实施民法典工作会议纪要》** **9.** 对于民法典第五百三十九条规定的明显不合理的低价或者高价，人民法院应当以交易当地一般经营者的判断，并参考交易当时交易地的物价部门指导价或者市场交易价，结合其他相关因素综合考虑予以认定。 转让价格达不到交易时交易地的指导价或者市场交易价百分之七十的，一般可以视为明显不合理的低价；对转让价格高于当地指导价或者市场交易价百分之三十的，一般可以视为明显不合理的高价。当事人对于其所主张的交易时交易地的指导价或者市场交易价承担举证责任。 ***《合同法解释二》（已废止）*** ***第19条*** *对于合同法第七十*

续表

民法典合同编通则解释	关联规定
个一般的判断标准并非绝对标准。另需注意的是，本条第2款“一般可以认定为明显不合理的低价(高价)”的“一般”意味着并不包括特殊情形，如前述的换季或保质期前回笼资金的甩卖。此外，由于亲属关系、关联交易等相较正常交易，损害债权人利益的可能性更大一些，故对此不合理价格的认定应当更为宽泛，本条第3款对此作了明确。 **案例参考：**《史某豪诉陈某坊等债权人撤销权案》【国家法官学院、中国人民大学法学院编：《中国审判案例要览.2013年商事审判案例卷》，中国人民大学出版社2015年版，第11页】 **案例要旨：**债务人为逃避债务，以明显不合理低价处理房产的，债权人有权向法院申请撤销该行为。税务机关认为房屋的成交价格明显偏低，有权进行重新评估并征税。法院在处理债权人的撤销申请时，可将税务机关的评估作为认定明显不合理低价的重要参考标准。	*四条规定的“明显不合理的低价”，人民法院应当以交易当地一般经营者的判断，并参考交易当时交易地的物价部门指导价或者市场交易价，结合其他相关因素综合考虑予以确认。* *转让价格达不到交易时交易地的指导价或者市场交易价百分之七十的，一般可以视为明显不合理的低价；对转让价格高于当地指导价或者市场交易价百分之三十的，一般可以视为明显不合理的高价。* *债务人以明显不合理的高价收购他人财产，人民法院可以根据债权人的申请，参照合同法第七十四条的规定予以撤销。*
第四十三条【其他不合理交易行为的认定】 债务人以明显不合理的价格，实施互易财产、以物抵债、出租或者承租财产、	《民法典》 **第538条【无偿处分时的债权人撤销权行使】** 债务人以放弃其债权、放弃债权担保、无偿

续表

民法典合同编通则解释	关联规定
知识产权许可使用等行为，影响债权人的债权实现，债务人的相对人知道或者应当知道该情形，债权人请求撤销债务人的行为的，人民法院应当依据民法典第五百三十九条的规定予以支持。 **解读**：本条以“等”字兜底，意味着除列举的不合理交易行为之外，其他影响债权人实现债权实现的不合理交易行为，若债务人相对人知道或应当知道的，也属于债权人可得撤销的范围。需注意的是，债务人上述不合理交易的行为，债权人行使撤销权的，属于有偿行为的，还应满足关于有偿交易行为标准的认定，即本解释第42条关于转让价格未达到交易时交易地的指导价或者市场交易价70%、转让价格高于交易时交易地指导价或者市场交易价30%的规定。	转让财产等方式无偿处分财产权益，或者恶意延长其到期债权的履行期限，影响债权人的债权实现的，债权人可以请求人民法院撤销债务人的行为。 **第539条【不合理价格交易时的债权人撤销权行使】** 债务人以明显不合理的低价转让财产、以明显不合理的高价受让他人财产或者为他人的债务提供担保，影响债权人的债权实现，债务人的相对人知道或者应当知道该情形的，债权人可以请求人民法院撤销债务人的行为。 **《全国法院贯彻实施民法典工作会议纪要》** 9. 对于民法典第五百三十九条规定的明显不合理的低价或者高价，人民法院应当以交易当地一般经营者的判断，并参考交易当时交易地的物价部门指导价或者市场交易价，结合其他相关因素综合考虑予以认定。 转让价格达不到交易时交易地的指导价或者市场交易价百分之七十的，一般可以视为明显不合理的低价；对转让价格高于当地指导价或者市场交易价百分之三十的，一般可以视为明显不合理的高价。当事人对于其所主张的

续表

民法典合同编通则解释	关联规定
	交易时交易地的指导价或者市场交易价承担举证责任。 *《合同法解释二》（已废止）* *第19条　对于合同法第七十四条规定的“明显不合理的低价”，人民法院应当以交易当地一般经营者的判断，并参考交易当时交易地的物价部门指导价或者市场交易价，结合其他相关因素综合考虑予以确认。* *转让价格达不到交易时交易地的指导价或者市场交易价百分之七十的，一般可以视为明显不合理的低价；对转让价格高于当地指导价或者市场交易价百分之三十的，一般可以视为明显不合理的高价。* *债务人以明显不合理的高价收购他人财产，人民法院可以根据债权人的申请，参照合同法第七十四条的规定予以撤销。*
第四十四条【债权人撤销权诉讼的当事人、管辖和合并审理】 债权人依据民法典第五百三十八条、第五百三十九条的规定提起撤销权诉讼的，应当以债务人和债务人的相对人为共同被告，由债务人或者相对人的住所地人民法院管辖，但是依法应当适用专属管辖规定的除外。	《民法典》 **第538条【无偿处分时的债权人撤销权行使】**　债务人以放弃其债权、放弃债权担保、无偿转让财产等方式无偿处分财产权益，或者恶意延长其到期债权的履行期限，影响债权人的债权实现的，债权人可以请求人民法院撤销债务人的行为。

续表

民法典合同编通则解释	关联规定
两个以上债权人就债务人的同一行为提起撤销权诉讼的，人民法院可以合并审理。 **解读：**本条第1款明确债务人的相对人应与债务人共同作为撤销权诉讼的被告，改变了原来的相对人应作为第三人的立场。且在以债务人和债务人的相对人为共同被告的情况下除债务人住所地法院外，第1款还规定相对人的住所地法院亦有管辖权。当然，专属管辖属例外情况。另，第2款规定的以“债务人的同一行为”为标准作为多个债权人提起诉讼时合并审理的情形，改变了合同法解释一第25条规定的以债务人为标准合并审理的做法。实际上，民事诉讼法第55条规定的是以诉讼标的共同和相同作为合并审理的条件，而撤销权诉讼的诉讼标的是被撤销行为，故将合并审理的条件明确为“同一行为”符合民事诉讼法规定关于合并审理的内在逻辑。若某债权人提起撤销之诉，其他债权人提起请求债务人清偿债务或承担违约责任的其他诉讼，尽管被告相同，亦不能合并审理。	**第539条【不合理价格交易时的债权人撤销权行使】** 债务人以明显不合理的低价转让财产、以明显不合理的高价受让他人财产或者为他人的债务提供担保，影响债权人的债权实现，债务人的相对人知道或者应当知道该情形的，债权人可以请求人民法院撤销债务人的行为。 **《民事诉讼法》** **第55条** 当事人一方或者双方为二人以上，其诉讼标的是共同的，或者诉讼标的是同一种类、人民法院认为可以合并审理并经当事人同意的，为共同诉讼。 ***《合同法解释一》（已废止）*** ***第23条*** *债权人依照合同法第七十四条的规定提起撤销权诉讼的，由被告住所地人民法院管辖。* ***第24条*** *债权人依照合同法第七十四条的规定提起撤销权诉讼时只以债务人为被告，未将受益人或者受让人列为第三人的，人民法院可以追加该受益人或者受让人为第三人。* ***第25条*** *债权人依照合同法第七十四条的规定提起撤销权诉讼，请求人民法院撤销债务人放弃债权或转让财产的行为，人民法*

续表

民法典合同编通则解释	关联规定
	院应当就债权人主张的部分进行审理，依法撤销的，该行为自始无效。 *两个或者两个以上债权人以同一债务人为被告，就同一标的提起撤销权诉讼的，人民法院可以合并审理。*
第四十五条【债权人撤销权的效力范围及“必要费用”认定】 在债权人撤销权诉讼中，被撤销行为的标的可分，当事人主张在受影响的债权范围内撤销债务人的行为的，人民法院应予支持；被撤销行为的标的不可分，债权人主张将债务人的行为全部撤销的，人民法院应予支持。 债权人行使撤销权所支付的合理的律师代理费、差旅费等费用，可以认定为民法典第五百四十条规定的“必要费用” **解读：**基于债权保护和债务人处分自由的平衡，债权人行使撤销权的债权数额应当是债权人的债权可能不能清偿部分的数额。且无论从债权人撤销权性质的实体性还是程序性上讲，均应由作为权利人的债权人独立行使，其他债权人或法院均不能替代。因此，没有提起撤销权之诉的其他	《民法典》 **第156条【民事法律行为部分无效】** 民事法律行为部分无效，不影响其他部分效力的，其他部分仍然有效。 **第540条【债权人撤销权行使范围以及必要费用承担】** 撤销权的行使范围以债权人的债权为限。债权人行使撤销权的必要费用，由债务人负担。 ***《合同法解释一》（已废止）*** ***第25条*** *债权人依照合同法第七十四条的规定提起撤销权诉讼，请求人民法院撤销债务人放弃债权或转让财产的行为，人民法院应当就债权人主张的部分进行审理，依法撤销的，该行为自始无效。* *两个或者两个以上债权人以同一债务人为被告，就同一标的提起撤销权诉讼的，人民法院可以合并审理。*

续表

民法典合同编通则解释	关联规定
债权人的债权不应纳入撤销权之诉的审查范围。本条对此明确：第一，无论是有偿行为还是无偿行为场合，只要被撤销行为的标的是可分的，那么，就须严格遵循相对无效的理论，仅应在债权人所享有的债权额的范围内撤销债务人的部分行为。第二，如果被撤销行为的标的不可分，那么为了实现撤销权制度的目的，保护债权人的债权，则应当认定被撤销行为全部无效。当然，在债务人分别从事了几项处分其财产的民事法律行为时，仅仅是债权人所主张撤销的债务人行为全部无效，而债务人的其他处分财产行为特别是交易行为仍然有效。	
第四十六条【撤销权行使的法律效果】 债权人在撤销权诉讼中同时请求债务人的相对人向债务人承担返还财产、折价补偿、履行到期债务等法律后果的，人民法院依法予以支持。 债权人请求受理撤销权诉讼的人民法院一并审理其与债务人之间的债权债务关系，属于该人民法院管辖的，可以合并审理。不属于该人民法院管辖的，应当告知其向有管辖权的人民法院另行起诉。	《民法典》 **第157条【民事法律行为无效、被撤销或确定不发生效力的法律后果】** 民事法律行为无效、被撤销或者确定不发生效力后，行为人因该行为取得的财产，应当予以返还；不能返还或者没有必要返还的，应当折价补偿。有过错的一方应当赔偿对方由此所受到的损失；各方都有过错的，应当各自承担相应的责任。法律另有规定的，依照其规定。 **第538条【无偿处分时的债权**

续表

民法典合同编通则解释	关联规定
债权人依据其与债务人的诉讼、撤销权诉讼产生的生效法律文书申请强制执行的，人民法院可以就债务人对相对人享有的权利采取强制执行措施以实现债权人的债权。债权人在撤销权诉讼中，申请对相对人的财产采取保全措施的，人民法院依法予以准许。 **解读**：本条规定了撤销权的效力，并在民法典第542条规定的基础上，明确债权人可以在撤销权诉讼中请求相对人向债务返还财产等的立场。且通过第3款就相关执行权利作了明确，对债权人合法权益的最终兑现具有现实意义。此外，与代位权类似，本条第2款还明确了受理撤销权诉讼、债权人与债务人之间的债权债务关系，均属同一法院管辖的，可合并审理。不属于同一法院管辖的，告知向有管辖权的法院另行起诉。 **案例参考**：《东北电气发展股份有限公司与国家开发银行股份有限公司、沈阳高压开关有限责任公司等执行复议案》【最高人民法院指导案例118号】 **案例要旨**：债权人撤销权诉讼的生效判决撤销了债务人与受	**人撤销权行使】**　债务人以放弃其债权、放弃债权担保、无偿转让财产等方式无偿处分财产权益，或者恶意延长其到期债权的履行期限，影响债权人的债权实现的，债权人可以请求人民法院撤销债务人的行为。 **第539条【不合理价格交易时的债权人撤销权行使】**　债务人以明显不合理的低价转让财产、以明显不合理的高价受让他人财产或者为他人的债务提供担保，影响债权人的债权实现，债务人的相对人知道或者应当知道该情形的，债权人可以请求人民法院撤销债务人的行为。 **第542条【债权人撤销权行使效果】**　债务人影响债权人的债权实现的行为被撤销的，自始没有法律约束力。 ***《合同法解释一》（已废止）*** ***第25条***　*债权人依照合同法第七十四条的规定提起撤销权诉讼，请求人民法院撤销债务人放弃债权或转让财产的行为，人民法院应当就债权人主张的部分进行审理，依法撤销的，该行为自始无效。* *两个或者两个以上债权人以同一债务人为被告，就同一标的提起撤销权诉讼的，人民法院可以合并审理。*

续表

民法典合同编通则解释	关联规定
让人的财产转让合同，并判令受让人向债务人返还财产，受让人未履行返还义务的，债权人可以债务人、受让人为被执行人申请强制执行。受让人未通知债权人，自行向债务人返还财产，债务人将返还的财产立即转移，致使债权人丧失申请法院采取查封、冻结等措施的机会，撤销权诉讼目的无法实现的，不能认定生效判决已经得到有效履行。债权人申请对受让人执行生效判决确定的财产返还义务的，人民法院应予支持。 **案例参考**：《周某与丁某、薛某债权人撤销权纠纷案》【最高人民法院发布民法典合同编通则司法解释相关典型案例①】 **案例要旨**：在债权人撤销权诉讼中，债权人请求撤销债务人与相对人的行为并主张相对人向债务人返还财产的，人民法院依法予以支持。	
六、合同的变更和转让	
第四十七条【债权债务转让纠纷的诉讼第三人】 债权转让后，债务人向受让人主张其对让	《民法典》 **第545条【债权转让】** 债权人可以将债权的全部或者部分

① 载微信公众号“人民法院报”，https：//mp. weixin. qq. com/s/daDCyv6GgNraphWHxy-HNA，2023年12月6日访问。

续表

民法典合同编通则解释	关联规定
与人的抗辩的，人民法院可以追加让与人为第三人。 债务转移后，新债务人主张原债务人对债权人的抗辩的，人民法院可以追加原债务人为第三人。 当事人一方将合同权利义务一并转让后，对方就合同权利义务向受让人主张抗辩或者受让人就合同权利义务向对方主张抗辩的，人民法院可以追加让与人为第三人。 **解读：**债权转让、债务转让和债权债务一并转让在民法理论上，统称为债的移转。在债的移转中，原债权人或原债务人也往往会退出原合同法律关系。按照合同相对性原理，若债务人、债权人与受让人发生纠纷的，因原债务人或原债权人此时已非合同的相对方，一般无须参与到诉讼中来。但在相关抗辩涉及其时，为有效查清事实并明确责任承担，法院可将其列为第三人。	转让给第三人，但是有下列情形之一的除外： （一）根据债权性质不得转让； （二）按照当事人约定不得转让； （三）依照法律规定不得转让。 当事人约定非金钱债权不得转让的，不得对抗善意第三人。当事人约定金钱债权不得转让的，不得对抗第三人。 **第548条【债权转让时债务人抗辩权】** 债务人接到债权转让通知后，债务人对让与人的抗辩，可以向受让人主张。 **第553条【债务转移时新债务人抗辩权】** 债务人转移债务的，新债务人可以主张原债务人对债权人的抗辩；原债务人对债权人享有债权的，新债务人不得向债权人主张抵销。 **第556条【合同权利义务一并转让的法律适用】** 合同的权利和义务一并转让的，适用债权转让、债务转移的有关规定。 *《合同法解释一》（已废止）* *第27条 债权人转让合同权利后，债务人与受让人之间因履行合同发生纠纷诉至人民法院，*

续表

民法典合同编通则解释	关联规定
	债务人对债权人的权利提出抗辩的，可以将债权人列为第三人。 ***第28条*** *经债权人同意，债务人转移合同义务后，受让人与债权人之间因履行合同发生纠纷诉至人民法院，受让人就债务人对债权人的权利提出抗辩的，可以将债务人列为第三人。* ***第29条*** *合同当事人一方经对方同意将其在合同中的权利义务一并转让给受让人，对方与受让人因履行合同发生纠纷诉至人民法院，对方就合同权利义务提出抗辩的，可以将出让方列为第三人。*
第四十八条【债权转让通知】 债务人在接到债权转让通知前已经向让与人履行，受让人请求债务人履行的，人民法院不予支持；债务人接到债权转让通知后仍然向让与人履行，受让人请求债务人履行的，人民法院应予支持。 让与人未通知债务人，受让人直接起诉债务人请求履行债务，人民法院经审理确认债权转让事实的，应当认定债权转让自起诉状副本送达时对债务人发生效力。债务人主张因未通知而给其增加的费用或者造成的损失从认定的债权数额中扣除的，人民法院依法予以支持。	《民法典》 **第546条【债权转让通知】** 债权人转让债权，未通知债务人的，该转让对债务人不发生效力。 债权转让的通知不得撤销，但是经受让人同意的除外。 **第550条【债权转让增加的履行费用的负担】** 因债权转让增加的履行费用，由让与人负担。

续表

民法典合同编通则解释	关联规定
解读：本条对债权转让通知作了细化。第1款规定了债权转让通知的效力，未通知债务人的，不对债务人发生效力，债务人仍然依据原合同的约定向债务人履行义务；通知债务人后，债务人不向受让人履行的，受让人可以向债务人主张权利。第2款将债权转让通知的主体扩展至受让人，规定直接起诉方式具有通知的效力，且明确经审理确认债权转让事实的，债权转让自起诉状副本送达时对债务人发生效力。但需注意的是，在此种情形下，债务人可主张因未通知增加的费用或者造成的损失从认定的债权数额中扣除。	
第四十九条【表见让与、债务人确认债权存在】 债务人接到债权转让通知后，让与人以债权转让合同不成立、无效、被撤销或者确定不发生效力为由请求债务人向其履行的，人民法院不予支持。但是，该债权转让通知被依法撤销的除外。 受让人基于债务人对债权真实存在的确认受让债权后，债务人又以该债权不存在为由拒绝向受让人履行的，人民法院不予支持。但是，受让人知道或者应当知道该债权不存在的除外。	《民法典》 **第546条【债权转让通知】** 债权人转让债权，未通知债务人的，该转让对债务人不发生效力。 债权转让的通知不得撤销，但是经受让人同意的除外。

续表

民法典合同编通则解释	关联规定
解读：当债权人将债权让与第三人的事项通知债务人后，即使让与并未发生或者该让与无效，债务人基于对让与通知的信赖而向该第三人所为的履行仍然有效。学说上依据表见代理的原则，将其称为表见让与。该制度对于维护让与通知的效力以及保护债务人的利益具有重要意义。债务人作为债务履行的主体，却非债权让与合同的当事人，难以对债权是否让与、让与何人、该让与是否有效等事实明确查知。债权让与通知作为债务人了解权利转移事实和确定履行对象的最主要依据，足以产生合理信赖的基础。对于这种信赖利益，法律应予保护。本条第1款作了明确。同样，在债务人对债权真实存在的确认后而受让债权的情况下，受让人亦享有信赖利益。本条第2款对此作了规定。	
第五十条【债权的多重转让】 让与人将同一债权转让给两个以上受让人，债务人以已经向最先通知的受让人履行为由主张其不再履行债务的，人民法院应予支持。债务人明知接受履行的受让人不是最先通知的受让人，最先通知的受让人请求债务人继续	《民法典》 **第137条【有相对人的意思表示生效时间】** 以对话方式作出的意思表示，相对人知道其内容时生效。 以非对话方式作出的意思表示，到达相对人时生效。以非对话方式作出的采用数据电文形式的

续表

民法典合同编通则解释	关联规定
履行债务或者依据债权转让协议请求让与人承担违约责任的，人民法院应予支持；最先通知的受让人请求接受履行的受让人返还其接受的财产的，人民法院不予支持，但是接受履行的受让人明知该债权在其受让前已经转让给其他受让人的除外。 前款所称最先通知的受让人，是指最先到达债务人的转让通知中载明的受让人。当事人之间对通知到达时间有争议的，人民法院应当结合通知的方式等因素综合判断，而不能仅根据债务人认可的通知时间或者通知记载的时间予以认定。当事人采用邮寄、通讯电子系统等方式发出通知的，人民法院应当以邮戳时间或者通讯电子系统记载的时间等作为认定通知到达时间的依据。 **解读：**在债权多重转让的场合下，债权转让涉及受让人和让与人之间的关系。本条明确了在债权多重转让且债务人均未履行的场合下，法院应支持最先通知的受让人提出的履行情形。但在债务人已经向其他受让人履行的情况下，最先通知的受让人不可直接向接收履行的受让人请求返	意思表示，相对人指定特定系统接收数据电文的，该数据电文进入该特定系统时生效；未指定特定系统的，相对人知道或者应当知道该数据电文进入其系统时生效。当事人对采用数据电文形式的意思表示的生效时间另有约定的，按照其约定。 **第546条【债权转让通知】** 债权人转让债权，未通知债务人的，该转让对债务人不发生效力。 债权转让的通知不得撤销，但是经受让人同意的除外。 **第768条【多重保理的清偿顺序】** 应收账款债权人就同一应收账款订立多个保理合同，致使多个保理人主张权利的，已经登记的先于未登记的取得应收账款；均已经登记的，按照登记时间的先后顺序取得应收账款；均未登记的，由最先到达应收账款债务人的转让通知中载明的保理人取得应收账款；既未登记也未通知的，按照保理融资款或者服务报酬的比例取得应收账款。 **《电子签名法》** **第11条** 数据电文进入发件人控制之外的某个信息系统的时间，视为该数据电文的发送时间。

续表

民法典合同编通则解释	关联规定
还，只能请求债务人继续履行债务或者依据债权转让协议请求让与人承担违约责任。但接收履行的受让人恶意的除外，即其明知该债权在其受让前已经转让给其他受让人的除外。此外需注意的是，债权多重转让下债权转让协议均应认为有效，无论是否为最先通知的受让人，只要未获履行的，受让债权的受让人均可以债权转让协议要求出让人承担违约责任。	收件人指定特定系统接收数据电文的，数据电文进入该特定系统的时间，视为该数据电文的接收时间；未指定特定系统的，数据电文进入收件人的任何系统的首次时间，视为该数据电文的接收时间。 当事人对数据电文的发送时间、接收时间另有约定的，从其约定。 **《诉讼时效规定》** **第17条第1款** 债权转让的，应当认定诉讼时效从债权转让通知到达债务人之日起中断。
第五十一条【债务加入人的追偿权及其他权利】 第三人加入债务并与债务人约定了追偿权，其履行债务后主张向债务人追偿的，人民法院应予支持；没有约定追偿权，第三人依照民法典关于不当得利等的规定，在其已经向债权人履行债务的范围内请求债务人向其履行的，人民法院应予支持，但是第三人知道或者应当知道加入债务会损害债务人利益的除外。 债务人就其对债权人享有的抗辩向加入债务的第三人主张的，人民法院应予支持。	**《民法典》** **第552条【并存的债务承担】** 第三人与债务人约定加入债务并通知债权人，或者第三人向债权人表示愿意加入债务，债权人未在合理期限内明确拒绝的，债权人可以请求第三人在其愿意承担的债务范围内和债务人承担连带债务。 **第553条【债务转移时新债务人抗辩权】** 债务人转移债务的，新债务人可以主张原债务人对债权人的抗辩；原债务人对债权人享有债权的，新债务人不得向债权人主张抵销。

续表

民法典合同编通则解释	关联规定
解读：本条明确了加入债务的第三人与债务人约定了追偿相关事项（如是否有追偿权、追偿比例等）情形，此时则按照约定处理，若未约定追偿权，则可依照有关不当得利等规则处理。关于约定的时间，可以在债务加入前，第三人、债务人和债权人的三方约定，也可以在第三人履行债务人后，第三人与原债务人达成的新约定，此时约定应仅约束债务人和第三人。	**第985条【不当得利定义】** 得利人没有法律根据取得不当利益的，受损失的人可以请求得利人返还取得的利益，但是有下列情形之一的除外： （一）为履行道德义务进行的给付； （二）债务到期之前的清偿； （三）明知无给付义务而进行的债务清偿。
七、合同的权利义务终止	
第五十二条【协商解除的法律适用】 当事人就解除合同协商一致时未对合同解除后的违约责任、结算和清理等问题作出处理，一方主张合同已经解除的，人民法院应予支持。但是，当事人另有约定的除外。 有下列情形之一的，除当事人一方另有意思表示外，人民法院可以认定合同解除： （一）当事人一方主张行使法律规定或者合同约定的解除权，经审理认为不符合解除权行使条件但是对方同意解除； （二）双方当事人均不符合解除权行使的条件但是均主张解除合同。	**《民法典》** **第562条【合同约定解除】** 当事人协商一致，可以解除合同。 当事人可以约定一方解除合同的事由。解除合同的事由发生时，解除权人可以解除合同。 **第566条【合同解除的效力】** 合同解除后，尚未履行的，终止履行；已经履行的，根据履行情况和合同性质，当事人可以请求恢复原状或者采取其他补救措施，并有权请求赔偿损失。 合同因违约解除的，解除权人可以请求违约方承担违约责任，但是当事人另有约定的除外。 主合同解除后，担保人对债务人应当承担的民事责任仍应当

续表

民法典合同编通则解释	关联规定
前两款情形下的违约责任、结算和清理等问题，人民法院应当依据民法典第五百六十六条、第五百六十七条和有关违约责任的规定处理。 **解读：**本条就合意（协商）解除合同情形下的相关法律问题进行规定。合意解除应按照合同有效的要件判断是否产生合同解除的法律效果，而在所不问是否约定了解除后果，本条第1款另明确了合意解除并不排除违约责任、清理和结算条款的适用。第2款基于尊重当事人意思自治原则，就不符合法定解除但对方或双方均同意解除的情形，明确认定发生解除合同的后果，进一步完善了实践中出现的合同解除情形。此外需注意的是，广义上的合同的约定解除可分为合意解除与约定解除权两种情形，约定解除权与合意解除共同构成合同约定解除的完整内容，民法典第562条分两款进行了规定。实际上，合意解除是合同成立并生效后，在未履行或者未完全履行之前，合同当事人通过协商解除合同，使合同效力归于消灭。而约定解除是指当事人通过在合同中约定某种事由，当该事由发生时，一方当事人即享有单方面解除合同的权利。	承担担保责任，但是担保合同另有约定的除外。 **第567条【合同终止后有关结算和清理条款效力】** 合同的权利义务关系终止，不影响合同中结算和清理条款的效力。 **《买卖合同解释》** **第20条** 买卖合同因违约而解除后，守约方主张继续适用违约金条款的，人民法院应予支持；但约定的违约金过分高于造成的损失的，人民法院可以参照民法典第五百八十五条第二款的规定处理。 **《全国法院民商事审判工作会议纪要》** **49.【合同解除的法律后果】** 合同解除时，一方依据合同中有关违约金、约定损害赔偿的计算方法、定金责任等违约责任条款的约定，请求另一方承担违约责任的，人民法院依法予以支持。 双务合同解除时人民法院的释明问题，参照本纪要第36条的相关规定处理。

续表

民法典合同编通则解释	关联规定
第五十三条【通知解除合同的审查】 当事人一方以通知方式解除合同，并以对方未在约定的异议期限或者其他合理期限内提出异议为由主张合同已经解除的，人民法院应当对其是否享有法律规定或者合同约定的解除权进行审查。经审查，享有解除权的，合同自通知到达对方时解除；不享有解除权的，不发生合同解除的效力。 **解读：**本条是在全国法院民商事审判工作会议纪要第46条规定的基础上转化的，再次明确了以通知方式行使合同解除权的，应是享有合同解除权（包括法定解除权、约定解除权）的主体。否则，即使被通知合同解除的另一方当事人未提出异议的，也不能发生合同解除的法律效力。此外，解除权属形成权，享有合同解除权的主体发出的解除合同的通知，因意思表示生效而发生解除效力。同时，基于对相对人合理信赖的保护，一般具有不可撤销性。在解除条件已经成就，解除权人将解除通知送达对方，对方收悉后未予答复的情况下，即使解除权人重新发出一份更改后	《民法典》 **第562条【合同约定解除】** 当事人协商一致，可以解除合同。 当事人可以约定一方解除合同的事由。解除合同的事由发生时，解除权人可以解除合同。 **第563条【合同法定解除】** 有下列情形之一的，当事人可以解除合同： （一）因不可抗力致使不能实现合同目的； （二）在履行期限届满前，当事人一方明确表示或者以自己的行为表明不履行主要债务； （三）当事人一方迟延履行主要债务，经催告后在合理期限内仍未履行； （四）当事人一方迟延履行债务或者有其他违约行为致使不能实现合同目的； （五）法律规定的其他情形。 以持续履行的债务为内容的不定期合同，当事人可以随时解除合同，但是应当在合理期限之前通知对方。 **第565条【合同解除程序】** 当事人一方依法主张解除合同的，应当通知对方。合同自通知到达对方时解除；通知载明债务人在一定期限内不履行债务则合同

续表

民法典合同编通则解释	关联规定
的解除通知，此时对方主张合同已被前一份通知解除的，应认定合同自第一次通知到达对方时解除。 **案例参考：**《孙某与某房地产公司合资、合作开发房地产合同纠纷案》【最高人民法院发布民法典合同编通则司法解释相关典型案例①】 **案例要旨：**合同一方当事人以通知形式行使合同解除权的，须以享有法定或者约定解除权为前提。不享有解除权的一方向另一方发出解除通知，另一方即便未在合理期限内提出异议，也不发生合同解除的效力。	自动解除，债务人在该期限内未履行债务的，合同自通知载明的期限届满时解除。对方对解除合同有异议的，任何一方当事人均可以请求人民法院或者仲裁机构确认解除行为的效力。 当事人一方未通知对方，直接以提起诉讼或者申请仲裁的方式依法主张解除合同，人民法院或者仲裁机构确认该主张的，合同自起诉状副本或者仲裁申请书副本送达对方时解除。 **《民法典时间效力规定》** **第10条** 民法典施行前，当事人一方未通知对方而直接以提起诉讼方式依法主张解除合同的，适用民法典第五百六十五条第二款的规定。 **《全国法院民商事审判工作会议纪要》** **46.【通知解除的条件】** 审判实践中，部分人民法院对合同法司法解释（二）第24条的理解存在偏差，认为不论发出解除通知的一方有无解除权，只要另一方未在异议期限内以起诉方式提出异议，就判令解除合同，这不符合

① 载微信公众号“人民法院报”，https：//mp. weixin. qq. com/s/daDCyv6GgNraphWHxy-HNA，2023年12月6日访问。

续表

民法典合同编通则解释	关联规定
	合同法关于合同解除权行使的有关规定。对该条的准确理解是，只有享有法定或者约定解除权的当事人才能以通知方式解除合同。不享有解除权的一方向另一方发出解除通知，另一方即便未在异议期限内提起诉讼，也不发生合同解除的效果。人民法院在审理案件时，应当审查发出解除通知的一方是否享有约定或者法定的解除权来决定合同应否解除，不能仅以受通知一方在约定或者法定的异议期限届满内未起诉这一事实就认定合同已经解除。 ***《合同法解释二》（已废止）*** ***第24条*** *当事人对合同法第九十六条、第九十九条规定的合同解除或者债务抵销虽有异议，但在约定的异议期限届满后才提出异议并向人民法院起诉的，人民法院不予支持；当事人没有约定异议期间，在解除合同或者债务抵销通知到达之日起三个月以后才向人民法院起诉的，人民法院不予支持。*
第五十四条【撤诉后再次起诉解除时合同解除时间的认定】 当事人一方未通知对方，直接以提起诉讼的方式主张解除合同，撤诉后再次起诉主张解除合同，	**《民法典》** **第565条【合同解除程序】** 当事人一方依法主张解除合同的，应当通知对方。合同自通知到达对方时解除；通知载明债务人

续表

民法典合同编通则解释	关联规定
人民法院经审理支持该主张的，合同自再次起诉的起诉状副本送达对方时解除。但是，当事人一方撤诉后又通知对方解除合同且该通知已经到达对方的除外。 **解读**：约定或法定的解除条件已成就的情形下，以通知方式行使解除权的，合同自通知到达对方时解除；以提起诉讼或申请仲裁的方式行使解除权的，合同自起诉状副本或者仲裁申请书副本送达对方时解除。实际上，以诉讼方式解除合同的仍是通过通知方式加以解除。只不过是通过法院转送解除权人的通知而已。需注意的是，原告起诉解除合同后被准许撤诉的，撤诉的法律后果等同于未起诉，当时送达过的起诉状副本并不发生合同解除的法律效力。而撤诉后再次就合同解除起诉的，经法院审理确认合同解除的，合同解除的时间节点为本次起诉状副本送达当事人时。此外，在撤诉后再起诉解除合同的，若当事人在撤诉后又以通知的方式向对方要求解除合同的，而基于解除权的形成权性质，自然能够发生解除合同的效果，此时应以解除权人的解除合同通知到达对方时为准。	在一定期限内不履行债务则合同自动解除，债务人在该期限内未履行债务的，合同自通知载明的期限届满时解除。对方对解除合同有异议的，任何一方当事人均可以请求人民法院或者仲裁机构确认解除行为的效力。 当事人一方未通知对方，直接以提起诉讼或者申请仲裁的方式依法主张解除合同，人民法院或者仲裁机构确认该主张的，合同自起诉状副本或者仲裁申请书副本送达对方时解除。 **《民事诉讼法》** **第148条第1款** 宣判前，原告申请撤诉的，是否准许，由人民法院裁定。 **《民法典时间效力规定》** **第10条** 民法典施行前，当事人一方未通知对方而直接以提起诉讼方式依法主张解除合同的，适用民法典第五百六十五条第二款的规定。

续表

民法典合同编通则解释	关联规定
第五十五条【抵销权行使的效力】 当事人一方依据民法典第五百六十八条的规定主张抵销，人民法院经审理认为抵销权成立的，应当认定通知到达对方时双方互负的主债务、利息、违约金或者损害赔偿金等债务在同等数额内消灭。 **解读：**本条明确抵销发生效力应以抵销通知到达时为标准确定，并明确了双方互负的债务（主债务、利息、违约金或者损害赔偿金等）在同等数额内消灭的抵销后果。由于抵销权行使的效果主要是使当事人之间的债权、债务关系按照双方能够相互抵销的同等数额而消灭，因此，对未被抵销的部分，债权人仍然有权向债务人请求清偿。	**《民法典》** **第568条【债务法定抵销】** 当事人互负债务，该债务的标的物种类、品质相同的，任何一方可以将自己的债务与对方的到期债务抵销；但是，根据债务性质、按照当事人约定或者依照法律规定不得抵销的除外。 当事人主张抵销的，应当通知对方。通知自到达对方时生效。抵销不得附条件或者附期限。 **《诉讼时效规定》** **第11条**下列事项之一，人民法院应当认定与提起诉讼具有同等诉讼时效中断的效力： ……（七）在诉讼中主张抵销…… **《全国法院民商事审判工作会议纪要》** **43.【抵销】** 抵销权既可以通知的方式行使，也可以提出抗辩或者提起反诉的方式行使。抵销的意思表示自到达对方时生效，抵销一经生效，其效力溯及自抵销条件成就之时，双方互负的债务在同等数额内消灭。双方互负的债务数额，是截至抵销条件成就之时各自负有的包括主债务、利息、违约金、赔偿金等在内的全部债务数额。行使抵销权一方享

续表

民法典合同编通则解释	关联规定
	有的债权不足以抵销全部债务数额，当事人对抵销顺序又没有特别约定的，应当根据实现债权的费用、利息、主债务的顺序进行抵销。
第五十六条【抵销参照适用抵充规则】 行使抵销权的一方负担的数项债务种类相同，但是享有的债权不足以抵销全部债务，当事人因抵销的顺序发生争议的，人民法院可以参照民法典第五百六十条的规定处理。 行使抵销权的一方享有的债权不足以抵销其负担的包括主债务、利息、实现债权的有关费用在内的全部债务，当事人因抵销的顺序发生争议的，人民法院可以参照民法典第五百六十一条的规定处理。 **解读：**本条在吸收全国法院民商事审判工作会议纪要相关内容的基础上，并结合了民法典第560、561条等规定，明确了抵销参照适用抵充规则。需注意的是，抵销和抵充存在不同。第一，构成要件不完全相同。抵充权的行使要求债务人对于同一债权人负担数宗债务，而抵销权则要求当事人互负债务、互负债权。抵销权	《民法典》 **第549条【债权转让时债务人抵销权】** 有下列情形之一的，债务人可以向受让人主张抵销： （一）债务人接到债权转让通知时，债务人对让与人享有债权，且债务人的债权先于转让的债权到期或者同时到期； （二）债务人的债权与转让的债权是基于同一合同产生。 **第560条【债的清偿抵充顺序】** 债务人对同一债权人负担的数项债务种类相同，债务人的给付不足以清偿全部债务的，除当事人另有约定外，由债务人在清偿时指定其履行的债务。 债务人未作指定的，应当优先履行已经到期的债务；数项债务均到期的，优先履行对债权人缺乏担保或者担保最少的债务；均无担保或者担保相等的，优先履行债务人负担较重的债务；负担相同的，按照债务到期的先后顺序履行；到期时间相同的，按照债务比例履行。

续表

民法典合同编通则解释	关联规定
要求双方债务均届清偿期，而抵充权则无此要求。第二，法律效果不完全相同。抵销可以使二人互负债务在同等数额内消灭，即其消灭的是两方、对向的债权债务。抵充仅消灭债务人的债务，其终结的是单方的债务，而非双方债务。但实际上，这两种制度也有很多相同或相似之处，包括权利性质相同、行使方式相同、功能相同、所处体系相同，这也使得二者存在借鉴适用的基础和前提。就多笔种类债务需要抵销但不足以全部抵销的情形而言，抵销顺序的确定可参照适用民法典第561条的规定；而就单笔债务的抵销而言，则按照实现债权的有关费用、利息、主债务的先后确定抵销顺序。 **案例参考：**《某实业发展公司与某棉纺织品公司委托合同纠纷案》【最高人民法院发布民法典合同编通则司法解释相关典型案例①】 **案例要旨：**据以行使抵销权的债权不足以抵销其全部债务，应当按照实现债权的有关费用、利息、主债务的顺序进行抵销。	**第561条【费用、利息和主债务的抵充顺序】** 债务人在履行主债务外还应当支付利息和实现债权的有关费用，其给付不足以清偿全部债务的，除当事人另有约定外，应当按照下列顺序履行： （一）实现债权的有关费用； （二）利息； （三）主债务。 **第568条【债务法定抵销】** 当事人互负债务，该债务的标的物种类、品质相同的，任何一方可以将自己的债务与对方的到期债务抵销；但是，根据债务性质、按照当事人约定或者依照法律规定不得抵销的除外。 当事人主张抵销的，应当通知对方。通知自到达对方时生效。抵销不得附条件或者附期限。 **《全国法院民商事审判工作会议纪要》** **43.【抵销】** 抵销权既可以通知的方式行使，也可以提出抗辩或者提起反诉的方式行使。抵销的意思表示自到达对方时生效，抵销一经生效，其效力溯及自抵销条件成就之时，双方互负的债务

① 载微信公众号“人民法院报”，https://mp.weixin.qq.com/s/daDCyv6GgNraphWHxy-HNA，2023年12月6日访问。

续表

民法典合同编通则解释	关联规定
	在同等数额内消灭。双方互负的债务数额，是截至抵销条件成就之时各自负有的包括主债务、利息、违约金、赔偿金等在内的全部债务数额。行使抵销权一方享有的债权不足以抵销全部债务数额，当事人对抵销顺序又没有特别约定的，应当根据实现债权的费用、利息、主债务的顺序进行抵销。 *《合同法解释二》（已废止）* ***第20条*** *债务人的给付不足以清偿其对同一债权人所负的数笔相同种类的全部债务，应当优先抵充已到期的债务；几项债务均到期的，优先抵充对债权人缺乏担保或者担保数额最少的债务；担保数额相同的，优先抵充债务负担较重的债务；负担相同的，按照债务到期的先后顺序抵充；到期时间相同的，按比例抵充。但是，债权人与债务人对清偿的债务或者清偿抵充顺序有约定的除外。* ***第21条*** *债务人除主债务之外还应当支付利息和费用，当其给付不足以清偿全部债务时，并且当事人没有约定的，人民法院应当按照下列顺序抵充：* *（一）实现债权的有关费用；* *（二）利息；* *（三）主债务。*

续表

民法典合同编通则解释	关联规定
第五十七条【侵权行为人不得主张抵销的情形】 因侵害自然人人身权益，或者故意、重大过失侵害他人财产权益产生的损害赔偿债务，侵权人主张抵销的，人民法院不予支持。 **解读：** 本条明确了因侵害自然人人身权益，或者故意、重大过失侵害他人财产权益产生的损害赔偿债务，侵权行为人不得主张抵销。主要在于因此类侵权而产生的债务，对被侵权人利益保障意义较一般的合同债务，其重要性以及对损害的弥补性更重，若允许抵销，则利益保障方面难免出现失衡，为此，本条明确了此种情形侵权人不得主张抵销。如此有利于加强对自然人人身权益的保护，减少故意或重大过失侵权行为。但需注意的是，本条只限制了侵权人不得主张，并未禁止被侵权人主张抵销。 **案例参考：**《黄明与陈琪玲、陈泽峰、福建省丰泉环保集团有限公司民间借贷纠纷案》【《最高人民法院公报》2022年第6期】 **案例要旨：** 抵销权的行使不得损害第三人的合法权益。当债权人同时为多个执行案件的被执	《民法典》 **第568条【债务法定抵销】** 当事人互负债务，该债务的标的物种类、品质相同的，任何一方可以将自己的债务与对方的到期债务抵销；但是，根据债务性质、按照当事人约定或者依照法律规定不得抵销的除外。 当事人主张抵销的，应当通知对方。通知自到达对方时生效。抵销不得附条件或者附期限。 **《证券投资基金法》** **第6条** 基金财产的债权，不得与基金管理人、基金托管人固有财产的债务相抵销；不同基金财产的债权债务，不得相互抵销。 **《企业破产法》** **第40条** 债权人在破产申请受理前对债务人负有债务的，可以向管理人主张抵销。但是，有下列情形之一的，不得抵销： （一）债务人的债务人在破产申请受理后取得他人对债务人的债权的； （二）债权人已知债务人有不能清偿到期债务或者破产申请的事实，对债务人负担债务的；但是，债权人因为法律规定或者有破产申请一年前所发生的原因而负担债务的除外；

续表

民法典合同编通则解释	关联规定
行人且无实际财产可供清偿他人债务时，债务人以受让申请执行人对债权人享有的执行债权，主张抵销债权人债权的，人民法院应对主动债权的取得情况进行审查，防止主动债权变相获得优先受偿，进而损害其他债权人的利益。债务人受让的执行债权仍应当在债权人作为被执行人的执行案件中以参与分配的方式实现，以遏制恶意抵销和维护债权公平受偿的私法秩序。	（三）债务人的债务人已知债务人有不能清偿到期债务或者破产申请的事实，对债务人取得债权的；但是，债务人的债务人因为法律规定或者有破产申请一年前所发生的原因而取得债权的除外。 **《合伙企业法》** **第41条** 合伙人发生与合伙企业无关的债务，相关债权人不得以其债权抵销其对合伙企业的债务；也不得代位行使合伙人在合伙企业中的权利。 **《信托法》** **第18条** 受托人管理运用、处分信托财产所产生的债权，不得与其固有财产产生的债务相抵销。 受托人管理运用、处分不同委托人的信托财产所产生的债权债务，不得相互抵销。 **《执行异议和复议案件规定》** **第19条** 当事人互负到期债务，被执行人请求抵销，请求抵销的债务符合下列情形的，除依照法律规定或者按照债务性质不得抵销的以外，人民法院应予支持： （一）已经生效法律文书确定或者经申请执行人认可； （二）与被执行人所负债务的标的物种类、品质相同。

续表

民法典合同编通则解释	关联规定
	《合同法解释二》（已废止） *第23条　对于依照合同法第九十九条的规定可以抵销的到期债权，当事人约定不得抵销的，人民法院可以认定该约定有效。*
第五十八条【已过诉讼时效债务的抵销】　当事人互负债务，一方以其诉讼时效期间已经届满的债权通知对方主张抵销，对方提出诉讼时效抗辩的，人民法院对该抗辩应予支持。一方的债权诉讼时效期间已经届满，对方主张抵销的，人民法院应予支持。 **解读**：抵销人的债权即债务人的债权，称为抵销债权或主动债权。被抵销的债权，即债权人的债权，叫作被动债权。已过诉讼时效的债务可以抵销，只是其不得作为主动债权主张抵销，但可以作为被动债权抵销。 **案例参考**：《厦门源昌房地产开发有限公司与海南悦信集团有限公司委托合同纠纷案》【《最高人民法院公报》2019年第4期】 **案例要旨**：1. 双方债务均已到期属于法定抵销权形成的积极条件之一。该条件不仅意味着双方债务均已届至履行期，同时还要求双方债务各自从履行期届至诉	《民法典》 **第188条【普通诉讼时效、最长权利保护期间】**　向人民法院请求保护民事权利的诉讼时效期间为三年。法律另有规定的，依照其规定。 诉讼时效期间自权利人知道或者应当知道权利受到损害以及义务人之日起计算。法律另有规定的，依照其规定。但是，自权利受到损害之日起超过二十年的，人民法院不予保护，有特殊情况的，人民法院可以根据权利人的申请决定延长。 **第192条【诉讼时效期间届满的法律效果】**　诉讼时效期间届满的，义务人可以提出不履行义务的抗辩。 诉讼时效期间届满后，义务人同意履行的，不得以诉讼时效期间届满为由抗辩；义务人已经自愿履行的，不得请求返还。 **第568条【债务法定抵销】**　当事人互负债务，该债务的标的物种类、品质相同的，任何一方

续表

民法典合同编通则解释	关联规定
讼时效期间届满的时间段，应当存在重合的部分。在上述时间段的重合部分，双方债权均处于没有时效等抗辩的可履行状态，“双方债务均已到期”之条件即为成就，即使此后抵销权行使之时主动债权已经超过诉讼时效，亦不影响该条件的成立。2. 因被动债权诉讼时效的抗辩可由当事人自主放弃，故在审查抵销权形成的积极条件时，当重点考察主动债权的诉讼时效，即主动债权的诉讼时效届满之前，被动债权进入履行期的，当认为满足双方债务均已到期之条件；反之则不得认定该条件已经成就。3. 抵销权的行使不同于抵销权的形成。作为形成权，抵销权的行使不受诉讼时效的限制。我国法律并未对法定抵销权的行使设置除斥期间。在法定抵销权已经有效成立的情况下，如抵销权的行使不存在不合理迟延之情形，综合实体公平及抵销权的担保功能等因素，人民法院应认可抵销的效力。	可以将自己的债务与对方的到期债务抵销；但是，根据债务性质、按照当事人约定或者依照法律规定不得抵销的除外。 当事人主张抵销的，应当通知对方。通知自到达对方时生效。抵销不得附条件或者附期限。
八、违约责任	
第五十九条【合同终止的时间】 当事人一方依据民法典第五百八十条第二款的规定请求终止合同权利义务关系的，人民法院	《民法典》 **第565条【合同解除程序】** 当事人一方依法主张解除合同的，应当通知对方。合同自通知到

续表

民法典合同编通则解释	关联规定
一般应当以起诉状副本送达对方的时间作为合同权利义务关系终止的时间。根据案件的具体情况，以其他时间作为合同权利义务关系终止的时间更加符合公平原则和诚信原则的，人民法院可以以该时间作为合同权利义务关系终止的时间，但是应当在裁判文书中充分说明理由。 **解读**：民法典第580条就非金钱债务违约方享有请求终止合同作了规定。本条在此基础上对合同终止的时间节点进行了明确，法院判决终止合同权利义务关系的，一般以起诉状副本送达对方的时间为合同权利义务关系终止的基准时。本条之所以将起诉状副本送达对方的作为此种情况下合同终止的一般时间节点，在于：1. 请求司法终止合同的是借助司法的力量使合同归于消灭，则合同消灭的时间节点必然处于司法程序中，不能脱离诉讼程序而单独消灭合同。2. 司法终止合同的，依然须以通知当事人为要件。请求终止合同权利义务的，必须要通知当事人，让对方知晓其意欲终止合同的意思表示，使对方产生合同可能终止的心理准备，从而	达对方时解除；通知载明债务人在一定期限内不履行债务则合同自动解除，债务人在该期限内未履行债务的，合同自通知载明的期限届满时解除。对方对解除合同有异议的，任何一方当事人均可以请求人民法院或者仲裁机构确认解除行为的效力。 当事人一方未通知对方，直接以提起诉讼或者申请仲裁的方式依法主张解除合同，人民法院或者仲裁机构确认该主张的，合同自起诉状副本或者仲裁申请书副本送达对方时解除。 **第580条【非金钱债务实际履行责任及违约责任】** 当事人一方不履行非金钱债务或者履行非金钱债务不符合约定的，对方可以请求履行，但是有下列情形之一的除外： （一）法律上或者事实上不能履行； （二）债务的标的不适于强制履行或者履行费用过高； （三）债权人在合理期限内未请求履行。 有前款规定的除外情形之一，致使不能实现合同目的的，人民法院或者仲裁机构可以根据当事人的请求终止合同权利义务关系，

续表

民法典合同编通则解释	关联规定
不再为履行合同继续付出时间和精力。3. 起诉状副本送达时，违约方终止合同的意思表示被对方知晓，并对合同可能归于消灭产生一定心理准备和心理预期，作为一个理智人，其应不再继续对合同投入更多。有助于最大程度减少合同双方的损失，亦是对合同自由原则最大化尊重。4. 起诉状的内容能充分反映原告请求终止合同的意思表示，法院送达起诉状副本的行为方式受程序法的严格限制，可以有效保障将有权解除合同的当事人一方将要解除合同的单方意思表示有效传达给另一方。当然，以将起诉状副本送达对方作为合同终止时间只是一般情况，本条另明确了法院可根据案件的具体情况，以其他时间作为合同权利义务关系终止的时间。但以此时间为准，需更加符合公平原则和诚信原则，且应在裁判文书中充分说明理由。	但是不影响违约责任的承担。 **《民事诉讼法》** **第128条第1款** 人民法院应当在立案之日起五日内将起诉状副本发送被告，被告应当在收到之日起十五日内提出答辩状。答辩状应当记明被告的姓名、性别、年龄、民族、职业、工作单位、住所、联系方式；法人或者其他组织的名称、住所和法定代表人或者主要负责人的姓名、职务、联系方式。人民法院应当在收到答辩状之日起五日内将答辩状副本发送原告。
第六十条【可得利益损失的计算】 人民法院依据民法典第五百八十四条的规定确定合同履行后可以获得的利益时，可以在扣除非违约方为订立、履行合同支出的费用等合理成本后，按照非违约方能够获得的生产利润、	**《民法典》** **第584条【损害赔偿范围】** 当事人一方不履行合同义务或者履行合同义务不符合约定，造成对方损失的，损失赔偿额应当相当于因违约所造成的损失，包括合同履行后可以获得的利益；但是，

续表

民法典合同编通则解释	关联规定
经营利润或者转售利润等计算。 非违约方依法行使合同解除权并实施了替代交易，主张按照替代交易价格与合同价格的差额确定合同履行后可以获得的利益的，人民法院依法予以支持；替代交易价格明显偏离替代交易发生时当地的市场价格，违约方主张按照市场价格与合同价格的差额确定合同履行后可以获得的利益的，人民法院应予支持。 非违约方依法行使合同解除权但是未实施替代交易，主张按照违约行为发生后合理期间内合同履行地的市场价格与合同价格的差额确定合同履行后可以获得的利益的，人民法院应予支持。 **解读：**本条就可得利益损失的计算规定了可采利润法、替代交易法、市场价格法等方法。可得利益是指因当事人一方违反合同所造成的债权人本来可以得到的利益。根据民法典第 584 条的规定，可确定违约损失计算的加项为实际损失和履行利益损失，同时要求该加项以可预见性为限制范围。就可得利益赔偿计算中的“减项”而言，本条第 1 款明确了可得利益应当扣除非违约方为	不得超过违约一方订立合同时预见到或者应当预见到的因违约可能造成的损失。 **第 591 条【减损规则】** 当事人一方违约后，对方应当采取适当措施防止损失的扩大；没有采取适当措施致使损失扩大的，不得就扩大的损失请求赔偿。 当事人因防止损失扩大而支出的合理费用，由违约方负担。 **《买卖合同解释》** **第 22 条** 买卖合同当事人一方违约造成对方损失，对方主张赔偿可得利益损失的，人民法院在确定违约责任范围时，应当根据当事人的主张，依据民法典第五百八十四条、第五百九十一条、第五百九十二条、本解释第二十三条等规定进行认定。 **第 23 条** 买卖合同当事人一方因对方违约而获有利益，违约方主张从损失赔偿额中扣除该部分利益的，人民法院应予支持。 **《全国法院民商事审判工作会议纪要》** **35.【损害赔偿】** 合同不成立、无效或者被撤销时，仅返还财产或者折价补偿不足以弥补损失，一方还可以向有过错的另一方请求损害赔偿。在确定损害赔偿

续表

民法典合同编通则解释	关联规定
订立、履行合同而支出的费用等合理成本，再按照非违约方能够获得的生产利润、经营利润或者转售利润等计算。简而言之，即先刨除履约成本，这也符合违约金填补损失的价值目标。当然，这些履约成本仅包括为订立、履行合同支出的合理费用，而不包含合同解除后寻找替代交易所支出的费用。而在非违约方行使合同解除权并实施替代交易的情况下，可得利益损失计算可采差额法，即将替代交易价格与合同约定价格的差额认定为可得利益。当然，为寻找替代性交易而额外支出的费用亦可包含在损失之中。若守约方的替代交易价格明显偏离替代交易发生时当地的市场价格的，则有悖于损益相抵原则。因此，若违约方有证据能够证明替代交易的价格明显偏离的，此时则应按照市场价格和原合同交易价格的差额确定可得利益损失。本条第2款对此作了明确。另，若守约方未采取替代交易，此时可按照市场价格与合同价格的差额确定合同履行后可以获得的利益。在适用市场交易价格时，应注意时间和空间要素。时间上应以违约行为发生时作为市场价格	范围时，既要根据当事人的过错程度合理确定责任，又要考虑在确定财产返还范围时已经考虑过的财产增值或者贬值因素，避免双重获利或者双重受损的现象发生。

续表

民法典合同编通则解释	关联规定
确定的时间节点，而不是以合同解除的时间为节点。空间上应以合同履行地为限。本条第3款对此作了规定。 **案例参考：**《郑某某与某物业发展公司商品房买卖合同纠纷再审检察建议案》【最高人民检察院指导性案例第156号】 **裁判规则：**"一房二卖"民事纠纷中，房屋差价损失是当事人在订立合同时应当预见的内容，属可得利益损失，应当由违约方予以赔偿。对于法院行使自由裁量权明显失当的，检察机关应当合理选择监督方式，依法进行监督，促进案件公正审理。 **案例参考：**《某石材公司与某采石公司买卖合同纠纷案》【最高人民法院发布民法典合同编通则司法解释相关典型案例①】 **案例要旨：**非违约方主张按照违约行为发生后合理期间内合同履行地的市场价格与合同价格的差额确定合同履行后可以获得的利益的，人民法院依法予以支持。	

① 载微信公众号"人民法院报"，https：//mp. weixin. qq. com/s/daDCyv6GgNraphWHxy-HNA，2023年12月6日访问。

续表

民法典合同编通则解释	关联规定
第六十一条【持续性定期合同可得利益的赔偿】 在以持续履行的债务为内容的定期合同中，一方不履行支付价款、租金等金钱债务，对方请求解除合同，人民法院经审理认为合同应当依法解除的，可以根据当事人的主张，参考合同主体、交易类型、市场价格变化、剩余履行期限等因素确定非违约方寻找替代交易的合理期限，并按照该期限对应的价款、租金等扣除非违约方应当支付的相应履约成本确定合同履行后可以获得的利益。 非违约方主张按照合同解除后剩余履行期限相应的价款、租金等扣除履约成本确定合同履行后可以获得的利益的，人民法院不予支持。但是，剩余履行期限少于寻找替代交易的合理期限的除外。 **解读：**按照前条的规定，可得利益的计算方式为替代交易的价格和原合同价款的差额，并扣除非违约方的履约成本。但是，当金钱给付一方在持续履行的定期合同中违约，可得利益的计算方式则有所不同。在持续性定期合同解除后，非违约方要求违约方赔偿损失的，其中可得利益的计算方式不能按照剩余履行期限	**《民法典》** **第584条【损害赔偿范围】** 当事人一方不履行合同义务或者履行合同义务不符合约定，造成对方损失的，损失赔偿额应当相当于因违约所造成的损失，包括合同履行后可以获得的利益；但是，不得超过违约一方订立合同时预见到或者应当预见到的因违约可能造成的损失。 **《买卖合同解释》** **第22条** 买卖合同当事人一方违约造成对方损失，对方主张赔偿可得利益损失的，人民法院在确定违约责任范围时，应当根据当事人的主张，依据民法典第五百八十四条、第五百九十一条、第五百九十二条、本解释第二十三条等规定进行认定。 **《全国法院民商事审判工作会议纪要》** **35.【损害赔偿】** 合同不成立、无效或者被撤销时，仅返还财产或者折价补偿不足以弥补损失，一方还可以向有过错的另一方请求损害赔偿。在确定损害赔偿范围时，既要根据当事人的过错程度合理确定责任，又要考虑在确定财产返还范围时已经考虑过的财产增值或者贬值因素，避免双重获利或者双重受损的现象发生。

续表

民法典合同编通则解释	关联规定
相应的租金、价款或者报酬等进行确定。这是因为可得利益是“净利益”，剩余履行期限所对应的金钱价款往往还可能包含着为订立合同等付出的履约成本，超出了“净利益”的范畴。为此，本条明确了持续性定期合同中非违约方寻找替代交易的合理期限的判断方式，并明确了此种情形下可得利益的计算方法，即在参考合同主体、交易类型、市场价格变化、剩余履行期限等因素情况下，按照该期限对应的租金、价款或者报酬等扣除非违约方应当支付的相应履约成本。实际上，本条还涉及了计算可得利益赔偿金额时的一个重要的限定规则，即减轻损失规则。在本条规定的语境下，判断非违约方是否履行减损义务，需考量其是否在合适的期限内为寻找交易进行积极的努力，但并不要求其一定要订立新的合同。 **案例参考**：《柴某与某管理公司房屋租赁合同纠纷案》【最高人民法院发布民法典合同编通则司法解释相关典型案例①】	**《全国法院贯彻实施民法典工作会议纪要》** 11. 民法典第五百八十五条第二款规定的损失范围应当按照民法典第五百八十四条规定确定，包括合同履行后可以获得的利益，但不得超过违约一方订立合同时预见到或者应当预见到的因违约可能造成的损失。 当事人请求人民法院增加违约金的，增加后的违约金数额以不超过民法典第五百八十四条规定的损失为限。增加违约金以后，当事人又请求对方赔偿损失的，人民法院不予支持。 当事人请求人民法院减少违约金的，人民法院应当以民法典第五百八十四条规定的损失为基础，兼顾合同的履行情况、当事人的过错程度等综合因素，根据公平原则和诚信原则予以衡量，并作出裁判。约定的违约金超过根据民法典第五百八十四条规定确定的损失的百分之三十的，一般可以认定为民法典第五百八十五条第二款规定的“过分高于造成的损失”。当事人主张约定的违约金过高请求

① 载微信公众号“人民法院报”，https：//mp. weixin. qq. com/s/daDCyv6GgNraphWHxy-HNA，2023 年 12 月 6 日访问。

续表

民法典合同编通则解释	关联规定
案例要旨： 当事人一方违约后，对方没有采取适当措施致使损失扩大的，不得就扩大的损失请求赔偿。承租人已经通过多种途径向出租人作出了解除合同的意思表示，而出租人一直拒绝接收房屋，造成涉案房屋的长期空置，不得向承租人主张全部空置期内的租金。	予以适当减少的，应当承担举证责任；相对人主张违约金约定合理的，也应提供相应的证据。
第六十二条【无法确定可得利益时的赔偿】 非违约方在合同履行后可以获得的利益难以根据本解释第六十条、第六十一条的规定予以确定的，人民法院可以综合考虑违约方因违约获得的利益、违约方的过错程度、其他违约情节等因素，遵循公平原则和诚信原则确定。 **解读：** 本条明确引入了获益赔偿规则，将获益赔偿规定为一种独立的赔偿客体，进一步完善了可得利益赔偿制度。需注意的是，适用本条的前提是无法按照本解释第60条和第61条规定的可得利益计算方法确定可得利益，且数额的最终确定并非单纯依据可得利益数额直接确定，需综合考虑违约方因违约获得的利益、违约方的过错程度、其他违约情节等因素，遵循公平原则和诚信原则。	**《民法典》** **第584条【损害赔偿范围】** 当事人一方不履行合同义务或者履行合同义务不符合约定，造成对方损失的，损失赔偿额应当相当于因违约所造成的损失，包括合同履行后可以获得的利益；但是，不得超过违约一方订立合同时预见到或者应当预见到的因违约可能造成的损失。

续表

民法典合同编通则解释	关联规定
第六十三条【违约损害赔偿数额的确定】 在认定民法典第五百八十四条规定的"违约一方订立合同时预见到或者应当预见到的因违约可能造成的损失"时，人民法院应当根据当事人订立合同的目的，综合考虑合同主体、合同内容、交易类型、交易习惯、磋商过程等因素，按照与违约方处于相同或者类似情况的民事主体在订立合同时预见到或者应当预见到的损失予以确定。 除合同履行后可以获得的利益外，非违约方主张还有其向第三人承担违约责任应当支出的额外费用等其他因违约所造成的损失，并请求违约方赔偿，经审理认为该损失系违约一方订立合同时预见到或者应当预见到的，人民法院应予支持。 在确定违约损失赔偿额时，违约方主张扣除非违约方未采取适当措施导致的扩大损失、非违约方也有过错造成的相应损失、非违约方因违约获得的额外利益或者减少的必要支出的，人民法院依法予以支持。 **解读：**本解释第60条就可得利益损失的确定明确了可采取利	**《民法典》** **第584条【损害赔偿范围】** 当事人一方不履行合同义务或者履行合同义务不符合约定，造成对方损失的，损失赔偿额应当相当于因违约所造成的损失，包括合同履行后可以获得的利益；但是，不得超过违约一方订立合同时预见到或者应当预见到的因违约可能造成的损失。 **《全国法院贯彻实施民法典工作会议纪要》** **11.** 民法典第五百八十五条第二款规定的损失范围应当按照民法典第五百八十四条规定确定，包括合同履行后可以获得的利益，但不得超过违约一方订立合同时预见到或者应当预见到的因违约可能造成的损失。 当事人请求人民法院增加违约金的，增加后的违约金数额以不超过民法典第五百八十四条规定的损失为限。增加违约金以后，当事人又请求对方赔偿损失的，人民法院不予支持。 当事人请求人民法院减少违约金的，人民法院应当以民法典第五百八十四条规定的损失为基础，兼顾合同的履行情况、当事人的过错程度等综合因素，根据

续表

民法典合同编通则解释	关联规定
润法、替代交易法、市场价格法等方法进行计算。本条第2款则进一步明确在可得利益损失之外还有其他因违约造成的损失的，法院经审理认为该损失属于违约一方订立合同时预见到或者应当预见到的，也应予赔偿。此外，就可预见性而言，本条第1款对可预见性规则作了进一步细化，明确应根据合同目的，综合考虑主体、内容、交易类型、交易习惯、磋商过程等因素，采类比法，按照与违约方处于相同情况的民事主体在订立合同时所能预见到的损失类型最终确定可得利益。民法典第584条中规定的“不得超过违约一方订立合同时预见到或者应当预见到的因违约可能造成的损失”，即损失赔偿的可预见性标准，以此限制违约损害赔偿范围。需注意的是，这里的可预见性的主体应为违约方；确定可预见性的时间节点应为订立合同时而非违约时；预见的内容指在合同订立时违约方预见或应当预见的损失；预见的判断标准应以抽象的理性标准，即站在一个理性人的角度。对违约损害赔偿金额的确定，本条第3款进一步规定综合运用相抵规则、与有过失规则、	公平原则和诚信原则予以衡量，并作出裁判。约定的违约金超过根据民法典第五百八十四条规定确定的损失的百分之三十的，一般可以认定为民法典第五百八十五条第二款规定的“过分高于造成的损失”。当事人主张约定的违约金过高请求予以适当减少的，应当承担举证责任；相对人主张违约金约定合理的，也应提供相应的证据。

续表

民法典合同编通则解释	关联规定
防止损失扩大规则等确定违约方最终应承担的数额。 **案例参考：**《新疆亚坤商贸有限公司与新疆精河县康瑞棉花加工有限公司买卖合同纠纷案》【《最高人民法院公报》2006 年第 11 期】 **案例要旨：**在审理合同纠纷案件中，确认违约方的赔偿责任应当遵循“可预见性原则”，即违约方仅就其违约行为给对方造成的损失承担赔偿责任，对由于市场风险等因素造成的、双方当事人均不能预见的损失，因非违约方过错所致，与违约行为之间亦没有因果关系，违约方对此不承担赔偿责任。	
第六十四条【请求调整违约金的方式和举证责任】 当事人一方通过反诉或者抗辩的方式，请求调整违约金的，人民法院依法予以支持。 违约方主张约定的违约金过分高于违约造成的损失，请求予以适当减少的，应当承担举证责任。非违约方主张约定的违约金合理的，也应当提供相应的证据。 当事人仅以合同约定不得对违约金进行调整为由主张不予调整违约金的，人民法院不予支持。	**《民法典》** **第 583 条【违约损害赔偿责任】** 当事人一方不履行合同义务或者履行合同义务不符合约定的，在履行义务或者采取补救措施后，对方还有其他损失的，应当赔偿损失。 **第 584 条【损害赔偿范围】** 当事人一方不履行合同义务或者履行合同义务不符合约定，造成对方损失的，损失赔偿额应当相当于因违约所造成的损失，包括合同履行后可以获得的利益；但是，

续表

民法典合同编通则解释	关联规定
解读：就违约金调整而言，通常采当事人申请主义，以谨守司法干预保持克制尺度的原则，并克服民事诉讼立法中超越职权主义的流弊。本条明确了违约债务人可以反诉或抗辩的方式请求调整违约金。实际上，很多案件中当事人明显因为法律知识、诉讼技巧或表达能力等方面的欠缺而无法明确提出调整违约金的申请，对此法院可以行使释明权，合理引导当事人正确适用违约金调整的法律规定提出明确的申请。就相关举证责任的而言，解释明确了违约金调整“谁主张，谁举证”原则，即违约方请求调低违约金时，应对“违约金过分高于实际损失”这一法律要件存在的事实承担证明责任；守约方主张不予调整违约金的，应对“违约金数额的合理性”承担证明责任。此外，由于“合同约定不得对违约金进行调整的约定”限制了当事人合法权利的行使，且不调整过高或过低的违约金将导致显失公平，因此当事人仅以该约定主张不予调整的，不应支持。 **案例参考**：《市国资局、度假区管委会诉房地产公司建设用地使用权出让合同纠纷案》【李玉林、	不得超过违约一方订立合同时预见到或者应当预见到的因违约可能造成的损失。 **第585条【违约金】** 当事人可以约定一方违约时应当根据违约情况向对方支付一定数额的违约金，也可以约定因违约产生的损失赔偿额的计算方法。 约定的违约金低于造成的损失的，人民法院或者仲裁机构可以根据当事人的请求予以增加；约定的违约金过分高于造成的损失的，人民法院或者仲裁机构可以根据当事人的请求予以适当减少。 当事人就迟延履行约定违约金的，违约方支付违约金后，还应当履行债务。 **《民事诉讼法》** **第67条** 当事人对自己提出的主张，有责任提供证据。 当事人及其诉讼代理人因客观原因不能自行收集的证据，或者人民法院认为审理案件需要的证据，人民法院应当调查收集。 人民法院应当按照法定程序，全面地、客观地审查核实证据。 **《民事诉讼法解释》** **第90条** 当事人对自己提出的诉讼请求所依据的事实或者反驳

续表

民法典合同编通则解释	关联规定
吴学文，《法律适用》2018 年第 16 期】 **案例要旨**：受让方迟延支付土地出让金所承担的违约责任，源于行政规范性文件的规定，法院在审理该类案件时可将其作为裁判说理的依据，对违约金计算标准不予调整。但由于个案中合同履行情况、当事人过错程度、出让方所受损失、受让方经营状况等方面存在差别，根据公平原则，在对违约金标准不予调整的前提下，可通过限定违约金计算期间的方式，对违约金总额予以适当控制，避免违约方承担超出合同订立时应当预见到因违约造成的损失。	对方诉讼请求所依据的事实，应当提供证据加以证明，但法律另有规定的除外。 在作出判决前，当事人未能提供证据或者证据不足以证明其事实主张的，由负有举证证明责任的当事人承担不利的后果。 **第 91 条** 人民法院应当依照下列原则确定举证证明责任的承担，但法律另有规定的除外： （一）主张法律关系存在的当事人，应当对产生该法律关系的基本事实承担举证证明责任； （二）主张法律关系变更、消灭或者权利受到妨害的当事人，应当对该法律关系变更、消灭或者权利受到妨害的基本事实承担举证证明责任。 **《买卖合同解释》** **第 20 条** 买卖合同因违约而解除后，守约方主张继续适用违约金条款的，人民法院应予支持；但约定的违约金过分高于造成的损失的，人民法院可以参照民法典第五百八十五条第二款的规定处理。 **第 21 条** 买卖合同当事人一方以对方违约为由主张支付违约金，对方以合同不成立、合同未生效、合同无效或者不构成违约等为由进行免责抗辩而未主张调整

续表

民法典合同编通则解释	关联规定
	过高的违约金的，人民法院应当就法院若不支持免责抗辩，当事人是否需要主张调整违约金进行释明。 一审法院认为免责抗辩成立且未予释明，二审法院认为应当判决支付违约金的，可以直接释明并改判。 **《全国法院贯彻实施民法典工作会议纪要》** 11. 民法典第五百八十五条第二款规定的损失范围应当按照民法典第五百八十四条规定确定，包括合同履行后可以获得的利益，但不得超过违约一方订立合同时预见到或者应当预见到的因违约可能造成的损失。 当事人请求人民法院增加违约金的，增加后的违约金数额以不超过民法典第五百八十四条规定的损失为限。增加违约金以后，当事人又请求对方赔偿损失的，人民法院不予支持。 当事人请求人民法院减少违约金的，人民法院应当以民法典第五百八十四条规定的损失为基础，兼顾合同的履行情况、当事人的过错程度等综合因素，根据公平原则和诚信原则予以衡量，并作出裁判。约定的违约金超过根

续表

民法典合同编通则解释	关联规定
	据民法典第五百八十四条规定确定的损失的百分之三十的，一般可以认定为民法典第五百八十五条第二款规定的“过分高于造成的损失”。当事人主张约定的违约金过高请求予以适当减少的，应当承担举证责任；相对人主张违约金约定合理的，也应提供相应的证据。 *《合同法解释二》（已废止）* ***第27条*** *当事人通过反诉或者抗辩的方式，请求人民法院依照合同法第一百一十四条第二款的规定调整违约金的，人民法院应予支持。*
第六十五条【违约金的司法酌减】 当事人主张约定的违约金过分高于违约造成的损失，请求予以适当减少的，人民法院应当以民法典第五百八十四条规定的损失为基础，兼顾合同主体、交易类型、合同的履行情况、当事人的过错程度、履约背景等因素，遵循公平原则和诚信原则进行衡量，并作出裁判。 约定的违约金超过造成损失的百分之三十的，人民法院一般可以认定为过分高于造成的损失。 恶意违约的当事人一方请求减少违约金的，人民法院一般不予支持。	**《民法典》** **第584条【损害赔偿范围】** 当事人一方不履行合同义务或者履行合同义务不符合约定，造成对方损失的，损失赔偿额应当相当于因违约所造成的损失，包括合同履行后可以获得的利益；但是，不得超过违约一方订立合同时预见到或者应当预见到的因违约可能造成的损失。 **第585条【违约金】** 当事人可以约定一方违约时应当根据违约情况向对方支付一定数额的违约金，也可以约定因违约产生的损失赔偿额的计算方法。 约定的违约金低于造成的损失

续表

民法典合同编通则解释	关联规定
解读：本条确立了以损失为基数，综合合同主体、交易类型、履行情况、过错程度、履约背景等多种因素，以公平和诚信为调整原则的违约金调减模式。需注意的是，约定的违约金“过分高于造成的损失”一般以超出民法典第 584 条确定的损失的 30%来认定，但并非绝对。此外，在违约金调整制度中强化公平原则的同时切实强化当事人从事合同行为的诚信义务，这也是合同自由原则的题中应有之义，是合同公平正义的基本要义。况且，严重违反诚信原则的行为，意味着违约方的过错严重，侵害守约方利益较大。而按照本条第 1 款确定的违约金调整规则，当事人的过错程度是进行违约金调整以及如何调整的考虑因素之一。因此，在恶意违约的情形下，不应支持违约方要求调减违约金的请求。本条第 3 款对此作了明确。 **案例参考**：《周杰帅诉余姚绿城房地产有限公司商品房预售合同纠纷案》【《最高人民法院公报》2019 年第 12 期】 **案例要旨**：当事人约定的违约金超过损失的 30%的，一般可以认定为民法典第 585 条规定的	的，人民法院或者仲裁机构可以根据当事人的请求予以增加；约定的违约金过分高于造成的损失的，人民法院或者仲裁机构可以根据当事人的请求予以适当减少。 当事人就迟延履行约定违约金的，违约方支付违约金后，还应当履行债务。 **《全国法院贯彻实施民法典工作会议纪要》** 11. 民法典第五百八十五条第二款规定的损失范围应当按照民法典第五百八十四条规定确定，包括合同履行后可以获得的利益，但不得超过违约一方订立合同时预见到或者应当预见到的因违约可能造成的损失。 当事人请求人民法院增加违约金的，增加后的违约金数额以不超过民法典第五百八十四条规定的损失为限。增加违约金以后，当事人又请求对方赔偿损失的，人民法院不予支持。 当事人请求人民法院减少违约金的，人民法院应当以民法典第五百八十四条规定的损失为基础，兼顾合同的履行情况、当事人的过错程度等综合因素，根据公平原则和诚信原则予以衡量，并作出裁判。约定的违约金超过

续表

民法典合同编通则解释	关联规定
"过分高于造成的损失"的规定，当事人主张约定的违约金过高请求予以适当减少的，人民法院应当以实际损失为基础，兼顾合同的约定、履行情况、当事人的过错程度以及预期利益等综合因素，根据公平原则和诚实信用原则进行考量，作出认定。	根据民法典第五百八十四条规定确定的损失的百分之三十的，一般可以认定为民法典第五百八十五条第二款规定的"过分高于造成的损失"。当事人主张约定的违约金过高请求予以适当减少的，应当承担举证责任；相对人主张违约金约定合理的，也应提供相应的证据。 **《全国法院民商事审判工作会议纪要》** **50.【违约金过高标准及举证责任】** 认定约定违约金是否过高，一般应当以《合同法》第113条规定的损失为基础进行判断，这里的损失包括合同履行后可以获得的利益。除借款合同外的双务合同，作为对价的价款或者报酬给付之债，并非借款合同项下的还款义务，不能以受法律保护的民间借贷利率上限作为判断违约金是否过高的标准，而应当兼顾合同履行情况、当事人过错程度以及预期利益等因素综合确定。主张违约金过高的违约方应当对违约金是否过高承担举证责任。 ***《合同法解释二》(已废止)*** ***第29条*** *当事人主张约定的违约金过高请求予以适当减少的，*

续表

民法典合同编通则解释	关联规定
	人民法院应当以实际损失为基础，兼顾合同的履行情况、当事人的过错程度以及预期利益等综合因素，根据公平原则和诚实信用原则予以衡量，并作出裁决。 *当事人约定的违约金超过造成损失的百分之三十的，一般可以认定为合同法第一百一十四条第二款规定的"过分高于造成的损失"。*
第六十六条【违约金调整的释明与改判】 当事人一方请求对方支付违约金，对方以合同不成立、无效、被撤销、确定不发生效力、不构成违约或者非违约方不存在损失等为由抗辩，未主张调整过高的违约金的，人民法院应当就若不支持该抗辩，当事人是否请求调整违约金进行释明。第一审人民法院认为抗辩成立且未予释明，第二审人民法院认为应当判决支付违约金的，可以直接释明，并根据当事人的请求，在当事人就是否应当调整违约金充分举证、质证、辩论后，依法判决适当减少违约金。 被告因客观原因在第一审程序中未到庭参加诉讼，但是在第二审程序中到庭参加诉讼并请求减少违约金的，第二审人民法院可	*《民法典》* ***第157条【民事法律行为无效、被撤销或确定不发生效力的法律后果】*** *民事法律行为无效、被撤销或者确定不发生效力后，行为人因该行为取得的财产，应当予以返还；不能返还或者没有必要返还的，应当折价补偿。有过错的一方应当赔偿对方由此所受到的损失；各方都有过错的，应当各自承担相应的责任。法律另有规定的，依照其规定。* ***第585条【违约金】*** *当事人可以约定一方违约时应当根据违约情况向对方支付一定数额的违约金，也可以约定因违约产生的损失赔偿额的计算方法。* *约定的违约金低于造成的损失的，人民法院或者仲裁机构可以根据当事人的请求予以增加；*

续表

民法典合同编通则解释	关联规定
以在当事人就是否应当调整违约金充分举证、质证、辩论后，依法判决适当减少违约金。 **解读：**针对违约金调整，我国以当事人申请主义为一般模式。实践中，当事人往往将诉讼焦点集中在是否违约方面，并以没有违约、合同未成立、合同未生效、合同无效等为抗辩理由而主张免责，而避免涉及违约金数额过高问题。为避免增加不必要的诉累和司法成本。本条规定了若不支持该抗辩，法院应就当事人是否请求调整违约金进行释明。需注意的是，对违约金进行调整向当事人进行释明，并不意味着打破了当事人申请启动违约金调整机制的原则。对违约金调整进行释明后，当事人同意申请调整的，法官才进行调整；若当事人在释明后仍坚持不同意调整，则法官不能径行对违约金进行调整。实质上是否启动对违约金的调整最终决定权仍在当事人，法官的释明仅仅是程序性设计，有提醒、督促之意，但是绝无替代当事人启动违约金调整之功能。 **案例参考：**《科技公司诉技术公司建设工程合同纠纷案》【北京	约定的违约金过分高于造成的损失的，人民法院或者仲裁机构可以根据当事人的请求予以适当减少。 当事人就迟延履行约定违约金的，违约方支付违约金后，还应当履行债务。 **《买卖合同解释》** **第21条** 买卖合同当事人一方以对方违约为由主张支付违约金，对方以合同不成立、合同未生效、合同无效或者不构成违约等为由进行免责抗辩而未主张调整过高的违约金的，人民法院应当就法院若不支持免责抗辩，当事人是否需要主张调整违约金进行释明。 一审法院认为免责抗辩成立且未予释明，二审法院认为应当判决支付违约金的，可以直接释明并改判。

续表

民法典合同编通则解释	关联规定
法院参阅案例第40号①】 **案例要旨：**违约方在一审中经法院释明后明确表示不要求调整违约金，但宣判后又以违约金过高为由提起上诉的，二审法院一般不予支持。	
第六十七条【定金规则】 当事人交付留置金、担保金、保证金、订约金、押金或者订金等，但是没有约定定金性质，一方主张适用民法典第五百八十七条规定的定金罚则的，人民法院不予支持。当事人约定了定金性质，但是未约定定金类型或者约定不明，一方主张为违约定金的，人民法院应予支持。 当事人约定以交付定金作为订立合同的担保，一方拒绝订立合同或者在磋商订立合同时违背诚信原则导致未能订立合同，对方主张适用民法典第五百八十七条规定的定金罚则的，人民法院应予支持。 当事人约定以交付定金作为合同成立或者生效条件，应当交付定金的一方未交付定金，但是	**《民法典》** **第586条【定金担保】** 当事人可以约定一方向对方给付定金作为债权的担保。定金合同自实际交付定金时成立。 定金的数额由当事人约定；但是，不得超过主合同标的额的百分之二十，超过部分不产生定金的效力。实际交付的定金数额多于或者少于约定数额的，视为变更约定的定金数额。 **第587条【定金罚则】** 债务人履行债务的，定金应当抵作价款或者收回。给付定金的一方不履行债务或者履行债务不符合约定，致使不能实现合同目的的，无权请求返还定金；收受定金的一方不履行债务或者履行债务不符合约定，致使不能实现合同目的的，应当双倍返还定金。

① 载北京法院审判信息网，https://www.bjcourt.gov.cn/article/newsDetail.htm?NId=165003843&channel=100015001，2023年12月6日访问。

续表

民法典合同编通则解释	关联规定
合同主要义务已经履行完毕并为对方所接受的，人民法院应当认定合同在对方接受履行时已经成立或者生效。 当事人约定定金性质为解约定金，交付定金的一方主张以丧失定金为代价解除合同的，或者收受定金的一方主张以双倍返还定金为代价解除合同的，人民法院应予支持。 **解读：**无法判断是属于定金或是其他性质的金钱时，可从下述方面着手：（1）交付的金钱是否属于合同的实际履行，若交付的款项属于提前履行部分债务，则不属于定金。（2）交付的款项是否构成一个独立的合同。若款项的交付仅属于履行主合同的一部分，不构成一个独立的合同，亦不应认定为定金。（3）考察款项交付的方式。在实践中，定金往往采用一次性交付的方式，若款项的交付是分期支付的，则一般不属于定金。（4）有无定金罚则的约定。无对定金条款的约定，一般不属定金。若无法通过上述思路进行判断，应结合交易习惯、合同性质等综合判断。此外，就立约定金而言，其法律效力的发生	**《商品房买卖合同解释》** **第4条** 出卖人通过认购、订购、预订等方式向买受人收受定金作为订立商品房买卖合同担保的，如果因当事人一方原因未能订立商品房买卖合同，应当按照法律关于定金的规定处理；因不可归责于当事人双方的事由，导致商品房买卖合同未能订立的，出卖人应当将定金返还买受人。 ***《担保法解释》（已废止）*** ***第115条*** *当事人约定以交付定金作为订立主合同担保的，给付定金的一方拒绝订立主合同的，无权要求返还定金；收受定金的一方拒绝订立合同的，应当双倍返还定金。* ***第116条*** *当事人约定以交付定金作为主合同成立或者生效要件的，给付定金的一方未支付定金，但主合同已经履行或者已经履行主要部分的，不影响主合同的成立或者生效。* ***第117条*** *定金交付后，交付定金的一方可以按照合同的约定以丧失定金为代价而解除主合同，收受定金的一方可以双倍返还定金为代价而解除主合同。对解除主合同后责任的处理，适用《中华人民共和国合同法》的规定。*

续表

民法典合同编通则解释	关联规定
与其担保订立的合同是否发生法律效力并没有关系，立约定金在该合同订立之前就已成立。凡在意向书一类的协议书中设立了立约定金，其法律效力自当事人实际交付定金时就应当认定为已存在。就成约定金而言，交付定金与否将作为判断合同成立或生效与否的关键要件，但并非绝对。以实际履行行为作为判断合同成立的标准更能体现尊重意思自治原则。实际上，成约定金与合同履行无必然关系。成约定金独立于合同而存在，成约定金一旦支付，成约定金成立且生效，在单方解除合同时，可以适用成约定金。成约定金未支付，即使发生单方解除合同的情形，也不适用成约定金。反而是合同部分履行或全部履行的，支付的成约定金也不对已履行的部分或者全部发生效力。另，本条第 3 款使用了“合同主要义务”的表述，将履行行为限制在合同主要义务的条件下，意味着只有履行合同主要义务的，才可以越过成约定金，视为合同生效或成立。就解约定金而言，因解约定金赋予了当事人单方解除主合同的权利，所以设定解约定金原则上应当采取书面方	***第 118 条***　*当事人交付留置金、担保金、保证金、订约金、押金或者订金等，但没有约定定金性质的，当事人主张定金权利的，人民法院不予支持。*

续表

民法典合同编通则解释	关联规定
式由当事人在合同中明确约定。另，解约定金与违约金不同，解约定金并不担保合同的履行，只是为将来不解除合同进行的担保，即解除合同是定金罚则的触发条件，无论任何一方解除合同的，解约定金适用的条件就已经成就，可适用定金罚则。 **案例参考：**《巩义能源公司与河南能源公司定金合同纠纷案》【2022年全国法院十大商事案件[①]】 **案例要旨：**当事人之间签订的合同是具有预约性质的合同，定金为订约定金，只要本约未能订立不是由于出让方的原因，则该定金就不再退回。当事人在是否对债务提供担保及担保方式问题上影响了其进场交易的意愿，无正当理由导致未能正式签订合同的，应当承担违约责任。	
第六十八条【定金罚则的法律适用】 双方当事人均具有致使不能实现合同目的的违约行为，其中一方请求适用定金罚则的，人民法院不予支持。当事人一方仅有轻微违约，对方具有致使不能	《民法典》 **第587条【定金罚则】** 债务人履行债务的，定金应当抵作价款或者收回。给付定金的一方不履行债务或者履行债务不符合约定，致使不能实现合同目的的，

① 载中华人民共和国最高人民法院网站，https：//www.court.gov.cn/zixun-xiangqing-387081.html，2023年12月6日访问。

续表

民法典合同编通则解释	关联规定
实现合同目的的违约行为，轻微违约方主张适用定金罚则，对方以轻微违约方也构成违约为由抗辩的，人民法院对该抗辩不予支持。 当事人一方已经部分履行合同，对方接受并主张按照未履行部分所占比例适用定金罚则的，人民法院应予支持。对方主张按照合同整体适用定金罚则的，人民法院不予支持，但是部分未履行致使不能实现合同目的的除外。 因不可抗力致使合同不能履行，非违约方主张适用定金罚则的，人民法院不予支持。 **解读：**不能实现合同目的即出现一方的根本违约是定金罚则适用的前提条件之一，但在双方均具有致使不能实现合同目的的违约行为的情况下，一方并不具有请求适用定金罚则的合理性，否则对另一方将不公平。若允许双方同时适用定金罚则，也并无实际意义。可以说，定金罚则此种情况下并无适用的必要与空间。但其中一方仅轻微违约，而另一方具有致使不能实现合同目的的违约行为，此时轻微违约方主张适用定金罚则。本条第 1 款对此作了明确。所谓轻微的违约，是指	无权请求返还定金；收受定金的一方不履行债务或者履行债务不符合约定，致使不能实现合同目的的，应当双倍返还定金。 **第 590 条【不可抗力】** 当事人一方因不可抗力不能履行合同的，根据不可抗力的影响，部分或者全部免除责任，但是法律另有规定的除外。因不可抗力不能履行合同的，应当及时通知对方，以减轻可能给对方造成的损失，并应当在合理期限内提供证明。 当事人迟延履行后发生不可抗力的，不免除其违约责任。 *《担保法解释》（已废止）* ***第 115 条*** *当事人约定以交付定金作为订立主合同担保的，给付定金的一方拒绝订立主合同的，无权要求返还定金；收受定金的一方拒绝订立合同的，应当双倍返还定金。* ***第 120 条*** *因当事人一方迟延履行或者其他违约行为，致使合同目的不能实现，可以适用定金罚则。但法律另有规定或者当事人另有约定的除外。* *当事人一方不完全履行合同的，应当按照未履行部分所占合同约定内容的比例，适用定金罚则。*

续表

民法典合同编通则解释	关联规定
债务人在履约中存在缺陷和瑕疵，但债权人仍然可以从中得到该项交易的主要利益，实现其缔约的目的。第2款明确了在合同未完全履行的情形下，一般按比例适用定金罚则。这主要是基于比例原则的考量，实质上也符合公平原则的要求。第3款明确了不可抗力排除定金罚则适用的立场。但需注意的是，只有不可抗力是造成合同目的无法实现的唯一理由时，才能排除定金罚则的适用。若违约方的根本违约行为造成守约方无法实现合同目的，与不可抗力无关的，仍适用定金罚则。若不可抗力和违约行为的共同作用造成合同目的落空的，则需基于原因力等因素综合判断。 **案例参考**：《吴某某诉外包公司商品房预售合同纠纷案》【最高人民法院中国应用法学研究所编：《人民法院案例选》（总第83辑），人民法院出版社2013年版，第22页】 **案例要旨**：商品房预售合同中的定金只是合同双方在一定期限内继续就商品房买卖进行诚信谈判的一种担保义务。商品房预售合同签订后，只要当事人为签订商品房买卖合同进行了诚信磋商，	*第122条　因不可抗力、意外事件致使主合同不能履行的，不适用定金罚则。因合同关系以外第三人的过错，致使主合同不能履行的，适用定金罚则。受定金处罚的一方当事人，可以依法向第三人追偿。*

续表

民法典合同编通则解释	关联规定
未能订立商品房买卖合同的原因是双方当事人磋商不成，并非一方当事人对认购协议无故反悔，应认定双方均已履行了认购书约定的义务，对未能签订商品房买卖合同均无过错，定金罚则不应适用，卖方应向买方返还定金。	
附　则	
第六十九条【司法解释生效时间】　本解释自2023年12月5日起施行。 民法典施行后的法律事实引起的民事案件，本解释施行后尚未终审的，适用本解释；本解释施行前已经终审，当事人申请再审或者按照审判监督程序决定再审的，不适用本解释。 **解读：**民法典已于2021年1月1日起正式施行。为适应民法典之后合同体系与内容的变化，本解释根据民法典施行以来的实践需要，系统性地对民法典合同编通则中亟须解释的问题作了明确。为确保与诉讼程序的高效衔接，本解释施行的时间确定在2023年12月5日。另，作为民法典的配套司法解释，整体来说，溯及力应当与民法典保持一致。故	《民法典》 **第1260条【施行日期及旧法废止】**　本法自2021年1月1日起施行。《中华人民共和国婚姻法》、《中华人民共和国继承法》、《中华人民共和国民法通则》、《中华人民共和国收养法》、《中华人民共和国担保法》、《中华人民共和国合同法》、《中华人民共和国物权法》、《中华人民共和国侵权责任法》、《中华人民共和国民法总则》同时废止。

续表

民法典合同编通则解释	关联规定
本条第2款明确规定民法典施行后的法律事实引起的民事案件，本解释施行后尚未终审的，适用本解释。但需注意的是，基于法律的稳定性，对本解释施行前已经终审的案件，即使当事人申请再审或者按照审判监督程序决定再审的，也不能适用本解释。	

《民法典婚姻家庭编解释一》条文对照与重点解读

民法典婚姻家庭编解释一	关联规定
一、一般规定	
第一条【家庭暴力与虐待】 持续性、经常性的家庭暴力，可以认定为民法典第一千零四十二条、第一千零七十九条、第一千零九十一条所称的“虐待”。 **解读：**家庭暴力并不等同或者说当然构成民法上的虐待。按照反家庭暴力法的规定，家庭暴力是指家庭成员之间以殴打、捆绑、残害、限制人身自由以及经常性谩骂、恐吓等方式实施的身体、精神等侵害行为。而按照本条的规定，只有“持续性、经常性的家庭暴力”才构成虐待。这相当于从行为的实施时间和后果程度的层次上，对家庭暴力和虐待作了一定区别。	《民法典》 **第1042条【婚姻家庭的禁止性规定】** 禁止包办、买卖婚姻和其他干涉婚姻自由的行为。禁止借婚姻索取财物。 禁止重婚。禁止有配偶者与他人同居。 禁止家庭暴力。禁止家庭成员间的虐待和遗弃。 **第1079条【诉讼离婚】** 夫妻一方要求离婚的，可以由有关组织进行调解或者直接向人民法院提起离婚诉讼。 人民法院审理离婚案件，应当进行调解；如果感情确已破裂，调解无效的，应当准予离婚。 有下列情形之一，调解无效的，应当准予离婚： （一）重婚或者与他人同居； （二）实施家庭暴力或者虐待、遗弃家庭成员； （三）有赌博、吸毒等恶习屡教不改； （四）因感情不和分居满二年；

续表

民法典婚姻家庭编解释一	关联规定
	（五）其他导致夫妻感情破裂的情形。 一方被宣告失踪，另一方提起离婚诉讼的，应当准予离婚。 经人民法院判决不准离婚后，双方又分居满一年，一方再次提起离婚诉讼的，应当准予离婚。 **第1091条【离婚损害赔偿】** 有下列情形之一，导致离婚的，无过错方有权请求损害赔偿： （一）重婚； （二）与他人同居； （三）实施家庭暴力； （四）虐待、遗弃家庭成员； （五）有其他重大过错。 **《反家庭暴力法》** **第2条** 本法所称家庭暴力，是指家庭成员之间以殴打、捆绑、残害、限制人身自由以及经常性谩骂、恐吓等方式实施的身体、精神等侵害行为。 ***《婚姻法解释一》（已废止）*** ***第1条*** *婚姻法第三条、第三十二条、第四十三条、第四十五条、第四十六条所称的"家庭暴力"，是指行为人以殴打、捆绑、残害、强行限制人身自由或者其他手段，给其家庭成员的身体、精神等方面造成一定伤害后果的行为。持续性、经常性的家庭暴力，构成虐待。*

续表

民法典婚姻家庭编解释一	关联规定
第二条【与他人同居的认定】 民法典第一千零四十二条、第一千零七十九条、第一千零九十一条规定的“与他人同居”的情形，是指有配偶者与婚外异性，不以夫妻名义，持续、稳定地共同居住。 **解读：**本条主要解决的是对重婚行为以外的有配偶者与婚外异性不以夫妻名义同居行为的认定问题。有配偶者与他人同居与重婚的界限在于是否以夫妻名义共同居住、共同生活。此外，有学者提出同居应限定有“共同居所”。但多数人认为，共同居所属于证据范畴，其虽可以有力地证明双方的同居关系，但不能为此要求一定要有共同居所。当然，共同居住既可能为两人单有的共同居所，也可能在一方家里。	《民法典》 **第1042条【婚姻家庭的禁止性规定】**　禁止包办、买卖婚姻和其他干涉婚姻自由的行为。禁止借婚姻索取财物。 禁止重婚。禁止有配偶者与他人同居。 禁止家庭暴力。禁止家庭成员间的虐待和遗弃。 **第1079条【诉讼离婚】**　夫妻一方要求离婚的，可以由有关组织进行调解或者直接向人民法院提起离婚诉讼。 人民法院审理离婚案件，应当进行调解；如果感情确已破裂，调解无效的，应当准予离婚。 有下列情形之一，调解无效的，应当准予离婚： （一）重婚或者与他人同居； （二）实施家庭暴力或者虐待、遗弃家庭成员； （三）有赌博、吸毒等恶习屡教不改； （四）因感情不和分居满二年； （五）其他导致夫妻感情破裂的情形。 一方被宣告失踪，另一方提起离婚诉讼的，应当准予离婚。 经人民法院判决不准离婚后，双方又分居满一年，一方再次提起

续表

民法典婚姻家庭编解释一	关联规定
	离婚诉讼的，应当准予离婚。 **第1091条【离婚损害赔偿】** 有下列情形之一，导致离婚的，无过错方有权请求损害赔偿： （一）重婚； （二）与他人同居； （三）实施家庭暴力； （四）虐待、遗弃家庭成员； （五）有其他重大过错。 ***《婚姻法解释一》（已废止）*** ***第2条*** *婚姻法第三条、第三十二条、第四十六条规定的"有配偶者与他人同居"的情形，是指有配偶者与婚外异性，不以夫妻名义，持续、稳定地共同居住。*
第三条【法院对同居关系纠纷的处理】 当事人提起诉讼仅请求解除同居关系的，人民法院不予受理；已经受理的，裁定驳回起诉。 当事人因同居期间财产分割或者子女抚养纠纷提起诉讼的，人民法院应当受理。 **解读：**对仅解除同居关系的诉请，法院不予受理。主要在于同居关系并非法定身份关系，同居状态无法定公示要件，同居双方亦无法律上的权利义务关系，通	**《民事诉讼法》** **第35条** 合同或者其他财产权益纠纷的当事人可以书面协议选择被告住所地、合同履行地、合同签订地、原告住所地、标的物所在地等与争议有实际联系的地点的人民法院管辖，但不得违反本法对级别管辖和专属管辖的规定。 **第122条** 起诉必须符合下列条件： （一）原告是与本案有直接利害关系的公民、法人和其他组织； （二）有明确的被告；

续表

民法典婚姻家庭编解释一	关联规定
过人民法院判决方式予以解除无实质意义。且即使法院判决解除同居关系，当事人若再次同居，判决书等于一纸空文，有损司法权威。当然，若出于解决基于同居关系所附带产生的财产分割及子女抚养纠纷，则应予受理，但案件审理应围绕财产分割、子女抚养进行而不应对同居关系本身加以调整。	（三）有具体的诉讼请求和事实、理由； （四）属于人民法院受理民事诉讼的范围和受诉人民法院管辖。 **第126条** 人民法院应当保障当事人依照法律规定享有的起诉权利。对符合本法第一百二十二条的起诉，必须受理。符合起诉条件的，应当在七日内立案，并通知当事人；不符合起诉条件的，应当在七日内作出裁定书，不予受理；原告对裁定不服的，可以提起上诉。 **《民事诉讼法解释》** **第34条** 当事人因同居或者在解除婚姻、收养关系后发生财产争议，约定管辖的，可以适用民事诉讼法第三十五条规定确定管辖。 ***《婚姻法解释二》（已废止）*** ***第1条*** *当事人起诉请求解除同居关系的，人民法院不予受理。但当事人请求解除的同居关系，属于婚姻法第三条、第三十二条、第四十六条规定的“有配偶者与他人同居”的，人民法院应当受理并依法予以解除。* *当事人因同居期间财产分割或者子女抚养纠纷提起诉讼的，人民法院应当受理。*

续表

民法典婚姻家庭编解释一	关联规定
第四条【以倡导性规定起诉的处理】 当事人仅以民法典第一千零四十三条为依据提起诉讼的，人民法院不予受理；已经受理的，裁定驳回起诉。 **解读**：基于民法典的立法背景和立法本意，其第1043条关于婚姻家庭领域的倡导性规定只是以立法形式明确地向社会宣示我国所提倡的一种婚姻家庭关系。在当事人不起诉离婚的情况下，不能仅以对方违反该倡导性规定为由提起诉讼。	**《民法典》** **第1043条【倡导性规定】** 家庭应当树立优良家风，弘扬家庭美德，重视家庭文明建设。 夫妻应当互相忠实，互相尊重，互相关爱；家庭成员应当敬老爱幼，互相帮助，维护平等、和睦、文明的婚姻家庭关系。 ***《婚姻法解释一》（已废止）*** ***第3条*** *当事人仅以婚姻法第四条为依据提起诉讼的，人民法院不予受理；已经受理的，裁定驳回起诉。*
第五条【彩礼的返还】 当事人请求返还按照习俗给付的彩礼的，如果查明属于以下情形，人民法院应当予以支持： （一）双方未办理结婚登记手续； （二）双方办理结婚登记手续但确未共同生活； （三）婚前给付并导致给付人生活困难。 适用前款第二项、第三项的规定，应当以双方离婚为条件。 **解读**：民法典虽未对彩礼问题予以明确规定，但亦未否认彩礼的合法性。根据民法典第10条	**《民法典》** **第10条【法律适用】** 处理民事纠纷，应当依照法律；法律没有规定的，可以适用习惯，但是不得违背公序良俗。 ***《婚姻法解释二》（已废止）*** ***第10条第1款*** *当事人请求返还按照习俗给付的彩礼的，如果查明属于以下情形，人民法院应当予以支持：* *（一）双方未办理结婚登记手续的；* *（二）双方办理结婚登记手续但确未共同生活的；* *（三）婚前给付并导致给付人生活困难的。*

续表

民法典婚姻家庭编解释一	关联规定
规定，处理民事纠纷，在法律没有规定的情况下，可以在不违背公序良俗的前提条件下，适用习惯。也就是说，本条所谓的彩礼应为民间习俗，即当地习惯做法，其本身不具有违法性。这与借婚姻索取财物、包办买卖婚姻则不同，后者是一种违法行为。彩礼问题的处理，应符合公平原则，根据双方最终的实现结果来确定返还。没有形成婚姻关系的，以退还为宜。这种没有形成婚姻关系是指既没有办理结婚登记，也没有实际共同生活的情形。	
二、结婚	
第六条【补办婚姻登记的效力起算时间】 男女双方依据民法典第一千零四十九条规定补办结婚登记的，婚姻关系的效力从双方均符合民法典所规定的结婚的实质要件时起算。 **解读：**本条规定实际上确立了补办结婚登记具有溯及力的观点，对于男女双方当事人依法补办结婚登记的，在补办之前的婚姻效力亦为法律所认可。当然，该条规定也对具体情形作了必要的限制，只能溯及至双方均符合结	《民法典》 **第1049条【结婚登记】** 要求结婚的男女双方应当亲自到婚姻登记机关申请结婚登记。符合本法规定的，予以登记，发给结婚证。完成结婚登记，即确立婚姻关系。未办理结婚登记的，应当补办登记。 *《婚姻法解释一》（已废止）* ***第4条*** *男女双方根据婚姻法第八条规定补办结婚登记的，婚姻关系的效力从双方均符合婚姻法所规定的结婚的实质要件时起算。*

续表

民法典婚姻家庭编解释一	关联规定
婚的实质要件时起算，而不能溯及至双方以夫妻名义同居生活时。另需注意，补办婚姻登记有时会涉及夫妻共同债务承担、遗产继承等问题，由于涉及当事人及其他利害关系人的权益保护，此时法院需特别注意对双方当事人是否满足实质性要件、登记手续是否导致发生效力回溯等事实的审查。	
第七条【未办理结婚登记而以夫妻名义共同生活的男女，提起诉讼要求离婚的处理】 未依据民法典第一千零四十九条规定办理结婚登记而以夫妻名义共同生活的男女，提起诉讼要求离婚的，应当区别对待： （一）1994年2月1日民政部《婚姻登记管理条例》公布实施以前，男女双方已经符合结婚实质要件的，按事实婚姻处理。 （二）1994年2月1日民政部《婚姻登记管理条例》公布实施以后，男女双方符合结婚实质要件的，人民法院应当告知其补办结婚登记。未补办结婚登记的，依据本解释第三条规定处理。	**《民法典》** **第1049条【结婚登记】** 要求结婚的男女双方应当亲自到婚姻登记机关申请结婚登记。符合本法规定的，予以登记，发给结婚证。完成结婚登记，即确立婚姻关系。未办理结婚登记的，应当补办登记。 ***《婚姻法解释一》（已废止）*** ***第5条*** *未按婚姻法第八条规定办理结婚登记而以夫妻名义共同生活的男女，起诉到人民法院要求离婚的，应当区别对待：* *（一）1994年2月1日民政部《婚姻登记管理条例》公布实施以前，男女双方已经符合结婚实质要件的，按事实婚姻处理。* *（二）1994年2月1日民政部《婚姻登记管理条例》公布实施以*

续表

民法典婚姻家庭编解释一	关联规定
解读：本条就未办理结婚登记而以夫妻名义共同生活的男女提起诉讼要求离婚的处理，明确了以1994年2月1日为界按照时间先后予以区别对待，实际上这也是对事实婚姻是否承认的不同时间段问题。	*后，男女双方符合结婚实质要件的，人民法院应当告知其在案件受理前补办结婚登记；未补办结婚登记的，按解除同居关系处理。*
第八条【未办理结婚登记而以夫妻名义共同生活的男女之间的继承权问题】 未依据民法典第一千零四十九条规定办理结婚登记而以夫妻名义共同生活的男女，一方死亡，另一方以配偶身份主张享有继承权的，依据本解释第七条的原则处理。 **解读：**就未办理结婚登记而以夫妻名义共同生活的男女之间相互有无继承资格而言，按照本条的规定，应依据本解释第7条即按照未办理结婚登记而以夫妻名义共同生活的男女提起诉讼要求离婚时的处理规则进行处理。换言之，未办理结婚登记的以夫妻名义共同生活的男女，能按事实婚处理的，可以配偶身份主张继承，无法按照事实婚处理的，不能以配偶身份主张继承。当然，无法按照事实婚处理的同居男女，一方死亡的，另一方虽然不能以配	**《民法典》** **第1061条【夫妻相互继承权】** 夫妻有相互继承遗产的权利。 **第1131条【酌情分得遗产权】** 对继承人以外的依靠被继承人扶养的人，或者继承人以外的对被继承人扶养较多的人，可以分给适当的遗产。 **《民法典婚姻家庭编解释一》** **第7条** 未依据民法典第一千零四十九条规定办理结婚登记而以夫妻名义共同生活的男女，提起诉讼要求离婚的，应当区别对待： （一）1994年2月1日民政部《婚姻登记管理条例》公布实施以前，男女双方已经符合结婚实质要件的，按事实婚姻处理。 （二）1994年2月1日民政部《婚姻登记管理条例》公布实施以后，男女双方符合结婚实质要件的，人民法院应当告知其补办结婚登记。未补办结婚登记的，依据本解释第三条规定处理。

续表

民法典婚姻家庭编解释一	关联规定
偶身份主张继承权，但并不意味着其完全不能分得被继承人的遗产。符合民法典第1131条“对继承人以外的依靠被继承人扶养的人，或者继承人以外的对被继承人扶养较多的人，可以分给适当的遗产”的规定，仍可据此主张分得遗产。	*《婚姻法解释一》（已废止）* ***第6条*** *未按婚姻法第八条规定办理结婚登记而以夫妻名义共同生活的男女，一方死亡，另一方以配偶身份主张享有继承权的，按照本解释第五条的原则处理。*
第九条【有权请求确认婚姻无效的主体范围】 有权依据民法典第一千零五十一条规定向人民法院就已办理结婚登记的婚姻请求确认婚姻无效的主体，包括婚姻当事人及利害关系人。其中，利害关系人包括： （一）以重婚为由的，为当事人的近亲属及基层组织； （二）以未到法定婚龄为由的，为未到法定婚龄者的近亲属； （三）以有禁止结婚的亲属关系为由的，为当事人的近亲属。 **解读：**无效婚姻问题已超出个体家庭关系范畴，对社会公共利益和广大民众的价值判断等方面均造成负面效应，故对其效力问题有权提出主张的主体，不应仅限于夫妻关系中的丈夫或者妻子，受其影响的相关人员也应有权表达自己的意志。为避免不必要	**《民法典》** **第1051条【无效婚姻】** 有下列情形之一的，婚姻无效： （一）重婚； （二）有禁止结婚的亲属关系； （三）未到法定婚龄。 **第1045条【亲属、近亲属与家庭成员】** 亲属包括配偶、血亲和姻亲。 配偶、父母、子女、兄弟姐妹、祖父母、外祖父母、孙子女、外孙子女为近亲属。 配偶、父母、子女和其他共同生活的近亲属为家庭成员。 *《婚姻法解释一》（已废止）* ***第7条*** *有权依据婚姻法第十条规定向人民法院就已办理结婚登记的婚姻申请宣告婚姻无效的主体，包括婚姻当事人及利害关系人。利害关系人包括：* *（一）以重婚为由申请宣告婚*

续表

民法典婚姻家庭编解释一	关联规定
干涉公民婚姻家庭领域的私人空间，除夫妻作为当事人以外，还应区别不同的无效事由来确定婚姻无效请求权的主体范围。重婚导致的婚姻无效性质最严重，故利害关系人的范围也最大，包括近亲属及基层组织。此处的基层组织包括当事人所在单位、住所地居民委员会、村民委员会、派出所、民政部门及妇联、工会等。	*姻无效的，为当事人的近亲属及基层组织。* *（二）以未到法定婚龄为由申请宣告婚姻无效的，为未达法定婚龄者的近亲属。* *（三）以有禁止结婚的亲属关系为由申请宣告婚姻无效的，为当事人的近亲属。* *（四）以婚前患有医学上认为不应当结婚的疾病，婚后尚未治愈为由申请宣告婚姻无效的，为与患病者共同生活的近亲属。*
第十条【起诉时法定无效婚姻事由消失时的处理】 当事人依据民法典第一千零五十一条规定向人民法院请求确认婚姻无效，法定的无效婚姻情形在提起诉讼时已经消失的，人民法院不予支持。 **解读：**法律在赋予当事人本人、利害关系人及其他基层组织向法院请求确认婚姻无效权利的同时，也应承认无效婚姻认定下的阻却事由。如果导致婚姻无效的情形已不存在的，则不应认定婚姻关系无效。另，针对存在禁止结婚的亲属关系而形成的无效婚姻而言，一般不存在阻却事由，任何时候都可以请求确认其为无效	《民法典》 **第1051条【无效婚姻】** 有下列情形之一的，婚姻无效： （一）重婚； （二）有禁止结婚的亲属关系； （三）未到法定婚龄。 ***《婚姻法解释一》（已废止）*** ***第8条*** *当事人依据婚姻法第十条规定向人民法院申请宣告婚姻无效的，申请时，法定的无效婚姻情形已经消失的，人民法院不予支持。*

续表

民法典婚姻家庭编解释一	关联规定
婚姻。但需注意其中的拟制血亲关系，在法律拟制的亲属关系没有解除前，对其应按照法定禁止近亲结婚的规定处理。但在拟制亲属关系不存在后，应认定当事人之间不属于具有法律禁止结婚的亲属关系的情形。	
第十一条【法院受理请求确认婚姻无效案件后的处理】 人民法院受理请求确认婚姻无效案件后，原告申请撤诉的，不予准许。 对婚姻效力的审理不适用调解，应当依法作出判决。 涉及财产分割和子女抚养的，可以调解。调解达成协议的，另行制作调解书；未达成调解协议的，应当一并作出判决。 **解读：**为体现国家强制力对无效婚姻的干预和制裁，单纯地请求确认婚姻无效的案件，不适用撤诉，当然也不应按撤诉处理。同样，与前述撤诉问题的处理类似，对婚姻效力问题的审理，因其体现的是审判权对婚姻是否违法无效的价值评价，不能依当事人的意愿确定，因而不具备适用调解解决的前提基础，只能由法院依法判决。但需注意，就婚姻效	《民法典》 **第1051条【无效婚姻】** 有下列情形之一的，婚姻无效： （一）重婚； （二）有禁止结婚的亲属关系； （三）未到法定婚龄。 ***《婚姻法解释一》（已废止）*** ***第9条*** *人民法院审理宣告婚姻无效案件，对婚姻效力的审理不适用调解，应当依法作出判决；有关婚姻效力的判决一经作出，即发生法律效力。* *涉及财产分割和子女抚养的，可以调解。调解达成协议的，另行制作调解书。对财产分割和子女抚养问题的判决不服的，当事人可以上诉。* ***《婚姻法解释二》（已废止）*** ***第2条*** *人民法院受理申请宣告婚姻无效案件后，经审查确属无效婚姻的，应当依法作出宣告婚姻无效的判决。原告申请撤诉的，不予准许。*

续表

民法典婚姻家庭编解释一	关联规定
力案件中涉及子女抚养、财产分割等的诉求而言，因该部分仅涉及当事人对自身权利的处分，是当事人私权领域的权利义务关系，一般不损及社会公共利益和社会秩序，故应充分尊重当事人的个人意愿，法院可将该部分争议与确认婚姻无效部分分开处理，达成调解的另行制作调解书。	
第十二条【起诉离婚但属婚姻无效情形的处理】 人民法院受理离婚案件后，经审理确属无效婚姻的，应当将婚姻无效的情形告知当事人，并依法作出确认婚姻无效的判决。 **解读：** 当事人以离婚为由提起的诉讼，经审查认为双方的关系属于无效婚姻的，不应要求当事人撤回离婚起诉后再行立案请求确认婚姻无效，也无须采用“裁定驳回起诉并判决婚姻关系无效”的处理方式。因上述做法在实际操作中并不方便且并无必要，直接作出驳回诉讼请求并确认婚姻关系无效的判决即可。这在法理上和法律规定上并不存在不妥当之处，且避免了将实践中的简单问题复杂化。	**《民法典》** **第1051条【无效婚姻】** 有下列情形之一的，婚姻无效： （一）重婚； （二）有禁止结婚的亲属关系； （三）未到法定婚龄。 ***《婚姻法解释二》（已废止）*** ***第3条*** *人民法院受理离婚案件后，经审查确属无效婚姻的，应当将婚姻无效的情形告知当事人，并依法作出宣告婚姻无效的判决。*

续表

民法典婚姻家庭编解释一	关联规定
第十三条【起诉离婚和请求确认婚姻无效两案件的审理顺序】 人民法院就同一婚姻关系分别受理了离婚和请求确认婚姻无效案件的，对于离婚案件的审理，应当待请求确认婚姻无效案件作出判决后进行。 **解读：**无论是协议离婚还是诉讼离婚，前提条件都是婚姻关系有效。婚姻关系被婚姻当事人或者利害关系人申请宣告无效的，在法院就该案作出判决前，双方是否具有夫妻之间的权利义务关系将处于不确定状态。若继续审理离婚案件，不仅可能出现法院就同一婚姻关系既有无效又有离婚结果的矛盾情形，还可能对当事人财产利益的保护产生不利影响。离婚将产生夫妻共同财产的分割、相互扶养权利义务终止、配偶继承权丧失、离婚经济帮助等法律效果。婚姻关系被宣告无效在财产方面的法律后果则与离婚完全不同，主要体现在财产分割原则以及帮助义务等方面。这也是规定对婚姻无效案件优先审理的主要原因。	《民法典》 **第1051条【无效婚姻】** 有下列情形之一的，婚姻无效： （一）重婚； （二）有禁止结婚的亲属关系； （三）未到法定婚龄。 **第1079条【诉讼离婚】** 夫妻一方要求离婚的，可以由有关组织进行调解或者直接向人民法院提起离婚诉讼。 人民法院审理离婚案件，应当进行调解；如果感情确已破裂，调解无效的，应当准予离婚。 有下列情形之一，调解无效的，应当准予离婚： （一）重婚或者与他人同居； （二）实施家庭暴力或者虐待、遗弃家庭成员； （三）有赌博、吸毒等恶习屡教不改； （四）因感情不和分居满二年； （五）其他导致夫妻感情破裂的情形。 一方被宣告失踪，另一方提起离婚诉讼的，应当准予离婚。 经人民法院判决不准离婚后，双方又分居满一年，一方再次提起离婚诉讼的，应当准予离婚。

续表

民法典婚姻家庭编解释一	关联规定
	《婚姻法解释二》（已废止） ***第7条*** *人民法院就同一婚姻关系分别受理了离婚和申请宣告婚姻无效案件的，对于离婚案件的审理，应当待申请宣告婚姻无效案件作出判决后进行。* *前款所指的婚姻关系被宣告无效后，涉及财产分割和子女抚养的，应当继续审理。*
第十四条【婚姻关系夫妻一方或者双方死亡的情形下相关主体能否请求确认婚姻无效】 夫妻一方或者双方死亡后，生存一方或者利害关系人依据民法典第一千零五十一条的规定请求确认婚姻无效的，人民法院应当受理。 **解读：**无效婚姻的自始无效并不以婚姻当事人一方或双方的自然死亡或宣告死亡而当然无效。从法律意义上讲，无效婚姻关系实际并不是法律认可和保护的婚姻关系，且应以确认无效而自始无效。在婚姻当事人一方或双方自然死亡或宣告死亡的情形下，当事人或利害关系人提起确认婚姻无效的请求，经人民法院审查作出确认婚姻无效判决的结果，才能认为该婚姻不具有合法性的效	《民法典》 **第1051条【无效婚姻】** 有下列情形之一的，婚姻无效： （一）重婚； （二）有禁止结婚的亲属关系； （三）未到法定婚龄。 **第13条【自然人民事权利能力的起止】**自然人从出生时起到死亡时止，具有民事权利能力，依法享有民事权利，承担民事义务。 **第51条【宣告死亡、撤销死亡宣告对婚姻关系的影响】** 被宣告死亡的人的婚姻关系，自死亡宣告之日起消除。死亡宣告被撤销的，婚姻关系自撤销死亡宣告之日起自行恢复。但是，其配偶再婚或者向婚姻登记机关书面声明不愿意恢复的除外。

续表

民法典婚姻家庭编解释一	关联规定
力。根据本解释的相关规定，婚姻无效只能由人民法院确认。虽然婚姻关系主要是婚姻双方当事人的私人事务，但无效婚姻不仅涉及婚姻当事人的利益，还涉及其他利害关系人的权益以及社会公共利益。故在夫妻一方或者双方死亡后，仍应赋予生存一方或者利害关系人提起确认婚姻无效的诉权。	《民事诉讼法》 **第122条** 起诉必须符合下列条件： （一）原告是与本案有直接利害关系的公民、法人和其他组织； （二）有明确的被告； （三）有具体的诉讼请求和事实、理由； （四）属于人民法院受理民事诉讼的范围和受诉人民法院管辖。 *《婚姻法解释二》（已废止）* ***第5条*** *夫妻一方或者双方死亡后一年内，生存一方或者利害关系人依据婚姻法第十条的规定申请宣告婚姻无效的，人民法院应当受理。*
第十五条【利害关系人请求确认婚姻无效案件中的当事人地位】 利害关系人依据民法典第一千零五十一条的规定，请求人民法院确认婚姻无效的，利害关系人为原告，婚姻关系当事人双方为被告。 夫妻一方死亡的，生存一方为被告。 **解读：**利害关系人提起的确认婚姻无效案件，其作为原告无疑。就婚姻关系当事人而言，与法院拟作出的关于婚姻关系效力的判决具有法律上的利害关系，	《民法典》 **第1051条【无效婚姻】** 有下列情形之一的，婚姻无效： （一）重婚； （二）有禁止结婚的亲属关系； （三）未到法定婚龄。 《民事诉讼法》 **第122条** 起诉必须符合下列条件： （一）原告是与本案有直接利害关系的公民、法人和其他组织； （二）有明确的被告； （三）有具体的诉讼请求和事实、理由；

续表

民法典婚姻家庭编解释一	关联规定
其婚姻关系的合法性及婚姻相关利益直接受该判决拘束，宣告无效对其的婚姻相关利益一般是减损的，故应将婚姻关系当事人列为案件被告。夫妻一方死亡的，因死亡一方的民事权利能力同时终止，故此时只列生存一方为被告。	（四）属于人民法院受理民事诉讼的范围和受诉人民法院管辖。 *《婚姻法解释二》（已废止）* ***第6条*** *利害关系人依据婚姻法第十条的规定，申请人民法院宣告婚姻无效的，利害关系人为申请人，婚姻关系当事人双方为被申请人。* *夫妻一方死亡的，生存一方为被申请人。* *夫妻双方均已死亡的，不列被申请人。*
第十六条【重婚导致的无效婚姻案件涉及财产处理时对合法配偶财产权的保护】 人民法院审理重婚导致的无效婚姻案件时，涉及财产处理的，应当准许合法婚姻当事人作为有独立请求权的第三人参加诉讼。 **解读：**离婚等婚姻家庭案件的审理中，一般不允许第三人参加诉讼。但在审理重婚案件时涉及财产处理的，可能会对合法配偶权益造成侵犯。且重婚者的第一个婚姻是合法有效的婚姻，其后的婚姻才是无效婚姻。因此，应允许合法婚姻当事人作为有独立请求权的第三人参加诉讼。准许合法婚姻当事人作为有独立请求	《民法典》 **第1051条【无效婚姻】** 有下列情形之一的，婚姻无效： （一）重婚； （二）有禁止结婚的亲属关系； （三）未到法定婚龄。 **第1054条【婚姻无效或被撤销的法律后果】** 无效的或者被撤销的婚姻自始没有法律约束力，当事人不具有夫妻的权利和义务。同居期间所得的财产，由当事人协议处理；协议不成的，由人民法院根据照顾无过错方的原则判决。对重婚导致的无效婚姻的财产处理，不得侵害合法婚姻当事人的财产权益。当事人所生的子女，适用本法关于父母子女的规定。

续表

民法典婚姻家庭编解释一	关联规定
权的第三人参加诉讼，有利于查明当事人之间的财产真实情况，有助于公平合理地处理纠纷。	婚姻无效或者被撤销的，无过错方有权请求损害赔偿。 **《民事诉讼法》** **第59条** 对当事人双方的诉讼标的，第三人认为有独立请求权的，有权提起诉讼。 对当事人双方的诉讼标的，第三人虽然没有独立请求权，但案件处理结果同他有法律上的利害关系的，可以申请参加诉讼，或者由人民法院通知他参加诉讼。人民法院判决承担民事责任的第三人，有当事人的诉讼权利义务。 前两款规定的第三人，因不能归责于本人的事由未参加诉讼，但有证据证明发生法律效力的判决、裁定、调解书的部分或者全部内容错误，损害其民事权益的，可以自知道或者应当知道其民事权益受到损害之日起六个月内，向作出该判决、裁定、调解书的人民法院提起诉讼。人民法院经审理，诉讼请求成立的，应当改变或者撤销原判决、裁定、调解书；诉讼请求不成立的，驳回诉讼请求。 ***《婚姻法解释一》（已废止）*** ***第16条*** *人民法院审理重婚导致的无效婚姻案件时，涉及财产处理的，应当准许合法婚姻当事人作为有独立请求权的第三人参加诉讼。*

续表

民法典婚姻家庭编解释一	关联规定
第十七条【结婚登记程序瑕疵处理】 当事人以民法典第一千零五十一条规定的三种无效婚姻以外的情形请求确认婚姻无效的，人民法院应当判决驳回当事人的诉讼请求。 当事人以结婚登记程序存在瑕疵为由提起民事诉讼，主张撤销结婚登记的，告知其可以依法申请行政复议或者提起行政诉讼。 **解读：**一方面，婚姻无效事由仅限于民法典第1051条规定的三种情形，对以其他理由请求确认婚姻无效的，法院应以判决形式驳回当事人的诉讼请求而非裁定驳回起诉。另一方面，若当事人在离婚诉讼中或其他民事诉讼中，以结婚登记程序存在瑕疵为由否认婚姻关系如主张撤销婚姻登记的，此时首先应解决的是结婚登记效力问题，而这并不属于民事案件的审查范围，为此应告知当事人可依法申请行政复议或者提起行政诉讼。	《民法典》 **第1051条【无效婚姻】** 有下列情形之一的，婚姻无效： （一）重婚； （二）有禁止结婚的亲属关系； （三）未到法定婚龄。 *《婚姻法解释三》（已废止）* *第1条* *当事人以婚姻法第十条规定以外的情形申请宣告婚姻无效的，人民法院应当判决驳回当事人的申请。* *当事人以结婚登记程序存在瑕疵为由提起民事诉讼，主张撤销结婚登记的，告知其可以依法申请行政复议或者提起行政诉讼。*
第十八条【受胁迫婚姻中胁迫的认定】 行为人以给另一方当事人或者其近亲属的生命、身体、健康、名誉、财产等方面造成损害为要挟，迫使另一方当事人	《民法典》 **第1052条【受胁迫的婚姻可撤销】** 因胁迫结婚的，受胁迫的一方可以向人民法院请求撤销婚姻。

续表

民法典婚姻家庭编解释一	关联规定
违背真实意愿结婚的，可以认定为民法典第一千零五十二条所称的“胁迫”。 因受胁迫而请求撤销婚姻的，只能是受胁迫一方的婚姻关系当事人本人。 **解读**：民法上的胁迫，指一方当事人向对方当事人施加危害，使其产生恐惧，并且基于此种恐惧而为一定意思表示的行为。胁迫行为的核心在于以造成损害为要挟或称以加害为威胁。胁迫行为的实施主体既可以是婚姻关系的一方当事人，也可以是第三人，如一方的近亲属、朋友等。受胁迫者可以是婚姻关系的当事人，也可以是其近亲属。但因受胁迫而请求撤销婚姻的，只限于受胁迫一方的婚姻当事人本人。另需注意，有权撤销的机关为法院，不包括婚姻登记机关。	请求撤销婚姻的，应当自胁迫行为终止之日起一年内提出。 被非法限制人身自由的当事人请求撤销婚姻的，应当自恢复人身自由之日起一年内提出。 ***《婚姻法解释一》（已废止）*** ***第10条*** *婚姻法第十一条所称的“胁迫”，是指行为人以给另一方当事人或者其近亲属的生命、身体健康、名誉、财产等方面造成损害为要挟，迫使另一方当事人违背真实意愿结婚的情况。* *因受胁迫而请求撤销婚姻的，只能是受胁迫一方的婚姻关系当事人本人。*
第十九条【受胁迫婚姻的撤销期间不适用诉讼时效制度】 民法典第一千零五十二条规定的“一年”，不适用诉讼时效中止、中断或者延长的规定。 受胁迫或者被非法限制人身自由的当事人请求撤销婚姻的，不适	《民法典》 **第1052条【受胁迫的婚姻可撤销】** 因胁迫结婚的，受胁迫的一方可以向人民法院请求撤销婚姻。 请求撤销婚姻的，应当自胁迫行为终止之日起一年内提出。

续表

民法典婚姻家庭编解释一	关联规定
用民法典第一百五十二条第二款的规定。 **解读：**因胁迫缔结婚姻的当事人，享有请求撤销该婚姻的权利，即撤销权。撤销权作为一项民事权利，其性质特征属于形成权。因撤销权、解除等的行使将干预他人利益，为保护相对人的利益，此类权利行使应受相应的限制，以避免置相对人和法律关系处于不确定之状态，此即为形成权的除斥期间制度。而除斥期间不同于诉讼时效制度，根据民法典第199条的规定，除斥期间不适用诉讼时效制度的中止、中断与延长。	被非法限制人身自由的当事人请求撤销婚姻的，应当自恢复人身自由之日起一年内提出。 **第199条【除斥期间】** 法律规定或者当事人约定的撤销权、解除权等权利的存续期间，除法律另有规定外，自权利人知道或者应当知道权利产生之日起计算，不适用有关诉讼时效中止、中断和延长的规定。存续期间届满，撤销权、解除权等权利消灭。 ***《婚姻法解释一》（已废止）*** ***第12条*** *婚姻法第十一条规定的"1年"，不适用诉讼时效中止、中断或者延长的规定。*
第二十条【民法典规定的自始没有法律约束力的含义】 民法典第一千零五十四条所规定的"自始没有法律约束力"，是指无效婚姻或者可撤销婚姻在依法被确认无效或者被撤销时，才确定该婚姻自始不受法律保护。 **解读：**无效或者被撤销的婚姻，虽然从当事人结婚之时起婚姻就没有法律效力，而不是从婚姻登记机关或人民法院确认之时起	**《民法典》** **第1054条【婚姻无效或被撤销的法律后果】** 无效的或者被撤销的婚姻自始没有法律约束力，当事人不具有夫妻的权利和义务。同居期间所得的财产，由当事人协议处理；协议不成的，由人民法院根据照顾无过错方的原则判决。对重婚导致的无效婚姻的财产处理，不得侵害合法婚姻当事人的财产权益。当事人所生的子女，适用本法关于父母子女的规定。

续表

民法典婚姻家庭编解释一	关联规定
婚姻才没有法律效力。但对自始无效的理解，有不同观点。第一种是当然无效主义，即无须任何形式的宣告和确认，从一开始就是法定、当然的无效。第二种则是宣告无效主义，即需要经过宣告确认程序后，才产生自始无效的后果。在未经宣告确认之前，其在形式上还是有效婚姻。本解释采纳了第二种观点。	婚姻无效或者被撤销的，无过错方有权请求损害赔偿。 **第155条【无效、被撤销的民事法律行为自始无效】** 无效的或者被撤销的民事法律行为自始没有法律约束力。 *《婚姻法解释一》（已废止）* ***第13条*** *婚姻法第十二条所规定的自始无效，是指无效或者可撤销婚姻在依法被宣告无效或被撤销时，才确定该婚姻自始不受法律保护。*
第二十一条【结婚证收缴与文书送达婚姻登记机关】 人民法院根据当事人的请求，依法确认婚姻无效或者撤销婚姻的，应当收缴双方的结婚证书并将生效的判决书寄送当地婚姻登记管理机关。 **解读：**本条属于法院判决婚姻无效或撤销婚姻后的程序性要求，一方面在于确保婚姻登记管理机关及时了解当事人的最新婚姻状况及判决结果，更好地进行婚姻管理；另一方面也更好地保护当事人及第三人利益。另，本条所谓的“当地婚姻登记管理机关”，无论是解释为判决离婚的法院所在地婚姻登记机关还是结婚证	《民法典》 **第1054条【婚姻无效或被撤销的法律后果】** 无效的或者被撤销的婚姻自始没有法律约束力，当事人不具有夫妻的权利和义务。同居期间所得的财产，由当事人协议处理；协议不成的，由人民法院根据照顾无过错方的原则判决。对重婚导致的无效婚姻的财产处理，不得侵害合法婚姻当事人的财产权益。当事人所生的子女，适用本法关于父母子女的规定。 婚姻无效或者被撤销的，无过错方有权请求损害赔偿。 *《婚姻法解释一》（已废止）* ***第14条*** *人民法院根据当事人的申请，依法宣告婚姻无效或者撤销婚姻的，应当收缴双方的结*

续表

民法典婚姻家庭编解释一	关联规定
的登记发证机关，在信息化时代，实际效果的差异应当越来越小。在二者不一致的情况下，应尽量寄送给发证机关所在地。	*婚证书并将生效的判决书寄送当地婚姻登记管理机关。*
第二十二条【无效或被撤销婚姻的同居期间所得财产处理】 被确认无效或者被撤销的婚姻，当事人同居期间所得的财产，除有证据证明为当事人一方所有的以外，按共同共有处理。 **解读：**在无效或被撤销婚姻情形下，对同居期间所得财产的处理，民法典只规定由当事人协议处理；协议不成的，根据照顾无过错方的原则判决。但并未明确在什么基础上照顾无过错方。本条除有证据证明为一方所有的以外，均按照共同共有处理的规定，与民法典规定并不冲突，也符合实际情况。就此，同居期间取得的财产，若有证据证明为一方所有的，即首先认定为个人财产，之外的才按共同共有处理。如此可更明确地区别无效婚姻、可撤销婚姻与合法的婚姻关系。	《民法典》 **第1054条【婚姻无效或被撤销的法律后果】** 无效的或者被撤销的婚姻自始没有法律约束力，当事人不具有夫妻的权利和义务。同居期间所得的财产，由当事人协议处理；协议不成的，由人民法院根据照顾无过错方的原则判决。对重婚导致的无效婚姻的财产处理，不得侵害合法婚姻当事人的财产权益。当事人所生的子女，适用本法关于父母子女的规定。 婚姻无效或者被撤销的，无过错方有权请求损害赔偿。 **第299条【共同共有】** 共同共有人对共有的不动产或者动产共同享有所有权。 *《婚姻法解释一》（已废止）* ***第15条*** *被宣告无效或被撤销的婚姻，当事人同居期间所得的财产，按共同共有处理。但有证据证明为当事人一方所有的除外。*
三、夫妻关系	
第二十三条【夫妻因生育权发生的纠纷处理】 夫以妻擅自中	《民法典》 **第1079条【诉讼离婚】** 夫妻

续表

民法典婚姻家庭编解释一	关联规定
止妊娠侵犯其生育权为由请求损害赔偿的，人民法院不予支持；夫妻双方因是否生育发生纠纷，致使感情确已破裂，一方请求离婚的，人民法院经调解无效，应依照民法典第一千零七十九条第三款第五项的规定处理。 **解读**：一般而言，女方在妊娠、分娩等生育过程中，较男方而言承担了更多生理风险及心理压力，为抚育子女成长的付出通常也更大。可以说，生育对女性利益的影响大于男性，现代法律可以鼓励但不应强制女性生育。因此，虽然夫妻双方均享有生育权，但男方不得以生育权受侵害为由提起损害赔偿之诉，也不得基于所谓的"生育契约"提起违约赔偿。当双方无法就生育问题达成一致意见时，可通过离婚诉讼进行解决。在离婚诉讼中，不应以是否侵害生育权而应以是否导致感情确已破裂作为判断是否准予离婚的标准。	一方要求离婚的，可以由有关组织进行调解或者直接向人民法院提起离婚诉讼。 人民法院审理离婚案件，应当进行调解；如果感情确已破裂，调解无效的，应当准予离婚。 有下列情形之一，调解无效的，应当准予离婚： （一）重婚或者与他人同居； （二）实施家庭暴力或者虐待、遗弃家庭成员； （三）有赌博、吸毒等恶习屡教不改； （四）因感情不和分居满二年； （五）其他导致夫妻感情破裂的情形。 一方被宣告失踪，另一方提起离婚诉讼的，应当准予离婚。 经人民法院判决不准离婚后，双方又分居满一年，一方再次提起离婚诉讼的，应当准予离婚。 ***《婚姻法解释三》（已废止）*** ***第9条*** *夫以妻擅自中止妊娠侵犯其生育权为由请求损害赔偿的，人民法院不予支持；夫妻双方因是否生育发生纠纷，致使感情确已破裂，一方请求离婚的，人民法院经调解无效，应依照婚姻法第三十二条第三款第（五）项的规定处理。*

续表

民法典婚姻家庭编解释一	关联规定
第二十四条【夫妻共同财产中知识产权收益的界定】 民法典第一千零六十二条第一款第三项规定的"知识产权的收益"，是指婚姻关系存续期间，实际取得或者已经明确可以取得的财产性收益。 **解读：** 由于知识产权本身的取得和其财产性权益的取得往往不同步，能否实现其财产性权利、何时实现其财产性权利等均具有不确定性。故本解释将应纳入夫妻财产范畴予以分割的知识产权收益规定为实际取得和已经明确可以取得的财产性收益就具有了合理性。实践中，以知识产权财产性收益已实际取得或者已经明确的时间是否在婚姻关系存续期间内作为判断该部分收益归属的标准。若知识产权财产性收益明确的时间在婚姻关系存续期间的，则无论收益的实际取得是在婚姻关系存续期间还是在离婚之后，收益均为夫妻共同所有。若知识产权财产性收益明确的时间在离婚后的，收益应为个人财产。	《民法典》 **第1062条【夫妻共同财产】** 夫妻在婚姻关系存续期间所得的下列财产，为夫妻的共同财产，归夫妻共同所有： （一）工资、奖金、劳务报酬； （二）生产、经营、投资的收益； （三）知识产权的收益； （四）继承或者受赠的财产，但是本法第一千零六十三条第三项规定的除外； （五）其他应当归共同所有的财产。 夫妻对共同财产，有平等的处理权。 *《婚姻法解释二》（已废止）* ***第12条*** *婚姻法第十七条第三项规定的"知识产权的收益"，是指婚姻关系存续期间，实际取得或者已经明确可以取得的财产性收益。*

续表

民法典婚姻家庭编解释一	关联规定
第二十五条【夫妻共同财产中其他应当归共同所有的财产的界定】 婚姻关系存续期间，下列财产属于民法典第一千零六十二条规定的“其他应当归共同所有的财产”： （一）一方以个人财产投资取得的收益； （二）男女双方实际取得或者应当取得的住房补贴、住房公积金； （三）男女双方实际取得或者应当取得的基本养老金、破产安置补偿费。 **解读：**根据物权原理，孳息应归物的所有人或其他合法权利人。因此夫妻一方个人财产产生的孳息（如存款利息）和自然增值部分应属于夫妻个人财产。但一方以婚前个人财产投资取得的婚后收益即用婚前个人财产在婚后进行投资活动的增值部分，则属于民法典第1062条规定的夫妻共同财产。当然，本金仍归个人所有。就住房补贴、住房公积金而言，一方面基于其性质，属于广义的工资性质；另一方面，其主要用于住房消费，包含对婚姻家庭基本生活的保障功能，不具备	**《民法典》** **第1062条【夫妻共同财产】** 夫妻在婚姻关系存续期间所得的下列财产，为夫妻的共同财产，归夫妻共同所有： （一）工资、奖金、劳务报酬； （二）生产、经营、投资的收益； （三）知识产权的收益； （四）继承或者受赠的财产，但是本法第一千零六十三条第三项规定的除外； （五）其他应当归共同所有的财产。 夫妻对共同财产，有平等的处理权。 **第1063条【夫妻个人财产】** 下列财产为夫妻一方的个人财产： （一）一方的婚前财产； （二）一方因受到人身损害获得的赔偿或者补偿； （三）遗嘱或者赠与合同中确定只归一方的财产； （四）一方专用的生活用品； （五）其他应当归一方的财产。 **《妇女权益保障法》** **第54条** 在夫妻共同财产、家庭共有财产关系中，不得侵害妇女依法享有的权益。

续表

民法典婚姻家庭编解释一	关联规定
严格的、专属于特定人身的性质。因此，亦应作为夫妻共同财产。就基本养老金、破产安置补偿费而言，基本养老金是指国家和社会在劳动者年老丧失劳动能力的情况下，为使其老有所养、安度晚年而给予劳动者本人的经济帮助和社会保险。破产安置补偿费的性质与其类似。而之所以将二者认定为夫妻共同财产，主要是考虑到基本养老金、破产安置补偿费也是退休人员、破产下岗人员家庭生活中的重要财产。如果一方退休或破产而另一方在职，若将基本养老金、破产安置补偿费定性为一方的个人财产，而配偶一方的工资则是共同财产，显然是不公平的。故从公平的角度考虑，应作为夫妻共同财产。	**第55条** 妇女在农村集体经济组织成员身份确认、土地承包经营、集体经济组织收益分配、土地征收补偿安置或者征用补偿以及宅基地使用等方面，享有与男子平等的权利。 申请农村土地承包经营权、宅基地使用权等不动产登记，应当在不动产登记簿和权属证书上将享有权利的妇女等家庭成员全部列明。征收补偿安置或者征用补偿协议应当将享有相关权益的妇女列入，并记载权益内容。 **第56条** 村民自治章程、村规民约，村民会议、村民代表会议的决定以及其他涉及村民利益事项的决定，不得以妇女未婚、结婚、离婚、丧偶、户无男性等为由，侵害妇女在农村集体经济组织中的各项权益。 因结婚男方到女方住所落户的，男方和子女享有与所在地农村集体经济组织成员平等的权益。 **第67条** 离婚诉讼期间，夫妻一方申请查询登记在对方名下财产状况且确因客观原因不能自行收集的，人民法院应当进行调查取证，有关部门和单位应当予以协助。 离婚诉讼期间，夫妻双方均有

续表

民法典婚姻家庭编解释一	关联规定
	向人民法院申报全部夫妻共同财产的义务。一方隐藏、转移、变卖、损毁、挥霍夫妻共同财产，或者伪造夫妻共同债务企图侵占另一方财产的，在离婚分割夫妻共同财产时，对该方可以少分或者不分财产。 ***《婚姻法解释二》（已废止）*** ***第11条*** *婚姻关系存续期间，下列财产属于婚姻法第十七条规定的“其他应当归共同所有的财产”：* *（一）一方以个人财产投资取得的收益；* *（二）男女双方实际取得或者应当取得的住房补贴、住房公积金；* *（三）男女双方实际取得或者应当取得的养老保险金、破产安置补偿费。*
第二十六条【夫妻一方个人财产在婚后产生的收益处理】 夫妻一方个人财产在婚后产生的收益，除孳息和自然增值外，应认定为夫妻共同财产。 **解读：**就夫妻一方个人财产婚后所生收益的类型而言，通说认为，包括投资收益、孳息和增值三类。投资是企业或个人以获得未	**《民法典》** **第1062条【夫妻共同财产】** 夫妻在婚姻关系存续期间所得的下列财产，为夫妻的共同财产，归夫妻共同所有： （一）工资、奖金、劳务报酬； （二）生产、经营、投资的收益； （三）知识产权的收益；

续表

民法典婚姻家庭编解释一	关联规定
来收益为目的，投放一定量的货币或实物，以经营某项事业的行为。孳息，是指由原物或权利所产生的额外收益。孳息分为天然孳息和法定孳息。天然孳息是依照物的自然性质或者物的变化规律而取得的收益，如树上结出的果实。法定孳息是依照法律规定产生从属关系，物主因出让所属物一定期限内的使用权得到的收益，如银行存款得到的利息。增值，指物或权利在价格上的提升。狭义的增值不包括孳息及投资收益，而与之并列。不同之处在于，增值所涉及的物或权利增加的利益与原物或原权利并未分离，而孳息及投资收益与原物或原权利是分离独立的。根据发生原因，可分为自然增值和主动增值。自然增值，是指该增值的发生是因通货膨胀或市场行情的变化所致，与权利人等是否为该财产投入物资、劳动、投资、管理等无关，是财产所有人拥有的财产因所有人以外的变化因素存在而出现的价值增长状态。主动增值，其发生原因与上述自然增值刚好相反，它与通货膨胀或市场行情变化无关，而与权利人等对该财产所付出的劳动、投资、管理等相关。	（四）继承或者受赠的财产，但是本法第一千零六十三条第三项规定的除外； （五）其他应当归共同所有的财产。 夫妻对共同财产，有平等的处理权。 **第1063条【夫妻个人财产】** 下列财产为夫妻一方的个人财产： （一）一方的婚前财产； （二）一方因受到人身损害获得的赔偿或者补偿； （三）遗嘱或者赠与合同中确定只归一方的财产； （四）一方专用的生活用品； （五）其他应当归一方的财产。 **第321条【天然孳息和法定孳息的归属】** 天然孳息，由所有权人取得；既有所有权人又有用益物权人的，由用益物权人取得。当事人另有约定的，按照其约定。 法定孳息，当事人有约定的，按照约定取得；没有约定或者约定不明确的，按照交易习惯取得。 ***《婚姻法解释三》（已废止）*** ***第5条*** *夫妻一方个人财产在婚后产生的收益，除孳息和自然增值外，应认定为夫妻共同财产。*

续表

民法典婚姻家庭编解释一	关联规定
第二十七条【一方婚前承租，婚后用共同财产购买的房屋所有权归属】 由一方婚前承租、婚后用共同财产购买的房屋，登记在一方名下的，应当认定为夫妻共同财产。 **解读：**法定共同财产制决定了夫妻在婚姻关系存续期间所得财产，除法定夫妻特有财产和约定为个人所有财产之外，均应属夫妻共同所有，夫妻对共同所有的财产享有平等的处理权。故民法典所确立的夫妻共同所有是一种共同共有而非按份共有，夫妻任何一方以共同财产购置的财产也应为夫妻双方共同所有，包括由一方婚前承租，婚后以夫妻共同财产购买的房屋。换言之，基于不动产登记而主张房屋为其个人财产的夫妻一方，除举证证明购买资金系婚前个人财产或者房屋为婚前个人财产或双方有明确约定属于其个人所有外，均应认定为夫妻共同财产。	**《民法典》** **第1062条【夫妻共同财产】** 夫妻在婚姻关系存续期间所得的下列财产，为夫妻的共同财产，归夫妻共同所有： （一）工资、奖金、劳务报酬； （二）生产、经营、投资的收益； （三）知识产权的收益； （四）继承或者受赠的财产，但是本法第一千零六十三条第三项规定的除外； （五）其他应当归共同所有的财产。 夫妻对共同财产，有平等的处理权。 **《妇女权益保障法》** **第66条** 妇女对夫妻共同财产享有与其配偶平等的占有、使用、收益和处分的权利，不受双方收入状况等情形的影响。 对夫妻共同所有的不动产以及可以联名登记的动产，女方有权要求在权属证书上记载其姓名；认为记载的权利人、标的物、权利比例等事项有错误的，有权依法申请更正登记或者异议登记，有关机构应当按照其申请依法办理相应登记手续。

续表

民法典婚姻家庭编解释一	关联规定
	《婚姻法解释二》（已废止） 第19条　由一方婚前承租、婚后用共同财产购买的房屋，房屋权属证书登记在一方名下的，应当认定为夫妻共同财产。
第二十八条【夫妻一方擅自出卖共有房屋的处理】　一方未经另一方同意出售夫妻共同所有的房屋，第三人善意购买、支付合理对价并已办理不动产登记，另一方主张追回该房屋的，人民法院不予支持。 夫妻一方擅自处分共同所有的房屋造成另一方损失，离婚时另一方请求赔偿损失的，人民法院应予支持。 **解读：**夫妻一方在未经另一方同意的情形下，以自己的名义出售属于夫妻共同所有的房产，无论该房产登记在谁名下，都属于处分与他人共有财产的行为，构成无权处分。该处分行为引致夫妻另一方与买受人之间的利益冲突，正是善意取得所要解决的问题。就第三人是否"善意"的判断，对作为不动产的房屋而言，应以第三人对不动产登记的信赖作为判断是否构成不动产善意取得的标准。一般情况下，只要第三人	《民法典》 **第1062条【夫妻共同财产】**　夫妻在婚姻关系存续期间所得的下列财产，为夫妻的共同财产，归夫妻共同所有： （一）工资、奖金、劳务报酬； （二）生产、经营、投资的收益； （三）知识产权的收益； （四）继承或者受赠的财产，但是本法第一千零六十三条第三项规定的除外； （五）其他应当归共同所有的财产。 夫妻对共同财产，有平等的处理权。 **第311条【善意取得】**　无处分权人将不动产或者动产转让给受让人的，所有权人有权追回；除法律另有规定外，符合下列情形的，受让人取得该不动产或者动产的所有权： （一）受让人受让该不动产或者动产时是善意； （二）以合理的价格转让；

续表

民法典婚姻家庭编解释一	关联规定
信赖不动产登记，应推定其为善意，除非有证据证明其事先明知不动产登记错误或者登记簿中有异议登记的记载。且这里的善意，并不以第三人进一步核实登记事项为前提。	（三）转让的不动产或者动产依照法律规定应当登记的已经登记，不需要登记的已经交付给受让人。 受让人依据前款规定取得不动产或者动产的所有权的，原所有权人有权向无处分权人请求损害赔偿。 当事人善意取得其他物权的，参照适用前两款规定。 **第1091条【离婚过错赔偿】** 有下列情形之一，导致离婚的，无过错方有权请求损害赔偿： （一）重婚； （二）与他人同居； （三）实施家庭暴力； （四）虐待、遗弃家庭成员； （五）有其他重大过错。 ***《婚姻法解释三》（已废止）*** ***第11条*** *一方未经另一方同意出售夫妻共同共有的房屋，第三人善意购买、支付合理对价并办理产权登记手续，另一方主张追回该房屋的，人民法院不予支持。* *夫妻一方擅自处分共同共有的房屋造成另一方损失，离婚时另一方请求赔偿损失的，人民法院应予支持。*

续表

民法典婚姻家庭编解释一	关联规定
第二十九条【父母出资购房的性质认定】 当事人结婚前，父母为双方购置房屋出资的，该出资应当认定为对自己子女个人的赠与，但父母明确表示赠与双方的除外。 当事人结婚后，父母为双方购置房屋出资的，依照约定处理；没有约定或者约定不明确的，按照民法典第一千零六十二条第一款第四项规定的原则处理。 **解读：** 夫妻共同财产制采用的是婚后所得共同制，即认定当事人的财产是否为夫妻共同所有必须是以婚姻关系存在为前提，且还要将个人的特有财产和夫妻约定为个人所有的财产除外后，夫妻双方或者一方所得的财产才属于夫妻共同所有。因此，在当事人结婚前，一方通过继承、接受赠与及其他合法方式等所取得的财产则均应属于个人婚前财产。而实践中，父母为子女购买房屋出资多是为子女结婚，应认定为对自己子女的赠与，属个人婚前财产。当然，明确表示赠与双方的除外。同样，如果是结婚后，父母出资购房的，原则上应认定为夫妻共同财产，但另有明确约定的除外。	《民法典》 **第1062条【夫妻共同财产】** 夫妻在婚姻关系存续期间所得的下列财产，为夫妻的共同财产，归夫妻共同所有： （一）工资、奖金、劳务报酬； （二）生产、经营、投资的收益； （三）知识产权的收益； （四）继承或者受赠的财产，但是本法第一千零六十三条第三项规定的除外； （五）其他应当归共同所有的财产。 夫妻对共同财产，有平等的处理权。 **第1063条【夫妻个人财产】** 下列财产为夫妻一方的个人财产： （一）一方的婚前财产； （二）一方因受到人身损害获得的赔偿或者补偿； （三）遗嘱或者赠与合同中确定只归一方的财产； （四）一方专用的生活用品； （五）其他应当归一方的财产。 **第657条【赠与合同】** 赠与合同是赠与人将自己的财产无偿给予受赠人，受赠人表示接受赠与的合同。

续表

民法典婚姻家庭编解释一	关联规定
	《婚姻法解释二》（已废止） ***第22条*** *当事人结婚前，父母为双方购置房屋出资的，该出资应当认定为对自己子女的个人赠与，但父母明确表示赠与双方的除外。* *当事人结婚后，父母为双方购置房屋出资的，该出资应当认定为对夫妻双方的赠与，但父母明确表示赠与一方的除外。*
第三十条【军人的伤亡保险金等费用的归属】 军人的伤亡保险金、伤残补助金、医药生活补助费属于个人财产。 **解读：** 认定财产为军人个人财产的原则，是判断某一项财产是否具有严格的专属于军人特定身份的性质，军人的伤亡保险金、伤残补助金、医药生活补助费，与军人身份密切相关，明显具有特定的人身属性，应当属于军人一方的个人财产。而退役医疗保险金性质属工资的一部分，故应认定为夫妻共同财产。另需注意军属优待金与死亡抚恤金。军属优待金作为军属家庭特殊的共有财产，主要用于优待军人父母和未成年的弟、妹，军人亡故（牺牲）前对这部分财产没有处分权。死亡抚恤金是国家为表示对死亡的	《民法典》 **第1063条【夫妻个人财产】** 下列财产为夫妻一方的个人财产： （一）一方的婚前财产； （二）一方因受到人身损害获得的赔偿或者补偿； （三）遗嘱或者赠与合同中确定只归一方的财产； （四）一方专用的生活用品； （五）其他应当归一方的财产。 *《婚姻法解释二》（已废止）* ***第13条*** *军人的伤亡保险金、伤残补助金、医药生活补助费属于个人财产。*

续表

民法典婚姻家庭编解释一	关联规定
现役军人的褒扬和对其遗属的抚慰，既不属军人财产，也不属夫妻共同财产，归烈士、因公牺牲军人、病故军人的遗属所有。	
第三十一条【个人财产不因婚姻关系延续而转化为夫妻共同财产】 民法典第一千零六十三条规定为夫妻一方的个人财产，不因婚姻关系的延续而转化为夫妻共同财产。但当事人另有约定的除外。 **解读：** 夫妻一方的婚前财产，只有对方在婚后对其投入劳动或者投资，在婚后所增值的部分才作为夫妻共同财产。一方的婚前财产只要经过婚姻存续的一定期限就可以转化为夫妻共同财产的规则，并不符合婚后所得共同制的原理，也容易使当事人产生不劳而获的思想，产生一些功利性的婚姻。为此，适当缩小夫妻共同财产的范围，不但无害于维护婚姻的伦理性和促进男女平等，反而会更好地增进婚姻家庭的稳定和推动社会的进步。虽然根据本条的规定，个人财产不因婚姻关系延续而转化为共同财产，但一方的个人财产在婚姻关系存续期间已被夫妻双方或一方消费或已自然损耗的，所有权人也不得要求补偿。	《民法典》 **第1063条【夫妻个人财产】** 下列财产为夫妻一方的个人财产： （一）一方的婚前财产； （二）一方因受到人身损害获得的赔偿或者补偿； （三）遗嘱或者赠与合同中确定只归一方的财产； （四）一方专用的生活用品； （五）其他应当归一方的财产。 *《婚姻法解释一》（已废止）* ***第19条*** *婚姻法第十八条规定为夫妻一方所有的财产，不因婚姻关系的延续而转化为夫妻共同财产。但当事人另有约定的除外。*

续表

民法典婚姻家庭编解释一	关联规定
第三十二条【夫妻之间赠与房产的撤销】 婚前或者婚姻关系存续期间，当事人约定将一方所有的房产赠与另一方或者共有，赠与方在赠与房产变更登记之前撤销赠与，另一方请求判令继续履行的，人民法院可以按照民法典第六百五十八条的规定处理。 **解读：**根据民法典第658条的规定，除经公证的赠与以及依法不得撤销的具有救灾、扶贫、助残等公益、道德义务性质的赠与外，赠与人在赠与财产的权利转移之前可以撤销赠与，此谓赠与人的任意撤销权。夫妻之间的赠与虽然基于身份关系，但主要涉及的是财产内容，在民法典婚姻家庭编对此未作具体规定的情况下，可参照民法典合同编的规定适用。本条对此亦进行了明确。由于我国不动产物权变动采用登记生效主义原则，尚未办理房产过户手续的赠与，房产赠与人可以随时撤销赠与，法院对赠与房产一方离婚时主张撤销赠与合同的请求应予支持。当然，约定将一方房产共有本质上也是一种赠与，故适用同样的规则。	《民法典》 **第658条【赠与人任意撤销权及其限制】** 赠与人在赠与财产的权利转移之前可以撤销赠与。 经过公证的赠与合同或者依法不得撤销的具有救灾、扶贫、助残等公益、道德义务性质的赠与合同，不适用前款规定。 **第464条【合同的定义和身份关系协议的法律适用】** 合同是民事主体之间设立、变更、终止民事法律关系的协议。 婚姻、收养、监护等有关身份关系的协议，适用有关该身份关系的法律规定；没有规定的，可以根据其性质参照适用本编规定。 *《婚姻法解释三》（已废止）* ***第6条*** *婚前或者婚姻关系存续期间，当事人约定将一方所有的房产赠与另一方，赠与方在赠与房产变更登记之前撤销赠与，另一方请求判令继续履行的，人民法院可以按照合同法第一百八十六条的规定处理。*

续表

民法典婚姻家庭编解释一	关联规定
第三十三条【婚前个人债务在婚姻关系存续期间的负担原则及例外】 债权人就一方婚前所负个人债务向债务人的配偶主张权利的，人民法院不予支持。但债权人能够证明所负债务用于婚后家庭共同生活的除外。 **解读：** 夫妻一方婚前所欠个人债务原则上属个人债务，这是债的相对性原理所决定的。但若一方婚前所欠债务用于婚后家庭共同生活的，即一方婚前债务与婚后家庭共同生活之间具有必然的因果联系，或者说一方婚前所欠债务中的资金、财物已转化为婚后夫妻共同财产或已成为婚后夫妻共同的物质生活条件的，此种情况下应将婚前一方所欠的个人债务认定为夫妻共同债务，由夫妻双方共同偿还，但债权人对此负有举证证明责任。基于婚姻家庭关系在较大程度上具有私密性，其财产流向和交易很难被债权人所掌握，这就需要法院依照民事诉讼法及其司法解释相关规定，运用逻辑推理和日常生活经验法则，对证据证明力作出判断，同时注意合理平衡各方利益。	*《民法典》* **第1064条【夫妻共同债务认定】** 夫妻双方共同签名或者夫妻一方事后追认等共同意思表示所负的债务，以及夫妻一方在婚姻关系存续期间以个人名义为家庭日常生活需要所负的债务，属于夫妻共同债务。 夫妻一方在婚姻关系存续期间以个人名义超出家庭日常生活需要所负的债务，不属于夫妻共同债务；但是，债权人能够证明该债务用于夫妻共同生活、共同生产经营或者基于夫妻双方共同意思表示的除外。 ***《婚姻法解释二》（已废止）*** ***第23条*** *债权人就一方婚前所负个人债务向债务人的配偶主张权利的，人民法院不予支持。但债权人能够证明所负债务用于婚后家庭共同生活的除外。*

续表

民法典婚姻家庭编解释一	关联规定
第三十四条【夫妻共同债务的排除情形】 夫妻一方与第三人串通，虚构债务，第三人主张该债务为夫妻共同债务的，人民法院不予支持。 夫妻一方在从事赌博、吸毒等违法犯罪活动中所负债务，第三人主张该债务为夫妻共同债务的，人民法院不予支持。 **解读：**根据民法典总则编的相关规定，夫妻一方与第三人恶意串通虚构债务的，属于无效的民事法律行为。且由于是虚构的债务，债本身即不存在。因此，不能认定为夫妻共同债务。而赌博、吸毒等行为在我国属违法犯罪行为，因此产生的债务不受法律保护，故也不能认定为夫妻共同债务要求配偶共同承担。	《民法典》 **第1064条【夫妻共同债务认定】** 夫妻双方共同签名或者夫妻一方事后追认等共同意思表示所负的债务，以及夫妻一方在婚姻关系存续期间以个人名义为家庭日常生活需要所负的债务，属于夫妻共同债务。 夫妻一方在婚姻关系存续期间以个人名义超出家庭日常生活需要所负的债务，不属于夫妻共同债务；但是，债权人能够证明该债务用于夫妻共同生活、共同生产经营或者基于夫妻双方共同意思表示的除外。 **第154条【恶意串通的民事法律行为的效力】** 行为人与相对人恶意串通，损害他人合法权益的民事法律行为无效。 **第146条【虚假意思表示与隐藏行为的效力】** 行为人与相对人以虚假的意思表示实施的民事法律行为无效。 以虚假的意思表示隐藏的民事法律行为的效力，依照有关法律规定处理。 *《婚姻法解释二》（已废止）* ***第24条第1款*** *债权人就婚姻关系存续期间夫妻一方以个人名义所负债务主张权利的，应当按夫*

续表

民法典婚姻家庭编解释一	关联规定
	妻共同债务处理。但夫妻一方能够证明债权人与债务人明确约定为个人债务，或者能够证明属于婚姻法第十九条第三款规定情形的除外。
第三十五条【共同债务不因婚姻关系解除而免除清偿责任】 当事人的离婚协议或者人民法院生效判决、裁定、调解书已经对夫妻财产分割问题作出处理的，债权人仍有权就夫妻共同债务向男女双方主张权利。 一方就夫妻共同债务承担清偿责任后，主张由另一方按照离婚协议或者人民法院的法律文书承担相应债务的，人民法院应予支持。 **解读：**夫妻双方对共同债务负共同清偿责任，有助于强化对债权人合法权益的保护，防止夫妻双方恶意串通诈害债权人，进而促进财产交易的安定性。无论是双方当事人自行达成的离婚协议对夫妻共同财产分割作了约定，还是诉讼离婚中法院的判决对夫妻财产作出分割处理的，均不能改变和消灭夫妻对外承担的共同债务，债权人仍有权就夫妻共同债务向男女双方主张权利。且任何一方各自应当承担的债务份额不	《民法典》 **第1064条【夫妻共同债务认定】** 夫妻双方共同签名或者夫妻一方事后追认等共同意思表示所负的债务，以及夫妻一方在婚姻关系存续期间以个人名义为家庭日常生活需要所负的债务，属于夫妻共同债务。 夫妻一方在婚姻关系存续期间以个人名义超出家庭日常生活需要所负的债务，不属于夫妻共同债务；但是，债权人能够证明该债务用于夫妻共同生活、共同生产经营或者基于夫妻双方共同意思表示的除外。 **第1089条【离婚时夫妻共同债务清偿】** 离婚时，夫妻共同债务应当共同偿还。共同财产不足清偿或者财产归各自所有的，由双方协议清偿；协议不成的，由人民法院判决。 ***《婚姻法解释二》（已废止）*** ***第25条*** *当事人的离婚协议或者人民法院的判决书、裁定书、调解书已经对夫妻财产分割问题作出处理的，债权人仍有权就夫妻*

续表

民法典婚姻家庭编解释一	关联规定
能成为其向债权人拒不履行债务的抗辩理由，但这并不意味着夫妻内部之间不存在分担债务的原则。离婚协议或人民法院生效判决中关于夫妻共同财产和共同债务的负担原则是夫妻一方要求另一方负担相应责任的依据和标准。因此，本条第2款明确一方就夫妻共同债务承担清偿责任后，可按照离婚协议或者人民法院的法律文书向另一方主张承担相应债务。	*共同债务向男女双方主张权利。* *一方就共同债务承担连带清偿责任后，基于离婚协议或者人民法院的法律文书向另一方主张追偿的，人民法院应当支持。*
第三十六条【一方死亡后夫妻共同债务的清偿】 夫或者妻一方死亡的，生存一方应当对婚姻关系存续期间的夫妻共同债务承担清偿责任。 **解读：**夫妻一方死亡的，另一方作为共同债务人仍应继续清偿共同债务，不因一方死亡而免除。这是对民法典关于"夫妻共同债务"应当"共同偿还"原则的具体化。夫妻一方死亡后，生存一方履行了连带清偿责任的，生存一方即获得了向另一方追偿的权利。这里的另一方，具体应为死亡一方的继承人。实际生活中，夫妻中生存一方与死亡一方的继承人可能合二为一，从而使生存一方的追偿权因债权和债务同	《民法典》 **第1064条【夫妻共同债务认定】** 夫妻双方共同签名或者夫妻一方事后追认等共同意思表示所负的债务，以及夫妻一方在婚姻关系存续期间以个人名义为家庭日常生活需要所负的债务，属于夫妻共同债务。 夫妻一方在婚姻关系存续期间以个人名义超出家庭日常生活需要所负的债务，不属于夫妻共同债务；但是，债权人能够证明该债务用于夫妻共同生活、共同生产经营或者基于夫妻双方共同意思表示的除外。 **第1089条【离婚时夫妻共同债务清偿】** 离婚时，夫妻共同债务应当共同偿还。共同财产不足清偿或者财产归各自所有的，由

续表

民法典婚姻家庭编解释一	关联规定
归于一人而终止。但若死亡一方的继承人为二人以上时，即可能产生生存一方追偿权与继承人继承权的冲突。此时，需按照民法典第1161条规定处理。	双方协议清偿；协议不成的，由人民法院判决。 **第1161条【被继承人税款、债务清偿的原则】** 继承人以所得遗产实际价值为限清偿被继承人依法应当缴纳的税款和债务。超过遗产实际价值部分，继承人自愿偿还的不在此限。 继承人放弃继承的，对被继承人依法应当缴纳的税款和债务可以不负清偿责任。 *《婚姻法解释二》（已废止）* *第26条 夫或妻一方死亡的，生存一方应当对婚姻关系存续期间的共同债务承担连带清偿责任。*
第三十七条【债权人知道该夫妻财产约定的举证证明责任】 民法典第一千零六十五条第三款所称“相对人知道该约定的”，夫妻一方对此负有举证责任。 **解读：**由于夫妻的财产约定属于内部约定，具有非常强的隐秘性，第三人是很难清楚夫妻之间的财产约定情况的，除非夫妻一方或双方明确告知，否则交易相对人根本无从知晓。故应由夫妻一方对“相对人知道该约定的”承担举证证明责任。 **案例参考：**《唐某诉李某某、	《民法典》 **第1065条【夫妻约定财产制】** 男女双方可以约定婚姻关系存续期间所得的财产以及婚前财产归各自所有、共同所有或者部分各自所有、部分共同所有。约定应当采用书面形式。没有约定或者约定不明确的，适用本法第一千零六十二条、第一千零六十三条的规定。 夫妻对婚姻关系存续期间所得的财产以及婚前财产的约定，对双方具有法律约束力。 夫妻对婚姻关系存续期间所得的财产约定归各自所有，夫或者

续表

民法典婚姻家庭编解释一	关联规定
唐某乙法定继承纠纷案》【《最高人民法院公报》2014年第12期】 **案例要旨**：夫妻之间达成的婚内财产分割协议是双方通过订立契约对采取何种夫妻财产制所作的约定，是双方协商一致对家庭财产进行内部分配的结果，在不涉及婚姻家庭以外第三人利益的情况下，应当尊重夫妻之间的真实意思表示，按照双方达成的婚内财产分割协议履行，优先保护事实物权人，不宜以产权登记作为确认不动产权属的唯一依据。	妻一方对外所负的债务，相对人知道该约定的，以夫或者妻一方的个人财产清偿。 *《婚姻法解释一》（已废止）* *第18条　婚姻法第十九条所称"第三人知道该约定的"，夫妻一方对此负有举证责任。*
第三十八条【婚姻关系存续期间共同财产分割的情形限制】 婚姻关系存续期间，除民法典第一千零六十六条规定情形以外，夫妻一方请求分割共同财产的，人民法院不予支持。 **解读**：婚姻关系存续期间，夫妻共同财产应以不允许分割为原则，允许分割为例外。允许分割的情形仅限定在民法典第1066条规定的两种情形内，不能类推适用，亦不能扩大解释。民法典第1066条第1项规定，不仅要认定行为的成立要件，还须达到"严重损害夫妻共同财产利益"的程度。第2项规定中"重大疾病"	《民法典》 **第1066条【婚姻关系存续期共同财产分割】**　婚姻关系存续期间，有下列情形之一的，夫妻一方可以向人民法院请求分割共同财产： （一）一方有隐藏、转移、变卖、毁损、挥霍夫妻共同财产或者伪造夫妻共同债务等严重损害夫妻共同财产利益的行为； （二）一方负有法定扶养义务的人患重大疾病需要医治，另一方不同意支付相关医疗费用。 *《婚姻法解释三》（已废止）* *第4条　婚姻关系存续期间，夫妻一方请求分割共同财产的，人民法院不予支持，但有下列重大理由且不损害债权人利益的除外：*

续表

民法典婚姻家庭编解释一	关联规定
的"相关医疗费用"，指为治疗疾病需要的必要、合理费用，不包括营养、陪护等费用。	*(一)一方有隐藏、转移、变卖、毁损、挥霍夫妻共同财产或者伪造夫妻共同债务等严重损害夫妻共同财产利益行为的；* *(二)一方负有法定扶养义务的人患重大疾病需要医治，另一方不同意支付相关医疗费用的。*
四、父母子女关系	
第三十九条【当事人一方拒绝做亲子鉴定的处理】 父或者母向人民法院起诉请求否认亲子关系，并已提供必要证据予以证明，另一方没有相反证据又拒绝做亲子鉴定的，人民法院可以认定否认亲子关系一方的主张成立。 父或者母以及成年子女起诉请求确认亲子关系，并提供必要证据予以证明，另一方没有相反证据又拒绝做亲子鉴定的，人民法院可以认定确认亲子关系一方的主张成立。 **解读：**亲子关系异议与确认诉讼中当事人提供的证据应达到"必要"且能"予以证明"。这是对主张利己事实者提供证据所要达到程度的要求。即提供的证据只要足以让法官形成心证，认为该证据已经达到可以确认相关事实	**《民法典》** **第1073条【亲子关系异议之诉】** 对亲子关系有异议且有正当理由的，父或者母可以向人民法院提起诉讼，请求确认或者否认亲子关系。 对亲子关系有异议且有正当理由的，成年子女可以向人民法院提起诉讼，请求确认亲子关系。 ***《婚姻法解释三》(已废止)*** ***第2条*** *夫妻一方向人民法院起诉请求确认亲子关系不存在，并已提供必要证据予以证明，另一方没有相反证据又拒绝做亲子鉴定的，人民法院可以推定请求确认亲子关系不存在一方的主张成立。* *当事人一方起诉请求确认亲子关系，并提供必要证据予以证明，另一方没有相反证据又拒绝做亲子鉴定的，人民法院可以推定请求确认亲子关系一方的主张成立。*

续表

民法典婚姻家庭编解释一	关联规定
的程度。另，本条第 2 款规定的提起亲子关系之诉的主体不同于第 1 款。第 1 款对于请求否认亲子关系之诉，提起诉讼的主体是父或母一方，不包括成年子女，而第 2 款规定的确认亲子关系之诉既包括父或母一方，也包括成年子女。	
第四十条【人工授精子女的法律地位】 婚姻关系存续期间，夫妻双方一致同意进行人工授精，所生子女应视为婚生子女，父母子女间的权利义务关系适用民法典的有关规定。 **解读：**人工授精是一种非自然人工生殖技术。人工授精一般分为同质人工授精和异质人工授精两种情形。同质人工授精，是指利用夫精进行人工授精；异质人工授精，是指利用夫外精源进行人工授精。实践中，同质人工授精，精子和卵子来源于夫妻双方，该子女与父母双方均有血缘关系，为双方的亲生子女，其法律地位当然适用民法典有关父母子女关系的规定。异质人工授精，因子女与父亲本无血缘关系，只是法律推定其为父子（女），由此较易产生争议，本条针对的主要指异质人工授精。但实际	《民法典》 **第 1071 条【非婚生子女权利】** 非婚生子女享有与婚生子女同等的权利，任何组织或者个人不得加以危害和歧视。 不直接抚养非婚生子女的生父或者生母，应当负担未成年子女或者不能独立生活的成年子女的抚养费。

续表

民法典婚姻家庭编解释一	关联规定
上，无论何种方式的人工授精，要视为夫妻双方的婚生子女，均需满足以下两个条件：一是人工授精在夫妻婚姻关系存续期间进行。二是以夫妻双方一致同意为前提。如妻子在未经丈夫同意的情况下进行人工授精并孕育子女的，原则上不适用本条之规定。 **案例参考：**《李某、郭某阳诉郭某和、童某某继承纠纷案》【最高人民法院指导案例 50 号】 **裁判要点：**夫妻关系存续期间，双方一致同意利用他人的精子进行人工授精并使女方受孕后，男方反悔，而女方坚持生出该子女的，不论该子女是否在夫妻关系存续期间出生，都应视为夫妻双方的婚生子女。	
第四十一条【不能独立生活的成年子女的认定】 尚在校接受高中及其以下学历教育，或者丧失、部分丧失劳动能力等非因主观原因而无法维持正常生活的成年子女，可以认定为民法典第一千零六十七条规定的“不能独立生活的成年子女”。 **解读：**本条所称“子女”，既包括婚生子女，也包括非婚生子女；既包括亲生（子女自然血亲），	《民法典》 **第 1067 条【父母抚养义务与子女赡养义务】** 父母不履行抚养义务的，未成年子女或者不能独立生活的成年子女，有要求父母给付抚养费的权利。 成年子女不履行赡养义务的，缺乏劳动能力或者生活困难的父母，有要求成年子女给付赡养费的权利。 *《婚姻法解释一》（已废止）* *第 20 条　婚姻法第二十一条规*

续表

民法典婚姻家庭编解释一	关联规定
也包括拟制血亲子女（即基于收养而形成的养父母与养子女关系、基于再婚形成的继父母与继子女关系等也包含在内）。另，就不能独立生活的成年子女已有配偶的情形而言，虽然其配偶是承担供养、扶助义务的责任主体，但相关费用开销等确实超出其配偶的能力范围时，可请求不能独立生活一方的父母给予一定帮助。实际上，由于夫妻间扶养对方的义务是基于婚姻关系而建立的，其随配偶身份关系的产生而产生，当然也会随着配偶身份关系的消灭而消灭。因此，在夫妻婚姻关系终止或消灭后，双方不再负担互相扶养的义务时，此时具有经济能力的父母仍应承担抚养责任。	*定的“不能独立生活的子女”，是指尚在校接受高中及其以下学历教育，或者丧失或未完全丧失劳动能力等非因主观原因而无法维持正常生活的成年子女。*
第四十二条【《民法典》第1067条“抚养费”的内容】《民法典》第一千零六十七条所称“抚养费”，包括子女生活费、教育费、医疗费等费用。 **解读：**子女生活费，指维持子女日常生活必须支出的费用，如必要的衣食住行等费用。教育费，实践中主要指高中及以下的教育费用，包括学费、书本费及孩	**《民法典》** **第1067条【父母抚养义务与子女赡养义务】** 父母不履行抚养义务的，未成年子女或者不能独立生活的成年子女，有要求父母给付抚养费的权利。 成年子女不履行赡养义务的，缺乏劳动能力或者生活困难的父母，有要求成年子女给付赡养费的权利。 ***《婚姻法解释一》（已废止）*** ***第21条*** *婚姻法第二十一条所*

续表

民法典婚姻家庭编解释一	关联规定
子必须接受的教育项目的相关支出。而超出基本教育的额外教育费用，如兴趣班、课外班等费用以及择校费等，一般不认定包含其中。医疗费包括医药费、住院费和诊疗费，具体如挂号费、检查费、化验费、手术费、治疗费、住院费和药费等。另，基本医疗保险之外的商业保险、补充医疗保险等，并不在抚养费范围。且本条中的“等费用”的“等”应当理解为“等外等”。	*称“抚养费”，包括子女生活费、教育费、医疗费等费用。*
第四十三条【子女请求支付抚养费】 婚姻关系存续期间，父母双方或者一方拒不履行抚养子女义务，未成年子女或者不能独立生活的成年子女请求支付抚养费的，人民法院应予支持。 **解读：**本条中的“子女”，既包括婚生子女，也包括非婚生子女；既包括亲生子女，也包括养子女和形成抚养教育关系的继子女。就非婚生子女而言，若其生父母一方以否认亲子关系为由拒绝履行义务的，其可根据民法典第1073条向人民法院提起诉讼，请求确认亲子关系。亲子关系确认后，生父母应当支付抚养费。	《民法典》 **第1067条【父母抚养义务与子女赡养义务】** 父母不履行抚养义务的，未成年子女或者不能独立生活的成年子女，有要求父母给付抚养费的权利。 成年子女不履行赡养义务的，缺乏劳动能力或者生活困难的父母，有要求成年子女给付赡养费的权利。 ***《婚姻法解释三》（已废止）*** ***第3条*** *婚姻关系存续期间，父母双方或者一方拒不履行抚养子女义务，未成年或者不能独立生活的子女请求支付抚养费的，人民法院应予支持。*

续表

民法典婚姻家庭编解释一	关联规定
第四十四条【父母离婚时不满两周岁子女抚养的确定】 离婚案件涉及未成年子女抚养的，对不满两周岁的子女，按照民法典第一千零八十四条第三款规定的原则处理。母亲有下列情形之一，父亲请求直接抚养的，人民法院应予支持： （一）患有久治不愈的传染性疾病或者其他严重疾病，子女不宜与其共同生活； （二）有抚养条件不尽抚养义务，而父亲要求子女随其生活； （三）因其他原因，子女确不宜随母亲生活。 **解读：**两周岁以下子女由母亲直接抚养为一般原则，但并非一成不变，本条则规定了三种可由父亲直接抚养两周岁以下子女的情形。所谓久治不愈的传染性疾病或其他严重疾病，其判断标准为影响到子女的健康成长。若仅为一般性疾病，经治疗短期内可以痊愈，则不属此类。所谓不尽抚养义务主要指母亲具备相应的物质条件和照料能力，但没有从物质上、生活上对子女进行养育和照顾，如不负担子女的生活费、教育费和医疗费等。	《民法典》 **第1084条【离婚后的父母子女关系】** 父母与子女间的关系，不因父母离婚而消除。离婚后，子女无论由父或者母直接抚养，仍是父母双方的子女。 离婚后，父母对于子女仍有抚养、教育、保护的权利和义务。 离婚后，不满两周岁的子女，以由母亲直接抚养为原则。已满两周岁的子女，父母双方对抚养问题协议不成的，由人民法院根据双方的具体情况，按照最有利于未成年子女的原则判决。子女已满八周岁的，应当尊重其真实意愿。 ***《最高人民法院关于人民法院审理离婚案件处理子女抚养问题的若干具体意见》（已废止）*** *1. 两周岁以下的子女，一般随母方生活。母方有下列情形之一的，可随父方生活：* *（1）患有久治不愈的传染性疾病或其他严重疾病，子女不宜与其共同生活的；* *（2）有抚养条件不尽抚养义务，而父方要求子女随其生活的；* *（3）因其他原因，子女确无法随母方生活的。*

续表

民法典婚姻家庭编解释一	关联规定
第四十五条【父母达成协议下不满两周岁子女的抚养】 父母双方协议不满两周岁子女由父亲直接抚养，并对子女健康成长无不利影响的，人民法院应予支持。 **解读**：由父亲直接抚养不满两周岁子女需同时满足两个限定条件：一是父母双方就子女抚养问题达成协议。二是对子女健康成长无不利影响。二者缺一不可。这意味着不满两周岁的子女抚养权的确定在父母协商一致的基础上，还需符合未成年子女的利益。为此，法院应从有利于子女健康成长的视角来审查抚养协议的效力。	**《民法典》** **第1084条【离婚后的父母子女关系】** 父母与子女间的关系，不因父母离婚而消除。离婚后，子女无论由父或者母直接抚养，仍是父母双方的子女。 离婚后，父母对于子女仍有抚养、教育、保护的权利和义务。 离婚后，不满两周岁的子女，以由母亲直接抚养为原则。已满两周岁的子女，父母双方对抚养问题协议不成的，由人民法院根据双方的具体情况，按照最有利于未成年子女的原则判决。子女已满八周岁的，应当尊重其真实意愿。 ***《最高人民法院关于人民法院审理离婚案件处理子女抚养问题的若干具体意见》（已废止）*** *2. 父母双方协议两周岁以下子女随父方生活，并对子女健康成长无不利影响的，可予准许。*
第四十六条【双方均要求直接抚养已满两周岁子女时抚养权优先条件】 对已满两周岁的未成年子女，父母均要求直接抚养，一方有下列情形之一的，可予优先考虑： （一）已做绝育手术或者因其他原因丧失生育能力；	**《民法典》** **第1084条【离婚后的父母子女关系】** 父母与子女间的关系，不因父母离婚而消除。离婚后，子女无论由父或者母直接抚养，仍是父母双方的子女。 离婚后，父母对于子女仍有抚养、教育、保护的权利和义务。

续表

民法典婚姻家庭编解释一	关联规定
（二）子女随其生活时间较长，改变生活环境对子女健康成长明显不利； （三）无其他子女，而另一方有其他子女； （四）子女随其生活，对子女成长有利，而另一方患有久治不愈的传染性疾病或者其他严重疾病，或者有其他不利于子女身心健康的情形，不宜与子女共同生活。 **解读**：本条所谓的对抚养子女优先条件的规定，规定的是父母本人的该种优先条件，并不包括父母一方背后其他人的条件（本解释第47条情形并不在本条规定的情形之内）。只有父母本人具有这样的条件，才具有优先抚养权。另，第3项中的“其他子女”，包括亲生子女、继子女、养子女。	离婚后，不满两周岁的子女，以由母亲直接抚养为原则。已满两周岁的子女，父母双方对抚养问题协议不成的，由人民法院根据双方的具体情况，按照最有利于未成年子女的原则判决。子女已满八周岁的，应当尊重其真实意愿。 ***《最高人民法院关于人民法院审理离婚案件处理子女抚养问题的若干具体意见》（已废止）*** *3. 对两周岁以上未成年的子女，父方和母方均要求随其生活，一方有下列情形之一的，可予优先考虑：* （1）已做绝育手术或因其他原因丧失生育能力的； *（2）子女随其生活时间较长，改变生活环境对子女健康成长明显不利的；* *（3）无其他子女，而另一方有其他子女的；* *（4）子女随其生活，对子女成长有利，而另一方患有久治不愈的传染性疾病或其他严重疾病，或者有其他不利于子女身心健康的情形，不宜与子女共同生活的。*
第四十七条【祖父母或外祖父母的照顾情况可作为优先条件考虑】 父母抚养子女的条件基本相同，双方均要求直接抚养子	**《民法典》** **第1084条【离婚后的父母子女关系】** 父母与子女间的关系，不因父母离婚而消除。离婚后，子

续表

民法典婚姻家庭编解释一	关联规定
女，但子女单独随祖父母或者外祖父母共同生活多年，且祖父母或者外祖父母要求并且有能力帮助子女照顾孙子女或者外孙子女的，可以作为父或者母直接抚养子女的优先条件予以考虑。 **解读**：本条规定的并非父母本人的优先条件，而是祖父母、外祖父母的照料情况作为一方优先条件予以考虑的情形，也称相对的优先抚养条件。相对的优先抚养条件不必然具备排斥他方抚养子女的效力。当一方当事人享有优先抚养权是基于相对优先抚养条件发生时，法院并不能将子女判由其祖父母或外祖父母抚养，而只能将子女判由具有优先抚养权的一方抚养。	女无论由父或者母直接抚养，仍是父母双方的子女。 离婚后，父母对于子女仍有抚养、教育、保护的权利和义务。 离婚后，不满两周岁的子女，以由母亲直接抚养为原则。已满两周岁的子女，父母双方对抚养问题协议不成的，由人民法院根据双方的具体情况，按照最有利于未成年子女的原则判决。子女已满八周岁的，应当尊重其真实意愿。 ***《最高人民法院关于人民法院审理离婚案件处理子女抚养问题的若干具体意见》（已废止）*** *4. 父方与母方抚养子女的条件基本相同，双方均要求子女与其共同生活，但子女单独随祖父母或外祖父母共同生活多年，且祖父母或外祖父母要求并且有能力帮助子女照顾孙子女或外孙子女的，可作为子女随父或母生活的优先条件予以考虑。*
第四十八条【父母协议轮流直接抚养子女】 在有利于保护子女利益的前提下，父母双方协议轮流直接抚养子女的，人民法院应予支持。 **解读**：轮流抚养存在一定制度优势：一是有利于保障子女的身	**《民法典》** **第1084条【离婚后的父母子女关系】** 父母与子女间的关系，不因父母离婚而消除。离婚后，子女无论由父或者母直接抚养，仍是父母双方的子女。 离婚后，父母对于子女仍有抚养、教育、保护的权利和义务。

续表

民法典婚姻家庭编解释一	关联规定
心健康和物质生活；二是有利于保护双方当事人的抚养子女权；三是有利于减少矛盾进而促进社会和谐、稳定。此外，按照民法典第 1084 条第 3 款规定，一般而言，轮流被抚养的子女为 2 周岁以上未满 8 周岁。对于不满 2 周岁的，以由母亲直接抚养为原则。已满 8 周岁的，应当尊重其真实意愿。	离婚后，不满两周岁的子女，以由母亲直接抚养为原则。已满两周岁的子女，父母双方对抚养问题协议不成的，由人民法院根据双方的具体情况，按照最有利于未成年子女的原则判决。子女已满八周岁的，应当尊重其真实意愿。 ***《最高人民法院关于人民法院审理离婚案件处理子女抚养问题的若干具体意见》（已废止）*** *6. 在有利于保护子女利益的前提下，父母双方协议轮流抚养子女的，可予准许。*
第四十九条【抚养费数额的确定】 抚养费的数额，可以根据子女的实际需要、父母双方的负担能力和当地的实际生活水平确定。 有固定收入的，抚养费一般可以按其月总收入的百分之二十至三十的比例给付。负担两个以上子女抚养费的，比例可以适当提高，但一般不得超过月总收入的百分之五十。 无固定收入的，抚养费的数额可以依据当年总收入或者同行业平均收入，参照上述比例确定。 有特殊情况的，可以适当提高或者降低上述比例。	《民法典》 **第 1085 条【婚后子女抚养费负担】** 离婚后，子女由一方直接抚养的，另一方应当负担部分或者全部抚养费。负担费用的多少和期限的长短，由双方协议；协议不成的，由人民法院判决。 前款规定的协议或者判决，不妨碍子女在必要时向父母任何一方提出超过协议或者判决原定数额的合理要求。 **第 1067 条【父母的抚养义务和子女的赡养义务】** 父母不履行抚养义务的，未成年子女或者不能独立生活的成年子女，有要求父母给付抚养费的权利。

续表

民法典婚姻家庭编解释一	关联规定
解读：子女抚养费数额的确定，一般以个人收入为基础，分不同情况采取比例法。所谓的子女实际需要，指根据子女实际情况，应能维持其衣、食、住、行、学、医等正常需求。实践中，一般应先审查子女的实际需要以及父母双方的负担能力，而后考察当地实际生活水平。 **案例参考**：《刘青先诉徐飚、尹欣怡抚养费纠纷案》【《最高人民法院公报》2016 年第 7 期】 **案例要旨**：抚养费案件中第三人撤销权的认定，需明确父母基于对子女的抚养义务支付抚养费是否会侵犯父或母再婚后的夫妻共同财产权。虽然夫妻对共同所有财产享有平等处理的权利，但夫或妻也有合理处分个人收入的权利。除非一方支付的抚养费明显超过其负担能力或者有转移夫妻共同财产的行为，否则不能因未与现任配偶达成一致意见即认定属于侵犯夫妻共同财产权。	成年子女不履行赡养义务的，缺乏劳动能力或者生活困难的父母，有要求成年子女给付赡养费的权利。 ***《最高人民法院关于人民法院审理离婚案件处理子女抚养问题的若干具体意见》（已废止）*** *7. 子女抚育费的数额，可根据子女的实际需要、父母双方的负担能力和当地的实际生活水平确定。* *有固定收入的，抚育费一般可按其月总收入的百分之二十至三十的比例给付。负担两个以上子女抚育费的，比例可适当提高，但一般不得超过月总收入的百分之五十。* *无固定收入的，抚育费的数额可依据当年总收入或同行业平均收入，参照上述比例确定。* *有特殊情况的，可适当提高或降低上述比例。*
第五十条【抚养费给付方式】 抚养费应当定期给付，有条件的可以一次性给付。 **解读**：定期给付一般指按月给付（或者按季度、年给付）抚养	《民法典》 **第 1067 条【父母的抚养义务和子女的赡养义务】** 父母不履行抚养义务的，未成年子女或者不能独立生活的成年子女，有要求父母给付抚养费的权利。

续表

民法典婚姻家庭编解释一	关联规定
费。一次性给付，指将定期应付的抚养费数额，乘以将子女抚养到一定年龄的期间，计算抚养费总数并一次性给付完毕。就抚养费的给付而言，原则上应采取定期给付方式，只有在符合一定条件的情况下，可以采取一次性给付的方式。一次性支付的，应考量其可能性和必要性。可能性，指抚养人是否具有一次性支付的负担能力。必要性，指定期给付抚养费将不利于保障子女受抚养权利。	成年子女不履行赡养义务的，缺乏劳动能力或者生活困难的父母，有要求成年子女给付赡养费的权利。 **第1085条【离婚后子女抚养费负担】** 离婚后，子女由一方直接抚养的，另一方应当负担部分或者全部抚养费。负担费用的多少和期限的长短，由双方协议；协议不成的，由人民法院判决。 前款规定的协议或者判决，不妨碍子女在必要时向父母任何一方提出超过协议或者判决原定数额的合理要求。 ***《最高人民法院关于人民法院审理离婚案件处理子女抚养问题的若干具体意见》（已废止）*** *8. 抚育费应定期给付，有条件的可一次性给付。*
第五十一条【以财物折抵抚养费】 父母一方无经济收入或者下落不明的，可以用其财物折抵抚养费。 **解读：**抚养费通常分为金钱给付和以财物折抵给付两种。出于便利性与直接性，抚养费的给付原则上以金钱给付为主。但在实际中，难以避免出现父母一方无金钱支付抚养费的情况。为最大	**《民法典》** **第1067条【父母的抚养义务和子女的赡养义务】** 父母不履行抚养义务的，未成年子女或者不能独立生活的成年子女，有要求父母给付抚养费的权利。 成年子女不履行赡养义务的，缺乏劳动能力或者生活困难的父母，有要求成年子女给付赡养费的权利。 **第1085条【离婚后子女抚养费负担】** 离婚后，子女由一方直

续表

民法典婚姻家庭编解释一	关联规定
化保护子女的合法权益，本解释明确了父母一方无经济收入或者下落不明时可以财物折抵抚养费。所谓无经济收入，一般指给付方本人处于没有长期、稳定收入来源的生活状态。所谓下落不明，指自然人离开最后居所和住所后没有音信、无法联络的状况。	接抚养的，另一方应当负担部分或者全部抚养费。负担费用的多少和期限的长短，由双方协议；协议不成的，由人民法院判决。 前款规定的协议或者判决，不妨碍子女在必要时向父母任何一方提出超过协议或者判决原定数额的合理要求。 **第41条【下落不明的时间计算】** 自然人下落不明的时间自其失去音讯之日起计算。战争期间下落不明的，下落不明的时间自战争结束之日或者有关机关确定的下落不明之日起计算。 ***《最高人民法院关于人民法院审理离婚案件处理子女抚养问题的若干具体意见》（已废止）*** *9. 对一方无经济收入或者下落不明的，可用其财物折抵子女抚育费。*
第五十二条【协议免除一方负担抚养费】 父母双方可以协议由一方直接抚养子女并由直接抚养方负担子女全部抚养费。但是，直接抚养方的抚养能力明显不能保障子女所需费用，影响子女健康成长的，人民法院不予支持。 **解读：**基于对意思自治原则的尊重，在父母双方协议免除一方	**《民法典》** **第1067条【父母的抚养义务和子女的赡养义务】** 父母不履行抚养义务的，未成年子女或者不能独立生活的成年子女，有要求父母给付抚养费的权利。 成年子女不履行赡养义务的，缺乏劳动能力或者生活困难的父母，有要求成年子女给付赡养费的权利。 **第1085条【离婚后子女抚养**

续表

民法典婚姻家庭编解释一	关联规定
给付抚养费义务具备本条规定的两项条件（一是由一方直接抚养子女；二是由直接抚养方负担子女全部抚养费），且协议出于双方真实意思表示的情况下，一般应承认其效力，但基于保障子女利益原则的需要，直接抚养方的抚养能力明显不能保障子女所需费用，影响子女健康成长的除外。此外，无论是在父母婚姻关系存续期间，还是双方决定离婚时，双方均可通过协商一致方式免除不直接抚养子女一方给付抚养费的义务。但需注意，协议约定免除一方给付抚养费的，并不免除其对子女的抚养义务。	**费负担】** 离婚后，子女由一方直接抚养的，另一方应当负担部分或者全部抚养费。负担费用的多少和期限的长短，由双方协议；协议不成的，由人民法院判决。 前款规定的协议或者判决，不妨碍子女在必要时向父母任何一方提出超过协议或者判决原定数额的合理要求。 ***《最高人民法院关于人民法院审理离婚案件处理子女抚养问题的若干具体意见》（已废止）*** *10. 父母双方可以协议子女随一方生活并由抚养方负担子女全部抚育费。但经查实，抚养方的抚养能力明显不能保障子女所需费用，影响子女健康成长的，不予准许。*
第五十三条【抚养费给付期限】 抚养费的给付期限，一般至子女十八周岁为止。 十六周岁以上不满十八周岁，以其劳动收入为主要生活来源，并能维持当地一般生活水平的，父母可以停止给付抚养费。 **解读：**子女的年龄应按照公历计算，不可依照农历或者其他年历计算。对于部分地区依照风俗习惯所说的“虚岁”等算法，也应当折换成周岁，且周岁是从生	**《民法典》** **第1067条【父母的抚养义务和子女的赡养义务】** 父母不履行抚养义务的，未成年子女或者不能独立生活的成年子女，有要求父母给付抚养费的权利。 成年子女不履行赡养义务的，缺乏劳动能力或者生活困难的父母，有要求成年子女给付赡养费的权利。 **第1085条【离婚后子女抚养费负担】** 离婚后，子女由一方直接抚养的，另一方应当负担部分

续表

民法典婚姻家庭编解释一	关联规定
日次日起算。另，根据民法典第1259条的规定，18周岁以上包含18周岁本数。此外，16周岁以上的未成年子女，能够凭借其劳动收入维持当地一般生活水平的情况下，符合视为成年人的基本条件，父母可以停止给付抚养费。父母对子女的抚养义务，应当包括精神与物质两个方面，可以停止给付抚养费并不意味着免除了父母对子女的抚养义务。	或者全部抚养费。负担费用的多少和期限的长短，由双方协议；协议不成的，由人民法院判决。 前款规定的协议或者判决，不妨碍子女在必要时向父母任何一方提出超过协议或者判决原定数额的合理要求。 **第18条【完全民事行为能力人】** 成年人为完全民事行为能力人，可以独立实施民事法律行为。 十六周岁以上的未成年人，以自己的劳动收入为主要生活来源的，视为完全民事行为能力人。 **第200条【期间计算单位】** 民法所称的期间按照公历年、月、日、小时计算。 **第1259条【法律术语含义】** 民法所称的“以上”、“以下”、“以内”、“届满”，包括本数；所称的“不满”、“超过”、“以外”，不包括本数。 ***《最高人民法院关于人民法院审理离婚案件处理子女抚养问题的若干具体意见》（已废止）*** *11. 抚育费的给付期限，一般至子女十八周岁为止。* *十六周岁以上不满十八周岁，以其劳动收入为主要生活来源，并能维持当地一般生活水平的，父母可停止给付抚育费。*

续表

民法典婚姻家庭编解释一	关联规定
第五十四条【再婚父母离婚后子女的抚养】 生父与继母离婚或者生母与继父离婚时，对曾受其抚养教育的继子女，继父或者继母不同意继续抚养的，仍应由生父或者生母抚养。 **解读：**继父母子女关系本质上属姻亲关系，继子女是继父母配偶的血亲。因双方仅为姻亲关系，在法律上不产生父母子女间的权利义务，在亲生父或母与继父母的再婚关系解除或者亲生父或母死亡时，姻亲关系随之解除。在双方姻亲关系解除后，对继子女未形成抚养教育关系的继父或继母无抚养义务。对曾受其抚养教育的继子女，继父或继母不同意继续抚养的，可解除其与继子女间的拟制血亲关系，子女由其生父母抚养。但若生父或生母死亡，在形成抚养教育关系的未成年子女无其他抚养人的情况下，一般不允许解除继父母子女关系。	《民法典》 **第1067条【父母的抚养义务和子女的赡养义务】** 父母不履行抚养义务的，未成年子女或者不能独立生活的成年子女，有要求父母给付抚养费的权利。 成年子女不履行赡养义务的，缺乏劳动能力或者生活困难的父母，有要求成年子女给付赡养费的权利。 **第1084条【离婚后的父母子女关系】** 父母与子女间的关系，不因父母离婚而消除。离婚后，子女无论由父或者母直接抚养，仍是父母双方的子女。 离婚后，父母对于子女仍有抚养、教育、保护的权利和义务。 离婚后，不满两周岁的子女，以由母亲直接抚养为原则。已满两周岁的子女，父母双方对抚养问题协议不成的，由人民法院根据双方的具体情况，按照最有利于未成年子女的原则判决。子女已满八周岁的，应当尊重其真实意愿。 ***《最高人民法院关于人民法院审理离婚案件处理子女抚养问题的若干具体意见》（已废止）*** *13. 生父与继母或生母与继父离婚时，对曾受其抚养教育的继子女，继父或继母不同意继续抚养的，仍应由生父母抚养。*

续表

民法典婚姻家庭编解释一	关联规定
第五十五条【离婚后变更抚养关系和增加抚养费】 离婚后，父母一方要求变更子女抚养关系的，或者子女要求增加抚养费的，应当另行提起诉讼。 **解读：**变更抚养关系与增加抚养费属于民事案件受案范围，《民事案件案由规定》亦明确规定“抚养费纠纷”“变更抚养关系纠纷”为抚养纠纷下的四级案由。从某种意义上讲，变更抚养关系与增加抚养费，是要求人民法院重新确定父母对未成年子女的抚养义务，故本条规定的另行起诉并不违反一事不再理原则。	《民法典》 **第1085条【离婚后子女抚养费负担】** 离婚后，子女由一方直接抚养的，另一方应当负担部分或者全部抚养费。负担费用的多少和期限的长短，由双方协议；协议不成的，由人民法院判决。 前款规定的协议或者判决，不妨碍子女在必要时向父母任何一方提出超过协议或者判决原定数额的合理要求。 ***《最高人民法院关于人民法院审理离婚案件处理子女抚养问题的若干具体意见》（已废止）*** *14.《中华人民共和国收养法》施行前，夫或妻一方收养的子女，对方未表示反对，并与该子女形成事实收养关系的，离婚后，应由双方负担子女的抚育费；夫或妻一方收养的子女，对方始终反对的，离婚后，应由收养方抚养该子女。*
第五十六条【可变更子女抚养关系的法定情形】 具有下列情形之一，父母一方要求变更子女抚养关系的，人民法院应予支持： （一）与子女共同生活的一方因患严重疾病或者因伤残无力继续抚养子女；	《民法典》 **第1067条【父母的抚养义务和子女的赡养义务】** 父母不履行抚养义务的，未成年子女或者不能独立生活的成年子女，有要求父母给付抚养费的权利。 成年子女不履行赡养义务的，缺乏劳动能力或者生活困难的父

续表

民法典婚姻家庭编解释一	关联规定
（二）与子女共同生活的一方不尽抚养义务或有虐待子女行为，或者其与子女共同生活对子女身心健康确有不利影响； （三）已满八周岁的子女，愿随另一方生活，该方又有抚养能力； （四）有其他正当理由需要变更。 **解读：**一般而言，离婚时对子女抚养作出的处理虽然也是从最有利于子女原则出发而确定的，但是在离婚当时特定时点静态分析作出的。实际上，子女的抚养是一个长期的动态过程，随着时间推移，双方的抚养能力和抚养条件等可能会发生较大变化，甚至影响子女的健康成长。故应允许变更子女的直接抚养关系。	母，有要求成年子女给付赡养费的权利。 ***《最高人民法院关于人民法院审理离婚案件处理子女抚养问题的若干具体意见》（已废止）*** *16. 一方要求变更子女抚养关系有下列情形之一的，应予支持。* *（1）与子女共同生活的一方因患严重疾病或因伤残无力继续抚养子女的；* *（2）与子女共同生活的一方不尽抚养义务或有虐待子女行为，或其与子女共同生活对子女身心健康确有不利影响的；* *（3）十周岁以上未成年子女，愿随另一方生活，该方又有抚养能力的；* *（4）有其他正当理由需要变更的。*
第五十七条【协议变更子女抚养关系】 父母双方协议变更子女抚养关系的，人民法院应予支持。 **解读：**实践中值得注意的是，父母双方变更子女直接抚养关系的协议往往被一方用于作为诉讼中主张变更子女直接抚养关系的证据。若该协议合法有效，则可直	**《民法典》** **第1067条【父母的抚养义务和子女的赡养义务】**父母不履行抚养义务的，未成年子女或者不能独立生活的成年子女，有要求父母给付抚养费的权利。 成年子女不履行赡养义务的，缺乏劳动能力或者生活困难的父母，有要求成年子女给付赡养费的权利。

续表

民法典婚姻家庭编解释一	关联规定
接证明双方均已同意变更子女直接抚养关系。但实际上，变更子女直接抚养关系除了考量父母意愿，还应根据最有利于未成年子女原则，综合考虑双方抚养条件、抚养能力、变更子女生活、学习环境可能给子女带来的影响，以及8周岁以上未成年子女的个人意愿甚至在隔代抚养情形下还要考虑子女与祖父母、外祖父母之间的情感依赖等因素，故法院在审理此类案件时，不能仅基于双方达成变更子女直接抚养关系的合法有效协议就直接裁判变更子女直接抚养关系。换言之，变更子女直接抚养关系的协议可作为变更子女直接抚养关系的直接证据，但并不一定会导致子女直接抚养关系的变更。	*《最高人民法院关于人民法院审理离婚案件处理子女抚养问题的若干具体意见》（已废止）* *17. 父母双方协议变更子女抚养关系的，应予准许。*
第五十八条【子女可要求增加抚养费的情形】 具有下列情形之一，子女要求有负担能力的父或者母增加抚养费的，人民法院应予支持： （一）原定抚养费数额不足以维持当地实际生活水平； （二）因子女患病、上学，实际需要已超过原定数额； （三）有其他正当理由应当增加。	《民法典》 **第1085条【离婚后子女抚养费负担】** 离婚后，子女由一方直接抚养的，另一方应当负担部分或者全部抚养费。负担费用的多少和期限的长短，由双方协议；协议不成的，由人民法院判决。 前款规定的协议或者判决，不妨碍子女在必要时向父母任何一方提出超过协议或者判决原定数额的合理要求。

续表

民法典婚姻家庭编解释一	关联规定
解读：本条规定有权提起增加抚养费诉讼的原告只能是子女。该权利基于父母子女之间关系，具有身份性，只能由法律规定。而不直接抚养子女的父母一方给付抚养费的对象是子女而非直接抚养子女的父母一方。另，该条所谓“因子女患病、上学，实际需要已超过原定数额”中的患病，应指协议或裁判确定抚养费后新发现需要长期治疗、耗费大额医疗费用的慢性病或者重大疾病，而不包括日常生活中子女一般性感冒、发烧等常见疾病。	**《最高人民法院关于人民法院审理离婚案件处理子女抚养问题的若干具体意见》（已废止）** 18. 子女要求增加抚育费有下列情形之一，父或母有给付能力的，应予支持。 （1）原定抚育费数额不足以维持当地实际生活水平的； （2）因子女患病、上学，实际需要已超过原定数额的； （3）有其他正当理由应当增加的。
第五十九条【一方擅自为子女改姓】 父母不得因子女变更姓氏而拒付子女抚养费。父或者母擅自将子女姓氏改为继母或继父姓氏而引起纠纷的，应当责令恢复原姓氏。 **解读**：抚养费事关子女基本生活、教育、医疗等的保障，与其生存权密切相关。将抚养费给付与子女姓氏挂钩的做法与父母对子女抚养的法定义务属性背道而驰，也与子女姓氏所标示的血缘关系、亲情关系、文化传承等属性相冲突。为此，本条明确父母	《民法典》 **第1085条【离婚后子女抚养费负担】** 离婚后，子女由一方直接抚养的，另一方应当负担部分或者全部抚养费。负担费用的多少和期限的长短，由双方协议；协议不成的，由人民法院判决。 前款规定的协议或者判决，不妨碍子女在必要时向父母任何一方提出超过协议或者判决原定数额的合理要求。 **第1015条【自然人选取姓氏】** 自然人应当随父姓或者母姓，但是有下列情形之一的，可以在父姓和母姓之外选取姓氏：

续表

民法典婚姻家庭编解释一	关联规定
不得因子女变更姓氏而拒付子女抚养费。对父母一方擅自将子女姓氏改为继母或继父姓氏的情形，需在未成年子女生父或生母、继父或继母以及未成年子女利益三方之间进行利益衡量和价值判断。基于社会伦理、姓氏标示血缘关系以及擅自改姓可能引发的争议与影响家庭关系稳定进而严重影响未成年子女健康成长的考量，父母一方单方将子女姓氏改为继母或继父姓氏原则上应作否定评价。由于恢复子女原姓氏较为复杂，故本条明确了责令恢复原姓氏。此时一般多要求被告协助原告到户籍登记部门、学校等组织办理姓氏恢复手续。 **案例参考**：《梁先生诉徐女士姓名权纠纷案》【谌丽，《人民法院报》2022年1月13日】 **案例要旨**：离婚后女方未经男方同意擅自将孩子改姓，所取名字未违背公序良俗，未损害社会公共利益，且未提供证据证明女方有将婚生子女的姓氏变更为继父姓氏的情形的，对男方诉请恢复姓名的请求，人民法院不予支持。	（一）选取其他直系长辈血亲的姓氏； （二）因由法定扶养人以外的人扶养而选取扶养人姓氏； （三）有不违背公序良俗的其他正当理由。 少数民族自然人的姓氏可以遵从本民族的文化传统和风俗习惯。 ***《最高人民法院关于人民法院审理离婚案件处理子女抚养问题的若干具体意见》（已废止）*** *19. 父母不得因子女变更姓氏而拒付子女抚育费。父或母一方擅自将子女姓氏改为继母或继父姓氏而引起纠纷的，应责令恢复原姓氏。*

续表

民法典婚姻家庭编解释一	关联规定
第六十条【离婚诉讼期间双方均拒绝抚养的临时措施】 在离婚诉讼期间，双方均拒绝抚养子女的，可以先行裁定暂由一方抚养。 **解读：** 父母对子女的抚养义务是基于亲子关系的法定义务，具有人身性、伦理性，不能约定条件或放弃，更不能以没有抚养能力或抚养条件等理由拒绝。在离婚诉讼期间，双方均拒绝抚养子女的情况下，法院先行裁定父母一方暂时抚养子女只是诉讼中的临时性救济措施，并不意味着司法最终确定子女由一方最终抚养。当然，基于最有利于未成年子女角度来讲，另一方应向子女给付离婚诉讼期间的抚养费。	**《民法典》** **第1084条【离婚后的父母子女关系】** 父母与子女间的关系，不因父母离婚而消除。离婚后，子女无论由父或者母直接抚养，仍是父母双方的子女。 离婚后，父母对于子女仍有抚养、教育、保护的权利和义务。 离婚后，不满两周岁的子女，以由母亲直接抚养为原则。已满两周岁的子女，父母双方对抚养问题协议不成的，由人民法院根据双方的具体情况，按照最有利于未成年子女的原则判决。子女已满八周岁的，应当尊重其真实意愿。 ***《最高人民法院关于人民法院审理离婚案件处理子女抚养问题的若干具体意见》（已废止）*** *20. 在离婚诉讼期间，双方均拒绝抚养子女的，可先行裁定暂由一方抚养。*
第六十一条【对拒不履行或妨害履行子女抚养义务的人的强制措施】 对拒不履行或者妨害他人履行生效判决、裁定、调解书中有关子女抚养义务的当事人或者其他人，人民法院可依照民事诉讼法第一百一十一条的规定采取强制措施。	**《民法典》** **第1067条【父母的抚养义务和子女的赡养义务】** 父母不履行抚养义务的，未成年子女或者不能独立生活的成年子女，有要求父母给付抚养费的权利。 成年子女不履行赡养义务的，缺乏劳动能力或者生活困难的父母，有要求成年子女给付赡养费的权利。

续表

民法典婚姻家庭编解释一	关联规定
解读：实践中，法院作出涉及子女抚养义务的判决、裁定、调解书后，难免存在当事人不履行子女抚养义务的情形。有些是因为客观上不能履行抚养义务，如身患疾病、失去人身自由等；有些则是因为主观上不愿履行，如再婚后不愿抚养等。对于前者，并没有主观可归责性，不具备法律制裁的基础。对于后者，因其并非不具备抚养能力和条件，可通过采取强制措施督促其履行抚养义务、制裁其过错行为。此外，针对通过伪造、隐藏、毁灭有关被执行人抚养能力的重要证据、拒不履行协助执行义务等方式妨害他人履行生效判决、裁定、调解书中有关子女抚养义务的情形，此时强制措施主体则可以扩大至抚养义务外的协助不履行者或妨害履行者。另，本解释制定时规定的“民事诉讼法第一百一十一条”现为民事诉讼法第 114 条。	《民事诉讼法》 **第114条** 诉讼参与人或者其他人有下列行为之一的，人民法院可以根据情节轻重予以罚款、拘留；构成犯罪的，依法追究刑事责任： （一）伪造、毁灭重要证据，妨碍人民法院审理案件的； （二）以暴力、威胁、贿买方法阻止证人作证或者指使、贿买、胁迫他人作伪证的； （三）隐藏、转移、变卖、毁损已被查封、扣押的财产，或者已被清点并责令其保管的财产，转移已被冻结的财产的； （四）对司法工作人员、诉讼参加人、证人、翻译人员、鉴定人、勘验人、协助执行的人，进行侮辱、诽谤、诬陷、殴打或者打击报复的； （五）以暴力、威胁或者其他方法阻碍司法工作人员执行职务的； （六）拒不履行人民法院已经发生法律效力的判决、裁定的。 人民法院对有前款规定的行为之一的单位，可以对其主要负责人或者直接责任人员予以罚款、拘留；构成犯罪的，依法追究刑事责任。

续表

民法典婚姻家庭编解释一	关联规定
	《最高人民法院关于人民法院审理离婚案件处理子女抚养问题的若干具体意见》（已废止） 21. 对拒不履行或妨害他人履行生效判决、裁定、调解中有关子女抚养义务的当事人或者其他人，人民法院可依照《中华人民共和国民事诉讼法》第一百零二条的规定采取强制措施。
五、离婚	
第六十二条【无民事行为能力人起诉离婚的特别规定】 无民事行为能力人的配偶有民法典第三十六条第一款规定行为，其他有监护资格的人可以要求撤销其监护资格，并依法指定新的监护人；变更后的监护人代理无民事行为能力一方提起离婚诉讼的，人民法院应予受理。 **解读：**无民事行为能力人不具备辨认能力和控制能力，因此不能自己参加诉讼，而应由其监护人代理其提起诉讼。为此，需变更无民事行为能力人之配偶的监护权。否则，将产生诉讼冲突，即无民事行为能力人的配偶将作为原被告双方参加诉讼。具体的变更方式，按照民法典第36条之规	《民法典》 **第36条【撤销监护人资格】** 监护人有下列情形之一的，人民法院根据有关个人或者组织的申请，撤销其监护人资格，安排必要的临时监护措施，并按照最有利于被监护人的原则依法指定监护人： （一）实施严重损害被监护人身心健康的行为； （二）怠于履行监护职责，或者无法履行监护职责且拒绝将监护职责部分或者全部委托给他人，导致被监护人处于危困状态； （三）实施严重侵害被监护人合法权益的其他行为。 本条规定的有关个人、组织包括：其他依法具有监护资格的人，居民委员会、村民委员会、学

续表

民法典婚姻家庭编解释一	关联规定
定处理。实际上，民法典第 36 条第 1 款的规定，既作为解决无民事行为能力人监护人变更之依据的一部分，也作为无民事行为能力人起诉离婚之事由。	校、医疗机构、妇女联合会、残疾人联合会、未成年人保护组织、依法设立的老年人组织、民政部门等。 前款规定的个人和民政部门以外的组织未及时向人民法院申请撤销监护人资格的，民政部门应当向人民法院申请。 **第 1079 条【诉讼离婚】** 夫妻一方要求离婚的，可以由有关组织进行调解或者直接向人民法院提起离婚诉讼。 人民法院审理离婚案件，应当进行调解；如果感情确已破裂，调解无效的，应当准予离婚。 有下列情形之一，调解无效的，应当准予离婚： （一）重婚或者与他人同居； （二）实施家庭暴力或者虐待、遗弃家庭成员； （三）有赌博、吸毒等恶习屡教不改； （四）因感情不和分居满二年； （五）其他导致夫妻感情破裂的情形。 一方被宣告失踪，另一方提起离婚诉讼的，应当准予离婚。 经人民法院判决不准离婚后，双方又分居满一年，一方再次提起离婚诉讼的，应当准予离婚。

续表

民法典婚姻家庭编解释一	关联规定
	《婚姻法解释三》(已废止) ***第8条*** *无民事行为能力人的配偶有虐待、遗弃等严重损害无民事行为能力一方的人身权利或者财产权益行为，其他有监护资格的人可以依照特别程序要求变更监护关系；变更后的监护人代理无民事行为能力一方提起离婚诉讼的，人民法院应予受理。*
第六十三条【当事人存在过错不影响判决离婚的情形】 人民法院审理离婚案件，符合民法典第一千零七十九条第三款规定“应当准予离婚”情形的，不应当因当事人有过错而判决不准离婚。 **解读：**在民法典已经规定有多项制度从经济上惩罚过错方的情形下，再因一方当事人有过错而限制离婚并无必要。实际上，离婚的唯一法定标准是夫妻感情是否确已破裂，而并非当事人一方是否有过错。无论是过错方提出离婚还是无过错方提出离婚，只要符合离婚的法定情形，经调解无效的，一般应准予离婚。试图通过不准离婚的方式来惩罚过错方，既不符合民法典基本原则，实际效果也恐难达预期。	《民法典》 **第1079条【诉讼离婚】** 夫妻一方要求离婚的，可以由有关组织进行调解或者直接向人民法院提起离婚诉讼。 人民法院审理离婚案件，应当进行调解；如果感情确已破裂，调解无效的，应当准予离婚。 有下列情形之一，调解无效的，应当准予离婚： （一）重婚或者与他人同居； （二）实施家庭暴力或者虐待、遗弃家庭成员； （三）有赌博、吸毒等恶习屡教不改； （四）因感情不和分居满二年； （五）其他导致夫妻感情破裂的情形。 一方被宣告失踪，另一方提起离婚诉讼的，应当准予离婚。 经人民法院判决不准离婚后，

续表

民法典婚姻家庭编解释一	关联规定
	双方又分居满一年，一方再次提起离婚诉讼的，应当准予离婚。 **第 1091 条【离婚过错赔偿】** 有下列情形之一，导致离婚的，无过错方有权请求损害赔偿： （一）重婚； （二）与他人同居； （三）实施家庭暴力； （四）虐待、遗弃家庭成员； （五）有其他重大过错。 *《婚姻法解释一》（已废止）* *第 22 条　人民法院审理离婚案件，符合第三十二条第二款规定“应准予离婚”情形的，不应当因当事人有过错而判决不准离婚。*
第六十四条【军人一方有重大过错的具体情形】 民法典第一千零八十一条所称的“军人一方有重大过错”，可以依据民法典第一千零七十九条第三款前三项规定及军人有其他重大过错导致夫妻感情破裂的情形予以判断。 **解读：** 离婚的法定标准就是感情确已破裂，这条标准应当适用于任何公民，军人也不能因其身份特殊性而被区别对待。为更好保护军婚双方当事人的切身权益，民法典第 1081 条既对军婚实行特殊保护，又增加了“但书”规定，	《民法典》 **第 1081 条【军婚保护】** 现役军人的配偶要求离婚，应当征得军人同意，但是军人一方有重大过错的除外。 **第 1079 条【诉讼离婚】** 夫妻一方要求离婚的，可以由有关组织进行调解或者直接向人民法院提起离婚诉讼。 人民法院审理离婚案件，应当进行调解；如果感情确已破裂，调解无效的，应当准予离婚。 有下列情形之一，调解无效的，应当准予离婚： （一）重婚或者与他人同居；

续表

民法典婚姻家庭编解释一	关联规定
即现役军人的配偶提出离婚，一般应征得军人同意。若法院经审查认为军人一方有重大过错的，可不必征得军人同意而判决准予离婚。军人有重大过错主要是指军人的过错对夫妻感情造成了严重伤害，应慎重对待、严格掌握。	（二）实施家庭暴力或者虐待、遗弃家庭成员； （三）有赌博、吸毒等恶习屡教不改； （四）因感情不和分居满二年； （五）其他导致夫妻感情破裂的情形。 一方被宣告失踪，另一方提起离婚诉讼的，应当准予离婚。 经人民法院判决不准离婚后，双方又分居满一年，一方再次提起离婚诉讼的，应当准予离婚。 ***《婚姻法解释一》（已废止）*** ***第23条*** *婚姻法第三十三条所称的“军人一方有重大过错”，可以依据婚姻法第三十二条第三款前三项规定及军人有其他重大过错导致夫妻感情破裂的情形予以判断。*
第六十五条【单独提起探望权诉讼】 人民法院作出的生效的离婚判决中未涉及探望权，当事人就探望权问题单独提起诉讼的，人民法院应予受理。 **解读：**探望权，指离婚后不直接抚养子女的父或母依法享有的探望子女的权利，是法律赋予当事人的一项实体权利。只要符合规定情形的父母任何一方，都享有该权利。另，法律对此项权利	**《民法典》** **第1086条【父母探望权】** 离婚后，不直接抚养子女的父或者母，有探望子女的权利，另一方有协助的义务。 行使探望权利的方式、时间由当事人协议；协议不成的，由人民法院判决。 父或者母探望子女，不利于子女身心健康的，由人民法院依法中止探望；中止的事由消失后，应当恢复探望。

续表

民法典婚姻家庭编解释一	关联规定
的规定不溯及既往，即只有在其规定之后还符合条件的，才可适用。因此，对单独以探望权的行使为由向法院提起诉讼，要求保护其今后探望权行使的，应予受理。	*《婚姻法解释一》（已废止）* ***第24条*** *人民法院作出的生效的离婚判决中未涉及探望权，当事人就探望权问题单独提起诉讼的，人民法院应予受理。*
第六十六条【中止探望与恢复探望】 当事人在履行生效判决、裁定或者调解书的过程中，一方请求中止探望的，人民法院在征询双方当事人意见后，认为需要中止探望的，依法作出裁定；中止探望的情形消失后，人民法院应当根据当事人的请求书面通知其恢复探望。 **解读：**在父母的探望不利于子女身心健康的情况下，在一方请求下，法院依法中止。但需注意，法院中止的是"探望"而非"探望的权利"。此外，中止或恢复探望的诉讼，非属新的独立的诉讼，而是在履行有关生效法律文书的过程中发生的，故应在执行程序中解决。	《民法典》 **第1086条【父母探望权】** 离婚后，不直接抚养子女的父或者母，有探望子女的权利，另一方有协助的义务。 行使探望权利的方式、时间由当事人协议；协议不成的，由人民法院判决。 父或者母探望子女，不利于子女身心健康的，由人民法院依法中止探望；中止的事由消失后，应当恢复探望。 *《婚姻法解释一》（已废止）* ***第25条*** *当事人在履行生效判决、裁定或者调解书的过程中，请求中止行使探望权的，人民法院在征询双方当事人意见后，认为需要中止行使探望权的，依法作出裁定。中止探望的情形消失后，人民法院应当根据当事人的申请通知其恢复探望权的行使。*
第六十七条【提出中止探望请求的主体】 未成年子女、直接抚养子女的父或者母以及其他对未成年子女负担抚养、教育、保	《民法典》 **第1086条【父母探望权】** 离婚后，不直接抚养子女的父或者母，有探望子女的权利，另一方

续表

民法典婚姻家庭编解释一	关联规定
护义务的法定监护人，有权向人民法院提出中止探望的请求。 **解读**：较依法享有探望权的主体而言，有权提出中止探望请求的主体范围更广泛。一般而言，提出中止探望的主体，主要为生效裁判文书中负有协助义务的一方，同时未成年子女本身以及其他对未成年子女负担抚养、教育、保护义务的法定监护人也属于有权请求中止探望的主体范围。而提出恢复探望的，则主要为享有探望权的、离婚后不直接抚养子女的父或者母。	有协助的义务。 行使探望权利的方式、时间由当事人协议；协议不成的，由人民法院判决。 父或者母探望子女，不利于子女身心健康的，由人民法院依法中止探望；中止的事由消失后，应当恢复探望。 ***《婚姻法解释一》（已废止）*** ***第26条*** *未成年子女、直接抚养子女的父或母及其他对未成年子女负担抚养、教育义务的法定监护人，有权向人民法院提出中止探望权的请求。*
第六十八条【对探望权实施强制执行措施的具体内容】 对于拒不协助另一方行使探望权的有关个人或者组织，可以由人民法院依法采取拘留、罚款等强制措施，但是不能对子女的人身、探望行为进行强制执行。 **解读**：探望权的强制执行，指探望权人申请人民法院依照法律规定的程序，运用国家强制力量，使已生效的民事法律文书的内容得以实现的活动。强制措施应区分不同情况，可以对负有协助义务的一方当事人采取拘留、罚	**《民法典》** **第1086条【父母探望权】** 离婚后，不直接抚养子女的父或者母，有探望子女的权利，另一方有协助的义务。 行使探望权利的方式、时间由当事人协议；协议不成的，由人民法院判决。 父或者母探望子女，不利于子女身心健康的，由人民法院依法中止探望；中止的事由消失后，应当恢复探望。 ***《婚姻法解释一》（已废止）*** ***第32条*** *婚姻法第四十八条关于对拒不执行有关探望子女等判*

续表

民法典婚姻家庭编解释一	关联规定
款等措施。但民事执行的标的只能是物与行为，而不能是人身。故不能对子女的人身进行强制执行，也不能强制采取不利于子女健康的探望行为。	*决和裁定的，由人民法院依法强制执行的规定，是指对拒不履行协助另一方行使探望权的有关个人和单位采取拘留、罚款等强制措施，不能对子女的人身、探望行为进行强制执行。*
第六十九条【附协议离婚或调解离婚条件的财产及债务处理协议的法律效力】 当事人达成的以协议离婚或者到人民法院调解离婚为条件的财产以及债务处理协议，如果双方离婚未成，一方在离婚诉讼中反悔的，人民法院应当认定该财产以及债务处理协议没有生效，并根据实际情况依照民法典第一千零八十七条和第一千零八十九条的规定判决。 当事人依照民法典第一千零七十六条签订的离婚协议中关于财产以及债务处理的条款，对男女双方具有法律约束力。登记离婚后当事人因履行上述协议发生纠纷提起诉讼的，人民法院应当受理。 **解读：**附条件的民事法律行为所附的条件，是对民事法律行为生效的限制，属民事法律行为的特殊生效要件。在条件成就之前，法律行为虽满足一般生效要件，但	《民法典》 **第1087条【离婚时夫妻共同财产的处理】** 离婚时，夫妻的共同财产由双方协议处理；协议不成的，由人民法院根据财产的具体情况，按照照顾子女、女方和无过错方权益的原则判决。 对夫或者妻在家庭土地承包经营中享有的权益等，应当依法予以保护。 **第1089条【离婚时夫妻共同债务清偿】** 离婚时，夫妻共同债务应当共同偿还。共同财产不足清偿或者财产归各自所有的，由双方协议清偿；协议不成的，由人民法院判决。 **第1076条【协议离婚】** 夫妻双方自愿离婚的，应当签订书面离婚协议，并亲自到婚姻登记机关申请离婚登记。 离婚协议应当载明双方自愿离婚的意思表示和对子女抚养、财产以及债务处理等事项协商一致的意见。

续表

民法典婚姻家庭编解释一	关联规定
仍然处于效力未定状态。本条所称的附条件的离婚财产及债务处理协议中的条件，包括双方当事人协议离婚、经法院调解离婚这两种类型。当事人在婚姻关系存续期间达成离婚协议，并对子女抚养和财产分割等问题作了约定。但该协议是以双方协议离婚并到民政部门办理离婚登记或到法院进行调解离婚为前提条件的。因当事人协议或调解离婚未成，则事先达成的附离婚条件的财产及债务处理协议不生效。故此时应按照民法典第1087条、第1089条规定处理。就本条第2款而言，一方面，适用该款的前提是当事人在婚姻登记机关协议离婚，并就财产分割问题达成了协议。另一方面，双方当事人登记离婚后，其所签订的离婚协议已生效，因此，协议中有关财产分割和债务负担的内容，对当事人具有法律约束力。此外，离婚后，双方因履行离婚协议发生纠纷向法院起诉的，法院应作为民事案件受理。	**第158条【附条件的民事法律行为】** 民事法律行为可以附条件，但是根据其性质不得附条件的除外。附生效条件的民事法律行为，自条件成就时生效。附解除条件的民事法律行为，自条件成就时失效。 *《婚姻法解释三》（已废止）* ***第14条*** *当事人达成的以登记离婚或者到人民法院协议离婚为条件的财产分割协议，如果双方协议离婚未成，一方在离婚诉讼中反悔的，人民法院应当认定该财产分割协议没有生效，并根据实际情况依法对夫妻共同财产进行分割。*
第七十条【协议离婚后对申请撤销财产分割协议的处理】 夫妻双方协议离婚后就财产分割问题反悔，请求撤销财产分割协议的，人民法院应当受理。	**《民法典》** **第1087条【离婚时夫妻共同财产的处理】** 离婚时，夫妻的共同财产由双方协议处理；协议不成的，由人民法院根据财产的具

续表

民法典婚姻家庭编解释一	关联规定
人民法院审理后，未发现订立财产分割协议时存在欺诈、胁迫等情形的，应当依法驳回当事人的诉讼请求。 **解读：** 由于在婚姻登记机关进行协议离婚手续时，登记机关对协议只进行形式审查，至于协议签订过程中是否存在欺诈、胁迫的情形，协议的内容是否合法则缺乏保障，因此，有必要给予一定的司法救济。但基于对当事人意思自治的尊重以及维护协议离婚制度的稳定性公信力，法院一般仅针对欺诈、胁迫等情形的协议才予撤销。当然，所签协议有部分属于无效情形的，法院应行使释明权。	体情况，按照照顾子女、女方和无过错方权益的原则判决。 对夫或者妻在家庭土地承包经营中享有的权益等，应当依法予以保护。 **第1076条【协议离婚】** 夫妻双方自愿离婚的，应当签订书面离婚协议，并亲自到婚姻登记机关申请离婚登记。 离婚协议应当载明双方自愿离婚的意思表示和对子女抚养、财产以及债务处理等事项协商一致的意见。 **第148条【以欺诈手段实施的民事法律行为的效力】** 一方以欺诈手段，使对方在违背真实意思的情况下实施的民事法律行为，受欺诈方有权请求人民法院或者仲裁机构予以撤销。 **第149条【受第三人欺诈的民事法律行为的效力】** 第三人实施欺诈行为，使一方在违背真实意思的情况下实施的民事法律行为，对方知道或者应当知道该欺诈行为的，受欺诈方有权请求人民法院或者仲裁机构予以撤销。 **第150条【以胁迫手段实施的民事法律行为的效力】** 一方或者第三人以胁迫手段，使对方在违背真实意思的情况下实施的民事法

续表

民法典婚姻家庭编解释一	关联规定
	律行为，受胁迫方有权请求人民法院或者仲裁机构予以撤销。 **《民法典总则编解释》** **第21条** 故意告知虚假情况，或者负有告知义务的人故意隐瞒真实情况，致使当事人基于错误认识作出意思表示的，人民法院可以认定为民法典第一百四十八条、第一百四十九条规定的欺诈。 **第22条** 以给自然人及其近亲属等的人身权利、财产权利以及其他合法权益造成损害或者以给法人、非法人组织的名誉、荣誉、财产权益等造成损害为要挟，迫使其基于恐惧心理作出意思表示的，人民法院可以认定为民法典第一百五十条规定的胁迫。 ***《婚姻法解释二》（已废止）*** ***第9条*** *男女双方协议离婚后一年内就财产分割问题反悔，请求变更或者撤销财产分割协议的，人民法院应当受理。* *人民法院审理后，未发现订立财产分割协议时存在欺诈、胁迫等情形的，应当依法驳回当事人的诉讼请求。*
第七十一条【军人的复员费、自主择业费等费用的归属及计算方法】 人民法院审理离婚案件，涉及分割发放到军人名下的复员费、	**《民法典》** **第1087条【离婚时夫妻共同财产的处理】** 离婚时，夫妻的共同财产由双方协议处理；协议不

续表

民法典婚姻家庭编解释一	关联规定
自主择业费等一次性费用的，以夫妻婚姻关系存续年限乘以年平均值，所得数额为夫妻共同财产。 前款所称年平均值，是指将发放到军人名下的上述费用总额按具体年限均分得出的数额。其具体年限为人均寿命七十岁与军人入伍时实际年龄的差额。 **解读：**对发放给军人的复员费、自主择业费等一次性费用的处理，既要考虑军人的服役年限，又要参考双方结婚时间的长短，以综合平衡各方面的利益。结合这些款项的属性，虽然为一次性发放，但其总数仍为各年的累加。为此，应根据一个相对客观的标准，区分成若干份，将属于婚姻关系存续期间所得或者应得的部分，认定为夫妻共同财产。而军人婚前和离婚后所得部分，仍属军人的个人财产。	成的，由人民法院根据财产的具体情况，按照照顾子女、女方和无过错方权益的原则判决。 对夫或者妻在家庭土地承包经营中享有的权益等，应当依法予以保护。 **第1062条第1款【夫妻共同财产】** 夫妻在婚姻关系存续期间所得的下列财产，为夫妻的共同财产，归夫妻共同所有： （一）工资、奖金、劳务报酬； （二）生产、经营、投资的收益； （三）知识产权的收益； （四）继承或者受赠的财产，但是本法第一千零六十三条第三项规定的除外； （五）其他应当归共同所有的财产。 ***《婚姻法解释二》（已废止）*** ***第14条*** *人民法院审理离婚案件，涉及分割发放到军人名下的复员费、自主择业费等一次性费用的，以夫妻婚姻关系存续年限乘以年平均值，所得数额为夫妻共同财产。* *前款所称年平均值，是指将发放到军人名下的上述费用总额按具体年限均分得出的数额。其具体年限为人均寿命七十岁与军人入伍时实际年龄的差额。*

续表

民法典婚姻家庭编解释一	关联规定
第七十二条【有价证券等的分割】 夫妻双方分割共同财产中的股票、债券、投资基金份额等有价证券以及未上市股份有限公司股份时，协商不成或者按市价分配有困难的，人民法院可以根据数量按比例分配。 **解读**：本条仅将“可以根据数量按比例分配”规定为协商不成或者按市价分配有困难情况下的一种方法，在适用上并不具有优先性。且此处规定的为“可以”而非“应当”，换言之，该方法不具有强制性。实践中，应首先由夫妻双方行协商，双方当事人也完全可通过按照市价进行分配等方式达成协商一致。双方分歧较大、协商解决不成时，才由法院依法进行裁判，这也符合民法典的意思自治原则要求。	《民法典》 **第1087条【离婚时夫妻共同财产的处理】** 离婚时，夫妻的共同财产由双方协议处理；协议不成的，由人民法院根据财产的具体情况，按照照顾子女、女方和无过错方权益的原则判决。 对夫或者妻在家庭土地承包经营中享有的权益等，应当依法予以保护。 **第1062条【夫妻共同财产】** 夫妻在婚姻关系存续期间所得的下列财产，为夫妻的共同财产，归夫妻共同所有： （一）工资、奖金、劳务报酬； （二）生产、经营、投资的收益； （三）知识产权的收益； （四）继承或者受赠的财产，但是本法第一千零六十三条第三项规定的除外； （五）其他应当归共同所有的财产。 夫妻对共同财产，有平等的处理权。 *《婚姻法解释二》（已废止）* ***第15条*** *夫妻双方分割共同财产中的股票、债券、投资基金份额等有价证券以及未上市股份有限公司股份时，协商不成或者按市价分配有困难的，人民法院可以根据数量按比例分配。*

续表

民法典婚姻家庭编解释一	关联规定
第七十三条【一方名义在有限责任公司的出资额作为共同财产的分割】 人民法院审理离婚案件，涉及分割夫妻共同财产中以一方名义在有限责任公司的出资额，另一方不是该公司股东的，按以下情形分别处理： （一）夫妻双方协商一致将出资额部分或者全部转让给该股东的配偶，其他股东过半数同意，并且其他股东均明确表示放弃优先购买权的，该股东的配偶可以成为该公司股东； （二）夫妻双方就出资额转让份额和转让价格等事项协商一致后，其他股东半数以上不同意转让，但愿意以同等条件购买该出资额的，人民法院可以对转让出资所得财产进行分割。其他股东半数以上不同意转让，也不愿意以同等条件购买该出资额的，视为其同意转让，该股东的配偶可以成为该公司股东。 用于证明前款规定的股东同意的证据，可以是股东会议材料，也可以是当事人通过其他合法途径取得的股东的书面声明材料。 **解读：**本条适用前提是用于认缴该有限责任公司出资的财产为	《民法典》 **第1087条【离婚时夫妻共同财产的处理】** 离婚时，夫妻的共同财产由双方协议处理；协议不成的，由人民法院根据财产的具体情况，按照照顾子女、女方和无过错方权益的原则判决。 对夫或者妻在家庭土地承包经营中享有的权益等，应当依法予以保护。 **第1062条【夫妻共同财产】** 夫妻在婚姻关系存续期间所得的下列财产，为夫妻的共同财产，归夫妻共同所有： （一）工资、奖金、劳务报酬； （二）生产、经营、投资的收益； （三）知识产权的收益； （四）继承或者受赠的财产，但是本法第一千零六十三条第三项规定的除外； （五）其他应当归共同所有的财产。 夫妻对共同财产，有平等的处理权。 ***《婚姻法解释二》（已废止）*** ***第16条*** *人民法院审理离婚案件，涉及分割夫妻共同财产中以一方名义在有限责任公司的出资额，*

续表

民法典婚姻家庭编解释一	关联规定
夫妻共同财产，但被记载在夫或妻一方名义之下。换言之，夫妻共同财产在外表形式上显示在一方名下。且，本条所针对的也只是夫妻内部对这类财产的分割处理已达成共识而需法院作下一步处理的情形。由于有限责任公司是人合兼资合的公司，基于人合性的作用，股东之间需要较高的信赖关系。为此，在分割夫妻在有限责任公司的出资时，应找出合适的方法，在维护婚姻当事人利益以及股东利益、公司利益的前提下，尽可能避免破坏股东间和谐稳定、相互信赖的关系。	*另一方不是该公司股东的，按以下情形分别处理：* *（一）夫妻双方协商一致将出资额部分或者全部转让给该股东的配偶，过半数股东同意、其他股东明确表示放弃优先购买权的，该股东的配偶可以成为该公司股东；* *（二）夫妻双方就出资额转让份额和转让价格等事项协商一致后，过半数股东不同意转让，但愿意以同等价格购买该出资额的，人民法院可以对转让出资所得财产进行分割。过半数股东不同意转让，也不愿意以同等价格购买该出资额的，视为其同意转让，该股东的配偶可以成为该公司股东。* *用于证明前款规定的过半数股东同意的证据，可以是股东会决议，也可以是当事人通过其他合法途径取得的股东的书面声明材料。*
第七十四条【一方在合伙企业中的出资作为夫妻共同财产的分割】 人民法院审理离婚案件，涉及分割夫妻共同财产中以一方名义在合伙企业中的出资，另一方不是该企业合伙人的，当夫妻双方协商一致，将其合伙企业中的	《民法典》 **第1087条【离婚时夫妻共同财产的处理】** 离婚时，夫妻的共同财产由双方协议处理；协议不成的，由人民法院根据财产的具体情况，按照照顾子女、女方和无过错方权益的原则判决。

续表

民法典婚姻家庭编解释一	关联规定
财产份额全部或者部分转让给对方时，按以下情形分别处理： （一）其他合伙人一致同意的，该配偶依法取得合伙人地位； （二）其他合伙人不同意转让，在同等条件下行使优先购买权的，可以对转让所得的财产进行分割； （三）其他合伙人不同意转让，也不行使优先购买权，但同意该合伙人退伙或者削减部分财产份额的，可以对结算后的财产进行分割； （四）其他合伙人既不同意转让，也不行使优先购买权，又不同意该合伙人退伙或者削减部分财产份额的，视为全体合伙人同意转让，该配偶依法取得合伙人地位。 **解读**：本条适用的前提条件包括两个：一是合伙企业中有夫妻共同财产的投入，且只有一方为合伙人。二是法院已经受理了夫妻之间的离婚诉讼。相较公司而言，合伙企业的“人合性”更强。法律对合伙企业内部合伙人的入伙、退伙也作了较为严格的规定，以防止因合伙人的变动或更换而直接导致合伙企业终止或	对夫或者妻在家庭土地承包经营中享有的权益等，应当依法予以保护。 **第1062条【夫妻共同财产】** 夫妻在婚姻关系存续期间所得的下列财产，为夫妻的共同财产，归夫妻共同所有： （一）工资、奖金、劳务报酬； （二）生产、经营、投资的收益； （三）知识产权的收益； （四）继承或者受赠的财产，但是本法第一千零六十三条第三项规定的除外； （五）其他应当归共同所有的财产。 夫妻对共同财产，有平等的处理权。 ***《婚姻法解释二》（已废止）*** ***第17条*** *人民法院审理离婚案件，涉及分割夫妻共同财产中以一方名义在合伙企业中的出资，另一方不是该企业合伙人的，当夫妻双方协商一致，将其合伙企业中的财产份额全部或者部分转让给对方时，按以下情形分别处理：* *（一）其他合伙人一致同意的，该配偶依法取得合伙人地位；*

续表

民法典婚姻家庭编解释一	关联规定
解散。故除合伙人在合伙合同中对合伙人婚姻关系变化后可退伙有明确约定外，合伙人婚姻关系的变化并不能作为合伙人退伙的法定事由。也正因如此，夫妻离婚时对合伙企业中财产份额的转让或处分必须受合伙企业法中相关规定的约束和限制。本条相关规定即是对合伙企业法相关内容的衔接与体现。	*（二）其他合伙人不同意转让，在同等条件下行使优先受让权的，可以对转让所得的财产进行分割；* *（三）其他合伙人不同意转让，也不行使优先受让权，但同意该合伙人退伙或者退还部分财产份额的，可以对退还的财产进行分割；* *（四）其他合伙人既不同意转让，也不行使优先受让权，又不同意该合伙人退伙或者退还部分财产份额的，视为全体合伙人同意转让，该配偶依法取得合伙人地位。*
第七十五条【一方名义投资设立的独资企业中共同财产的分割】 夫妻以一方名义投资设立个人独资企业的，人民法院分割夫妻在该个人独资企业中的共同财产时，应当按照以下情形分别处理： （一）一方主张经营该企业的，对企业资产进行评估后，由取得企业资产所有权一方给予另一方相应的补偿； （二）双方均主张经营该企业的，在双方竞价基础上，由取得企业资产所有权的一方给予另一方相应的补偿；	《民法典》 **第1087条【离婚时夫妻共同财产的处理】** 离婚时，夫妻的共同财产由双方协议处理；协议不成的，由人民法院根据财产的具体情况，按照照顾子女、女方和无过错方权益的原则判决。 对夫或者妻在家庭土地承包经营中享有的权益等，应当依法予以保护。 **第1062条【夫妻共同财产】** 夫妻在婚姻关系存续期间所得的下列财产，为夫妻的共同财产，归夫妻共同所有： （一）工资、奖金、劳务报酬；

续表

民法典婚姻家庭编解释一	关联规定
（三）双方均不愿意经营该企业的，按照《中华人民共和国个人独资企业法》等有关规定办理。 **解读：**依据民法典第1062条规定，投资人以其个人所有财产出资设立个人独资企业的，企业财产虽属于投资人所有，但在婚姻关系期间因经营企业所得收益，应属夫妻共同所有。而投资人以夫妻共同财产作为个人出资设立企业的，经营所得也应属于夫妻共同所有。故在夫妻关系存续期间，一方从事个体经营或者承包经营的收入，应认定为民法典第1062条第1款第2项所称的“生产、经营、投资的收益”。在无特别约定的情况下，为夫妻共同财产。与此相关的离婚财产分割纠纷，主要包括三种：一方主张该企业经营权而另一方要求补偿；夫妻双方均主张该企业经营权；夫妻双方均不愿意经营该企业。本条分别作出了相应规定。	（二）生产、经营、投资的收益； （三）知识产权的收益； （四）继承或者受赠的财产，但是本法第一千零六十三条第三项规定的除外； （五）其他应当归共同所有的财产。 夫妻对共同财产，有平等的处理权。 *《婚姻法解释二》（已废止）* ***第18条*** *夫妻以一方名义投资设立独资企业的，人民法院分割夫妻在该独资企业中的共同财产时，应当按照以下情形分别处理：* *（一）一方主张经营该企业的，对企业资产进行评估后，由取得企业一方给予另一方相应的补偿；* *（二）双方均主张经营该企业的，在双方竞价基础上，由取得企业的一方给予另一方相应的补偿；* *（三）双方均不愿意经营该企业的，按照《中华人民共和国个人独资企业法》等有关规定办理。*
第七十六条【作为共同财产的房产分割无法达成一致协议时的处理】 双方对夫妻共同财产中的房屋价值及归属无法达成协议时，人民法院按以下情形分别处理：	《民法典》 **第1087条【离婚时夫妻共同财产的处理】** 离婚时，夫妻的共同财产由双方协议处理；协议不成的，由人民法院根据财产的具体

续表

民法典婚姻家庭编解释一	关联规定
（一）双方均主张房屋所有权并且同意竞价取得的，应当准许； （二）一方主张房屋所有权的，由评估机构按市场价格对房屋作出评估，取得房屋所有权的一方应当给予另一方相应的补偿； （三）双方均不主张房屋所有权的，根据当事人的申请拍卖、变卖房屋，就所得价款进行分割。 **解读：**本条对作为夫妻共同财产的房产的分割，简言之可概括如下三种方式：1. 双方均主张的，竞价取得；2. 只有一方主张的，评估后补偿；3. 双方均不主张的，拍卖、变卖后分割价款。此外，民法典第1087条将照顾子女、女方和无过错方权益作为离婚夫妻共同财产分割的基本原则，故法院根据本条对房屋分割时，在竞价、评估后补偿或拍卖、变卖的基础上，也不能忽略上述原则，切实保护子女、女方和无过错方的合法权益。	情况，按照照顾子女、女方和无过错方权益的原则判决。 对夫或者妻在家庭土地承包经营中享有的权益等，应当依法予以保护。 **第1062条【夫妻共同财产】**夫妻在婚姻关系存续期间所得的下列财产，为夫妻的共同财产，归夫妻共同所有： （一）工资、奖金、劳务报酬； （二）生产、经营、投资的收益； （三）知识产权的收益； （四）继承或者受赠的财产，但是本法第一千零六十三条第三项规定的除外； （五）其他应当归共同所有的财产。 夫妻对共同财产，有平等的处理权。 *《婚姻法解释二》（已废止）* ***第20条*** *双方对夫妻共同财产中的房屋价值及归属无法达成协议时，人民法院按以下情形分别处理：* *（一）双方均主张房屋所有权并且同意竞价取得的，应当准许；*

续表

民法典婚姻家庭编解释一	关联规定
	（二）一方主张房屋所有权的，由评估机构按市场价格对房屋作出评估，取得房屋所有权的一方应当给予另一方相应的补偿； *（三）双方均不主张房屋所有权的，根据当事人的申请拍卖房屋，就所得价款进行分割。*
第七十七条【所有权形态不完全房屋的处理】 离婚时双方对尚未取得所有权或者尚未取得完全所有权的房屋有争议且协商不成的，人民法院不宜判决房屋所有权的归属，应当根据实际情况判决由当事人使用。 当事人就前款规定的房屋取得完全所有权后，有争议的，可以另行向人民法院提起诉讼。 **解读：** 本条所谓的所有权形态不完全的房屋，指离婚时双方尚未取得所有权或者尚未取得完全所有权的房屋。从所有权角度而言，此时双方对房产不享有所有权，或不享有完全的所有权，不具备分割的条件。虽然夫妻双方对房屋不享有所有权或完全所有权，但其享有合法的占有、使用、部分收益或处分权利，可以通过协商一致的方式确定离婚后的房屋居住、使用以及以后房屋所	《民法典》 **第1087条【离婚时夫妻共同财产的处理】** 离婚时，夫妻的共同财产由双方协议处理；协议不成的，由人民法院根据财产的具体情况，按照照顾子女、女方和无过错方权益的原则判决。 对夫或者妻在家庭土地承包经营中享有的权益等，应当依法予以保护。 ***《婚姻法解释二》（已废止）*** ***第21条*** *离婚时双方对尚未取得所有权或者尚未取得完全所有权的房屋有争议且协商不成的，人民法院不宜判决房屋所有权的归属，应当根据实际情况判决由当事人使用。* *当事人就前款规定的房屋取得完全所有权后，有争议的，可以另行向人民法院提起诉讼。*

续表

民法典婚姻家庭编解释一	关联规定
有权的取得、归属等问题。当夫妻双方无法达成一致时，只能由法院通过裁判的方式作出处理。此时，法院仅可就房屋的居住、使用，基于实际情况并按照照顾子女、女方和无过错方权益的原则作出判决，而不能对房屋所有权的归属进行判决。	
第七十八条【一方婚前支付首付款并登记在其名下，婚后由夫妻双方共同还贷的不动产处理】 夫妻一方婚前签订不动产买卖合同，以个人财产支付首付款并在银行贷款，婚后用夫妻共同财产还贷，不动产登记于首付款支付方名下的，离婚时该不动产由双方协议处理。 依前款规定不能达成协议的，人民法院可以判决该不动产归登记一方，尚未归还的贷款为不动产登记一方的个人债务。双方婚后共同还贷支付的款项及其相对应财产增值部分，离婚时应根据民法典第一千零八十七条第一款规定的原则，由不动产登记一方对另一方进行补偿。 **解读：**本条适用存在如下四个前提条件：1. 不动产买卖合同签订于婚前。2. 首付款由签订合同	*《民法典》* **第1087条【离婚时夫妻共同财产的处理】** 离婚时，夫妻的共同财产由双方协议处理；协议不成的，由人民法院根据财产的具体情况，按照照顾子女、女方和无过错方权益的原则判决。 对夫或者妻在家庭土地承包经营中享有的权益等，应当依法予以保护。 ***《婚姻法解释三》（已废止）*** ***第10条*** *夫妻一方婚前签订不动产买卖合同，以个人财产支付首付款并在银行贷款，婚后用夫妻共同财产还贷，不动产登记于首付款支付方名下的，离婚时该不动产由双方协议处理。* *依前款规定不能达成协议的，人民法院可以判决该不动产归产权登记一方，尚未归还的贷款为产权登记一方的个人债务。双方婚后共同还贷支付的款项及其相对*

续表

民法典婚姻家庭编解释一	关联规定
一方以个人财产支付。3. 婚后还贷使用的是夫妻共同财产。4. 不动产登记于首付款支付方名下。另需注意，本条第2款规定的是“可以判决该不动产归登记一方，尚未归还的贷款为不动产登记一方的个人债务”而不是“应当判决”。换句话说，这里只是可能的处理方式之一，法院在实践中处理具体案件时并非一定要采取该方式。在特殊情况下，不排除出现将此类房屋判归产权登记一方配偶所有并由其偿还剩余贷款的可能，这并不违反本条的规定。	*应财产增值部分，离婚时应根据婚姻法第三十九条第一款规定的原则，由产权登记一方对另一方进行补偿。*
第七十九条【以夫妻共同财产出资购买登记于一方父母名下的房改房的处理】 婚姻关系存续期间，双方用夫妻共同财产出资购买以一方父母名义参加房改的房屋，登记在一方父母名下，离婚时另一方主张按照夫妻共同财产对该房屋进行分割的，人民法院不予支持。购买该房屋时的出资，可以作为债权处理。 **解读**：房改房，指城镇居民出资购买的根据国家住房制度改革政策出售的房屋。其与普通商品房关键的一点不同是，房改房是单位根据职工职务、年龄、工资、	《民法典》 **第1062条【夫妻共同财产】** 夫妻在婚姻关系存续期间所得的下列财产，为夫妻的共同财产，归夫妻共同所有： （一）工资、奖金、劳务报酬； （二）生产、经营、投资的收益； （三）知识产权的收益； （四）继承或者受赠的财产，但是本法第一千零六十三条第三项规定的除外； （五）其他应当归共同所有的财产。 夫妻对共同财产，有平等的处理权。

续表

民法典婚姻家庭编解释一	关联规定
家庭人口等多种因素综合考虑后在房屋价值计算上给予职工的政策性优惠福利，相当于将多年积累的工资差额一次性发给职工。以一方父母名义参加房改，则指参加房改的是离婚诉讼夫妻中一方的父或母或者父母双方。基于房改房的福利性、身份性等属性，夫妻在婚姻关系存续期间为一方父母参加房改出资且产权登记在父母名下的，应作为父母的财产，而不能作为夫妻共同财产。在此情况下，若没有特别约定，也不符合赠与条件的，夫妻离婚时可作为债权处理。	**第1087条【离婚时夫妻共同财产的处理】** 离婚时，夫妻的共同财产由双方协议处理；协议不成的，由人民法院根据财产的具体情况，按照照顾子女、女方和无过错方权益的原则判决。 对夫或者妻在家庭土地承包经营中享有的权益等，应当依法予以保护。 *《婚姻法解释三》（已废止）* ***第12条*** *婚姻关系存续期间，双方用夫妻共同财产出资购买以一方父母名义参加房改的房屋，产权登记在一方父母名下，离婚时另一方主张按照夫妻共同财产对该房屋进行分割的，人民法院不予支持。购买该房屋时的出资，可以作为债权处理。*
第八十条【离婚时尚未退休的一方的基本养老金的处理】 离婚时夫妻一方尚未退休、不符合领取基本养老金条件，另一方请求按照夫妻共同财产分割基本养老金的，人民法院不予支持；婚后以夫妻共同财产缴纳基本养老保险费，离婚时一方主张将养老金账户中婚姻关系存续期间个人实际缴纳部分及利息作为夫妻共同财产分割的，人民法院应予支持。	《民法典》 **第1062条【夫妻共同财产】** 夫妻在婚姻关系存续期间所得的下列财产，为夫妻的共同财产，归夫妻共同所有： （一）工资、奖金、劳务报酬； （二）生产、经营、投资的收益； （三）知识产权的收益； （四）继承或者受赠的财产，但是本法第一千零六十三条第三项规定的除外；

续表

民法典婚姻家庭编解释一	关联规定
解读：本解释第25条明确了男女双方实际取得或者应当取得的基本养老金、破产安置补偿费属夫妻共同财产。就此可知，作为夫妻共同财产的基本养老金只有两种情况，一是实际取得的基本养老金，二是应当取得的基本养老金。这里的"应当取得"，指当事人已经退休，具有享受养老保险金的基本条件但由于某种原因尚未将养老保险金领取到手的情形。另需注意，基本养老金只是养老保险金的一部分费用。缴纳的养老保险费虽然对应的不完全是基本养老金，但它是后期发放基本养老金的依据，也是夫妻离婚时应取得的基本养老金既存以及现有利益。对此，法院虽不能对尚未达到领取条件的基本养老金的未来价值进行估量，但可以就离婚时养老保险金个人账户中现有的已缴纳的费用进行平衡与利益分配。	（五）其他应当归共同所有的财产。 夫妻对共同财产，有平等的处理权。 **第1087条【离婚时夫妻共同财产的处理】** 离婚时，夫妻的共同财产由双方协议处理；协议不成的，由人民法院根据财产的具体情况，按照照顾子女、女方和无过错方权益的原则判决。 对夫或者妻在家庭土地承包经营中享有的权益等，应当依法予以保护。 ***《婚姻法解释三》（已废止）*** ***第13条*** *离婚时夫妻一方尚未退休、不符合领取养老保险金条件，另一方请求按照夫妻共同财产分割养老保险金的，人民法院不予支持；婚后以夫妻共同财产缴付养老保险费，离婚时一方主张将养老金账户中婚姻关系存续期间个人实际缴付部分作为夫妻共同财产分割的，人民法院应予支持。*
第八十一条【一方作为继承人可继承的遗产离婚时尚未实际分割的处理】 婚姻关系存续期间，夫妻一方作为继承人依法可以继承的遗产，在继承人之间尚未实际分割，起诉离婚时另一方请求分割的，人民法院应当告知当	**《民法典》** **第1062条【夫妻共同财产】** 夫妻在婚姻关系存续期间所得的下列财产，为夫妻的共同财产，归夫妻共同所有： （一）工资、奖金、劳务报酬； （二）生产、经营、投资的收益；

续表

民法典婚姻家庭编解释一	关联规定
事人在继承人之间实际分割遗产后另行起诉。 **解读：**根据民法典第 1062 条规定，婚姻关系存续期间通过继承所得的遗产，原则上属于夫妻共同财产，可在离婚时分割。实际上，继承发生后，无论遗产是否在继承人之间实际进行了分割，只要不存在继承人放弃继承的情况，均不影响其应继份额的财产已为继承人所有的事实，继承人已经享有了该种权利。因此，婚姻关系存续期间，夫妻一方作为继承人依法可以继承的遗产，虽然没有分割，但也属于夫妻共同财产范畴。只是由于没有在继承人之间实际分割，因此不宜在夫妻离婚时进行分割处理。为此，法院在离婚案件中虽不能直接进行分割，但应告知当事人在继承人之间实际分割遗产后可另行起诉。	（三）知识产权的收益； （四）继承或者受赠的财产，但是本法第一千零六十三条第三项规定的除外； （五）其他应当归共同所有的财产。 夫妻对共同财产，有平等的处理权。 **第 1063 条【夫妻个人财产】**下列财产为夫妻一方的个人财产： （一）一方的婚前财产； （二）一方因受到人身损害获得的赔偿或者补偿； （三）遗嘱或者赠与合同中确定只归一方的财产； （四）一方专用的生活用品； （五）其他应当归一方的财产。 **第 1087 条【离婚时夫妻共同财产的处理】** 离婚时，夫妻的共同财产由双方协议处理；协议不成的，由人民法院根据财产的具体情况，按照照顾子女、女方和无过错方权益的原则判决。 对夫或者妻在家庭土地承包经营中享有的权益等，应当依法予以保护。 ***《婚姻法解释三》（已废止）*** ***第 15 条*** *婚姻关系存续期间，夫妻一方作为继承人依法可以继承的遗产，在继承人之间尚未*

续表

民法典婚姻家庭编解释一	关联规定
	实际分割，起诉离婚时另一方请求分割的，人民法院应当告知当事人在继承人之间实际分割遗产后另行起诉。
第八十二条【离婚时夫妻婚内借款的处理】 夫妻之间订立借款协议，以夫妻共同财产出借给一方从事个人经营活动或者用于其他个人事务的，应视为双方约定处分夫妻共同财产的行为，离婚时可以按照借款协议的约定处理。 **解读：**本条规定的夫妻婚内借款，出借款项来源上为夫妻共同财产，借款用途上为从事个人经营活动或者用于其他个人事务。实际上，除作为借款来源的夫妻共同财产属于双方共同共有外，与普通自然人之间的借款并无其他本质区别。为此，此类案件处理中，除本条规定和民法典婚姻家庭编中其他有关规定外，还应适用自然人之间借款合同的规定。当然，考虑到夫妻之间在很多情况下对财产的使用、收益、处分可能区分得并不是很清楚。此类案件处理与普通自然人之间的借贷纠纷可能会有所不同，不能仅简单地根据借款协议的约定处理，	《民法典》 **第1065条【夫妻约定财产制】** 男女双方可以约定婚姻关系存续期间所得的财产以及婚前财产归各自所有、共同所有或者部分各自所有、部分共同所有。约定应当采用书面形式。没有约定或者约定不明确的，适用本法第一千零六十二条、第一千零六十三条的规定。 夫妻对婚姻关系存续期间所得的财产以及婚前财产的约定，对双方具有法律约束力。 夫妻对婚姻关系存续期间所得的财产约定归各自所有，夫或者妻一方对外所负的债务，相对人知道该约定的，以夫或者妻一方的个人财产清偿。 **第1087条【离婚时夫妻共同财产的处理】** 离婚时，夫妻的共同财产由双方协议处理；协议不成的，由人民法院根据财产的具体情况，按照照顾子女、女方和无过错方权益的原则判决。 对夫或者妻在家庭土地承包经营中享有的权益等，应当依法予以保护。

续表

民法典婚姻家庭编解释一	关联规定
而是应综合夫妻财产制、共同财产、共同债务等因素妥善处理。为此，本条表述上采用了“可以”而非“应当”。	*《婚姻法解释三》（已废止）* ***第16条*** *夫妻之间订立借款协议，以夫妻共同财产出借给一方从事个人经营活动或用于其他个人事务的，应视为双方约定处分夫妻共同财产的行为，离婚时可按照借款协议的约定处理。*
第八十三条【离婚时未涉及的夫妻共同财产的处理】 离婚后，一方以尚有夫妻共同财产未处理为由向人民法院起诉请求分割的，经审查该财产确属离婚时未涉及的夫妻共同财产，人民法院应当依法予以分割。 **解读：**首先，本条针对的离婚方式不受限制。包括协议离婚，也包括诉讼离婚。即无论原夫妻共同财产是通过双方协商的方式达成分割方案，还是由法院判决分割，均不影响在离婚后再次提起分割诉讼请求。其次，诉请对象是夫妻共同财产。再次，可再次分割的仅限“离婚时未涉及”的夫妻共同财产。最后，法院应当对所诉财产是否属于“离婚时未涉及”的夫妻共同财产进行实质审查。	《民法典》 **第1062条【夫妻共同财产】** 夫妻在婚姻关系存续期间所得的下列财产，为夫妻的共同财产，归夫妻共同所有： （一）工资、奖金、劳务报酬； （二）生产、经营、投资的收益； （三）知识产权的收益； （四）继承或者受赠的财产，但是本法第一千零六十三条第三项规定的除外； （五）其他应当归共同所有的财产。 夫妻对共同财产，有平等的处理权。 **第1087条【离婚时夫妻共同财产的处理】** 离婚时，夫妻的共同财产由双方协议处理；协议不成的，由人民法院根据财产的具体情况，按照照顾子女、女方和无过错方权益的原则判决。

续表

民法典婚姻家庭编解释一	关联规定
	对夫或者妻在家庭土地承包经营中享有的权益等，应当依法予以保护。 **第 1092 条【一方侵害夫妻共同财产的法律后果】** 夫妻一方隐藏、转移、变卖、毁损、挥霍夫妻共同财产，或者伪造夫妻共同债务企图侵占另一方财产的，在离婚分割夫妻共同财产时，对该方可以少分或者不分。离婚后，另一方发现有上述行为的，可以向人民法院提起诉讼，请求再次分割夫妻共同财产。 ***《婚姻法解释三》（已废止）*** ***第 18 条*** *离婚后，一方以尚有夫妻共同财产未处理为由向人民法院起诉请求分割的，经审查该财产确属离婚时未涉及的夫妻共同财产，人民法院应当依法予以分割。*
第八十四条【再次分割夫妻共同财产案件的诉讼时效】 当事人依据民法典第一千零九十二条的规定向人民法院提起诉讼，请求再次分割夫妻共同财产的诉讼时效期间为三年，从当事人发现之日起计算。 **解读**：夫妻中的一方有隐藏、转移、变卖、毁损、挥霍夫妻共同财产，或者伪造夫妻共同债务企	**《民法典》** **第 1092 条【一方侵害夫妻共同财产的法律后果】** 夫妻一方隐藏、转移、变卖、毁损、挥霍夫妻共同财产，或者伪造夫妻共同债务企图侵占另一方财产的，在离婚分割夫妻共同财产时，对该方可以少分或者不分。离婚后，另一方发现有上述行为的，可以向人民法院提起诉讼，请求再次分割夫妻共同财产。

续表

民法典婚姻家庭编解释一	关联规定
图侵占另一方财产行为的，既违背了诚信原则要求，也侵犯了配偶对夫妻共同财产享有的权利。为更好地保护被侵犯方的合法权益，离婚后，夫妻一方发现另一方有上述行为的，可以自发现之日起3年内向法院起诉请求再次分割。当然，此时对侵权一方可以少分或不分该财产。	**第188条【普通诉讼时效、最长权利保护期间】** 向人民法院请求保护民事权利的诉讼时效期间为三年。法律另有规定的，依照其规定。 诉讼时效期间自权利人知道或者应当知道权利受到损害以及义务人之日起计算。法律另有规定的，依照其规定。但是，自权利受到损害之日起超过二十年的，人民法院不予保护，有特殊情况的，人民法院可以根据权利人的申请决定延长。 ***《婚姻法解释一》（已废止）*** ***第31条*** *当事人依据婚姻法第四十七条的规定向人民法院提起诉讼，请求再次分割夫妻共同财产的诉讼时效为两年，从当事人发现之次日起计算。*
第八十五条【离婚中的财产保全】 夫妻一方申请对配偶的个人财产或者夫妻共同财产采取保全措施的，人民法院可以在采取保全措施可能造成损失的范围内，根据实际情况，确定合理的财产担保数额。 **解读：** 财产保全有助于防止当事人在人民法院作出判决前处分有争议的标的物或处分判决生效后用以执行的财产，以保障生效	**《民法典》** **第1062条【夫妻共同财产】** 夫妻在婚姻关系存续期间所得的下列财产，为夫妻的共同财产，归夫妻共同所有： （一）工资、奖金、劳务报酬； （二）生产、经营、投资的收益； （三）知识产权的收益； （四）继承或者受赠的财产，但是本法第一千零六十三条第三项规定的除外；

续表

民法典婚姻家庭编解释一	关联规定
判决得到执行。离婚纠纷中，隐匿财产的情况并不鲜见。因此，防止对方隐匿财产，应当提前准备。本条即明确了离婚案件中的财产保全。本条针对的财产保全对象并不限于夫妻共同财产，一方的个人财产也可被保全。当然，采取财产保全可能会给当事人财产权和人身权造成损害。为此，本条规定在“可能造成损失的范围”，法院需结合具体案情确定一定的担保数额。	（五）其他应当归共同所有的财产。 夫妻对共同财产，有平等的处理权。 **第 1063 条【夫妻个人财产】** 下列财产为夫妻一方的个人财产： （一）一方的婚前财产； （二）一方因受到人身损害获得的赔偿或者补偿； （三）遗嘱或者赠与合同中确定只归一方的财产； （四）一方专用的生活用品； （五）其他应当归一方的财产。 **第 1092 条【一方侵害夫妻共同财产的法律后果】** 夫妻一方隐藏、转移、变卖、毁损、挥霍夫妻共同财产，或者伪造夫妻共同债务企图侵占另一方财产的，在离婚分割夫妻共同财产时，对该方可以少分或者不分。离婚后，另一方发现有上述行为的，可以向人民法院提起诉讼，请求再次分割夫妻共同财产。 **《最高人民法院关于人民法院办理财产保全案件若干问题的规定》** **第5条** 人民法院依照民事诉讼法第一百条规定责令申请保全人提供财产保全担保的，担保数额不超过请求保全数额的百分之三十；申请保全的财产系争议标的的，担

续表

民法典婚姻家庭编解释一	关联规定
	保数额不超过争议标的价值的百分之三十。 利害关系人申请诉前财产保全的，应当提供相当于请求保全数额的担保；情况特殊的，人民法院可以酌情处理。 财产保全期间，申请保全人提供的担保不足以赔偿可能给被保全人造成的损失的，人民法院可以责令其追加相应的担保；拒不追加的，可以裁定解除或者部分解除保全。 ***《婚姻法解释二》（已废止）*** ***第28条*** *夫妻一方申请对配偶的个人财产或者夫妻共同财产采取保全措施的，人民法院可以在采取保全措施可能造成损失的范围内，根据实际情况，确定合理的财产担保数额。*
第八十六条【离婚损害赔偿范围】 民法典第一千零九十一条规定的“损害赔偿”，包括物质损害赔偿和精神损害赔偿。涉及精神损害赔偿的，适用《最高人民法院关于确定民事侵权精神损害赔偿责任若干问题的解释》的有关规定。	**《民法典》** **第1091条【离婚损害赔偿】** 有下列情形之一，导致离婚的，无过错方有权请求损害赔偿： （一）重婚； （二）与他人同居； （三）实施家庭暴力； （四）虐待、遗弃家庭成员； （五）有其他重大过错。

续表

民法典婚姻家庭编解释一	关联规定
解读：本条明确了民法典第1091条规定的离婚损害赔偿包括两类：一是物质损害赔偿，二是精神损害赔偿。物质损害赔偿，主要指过错方给无过错方造成的财产损失，不以损害行为直接作用于财产为条件，只要过错行为导致了财产损失的损害后果即可，包括积极财产的减少和消极财产的增加，但并不包括期待利益损失。精神损害赔偿，包括因过错方对受害者人身进行伤害导致的精神损害，以及纯粹因过错方的行为导致的精神创伤、精神痛苦等。前一种，如实施家庭暴力；后一种，如重婚。精神损害赔偿确定时的依据因素，最高人民法院关于确定民事侵权精神损害赔偿责任若干问题的解释（2020年修正）第5条作了具体规定。	**《最高人民法院关于确定民事侵权精神损害赔偿责任若干问题的解释》** **第5条** 精神损害的赔偿数额根据以下因素确定： （一）侵权人的过错程度，但是法律另有规定的除外； （二）侵权行为的目的、方式、场合等具体情节； （三）侵权行为所造成的后果； （四）侵权人的获利情况； （五）侵权人承担责任的经济能力； （六）受理诉讼法院所在地的平均生活水平。 ***《婚姻法解释一》（已废止）*** ***第28条*** *婚姻法第四十六条规定的“损害赔偿”，包括物质损害赔偿和精神损害赔偿。涉及精神损害赔偿的，适用最高人民法院《关于确定民事侵权精神损害赔偿责任若干问题的解释》的有关规定。*
第八十七条【离婚损害赔偿的责任承担主体及请求条件】 承担民法典第一千零九十一条规定的损害赔偿责任的主体，为离婚诉讼当事人中无过错方的配偶。 人民法院判决不准离婚的案件，对于当事人基于民法典第一	**《民法典》** **第1091条【离婚损害赔偿】** 有下列情形之一，导致离婚的，无过错方有权请求损害赔偿： （一）重婚； （二）与他人同居； （三）实施家庭暴力；

续表

民法典婚姻家庭编解释一	关联规定
千零九十一条提出的损害赔偿请求，不予支持。 在婚姻关系存续期间，当事人不起诉离婚而单独依据民法典第一千零九十一条提起损害赔偿请求的，人民法院不予受理。 **解读**：本条关于离婚损害赔偿的责任承担主体及请求条件的规定，具体分为两个层面：一是离婚损害赔偿的主体仅限于无过错方的配偶，不包括其他人。二是离婚损害的赔偿应以离婚为前提。法院判决不准予离婚或者当事人为提出离婚请求而直接要求进行损害赔偿的，不属于民法典第1091条的适用范围。当然，此处的离婚并不限制在诉讼离婚范围内，协议离婚也属其中。本解释第89条对此作了明确。	（四）虐待、遗弃家庭成员； （五）有其他重大过错。 *《婚姻法解释一》（已废止）* ***第29条*** *承担婚姻法第四十六条规定的损害赔偿责任的主体，为离婚诉讼当事人中无过错方的配偶。* *人民法院判决不准离婚的案件，对于当事人基于婚姻法第四十六条提出的损害赔偿请求，不予支持。* *在婚姻关系存续期间，当事人不起诉离婚而单独依据该条规定提起损害赔偿请求的，人民法院不予受理。*
第八十八条【法院受理离婚案件时的告知义务及适用《民法典》第1091条的不同条件】 人民法院受理离婚案件时，应当将民法典第一千零九十一条等规定中当事人的有关权利义务，书面告知当事人。在适用民法典第一千零九十一条时，应当区分以下不同情况：	**《民法典》** **第1091条【离婚损害赔偿】** 有下列情形之一，导致离婚的，无过错方有权请求损害赔偿： （一）重婚； （二）与他人同居； （三）实施家庭暴力； （四）虐待、遗弃家庭成员； （五）有其他重大过错。

续表

民法典婚姻家庭编解释一	关联规定
（一）符合民法典第一千零九十一条规定的无过错方作为原告基于该条规定向人民法院提起损害赔偿请求的，必须在离婚诉讼的同时提出。 （二）符合民法典第一千零九十一条规定的无过错方作为被告的离婚诉讼案件，如果被告不同意离婚也不基于该条规定提起损害赔偿请求的，可以就此单独提起诉讼。 （三）无过错方作为被告的离婚诉讼案件，一审时被告未基于民法典第一千零九十一条规定提出损害赔偿请求，二审期间提出的，人民法院应当进行调解；调解不成的，告知当事人另行起诉。双方当事人同意由第二审人民法院一并审理的，第二审人民法院可以一并裁判。 **解读**：民法典第1091条赋予夫妻中的无过错一方损害赔偿请求权，既可以在离婚诉讼中主张，也可以在人民法院判决离婚、调解离婚后提出，或在婚姻登记机关办理离婚登记手续后提出。有助于保护无过错方合法权益以及保障离婚自由原则实现。而本条之规定则是对人民法院处理离婚诉	*《婚姻法解释一》（已废止）* ***第30条*** *人民法院受理离婚案件时，应当将婚姻法第四十六条等规定中当事人的有关权利义务，书面告知当事人。在适用婚姻法第四十六条时，应当区分以下不同情况：* *（一）符合婚姻法第四十六条规定的无过错方作为原告基于该条规定向人民法院提起损害赔偿请求的，必须在离婚诉讼的同时提出。* *（二）符合婚姻法第四十六条规定的无过错方作为被告的离婚诉讼案件，如果被告不同意离婚也不基于该条规定提起损害赔偿请求的，可以在离婚后1年内就此单独提起诉讼。* *（三）无过错方作为被告的离婚诉讼案件，一审时被告未基于婚姻法第四十六条规定提出损害赔偿请求，二审期间提出的，人民法院应当进行调解，调解不成的，告知当事人在离婚后1年内另行起诉。*

续表

民法典婚姻家庭编解释一	关联规定
讼和离婚损害赔偿请求关系的程序性规定。一方面，该条明确了法院应将民法典第1091条的权利义务书面告知当事人，便于其明确自身的权利义务内容。另一方面，该条根据无过错方在离婚诉讼中的不同角色，分别作了规定。明确了无过错方作为被告提出损害赔偿请求不属于反诉以及无过错方作为被告，不同意离婚也没有提起离婚损害赔偿请求的，单独提起诉讼不受时间限制。此外，针对第3项的情形，法院必须在征得各方当事人明确同意的情况下才可一并审理、一并裁判。	
第八十九条【登记离婚后能否提出损害赔偿】 当事人在婚姻登记机关办理离婚登记手续后，以民法典第一千零九十一条规定为由向人民法院提出损害赔偿请求的，人民法院应当受理。但当事人在协议离婚时已经明确表示放弃该项请求的，人民法院不予支持。 **解读：**如前所言，民法典第1091条规定的损害赔偿请求权是法律赋予的权利，除非在离婚协议中明确表示放弃，否则法院不能推定其放弃或以司法解释规定剥	**《民法典》第1091条【离婚损害赔偿】** 有下列情形之一，导致离婚的，无过错方有权请求损害赔偿： （一）重婚； （二）与他人同居； （三）实施家庭暴力； （四）虐待、遗弃家庭成员； （五）有其他重大过错。 **第1076条【协议离婚】** 夫妻双方自愿离婚的，应当签订书面离婚协议，并亲自到婚姻登记机关申请离婚登记。 离婚协议应当载明双方自愿离婚的意思表示和对子女抚养、

续表

民法典婚姻家庭编解释一	关联规定
夺该权利。因此，无论是登记离婚还是诉讼离婚，均不影响根据民法典第 1091 条提起损害赔偿请求的权利。当然，有权在登记离婚后再提出损害赔偿请求权主体只能是无过错一方。	财产以及债务处理等事项协商一致的意见。 **第 1078 条【离婚登记】** 婚姻登记机关查明双方确实是自愿离婚，并已经对子女抚养、财产以及债务处理等事项协商一致的，予以登记，发给离婚证。 *《婚姻法解释二》（已废止）* ***第 27 条*** *当事人在婚姻登记机关办理离婚登记手续后，以婚姻法第四十六条规定为由向人民法院提出损害赔偿请求的，人民法院应当受理。但当事人在协议离婚时已经明确表示放弃该项请求，或者在办理离婚登记手续一年后提出的，不予支持。*
第九十条【双方均有过错的离婚损害赔偿处理】 夫妻双方均有民法典第一千零九十一条规定的过错情形，一方或者双方向对方提出离婚损害赔偿请求的，人民法院不予支持。 **解读：** 离婚损害赔偿的设立目的即在于以物质形式对过错方的过错行为造成的财产和非财产损害，给予婚姻当事人中受害一方补偿，使受害一方的权利和利益得到救济，使过错方受到制裁和惩罚，以保护婚姻当事人中无过	《民法典》 **第 1091 条【离婚损害赔偿】** 有下列情形之一，导致离婚的，无过错方有权请求损害赔偿： （一）重婚； （二）与他人同居； （三）实施家庭暴力； （四）虐待、遗弃家庭成员； （五）有其他重大过错。 *《婚姻法解释三》（已废止）* ***第 17 条*** *夫妻双方均有婚姻法第四十六条规定的过错情形，一方或者双方向对方提出离婚损害赔偿请求的，人民法院不予支持。*

续表

民法典婚姻家庭编解释一	关联规定
错方的合法权益。这就表明离婚损害赔偿的权利主体只能是夫妻双方中的无过错方。因此，在双方当事人均对离婚存在过错的情况下，法院对任何一方或双方主张离婚损害赔偿的请求均不应支持。	
六、附则	
第九十一条【解释施行日期】 本解释自2021年1月1日起施行。 **解读：**民法典2021年1月1日起施行，民法典婚姻家庭编解释在民法典规定之外，对原有的婚姻法解释和其他规定、意见、答复进行了系统性梳理。为与民法典施行时间保持一致及对诉讼程序有效衔接，本解释施行的时间也确定为2021年1月1日。另，民法典施行后尚未审结和新受理的一、二审案件，若法律事实发生于2021年1月1日前，依照民法典时间效力规定应适用民法典及其配套司法解释的，在援引民法典及司法解释的同时还应援引民法典时间效力规定相关规定。	《民法典》 **第1260条【施行日期及旧法废止】** 本法自2021年1月1日起施行。《中华人民共和国婚姻法》、《中华人民共和国继承法》、《中华人民共和国民法通则》、《中华人民共和国收养法》、《中华人民共和国担保法》、《中华人民共和国合同法》、《中华人民共和国物权法》、《中华人民共和国侵权责任法》、《中华人民共和国民法总则》同时废止。

《民法典继承编解释一》条文对照与重点解读

民法典继承编解释一	关联规定
一、一般规定	
第一条【继承开始时间的确定】 继承从被继承人生理死亡或者被宣告死亡时开始。 宣告死亡的，根据民法典第四十八条规定确定的死亡日期，为继承开始的时间。 **解读：** 继承从被继承人死亡时开始。而确定继承人死亡的时间，包括生理死亡与宣告死亡：生理死亡（自然死亡）的，以生理死亡的时间为继承开始时间。宣告死亡的，以法院宣告死亡的时间确定继承开始的时间。需注意，宣告死亡时间的确定有两种情况：1. 一般的宣告死亡为判决作出之日，即裁判文书上所载明的文书作出日期。2. 因意外事件下落不明被宣告死亡的，为意外事件发生之日。当然，意外事件可能是即发性事件，也可能是持续性事件。无论是即发性还是持续性事件，均以意外事件发生之日而非结束之日为宣告死亡人的死亡日期。	《民法典》 **第1121条【继承开始时间与死亡先后推定】** 继承从被继承人死亡时开始。 相互有继承关系的数人在同一事件中死亡，难以确定死亡时间的，推定没有其他继承人的人先死亡。都有其他继承人，辈份不同的，推定长辈先死亡；辈份相同的，推定同时死亡，相互不发生继承。 **第15条【自然人出生和死亡时间的判断标准】** 自然人的出生时间和死亡时间，以出生证明、死亡证明记载的时间为准；没有出生证明、死亡证明的，以户籍登记或者其他有效身份登记记载的时间为准。有其他证据足以推翻以上记载时间的，以该证据证明的时间为准。 **第48条【被宣告死亡的人死亡日期的确定】** 被宣告死亡的人，人民法院宣告死亡的判决作出之日视为其死亡的日期；因意外

续表

民法典继承编解释一	关联规定
	事件下落不明宣告死亡的，意外事件发生之日视为其死亡的日期。 **第53条【死亡宣告撤销后的财产返还】** 被撤销死亡宣告的人有权请求依照本法第六编取得其财产的民事主体返还财产；无法返还的，应当给予适当补偿。 利害关系人隐瞒真实情况，致使他人被宣告死亡而取得其财产的，除应当返还财产外，还应当对由此造成的损失承担赔偿责任。 ***《继承法意见》（已废止）*** *1. 继承从被继承人生理死亡或被宣告死亡时开始。* *失踪人被宣告死亡的，以法院判决中确定的失踪人的死亡日期，为继承开始的时间。*
第二条【承包人死亡时尚未取得承包收益时的处理】 承包人死亡时尚未取得承包收益的，可以将死者生前对承包所投入的资金和所付出的劳动及其增值和孳息，由发包单位或者接续承包合同的人合理折价、补偿。其价额作为遗产。 **解读：** 除林地外的家庭承包当中，承包经营权不发生继承问题。但承包期间取得的收益则属于	**《民法典》** **第1122条【遗产定义】** 遗产是自然人死亡时遗留的个人合法财产。 依照法律规定或者根据其性质不得继承的遗产，不得继承。 **《农村土地承包法》** **第32条** 承包人应得的承包收益，依照继承法的规定继承。 林地承包的承包人死亡，其继承人可以在承包期内继续承包。

续表

民法典继承编解释一	关联规定
公民私有财产，可以作为遗产继承。在承包人死亡时尚未取得承包收益的，按照本条的规定，由于承包主体已经不在，基于诚信原则以及公平原则，此时发包方应将死者生前对承包所投入的资金和所付出的劳动及其增值和孳息，由发包单位或者接续承包合同的人合理折价、补偿。而折价、补偿的价额，可作为遗产继承。	**《最高人民法院关于审理涉及农村土地承包纠纷案件适用法律问题的解释》** **第23条** 林地家庭承包中，承包方的继承人请求在承包期内继续承包的，应予支持。 其他方式承包中，承包方的继承人或者权利义务承受者请求在承包期内继续承包的，应予支持。 ***《继承法意见》（已废止）*** *4. 承包人死亡时尚未取得承包收益的，可把死者生前对承包所投入的资金和所付出的劳动及其增值和孳息，由发包单位或者接续承包合同的人合理折价、补偿。其价额作为遗产。*
第三条【遗赠扶养协议与遗嘱同时存在的处理】 被继承人生前与他人订有遗赠扶养协议，同时又立有遗嘱的，继承开始后，如果遗赠扶养协议与遗嘱没有抵触，遗产分别按协议和遗嘱处理；如果有抵触，按协议处理，与协议抵触的遗嘱全部或者部分无效。 **解读：** 遗赠扶养协议充分体现了双方主体的意思，且一般存在相互的权利义务关系，因此其效	**《民法典》** **第1123条【继承方式】** 继承开始后，按照法定继承办理；有遗嘱的，按照遗嘱继承或者遗赠办理；有遗赠扶养协议的，按照协议办理。 ***《继承法意见》（已废止）*** *5. 被继承人生前与他人订有遗赠扶养协议，同时又立有遗嘱的，继承开始后，如果遗赠扶养协议与遗嘱没有抵触，遗产分别按协议和遗嘱处理；如果有抵触，按协议处理，与协议抵触的遗嘱全部或部分无效。*

续表

民法典继承编解释一	关联规定
力优先于遗嘱。这种优先效力体现在：当遗嘱与遗赠扶养协议同时存在时，若二者之间没有抵触或冲突，自然依各自内容处理；但若二者有抵触的，则遗赠扶养协议效力优先于遗嘱，按协议处理，与协议抵触的遗嘱全部或部分无效。	
第四条【遗嘱未处分遗产的继承】 遗嘱继承人依遗嘱取得遗产后，仍有权依照民法典第一千一百三十条的规定取得遗嘱未处分的遗产。 **解读：**遗嘱继承虽然较法定继承具有优先性，但这仅限于同一遗产范围内。实际上，就遗嘱继承之外的遗产而言，其并不排斥法定继承，遗嘱继承人仍可参与法定继承。也就是说，遗嘱可能是对全部财产作了处分，也可能仅对部分财产作处分或遗嘱所作处分部分无效。在后一种情况下，就同时存在法定继承和遗嘱继承两种继承方式。遗嘱继承人在按遗嘱继承部分遗产后，仍有权参加遗嘱未作处分或处分无效部分的继承，此时具有双重身份，即先是遗嘱继承人，后是法定继承人。	《民法典》 **第1130条【法定继承遗产分配原则】** 同一顺序继承人继承遗产的份额，一般应当均等。 对生活有特殊困难又缺乏劳动能力的继承人，分配遗产时，应当予以照顾。 对被继承人尽了主要扶养义务或者与被继承人共同生活的继承人，分配遗产时，可以多分。 有扶养能力和有扶养条件的继承人，不尽扶养义务的，分配遗产时，应当不分或者少分。 继承人协商同意的，也可以不均等。 **第1133条【遗嘱处分个人财产】** 自然人可以依照本法规定立遗嘱处分个人财产，并可以指定遗嘱执行人。 自然人可以立遗嘱将个人财产指定由法定继承人中的一人或者数人继承。

续表

民法典继承编解释一	关联规定
	自然人可以立遗嘱将个人财产赠与国家、集体或者法定继承人以外的组织、个人。 自然人可以依法设立遗嘱信托。 *《继承法意见》（已废止）* *6. 遗嘱继承人依遗嘱取得遗产后，仍有权依继承法第十三条的规定取得遗嘱未处分的遗产。*
第五条【是否丧失继承权的确认】 在遗产继承中，继承人之间因是否丧失继承权发生纠纷，向人民法院提起诉讼的，由人民法院依据民法典第一千一百二十五条的规定，判决确认其是否丧失继承权。 **解读：**民法典第1125条就继承权的丧失与恢复作了较为明确的规定，应作为确认是否丧失继承权的重要依据。继承权的丧失，又称继承权的剥夺，指依照法律规定在发生法定事由时，剥夺继承人继承被继承人遗产的资格，取消继承人原有的继承权。继承权丧失不仅适用于法定继承也适用于遗嘱继承。不论是法定继承人还是遗嘱继承人，只要法律规定事由出现，即丧失继承权。继承权的丧失由法院确认，其他任何单位	《民法典》 **第1125条【继承权的丧失与恢复】** 继承人有下列行为之一的，丧失继承权： （一）故意杀害被继承人； （二）为争夺遗产而杀害其他继承人； （三）遗弃被继承人，或者虐待被继承人情节严重； （四）伪造、篡改、隐匿或者销毁遗嘱，情节严重； （五）以欺诈、胁迫手段迫使或者妨碍被继承人设立、变更或者撤回遗嘱，情节严重。 继承人有前款第三项至第五项行为，确有悔改表现，被继承人表示宽恕或者事后在遗嘱中将其列为继承人的，该继承人不丧失继承权。 受遗赠人有本条第一款规定行为的，丧失受遗赠权。

续表

民法典继承编解释一	关联规定
或个人都无权确认继承人丧失继承权。关于继承权丧失的事由，民法典第1125条第1款规定了5项情形。其中第1项（故意杀害被继承人）与第2项（为争夺遗产而杀害其他继承人）是非常严重的情形，属继承权的绝对丧失，不存在恢复的可能。而第3项、第4项、第5项则属继承权的相对丧失。其发生在有一定亲属关系的人之间，在继承人有所悔改之后，被继承人可能会表示宽恕或事后通过遗嘱将其列为被继承人，在此情形下丧失的继承权即可恢复。	**《民法典时间效力规定》** **第13条** 民法典施行前，继承人有民法典第一千一百二十五条第一款第四项和第五项规定行为之一，对该继承人是否丧失继承权发生争议的，适用民法典第一千一百二十五条第一款和第二款的规定。 民法典施行前，受遗赠人有民法典第一千一百二十五条第一款规定行为之一，对受遗赠人是否丧失受遗赠权发生争议的，适用民法典第一千一百二十五条第一款和第三款的规定。 ***《继承法意见》（已废止）*** *9. 在遗产继承中，继承人之间因是否丧失继承权发生纠纷，诉讼到人民法院的，由人民法院根据继承法第七条的规定，判决确认其是否丧失继承权。*
第六条【虐待被继承人情节严重的认定与后果】 继承人是否符合民法典第一千一百二十五条第一款第三项规定的“虐待被继承人情节严重”，可以从实施虐待行为的时间、手段、后果和社会影响等方面认定。 虐待被继承人情节严重的，不论是否追究刑事责任，均可确认其丧失继承权。	**《民法典》** **第1125条【继承权的丧失与恢复】** 继承人有下列行为之一的，丧失继承权： （一）故意杀害被继承人； （二）为争夺遗产而杀害其他继承人； （三）遗弃被继承人，或者虐待被继承人情节严重； （四）伪造、篡改、隐匿或者销毁遗嘱，情节严重；

续表

民法典继承编解释一	关联规定
解读：家庭暴力并不等同或者说当然构成民法上的虐待。按照反家庭暴力法的规定，家庭暴力是指家庭成员之间以殴打、捆绑、残害、限制人身自由以及经常性谩骂、恐吓等方式实施的身体、精神等侵害行为。而按照民法典婚姻家庭编解释一第1条的规定，只有“持续性、经常性的家庭暴力”才构成虐待。这相当于从行为的实施时间和后果程度层次上，对家庭暴力和虐待作了一定区别。当然，就民法典第1125条中的“虐待被继承人情节严重”认定而言，实施虐待行为的时间、手段、后果和社会影响等均属于重要因素。此外，刑事责任与民事责任具有独立性。虐待被继承人情节严重的，不论是否追究刑事责任，在民事上，均可确认丧失继承权。	（五）以欺诈、胁迫手段迫使或者妨碍被继承人设立、变更或者撤回遗嘱，情节严重。 继承人有前款第三项至第五项行为，确有悔改表现，被继承人表示宽恕或者事后在遗嘱中将其列为继承人的，该继承人不丧失继承权。 受遗赠人有本条第一款规定行为的，丧失受遗赠权。 **第1042条【婚姻家庭的禁止性规定】** 禁止包办、买卖婚姻和其他干涉婚姻自由的行为。禁止借婚姻索取财物。 禁止重婚。禁止有配偶者与他人同居。 禁止家庭暴力。禁止家庭成员间的虐待和遗弃。 **《反家庭暴力法》** **第2条** 本法所称家庭暴力，是指家庭成员之间以殴打、捆绑、残害、限制人身自由以及经常性谩骂、恐吓等方式实施的身体、精神等侵害行为。 **《民法典婚姻家庭编解释一》** **第1条【家庭暴力与虐待】** 持续性、经常性的家庭暴力，可以认定为民法典第一千零四十二条、第一千零七十九条、第一千零九十一条所称的“虐待”。

续表

民法典继承编解释一	关联规定
	《民法典时间效力规定》 **第13条** 民法典施行前，继承人有民法典第一千一百二十五条第一款第四项和第五项规定行为之一，对该继承人是否丧失继承权发生争议的，适用民法典第一千一百二十五条第一款和第二款的规定。 民法典施行前，受遗赠人有民法典第一千一百二十五条第一款规定行为之一，对受遗赠人是否丧失受遗赠权发生争议的，适用民法典第一千一百二十五条第一款和第三款的规定。 ***《继承法意见》（已废止）*** *10. 继承人虐待被继承人情节是否严重，可以从实施虐待行为的时间、手段、后果和社会影响等方面认定。* *虐待被继承人情节严重的，不论是否追究刑事责任，均可确认其丧失继承权。*
第七条【故意杀害被继承人丧失继承权】 继承人故意杀害被继承人的，不论是既遂还是未遂，均应当确认其丧失继承权。 **解读：**继承人故意杀害被继承人，直接危害被继承人的人身安全，是一种十分严重的犯罪行为。因此，不论继承人出于何种原因	**《民法典》** **第1125条【继承权的丧失与恢复】** 继承人有下列行为之一的，丧失继承权： （一）故意杀害被继承人； （二）为争夺遗产而杀害其他继承人； （三）遗弃被继承人，或者虐待被继承人情节严重；

续表

民法典继承编解释一	关联规定
(无论是出于继承原因还是其他原因),只要实施故意杀害被继承人行为的,都将丧失继承权,也无论是既遂还是未遂。此外,无论是否受到刑事责任的追究,也均应当确认其丧失继承权。且如前所言,此种事由的丧失为绝对丧失,不可恢复。	(四)伪造、篡改、隐匿或者销毁遗嘱,情节严重; (五)以欺诈、胁迫手段迫使或者妨碍被继承人设立、变更或者撤回遗嘱,情节严重。 继承人有前款第三项至第五项行为,确有悔改表现,被继承人表示宽恕或者事后在遗嘱中将其列为继承人的,该继承人不丧失继承权。 受遗赠人有本条第一款规定行为的,丧失受遗赠权。 ***《继承法意见》(已废止)*** ***11.*** *继承人故意杀害被继承人的,不论是既遂还是未遂,均应确认其丧失继承权。*
第八条【绝对丧失继承权】 继承人有民法典第一千一百二十五条第一款第一项或者第二项所列之行为,而被继承人以遗嘱将遗产指定由该继承人继承的,可以确认遗嘱无效,并确认该继承人丧失继承权。 **解读:** 如前所述,民法典第1125条第1款第1-2项规定的情形,属严重违法情形下的继承权丧失,属继承权的绝对丧失,不适用被继承人宽恕制度,不存在恢复的可能。即使被继承人通过后面的遗嘱将其列为遗嘱继承人,	**《民法典》** **第1125条【继承权的丧失与恢复】** 继承人有下列行为之一的,丧失继承权: (一)故意杀害被继承人; (二)为争夺遗产而杀害其他继承人; (三)遗弃被继承人,或者虐待被继承人情节严重; (四)伪造、篡改、隐匿或者销毁遗嘱,情节严重; (五)以欺诈、胁迫手段迫使或者妨碍被继承人设立、变更或者撤回遗嘱,情节严重。 继承人有前款第三项至第五项

续表

民法典继承编解释一	关联规定
也不能恢复其继承资格，涉及其继承的遗嘱或部分遗嘱应为无效。	行为，确有悔改表现，被继承人表示宽恕或者事后在遗嘱中将其列为继承人的，该继承人不丧失继承权。 受遗赠人有本条第一款规定行为的，丧失受遗赠权。 *《继承法意见》（已废止）* *12. 继承人有继承法第七条第（一）项或第（二）项所列之行为，而被继承人以遗嘱将遗产指定由该继承人继承的，可确认遗嘱无效，并按继承法第七条的规定处理。*
第九条【伪造、篡改、隐匿或者销毁遗嘱情节严重的认定】 继承人伪造、篡改、隐匿或者销毁遗嘱，侵害了缺乏劳动能力又无生活来源的继承人的利益，并造成其生活困难的，应当认定为民法典第一千一百二十五条第一款第四项规定的“情节严重”。 **解读：** 遗嘱是被继承人在其生前作出的对自己财产进行处分并于其死亡后发生法律效力的民事法律行为，是被继承人按照自己的真实意愿处置其合法财产的法律形式，任何人不能代替被继承人生前的真实的意思。而继承人伪造、篡改、隐匿或者销毁遗嘱不仅不符合被继承人的真实意思，更会侵害其他继承人的合法权	**《民法典》** **第1125条【继承权的丧失与恢复】** 继承人有下列行为之一的，丧失继承权： （一）故意杀害被继承人； （二）为争夺遗产而杀害其他继承人； （三）遗弃被继承人，或者虐待被继承人情节严重； （四）伪造、篡改、隐匿或者销毁遗嘱，情节严重； （五）以欺诈、胁迫手段迫使或者妨碍被继承人设立、变更或者撤回遗嘱，情节严重。 继承人有前款第三项至第五项行为，确有悔改表现，被继承人表示宽恕或者事后在遗嘱中将其列为继承人的，该继承人不丧失继承权。 受遗赠人有本条第一款规定行

续表

民法典继承编解释一	关联规定
利。因此，民法典第1125条规定此种行为情节严重的，应认定丧失继承权。所谓情节严重，如继承人伪造、篡改、隐匿或者销毁遗嘱的行为导致其他继承人未能参与遗产分割以致生活困难。当然，并不限于此，还可以是继承人通过伪造、篡改、隐匿或者销毁遗嘱的行为侵占了被继承人的巨额遗产等。	为的，丧失受遗赠权。 *《继承法意见》（已废止）* *14. 继承人伪造、篡改或者销毁遗嘱，侵害了缺乏劳动能力又无生活来源的继承人的利益，并造成其生活困难的，应认定其行为情节严重。*
二、法定继承	
第十条【被收养人的继承权与酌情分得遗产权】 被收养人对养父母尽了赡养义务，同时又对生父母扶养较多的，除可以依照民法典第一千一百二十七条的规定继承养父母的遗产外，还可以依照民法典第一千一百三十一条的规定分得生父母适当的遗产。 **解读**：收养关系成立后，将产生如下法律效力：一是形成养父母子女之间及相应近亲属间的权利义务关系，二是养子女与生父母之间及相应近亲属间的权利义务解除。体现在继承领域，将发生如下效果：基于养子女法定继承资格的单一性，收养关系有效存续期间，养子女只能是养父母遗产的法定继承人，而不能同时作为生父母遗产的法定继承人。	**《民法典》** **第1131条【酌情分得遗产】** 对继承人以外的依靠被继承人扶养的人，或者继承人以外的对被继承人扶养较多的人，可以分给适当的遗产。 **第1127条【法定继承人范围与顺序】** 遗产按照下列顺序继承： （一）第一顺序：配偶、子女、父母； （二）第二顺序：兄弟姐妹、祖父母、外祖父母。 继承开始后，由第一顺序继承人继承，第二顺序继承人不继承；没有第一顺序继承人继承的，由第二顺序继承人继承。 本编所称子女，包括婚生子女、非婚生子女、养子女和有扶养关系的继子女。 本编所称父母，包括生父母、

续表

民法典继承编解释一	关联规定
但若被收养人除对养父母尽赡养义务外，同时还对生父母扶养较多的，虽不能同时作为生父母的法定继承人，但可以酌情分得其遗产。	养父母和有扶养关系的继父母。 本编所称兄弟姐妹，包括同父母的兄弟姐妹、同父异母或者同母异父的兄弟姐妹、养兄弟姐妹、有扶养关系的继兄弟姐妹。 *《继承法意见》（已废止）* *19. 被收养人对养父母尽了赡养义务，同时又对生父母扶养较多的，除可依继承法第十条的规定继承养父母的遗产外，还可依继承法第十四条的规定分得生父母的适当的遗产。*
第十一条【继父母子女间的继承不影响生父母子女间的继承】 继子女继承了继父母遗产的，不影响其继承生父母的遗产。 继父母继承了继子女遗产的，不影响其继承生子女的遗产。 **解读：** 这里所谓的继父母子女之间的继承，指形成了扶养关系的继父母子女之间的继承。彼此间未形成事实上的扶养关系和共同生活关系的，不存在继承的问题。法律在拟制形成扶养关系的继父母子女以父母子女关系时，并未同时阻断继子女与亲生父母间的法律联系。因此，继父母子女关系不同于收养关系，继子女或者继父母具有双重继承人资格，	《民法典》 **第1127条【法定继承人范围与顺序】** 遗产按照下列顺序继承： （一）第一顺序：配偶、子女、父母； （二）第二顺序：兄弟姐妹、祖父母、外祖父母。 继承开始后，由第一顺序继承人继承，第二顺序继承人不继承；没有第一顺序继承人继承的，由第二顺序继承人继承。 本编所称子女，包括婚生子女、非婚生子女、养子女和有扶养关系的继子女。 本编所称父母，包括生父母、养父母和有扶养关系的继父母。 本编所称兄弟姐妹，包括同父母的兄弟姐妹、同父异母或者同

续表

民法典继承编解释一	关联规定
其既可以是亲生父母（子女）的法定继承人，又可作为继父母（子女）的法定继承人。 **案例参考**：《邹某蕾诉高某某、孙某、陈某法定继承纠纷案》【《最高人民法院公报》2020年第6期】 **案例要旨**：离婚中，作为继父母的一方对受其抚养教育的继子女，明确表示不继续抚养的，应视为继父母与继子女关系自此协议解除。继父母去世时，已经解除关系的继子女以符合民法典继承编中规定的“具有抚养关系的继子女”情形为由，主张对继父母遗产进行法定继承的，人民法院不予支持。	母异父的兄弟姐妹、养兄弟姐妹、有扶养关系的继兄弟姐妹。 *《继承法意见》（已废止）* *21. 继子女继承了继父母遗产的，不影响其继承生父母的遗产。* *继父母继承了继子女遗产的，不影响其继承生子女的遗产。*
第十二条【被收养人与兄弟姐妹之间的继承】 养子女与生子女之间、养子女与养子女之间，系养兄弟姐妹，可以互为第二顺序继承人。 被收养人与其亲兄弟姐妹之间的权利义务关系，因收养关系的成立而消除，不能互为第二顺序继承人。 **解读**：如前所述，养子女与收养人的亲生子女之间、养子女与其他养子女之间，基于收养关系的成立而形成法律拟制的亲属关系，系养兄弟姐妹，可互为第二	《民法典》 **第1127条【法定继承人范围与顺序】** 遗产按照下列顺序继承： （一）第一顺序：配偶、子女、父母； （二）第二顺序：兄弟姐妹、祖父母、外祖父母。 继承开始后，由第一顺序继承人继承，第二顺序继承人不继承；没有第一顺序继承人继承的，由第二顺序继承人继承。 本编所称子女，包括婚生子女、非婚生子女、养子女和有扶养关系的继子女。

续表

民法典继承编解释一	关联规定
顺序继承人。而被收养人与其亲兄弟姐妹之间的权利义务关系，因收养关系的成立而消除，不能互为第二顺序继承人。	本编所称父母，包括生父母、养父母和有扶养关系的继父母。 本编所称兄弟姐妹，包括同父母的兄弟姐妹、同父异母或者同母异父的兄弟姐妹、养兄弟姐妹、有扶养关系的继兄弟姐妹。 ***《继承法意见》（已废止）*** *23. 养子女与生子女之间、养子女与养子女之间，系养兄弟姐妹，可互为第二顺序继承人。* *被收养人与其亲兄弟姐妹之间的权利义务关系，因收养关系的成立而消除，不能互为第二顺序继承人。*
第十三条【继兄弟姐妹之间的继承】 继兄弟姐妹之间的继承权，因继兄弟姐妹之间的扶养关系而发生。没有扶养关系的，不能互为第二顺序继承人。 继兄弟姐妹之间相互继承了遗产的，不影响其继承亲兄弟姐妹的遗产。 **解读：**按照民法典第1075条的规定，兄弟姐妹之间互有继承权无可厚非。亲兄弟姐妹之间，当然享有继承权。根据民法典第1127条的规定，彼此互为第二顺序继承人。同样，有扶养关系的继兄弟姐妹，法律赋予他们等同于亲兄弟姐妹关系的法律地位，因	**《民法典》** **第1127条【法定继承人范围与顺序】** 遗产按照下列顺序继承： （一）第一顺序：配偶、子女、父母； （二）第二顺序：兄弟姐妹、祖父母、外祖父母。 继承开始后，由第一顺序继承人继承，第二顺序继承人不继承；没有第一顺序继承人继承的，由第二顺序继承人继承。 本编所称子女，包括婚生子女、非婚生子女、养子女和有扶养关系的继子女。 本编所称父母，包括生父母、养父母和有扶养关系的继父母。 本编所称兄弟姐妹，包括同父

续表

民法典继承编解释一	关联规定
此，彼此之间发生等同于亲兄弟姐妹间的权利义务关系。故彼此之间亦应作为第二顺序的法定继承人。但没有扶养关系的，则不能互相继承。与继父母关系类似，继兄弟姐妹关系的存在并未阻断亲兄弟姐妹间的法律联系，因此，继兄弟姐妹之间相互继承了遗产的，不影响其继承亲兄弟姐妹的遗产。	母的兄弟姐妹、同父异母或者同母异父的兄弟姐妹、养兄弟姐妹、有扶养关系的继兄弟姐妹。 **第1075条【兄弟姐妹间的扶养义务】** 有负担能力的兄、姐，对于父母已经死亡或者父母无力抚养的未成年弟、妹，有扶养的义务。 由兄、姐扶养长大的有负担能力的弟、妹，对于缺乏劳动能力又缺乏生活来源的兄、姐，有扶养的义务。 ***《继承法意见》（已废止）*** *24. 继兄弟姐妹之间的继承权，因继兄弟姐妹之间的扶养关系而发生。没有扶养关系的，不能互为第二顺序继承人。* *继兄弟姐妹之间相互继承了遗产的，不影响其继承亲兄弟姐妹的遗产。*
第十四条【直系血亲代位继承不受辈数限制】 被继承人的孙子女、外孙子女、曾孙子女、外曾孙子女都可以代位继承，代位继承人不受辈数的限制。 **解读：**仅就遗产继承领域而言，代位继承制度是为公平而设。从这个意义上讲，只要存在子女的直系血亲，不论是孙子女、外孙子女，还是曾孙子女、外曾孙子	**《民法典》** **第1128条【代位继承】** 被继承人的子女先于被继承人死亡的，由被继承人的子女的直系晚辈血亲代位继承。 被继承人的兄弟姐妹先于被继承人死亡的，由被继承人的兄弟姐妹的子女代位继承。 代位继承人一般只能继承被代位继承人有权继承的遗产份额。

续表

民法典继承编解释一	关联规定
女，或是再下一代被继承人的直系血亲均得代位继承。简言之，直系晚辈血亲代位继承不受辈数限制。但在被继承人子女直系晚辈血亲代位继承时，仍需按照辈分一次代位，不能隔辈代位。此外，民法典第1128条规定的兄弟姐妹子女代位继承的情形下，代位继承是受辈数限制的，即仅限于被继承人兄弟姐妹的子女，而不包括兄弟姐妹的其他直系晚辈。	《民法典时间效力规定》 **第14条**　被继承人在民法典施行前死亡，遗产无人继承又无人受遗赠，其兄弟姐妹的子女请求代位继承的，适用民法典第一千一百二十八条第二款和第三款的规定，但是遗产已经在民法典施行前处理完毕的除外。 *《继承法意见》（已废止）* *25. 被继承人的孙子女、外孙子女、曾孙子女、外曾孙子女都可以代位继承，代位继承人不受辈数的限制。*
第十五条【代位继承中"子女"概念的范围】　被继承人的养子女、已形成扶养关系的继子女的生子女可以代位继承；被继承人亲生子女的养子女可以代位继承；被继承人养子女的养子女可以代位继承；与被继承人已形成扶养关系的继子女的养子女也可以代位继承。 **解读**：养子女、与继父母形成扶养关系的继子女与亲生子女权利相同。因此，在代位继承中，相关"子女"的概念可适用于养子女、与继父母形成扶养关系的继子女。也就是说，被继承人的养子女或者已形成扶养关系的继子女的亲生子女，被继承人亲生子女的养子女，被继承人养子女的养子女，与被继承	《民法典》 **第1128条【代位继承】**　被继承人的子女先于被继承人死亡的，由被继承人的子女的直系晚辈血亲代位继承。 被继承人的兄弟姐妹先于被继承人死亡的，由被继承人的兄弟姐妹的子女代位继承。 代位继承人一般只能继承被代位继承人有权继承的遗产份额。 *《继承法意见》（已废止）* *26. 被继承人的养子女、已形成扶养关系的继子女的生子女可代位继承；被继承人亲生子女的养子女可代位继承；被继承人养子女的养子女可代位继承；与被继承人已形成扶养关系的继子女的养子女也*

续表

民法典继承编解释一	关联规定
人已形成扶养关系的继子女的养子女等都可代位继承。	可以代位继承。
第十六条【代位继承人可多分遗产的情形】 代位继承人缺乏劳动能力又没有生活来源，或者对被继承人尽过主要赡养义务的，分配遗产时，可以多分。 **解读**：一般而言，根据民法典第1128条第3款规定，代位继承人只能继承被代位继承人有权继承的遗产份额。但由于代位继承本质上也是法定继承制度的一部分，在法定继承中需要多分或少分的应同样适用代位继承情况。因此，本条规定代位继承人缺乏劳动能力又没有生活来源（贯彻养老育幼、照顾弱者精神的体现）或者对被继承人尽了主要赡养义务的（权利义务相一致原则的体现），分配遗产时，可以多分。	《民法典》 **第1128条【代位继承】** 被继承人的子女先于被继承人死亡的，由被继承人的子女的直系晚辈血亲代位继承。 被继承人的兄弟姐妹先于被继承人死亡的，由被继承人的兄弟姐妹的子女代位继承。 代位继承人一般只能继承被代位继承人有权继承的遗产份额。 **第1130条【遗产分配的原则】** 同一顺序继承人继承遗产的份额，一般应当均等。 对生活有特殊困难又缺乏劳动能力的继承人，分配遗产时，应当予以照顾。 对被继承人尽了主要扶养义务或者与被继承人共同生活的继承人，分配遗产时，可以多分。 有扶养能力和有扶养条件的继承人，不尽扶养义务的，分配遗产时，应当不分或者少分。 继承人协商同意的，也可以不均等。 ***《继承法意见》（已废止）*** *27. 代位继承人缺乏劳动能力又没有生活来源，或者对被继承人尽过主要赡养义务的，分配遗产时，可以多分。*

续表

民法典继承编解释一	关联规定
第十七条【继承人丧失继承权影响代位继承】 继承人丧失继承权的，其晚辈直系血亲不得代位继承。如该代位继承人缺乏劳动能力又没有生活来源，或者对被继承人尽赡养义务较多的，可以适当分给遗产。 **解读：**代位继承的前提是被代位人存在有效的法定继承权。对代位继承的性质，民法典、继承法及相关司法解释均采代表权说，代位继承是代位继承人代表被代位继承人参加继承，行使被代位继承人的权利。在被代位继承人丧失或者放弃继承权的情况下，不能再由他人代位继承。但在特殊情况下，代位继承人可以通过民法典第1131条规定的酌分遗产请求权以及被继承人立遗嘱的方式，分给其一定遗产。即如果该代位继承人依靠被继承人抚养或者对被继承人赡养较多的，可分给其适当遗产。当然，被继承人兄弟姐妹丧失继承权的，参照本条规定，子女亦不得代位继承。	《民法典》 **第1128条【代位继承】** 被继承人的子女先于被继承人死亡的，由被继承人的子女的直系晚辈血亲代位继承。 被继承人的兄弟姐妹先于被继承人死亡的，由被继承人的兄弟姐妹的子女代位继承。 代位继承人一般只能继承被代位继承人有权继承的遗产份额。 **第1131条【酌情分得遗产权】** 对继承人以外的依靠被继承人扶养的人，或者继承人以外的对被继承人扶养较多的人，可以分给适当的遗产。 **第1125条【继承权的丧失和恢复】** 继承人有下列行为之一的，丧失继承权： （一）故意杀害被继承人； （二）为争夺遗产而杀害其他继承人； （三）遗弃被继承人，或者虐待被继承人情节严重； （四）伪造、篡改、隐匿或者销毁遗嘱，情节严重； （五）以欺诈、胁迫手段迫使或者妨碍被继承人设立、变更或者撤回遗嘱，情节严重。 继承人有前款第三项至第五项行为，确有悔改表现，被继承人表示宽恕或者事后在遗嘱中将其

续表

民法典继承编解释一	关联规定
	列为继承人的，该继承人不丧失继承权。 受遗赠人有本条第一款规定行为的，丧失受遗赠权。 *《继承法意见》（已废止）* *28. 继承人丧失继承权的，其晚辈直系血亲不得代位继承。如该代位继承人缺乏劳动能力又没有生活来源，或对被继承人尽赡养义务较多的，可适当分给遗产。*
第十八条【丧偶者的继承人身份不影响其子女的代位继承权】 丧偶儿媳对公婆、丧偶女婿对岳父母，无论其是否再婚，依照民法典第一千一百二十九条规定作为第一顺序继承人时，不影响其子女代位继承。 **解读：** 当被继承人的子女先于被继承人死亡，如果该子女已经结婚，儿媳、女婿作为姻亲，原则上不享有法定继承权。但为弘扬中华民族传统家庭美德和优良家风，使老年人能够老有所养，同时贯彻权利义务一致原则，民法典第1129条延续了继承法的规定，明确丧偶儿媳对公婆，丧偶女婿对岳父母尽了主要赡养义务的，作为第一顺序继承人。而本条则进一步明确无论其是否再婚，	**《民法典》** **第1129条【丧偶儿媳、女婿的继承权】** 丧偶儿媳对公婆，丧偶女婿对岳父母，尽了主要赡养义务的，作为第一顺序继承人。 **第1128条【代位继承】** 被继承人的子女先于被继承人死亡的，由被继承人的子女的直系晚辈血亲代位继承。 被继承人的兄弟姐妹先于被继承人死亡的，由被继承人的兄弟姐妹的子女代位继承。 代位继承人一般只能继承被代位继承人有权继承的遗产份额。 **《妇女权益保障法》** **第59条** 丧偶儿媳对公婆尽了主要赡养义务的，作为第一顺序继承人，其继承权不受子女代位继承的影响。

续表

民法典继承编解释一	关联规定
依法作为第一顺序继承人时，不影响其子女代位继承。这也是鼓励弘扬尊老敬老、扶老助老的进一步体现。	**第58条** 妇女享有与男子平等的继承权。妇女依法行使继承权，不受歧视。 丧偶妇女有权依法处分继承的财产，任何组织和个人不得干涉。 ***《继承法意见》（已废止）*** ***29.*** *丧偶儿媳对公婆、丧偶女婿对岳父、岳母，无论其是否再婚，依继承法第十二条规定作为第一顺序继承人时，不影响其子女代位继承。*
第十九条【主要赡养（扶养）义务的认定】 对被继承人生活提供了主要经济来源，或者在劳务等方面给予了主要扶助的，应当认定其尽了主要赡养义务或主要扶养义务。 **解读：**尽了“主要扶养（赡养）义务”，一般包括经济上或者劳务上的。具体是指继承人对被继承人在生活方面承担了主要劳务，如洗衣、做饭、护理等，或主要负担其生活费用，给予经济扶持、承担其大部分医疗费用等。	**《民法典》** **第1130条【遗产分配的原则】** 同一顺序继承人继承遗产的份额，一般应当均等。 对生活有特殊困难又缺乏劳动能力的继承人，分配遗产时，应当予以照顾。 对被继承人尽了主要扶养义务或者与被继承人共同生活的继承人，分配遗产时，可以多分。 有扶养能力和有扶养条件的继承人，不尽扶养义务的，分配遗产时，应当不分或者少分。 继承人协商同意的，也可以不均等。 **第1129条【丧偶儿媳、女婿的继承权】** 丧偶儿媳对公婆，丧偶女婿对岳父母，尽了主要赡养义务的，作为第一顺序继承人。

续表

民法典继承编解释一	关联规定
	《继承法意见》(已废止) *30. 对被继承人生活提供了主要经济来源，或在劳务等方面给予了主要扶助的，应当认定其尽了主要赡养义务或主要扶养义务。*
第二十条【酌情分得遗产的数量】 依照民法典第一千一百三十一条规定可以分给适当遗产的人，分给他们遗产时，按具体情况可以多于或者少于继承人。 **解读：** 继承法律关系的主体主要包括继承人、受遗赠人、遗赠扶养协议的扶养人、酌情分得遗产人四类基本权利主体。酌情分得遗产人既不是继承人，也并非受遗赠人，其获得遗产主要基于其属于对继承人以外的依靠被继承人扶养的人，或者对继承人以外的对被继承人扶养较多的人，民法典第1131条对此作了规定。当然，该条规定的是可以分给“适当”的遗产。当然，相较继承人获得的遗产而言，酌情分得遗产的人分得的遗产可以多于也可以少于继承人。	*《民法典》* ***第1131条【酌情分得遗产权】*** *对继承人以外的依靠被继承人扶养的人，或者继承人以外的对被继承人扶养较多的人，可以分给适当的遗产。* *《继承法意见》(已废止)* *31. 依继承法第十四条规定可以分给适当遗产的人，分给他们遗产时，按具体情况可多于或少于继承人。*
第二十一条【酌情分得遗产权人的独立诉讼主体资格】 依照民法典第一千一百三十一条规定可以分给适当遗产的人，在其依	*《民法典》* ***第1131条【酌情分得遗产权】*** *对继承人以外的依靠被继承人扶养的人，或者继承人以外的*

续表

民法典继承编解释一	关联规定
法取得被继承人遗产的权利受到侵犯时，本人有权以独立的诉讼主体资格向人民法院提起诉讼。 **解读**：如前所言，酌情分得遗产人是继承法律关系四类基本权利主体的一类。酌情分得遗产权是权利人依据民法典第1131条而享有的法定权利，在其权利受到侵犯时，应赋予其以独立的诉讼主体资格向法院提起诉讼的权利。	对被继承人扶养较多的人，可以分给适当的遗产。 ***《继承法意见》（已废止）*** *32. 依继承法第十四条规定可以分给适当遗产的人，在其依法取得被继承人遗产的权利受到侵犯时，本人有权以独立的诉讼主体的资格向人民法院提起诉讼。但在遗产分割时，明知而未提出请求的，一般不予受理；不知而未提出请求，在二年以内起诉的，应予受理。*
第二十二条【被继承人不要求继承人扶养不影响继承人的继承份额】 继承人有扶养能力和扶养条件，愿意尽扶养义务，但被继承人因有固定收入和劳动能力，明确表示不要求其扶养的，分配遗产时，一般不应因此而影响其继承份额。 **解读**：根据民法典第1130条第4款的规定，有扶养能力和有扶养条件的继承人，不尽扶养义务的，分配遗产时，应当不分或少分。但在实践中，不尽扶养义务的原因是不同的，不尽扶养义务的认定一般需满足主客观要件，即主观上不愿尽扶养义务，同时客	**《民法典》** **第1130条【遗产分配的原则】** 同一顺序继承人继承遗产的份额，一般应当均等。 对生活有特殊困难又缺乏劳动能力的继承人，分配遗产时，应当予以照顾。 对被继承人尽了主要扶养义务或者与被继承人共同生活的继承人，分配遗产时，可以多分。 有扶养能力和有扶养条件的继承人，不尽扶养义务的，分配遗产时，应当不分或者少分。 继承人协商同意的，也可以不均等。 ***《继承法意见》（已废止）*** *33. 继承人有扶养能力和扶养*

续表

民法典继承编解释一	关联规定
观上确实未尽到扶养义务。例如，若继承人愿意尽扶养义务，但被继承人因有固定收入和劳动能力，明确表示不要求其扶养的，由于其主观上非属不愿尽扶养义务的情形，此时并不能认定继承人未尽到扶养义务，分配遗产时也一般不应因此而影响其继承份额。	*条件，愿意尽扶养义务，但被继承人因有固定收入和劳动能力，明确表示不要求其扶养的，分配遗产时，一般不应因此而影响其继承份额。*
第二十三条【共同生活不等于尽到扶养义务】 有扶养能力和扶养条件的继承人虽然与被继承人共同生活，但对需要扶养的被继承人不尽扶养义务，分配遗产时，可以少分或者不分。 **解读：**虽然与被继承人共同生活一般意味着知晓了解被继承人的生活等情况，但并不能就此认定已尽了扶养义务。是否尽到了扶养义务，要看对被继承人生活上是否加以照料、经济上是否进行供养、精神情感上是否给予抚慰，且时间上是否表现出长期性、经常性与稳定性。有扶养能力和扶养条件的继承人虽然与被继承人共同生活，但并未符合上述要求的，对被继承人不闻不问、身体疾病不加关心等的，应认为未尽到扶养义务，分配遗产时，仍可少分或者不分。	**《民法典》** **第1130条【遗产分配的原则】** 同一顺序继承人继承遗产的份额，一般应当均等。 对生活有特殊困难又缺乏劳动能力的继承人，分配遗产时，应当予以照顾。 对被继承人尽了主要扶养义务或者与被继承人共同生活的继承人，分配遗产时，可以多分。 有扶养能力和有扶养条件的继承人，不尽扶养义务的，分配遗产时，应当不分或者少分。 继承人协商同意的，也可以不均等。 ***《继承法意见》（已废止）*** *34. 有扶养能力和扶养条件的继承人虽然与被继承人共同生活，但对需要扶养的被继承人不尽扶养义务，分配遗产时，可以少分或者不分。*

续表

民法典继承编解释一	关联规定
三、遗嘱继承和遗赠	
第二十四条【不能作为遗嘱见证人的利害关系人情形】 继承人、受遗赠人的债权人、债务人，共同经营的合伙人，也应当视为与继承人、受遗赠人有利害关系，不能作为遗嘱的见证人。 **解读**：民法典第1140条规定了不能作为遗嘱见证人的三项人员类型。本条则对其规定的第3项人员即与继承人、受遗赠人有利害关系的人的具体情形作了进一步明确，即包括继承人、受遗赠人的债权人、债务人，共同经营的合伙人。实际上，与继承人、受遗赠人有利害关系的人不能作为遗嘱见证人是为了防止继承人、受遗赠人通过他人来影响遗嘱人表达自己的真实意愿，以保证遗嘱的客观性和真实性。	**《民法典》** **第1140条【遗嘱见证人资格的限制性规定】** 下列人员不能作为遗嘱见证人： （一）无民事行为能力人、限制民事行为能力人以及其他不具有见证能力的人； （二）继承人、受遗赠人； （三）与继承人、受遗赠人有利害关系的人。 ***《继承法意见》（已废止）*** *36. 继承人、受遗赠人的债权人、债务人，共同经营的合伙人，也应当视为与继承人、受遗赠人有利害关系，不能作为遗嘱的见证人。*
第二十五条【遗嘱未作必留份的处理】 遗嘱人未保留缺乏劳动能力又没有生活来源的继承人的遗产份额，遗产处理时，应当为该继承人留下必要的遗产，所剩余的部分，才可参照遗嘱确定的分配原则处理。 继承人是否缺乏劳动能力又没	**《民法典》** **第1141条【必留份】** 遗嘱应当为缺乏劳动能力又没有生活来源的继承人保留必要的遗产份额。 ***《继承法意见》（已废止）*** *37. 遗嘱人未保留缺乏劳动能力又没有生活来源的继承人的遗产*

续表

民法典继承编解释一	关联规定
有生活来源，应当按遗嘱生效时该继承人的具体情况确定。 **解读：**民法典第1141条对必留份制度作了规定，这是对遗嘱人遗嘱自由的一种限制，体现在遗嘱应当为缺乏劳动能力又没有生活来源的继承人保留必要的遗产份额。若没有为其保留必要的份额，继承时应从遗产总额中扣减一定的遗产交与这类继承人，剩余的部分才能按照遗嘱中确定的遗产分配规则进行分配。另，关于本条第2款“遗嘱生效时”的理解。由于遗嘱是死因行为，在一般情况下，一份有效的遗嘱在被继承人死亡时即可发生法律效力，被继承人死亡的时间点即为遗嘱生效的时间点。例外情况是遗嘱中附了条件或期限才生效的，此时则以遗嘱内容确定的生效时间点为准。	*份额，遗产处理时，应当为该继承人留下必要的遗产，所剩余的部分，才可参照遗嘱确定的分配原则处理。* *继承人是否缺乏劳动能力又没有生活来源，应按遗嘱生效时该继承人的具体情况确定。*
第二十六条【处分非自己财产的遗嘱无效】 遗嘱人以遗嘱处分了国家、集体或者他人财产的，应当认定该部分遗嘱无效。 **解读：**遗嘱人只能处分自己的财产，不能处分他人财产，这里的他人包括国家、集体、他人的财	《民法典》 **第1143条【遗嘱的实质要件】** 无民事行为能力人或者限制民事行为能力人所立的遗嘱无效。 遗嘱必须表示遗嘱人的真实意思，受欺诈、胁迫所立的遗嘱无效。

续表

民法典继承编解释一	关联规定
产，否则处分他人财产部分的遗嘱内容无效。当然，遗嘱还不得违反法律、行政法规的强制性规定且不得违背公序良俗，如遗嘱人不得处分法律禁止个人持有和流转的财产。另需注意，遗嘱为单方行为，与无权处分的合同不同。	伪造的遗嘱无效。 遗嘱被篡改的，篡改的内容无效。 **第143条【民事法律行为有效的条件】** 具备下列条件的民事法律行为有效： （一）行为人具有相应的民事行为能力； （二）意思表示真实； （三）不违反法律、行政法规的强制性规定，不违背公序良俗。 **第153条【违反强制性规定及违背公序良俗的民事法律行为的效力】** 违反法律、行政法规的强制性规定的民事法律行为无效。但是，该强制性规定不导致该民事法律行为无效的除外。 违背公序良俗的民事法律行为无效。 ***《继承法意见》（已废止）*** *38. 遗嘱人以遗嘱处分了属于国家、集体或他人所有的财产，遗嘱的这部分，应认定无效。*
第二十七条【按自书遗嘱对待的情形】 自然人在遗书中涉及死后个人财产处分的内容，确为死者的真实意思表示，有本人签名并注明了年、月、日，又无相反证据的，可以按自书遗嘱对待。	**《民法典》** **第1134条【自书遗嘱】** 自书遗嘱由遗嘱人亲笔书写，签名，注明年、月、日。 **《最高人民法院关于民事诉讼证据的若干规定》** **第92条** 私文书证的真实性，

续表

民法典继承编解释一	关联规定
解读：民法典第 1134 条规定了自书遗嘱，要求遗嘱的全部内容均由遗嘱人亲笔书写并签名、注明年月日。但实践中，有时立遗嘱人因客观情况无法书写全部内容，虽不符合自书遗嘱情形，但在满足特定条件下可按自书遗嘱对待。需满足的相关条件包括：1. 内容涉及死后个人财产处分的；2. 确为死者真实意思的表示；3. 有遗嘱人本人签名并注明年、月、日；4. 无相反证据否定。	由主张以私文书证证明案件事实的当事人承担举证责任。 私文书证由制作者或者其代理人签名、盖章或捺印的，推定为真实。 私文书证上有删除、涂改、增添或者其他形式瑕疵的，人民法院应当综合案件的具体情况判断其证明力。 ***《继承法意见》（已废止）*** ***40.*** *公民在遗书中涉及死后个人财产处分的内容，确为死者真实意思的表示，有本人签名并注明了年、月、日，又无相反证据的，可按自书遗嘱对待。*
第二十八条【民事行为能力与遗嘱的效力】 遗嘱人立遗嘱时必须具有完全民事行为能力。无民事行为能力人或者限制民事行为能力人所立的遗嘱，即使其本人后来具有完全民事行为能力，仍属无效遗嘱。遗嘱人立遗嘱时具有完全民事行为能力，后来成为无民事行为能力人或者限制民事行为能力人的，不影响遗嘱的效力。 **解读**：民法典第 1143 条第 1 款规定了无民事行为能力人或者限制民事行为能力人所立的遗嘱无效。这是对遗嘱能力的规定，即遗	**《民法典》** **第 1143 条【遗嘱的实质要件】** 无民事行为能力人或者限制民事行为能力人所立的遗嘱无效。 遗嘱必须表示遗嘱人的真实意思，受欺诈、胁迫所立的遗嘱无效。 伪造的遗嘱无效。 遗嘱被篡改的，篡改的内容无效。 **第 143 条【民事法律行为有效的条件】** 具备下列条件的民事法律行为有效： （一）行为人具有相应的民事行为能力；

续表

民法典继承编解释一	关联规定
嘱人应当具有遗嘱能力。遗嘱能力，是指自然人依法享有的通过遗嘱的方式处分自己合法财产的资格。实际上，只有具有完全民事行为能力的人才享有订立遗嘱的资格，才具有遗嘱能力，无民事行为能力人以及限制民事行为能力人均不具有遗嘱能力。另需注意，遗嘱人是否具有遗嘱能力应以其订立遗嘱时的状况为准，即只要其在订立遗嘱时是完全民事行为能力人即可。即使之后丧失或者部分丧失民事行为能力，也不影响遗嘱的效力。	（二）意思表示真实； （三）不违反法律、行政法规的强制性规定，不违背公序良俗。 *《继承法意见》（已废止）* ***41.*** *遗嘱人立遗嘱时必须有行为能力。无行为能力人所立的遗嘱，即使其本人后来有了行为能力，仍属无效遗嘱。遗嘱人立遗嘱时有行为能力，后来丧失了行为能力，不影响遗嘱的效力。*
第二十九条【附义务遗嘱或遗赠义务未履行的处理】 附义务的遗嘱继承或者遗赠，如义务能够履行，而继承人、受遗赠人无正当理由不履行，经受益人或者其他继承人请求，人民法院可以取消其接受附义务部分遗产的权利，由提出请求的继承人或者受益人负责按遗嘱人的意愿履行义务，接受遗产。 **解读：**民法典第1144条已对附义务的遗嘱或遗赠中义务人无正当理由未履行相应义务的后果作了规定，即法院可以取消其接受附义务部分遗产的权利。本条则对此进行了一定细化。一方面，	《民法典》 **第1144条【附义务遗嘱或遗赠】** 遗嘱继承或者遗赠附有义务的，继承人或者受遗赠人应当履行义务。没有正当理由不履行义务的，经利害关系人或者有关组织请求，人民法院可以取消其接受附义务部分遗产的权利。 *《继承法意见》（已废止）* ***43.*** *附义务的遗嘱继承或遗赠，如义务能够履行，而继承人、受遗赠人无正当理由不履行，经受益人或其他继承人请求，人民法院可以取消他接受附义务那部分遗产的权利，由提出请求的继承人或受益人负责按遗嘱人的意愿履行义务，接受遗产。*

续表

民法典继承编解释一	关联规定
明确受益人、其他继承人可以请求取消义务人权利。另一方面，规定法院取消义务人接受附义务部分遗产的权利后由提出请求的继承人或者受益人负责按遗嘱人的意愿履行义务并接受遗产。	
四、遗产的处理	
第三十条【遗产的保管】 人民法院在审理继承案件时，如果知道有继承人而无法通知的，分割遗产时，要保留其应继承的遗产，并确定该遗产的保管人或者保管单位。 **解读：**民法典第1150条就继承开始的通知作了规定。在遗产被分割完毕前，遗产的最后归属未确定，若对遗产不加保管，则可能会使遗产遭受损失。为此，法院在审理继承案件时，若知道有继承人而无法通知的，在分割遗产时不仅应为其保留应对应份额的遗产，还应确定该遗产的保管人或保管单位。	《民法典》 **第1150条【继承开始的通知】** 继承开始后，知道被继承人死亡的继承人应当及时通知其他继承人和遗嘱执行人。继承人中无人知道被继承人死亡或者知道被继承人死亡而不能通知的，由被继承人生前所在单位或者住所地的居民委员会、村民委员会负责通知。 *《继承法意见》（已废止）* *44. 人民法院在审理继承案件时，如果知道有继承人而无法通知的，分割遗产时，要保留其应继承的遗产，并确定该遗产的保管人或保管单位。*
第三十一条【胎儿预留份相关处理】 应当为胎儿保留的遗产份额没有保留的，应从继承人所继承的遗产中扣回。	《民法典》**第1155条【胎儿预留份】** 遗产分割时，应当保留胎儿的继承份额。胎儿娩出时是死体的，保留的份额按照法定继承办理。

续表

民法典继承编解释一	关联规定
为胎儿保留的遗产份额，如胎儿出生后死亡的，由其继承人继承；如胎儿娩出时是死体的，由被继承人的继承人继承。 **解读：**自然人的权利能力始于出生，因此胎儿在法律上不能成为独立的现实意义的权利主体，不能称为继承人。但为维护胎儿出生后的生存和生活利益，实现父母对子女抚养关系的有效延续，民法典第1155条规定，遗产分割时，应当保留胎儿的继承份额。本条则进一步明确，胎儿继承份额未保留的，应从继承人所继承的遗产中扣回。胎儿出生后死亡的，由其继承人继承；出生时就是死体的，由被继承人的继承人继承。因为胎儿出生后再死亡的，因其出生而享有法律为其预留的被继承人的遗产，为有效继承，之后再死亡，则其所继承的遗产再作为其遗产由其继承人继承。 **案例参考：**《李某、郭某阳诉郭某和、童某某继承纠纷案》【最高人民法院指导案例50号】 **案例要旨：**1. 夫妻关系存续期间，双方一致同意利用他人的精子进行人工授精并使女方受孕后，男方反悔，而女方坚持生出该	**第16条【胎儿利益的特殊保护】**　涉及遗产继承、接受赠与等胎儿利益保护的，胎儿视为具有民事权利能力。但是，胎儿娩出时为死体的，其民事权利能力自始不存在。 ***《继承法意见》（已废止）*** *45. 应当为胎儿保留的遗产份额没有保留的应从继承人所继承的遗产中扣回。* *为胎儿保留的遗产份额，如胎儿出生后死亡的，由其继承人继承；如胎儿出生时就是死体的，由被继承人的继承人继承。*

续表

民法典继承编解释一	关联规定
子女的，不论该子女是否在夫妻关系存续期间出生，都应视为夫妻双方的婚生子女。2. 如果夫妻一方所订立的遗嘱中没有为胎儿保留遗产份额，因违反民法典第1141条规定，该部分遗嘱内容无效。分割遗产时，应当依照民法典第1155条规定，为胎儿保留继承份额。	
第三十二条【放弃继承不得影响履行法定义务】 继承人因放弃继承权，致其不能履行法定义务的，放弃继承权的行为无效。 **解读：**放弃继承，即继承开始后继承人不接受被继承人遗产的意思表示。但放弃继承不得附加条件或期限，也不得影响法定义务的履行。如果继承人因放弃继承权致其不能履行法定义务的，放弃继承权的行为无效。需注意，这里的“法定义务”主要包括三种情形：1. 有责任有能力尽法定的抚养义务而不尽形成的债务。2. 被继承人为继承人个人事务形成的债务，如为继承人上大学、找工作、结婚、买房子等形成的债务，继承人不能以放弃继承而免予偿还被继承人为此所负债务。	《民法典》 **第1124条【继承、受遗赠的接受与放弃】** 继承开始后，继承人放弃继承的，应当在遗产处理前，以书面形式作出放弃继承的表示；没有表示的，视为接受继承。 受遗赠人应当在知道受遗赠后六十日内，作出接受或者放弃受遗赠的表示；到期没有表示的，视为放弃受遗赠。 **第1161条【被继承人税款、债务清偿的原则】** 继承人以所得遗产实际价值为限清偿被继承人依法应当缴纳的税款和债务。超过遗产实际价值部分，继承人自愿偿还的不在此限。 继承人放弃继承的，对被继承人依法应当缴纳的税款和债务可以不负清偿责任。

续表

民法典继承编解释一	关联规定
但民法典第 1161 条规定的被继承人税款以及非因继承人事务而负的债务不在其中。3. 支付被继承人的丧葬费的法定义务。	*《继承法意见》（已废止）* *46. 继承人因放弃继承权，致其不能履行法定义务的，放弃继承权的行为无效。*
第三十三条【放弃继承的形式要求】 继承人放弃继承应当以书面形式向遗产管理人或者其他继承人表示。 **解读：**放弃继承是民事法律行为的一种，需符合意思表示的形式要求。作为要式法律行为的一种，本条明确要求放弃继承必须是明示方式，即以书面形式且需向遗产管理人或其他继承人作出。当然特殊情况下也存在口头形式，即本解释第 34 条规定的情形。	《民法典》 **第 1124 条【继承、受遗赠的接受与放弃】** 继承开始后，继承人放弃继承的，应当在遗产处理前，以书面形式作出放弃继承的表示；没有表示的，视为接受继承。 受遗赠人应当在知道受遗赠后六十日内，作出接受或者放弃受遗赠的表示；到期没有表示的，视为放弃受遗赠。 **第 135 条【民事法律行为的形式】** 民事法律行为可以采用书面形式、口头形式或者其他形式；法律、行政法规规定或者当事人约定采用特定形式的，应当采用特定形式。 *《继承法意见》（已废止）* *47. 继承人放弃继承应当以书面形式向其他继承人表示。用口头方式表示放弃继承，本人承认，或有其它充分证据证明的，也应当认定其有效。*

续表

民法典继承编解释一	关联规定
第三十四条【诉讼中放弃继承】 在诉讼中，继承人向人民法院以口头方式表示放弃继承的，要制作笔录，由放弃继承的人签名。 **解读：**如本解释第 33 条所述，放弃继承的意思表示原则上需通过书面形式作出。但基于继承人的各种特殊情况，有些继承人由于身体健康等方面的原因可能无法以书面方式提出。为此，本条明确在诉讼中，继承人可以向法院以口头方式表示放弃继承，但要制作笔录并由放弃继承的人签名。实际上，该种放弃继承的意思表示虽然是继承人以口头方式表达的，但是由于在诉讼中，通过制作笔录由放弃继承的人签名的方式，固定了证据，实质上已经转化为书面形式，能够保证放弃继承意思表示的真实性，并不违背民法典第 1124 条的精神。	《民法典》 **第 1124 条【继承、受遗赠的接受与放弃】** 继承开始后，继承人放弃继承的，应当在遗产处理前，以书面形式作出放弃继承的表示；没有表示的，视为接受继承。 受遗赠人应当在知道受遗赠后六十日内，作出接受或者放弃受遗赠的表示；到期没有表示的，视为放弃受遗赠。 **第 135 条【民事法律行为的形式】** 民事法律行为可以采用书面形式、口头形式或者其他形式；法律、行政法规规定或者当事人约定采用特定形式的，应当采用特定形式。 **第 469 条【合同订立形式】** 当事人订立合同，可以采用书面形式、口头形式或者其他形式。 书面形式是合同书、信件、电报、电传、传真等可以有形地表现所载内容的形式。 以电子数据交换、电子邮件等方式能够有形地表现所载内容，并可以随时调取查用的数据电文，视为书面形式。 *《继承法意见》（已废止）* *48. 在诉讼中，继承人向人民法院以口头方式表示放弃继承的，要制作笔录，由放弃继承的人签名。*

续表

民法典继承编解释一	关联规定
第三十五条【放弃继承的时间要求】 继承人放弃继承的意思表示，应当在继承开始后、遗产分割前作出。遗产分割后表示放弃的不再是继承权，而是所有权。 **解读：**继承开始前，继承人尚无继承权或处于权利不确定状态，并不存在继承权利的放弃问题；而遗产分割后，遗产权属已经明确，若再行放弃，则为自己财产之处分的情形，已非继承法上所谓继承放弃，而属于民法上财产所有权的抛弃。	《民法典》 **第1124条【继承、受遗赠的接受与放弃】** 继承开始后，继承人放弃继承的，应当在遗产处理前，以书面形式作出放弃继承的表示；没有表示的，视为接受继承。 受遗赠人应当在知道受遗赠后六十日内，作出接受或者放弃受遗赠的表示；到期没有表示的，视为放弃受遗赠。 ***《继承法意见》（已废止）*** ***49.*** *继承人放弃继承的意思表示，应当在继承开始后、遗产分割前作出。遗产分割后表示放弃的不再是继承权，而是所有权。*
第三十六条【放弃继承的反悔】 遗产处理前或者在诉讼进行中，继承人对放弃继承反悔的，由人民法院根据其提出的具体理由，决定是否承认。遗产处理后，继承人对放弃继承反悔的，不予承认。 **解读：**基于禁止反言原则，放弃继承一般不允许反悔，但若有特殊情况，法院可根据其提出的具体理由决定是否允许反悔。但在遗产处理后，由于遗产的所有权已经转移给各继承人或受遗赠人，为维护社会秩序稳定，此时	《民法典》 **第1124条【继承、受遗赠的接受与放弃】** 继承开始后，继承人放弃继承的，应当在遗产处理前，以书面形式作出放弃继承的表示；没有表示的，视为接受继承。 受遗赠人应当在知道受遗赠后六十日内，作出接受或者放弃受遗赠的表示；到期没有表示的，视为放弃受遗赠。 ***《继承法意见》（已废止）*** ***50.*** *遗产处理前或在诉讼进行中，继承人对放弃继承翻悔的，由人民法院根据其提出的具体理由，决定是否承认。遗产处理后，*

续表

民法典继承编解释一	关联规定
不应再允许对放弃继承予以反悔。另需注意，这里的反悔并不包括欺诈、胁迫或者继承人无民事行为能力的情况。若存在上述可撤销或无效等的情形，根据民法典总则编民事法律行为效力一章的相关规定处理即可。	*继承人对放弃继承翻悔的，不予承认。*
第三十七条【放弃继承的溯及力】 放弃继承的效力，追溯到继承开始的时间。 **解读：**本解释第35条对放弃继承的作出时间明确限定在继承开始后、遗产分割前。因此这就存在作出放弃继承的时间滞后于继承开始的时间。由于时间差的存在，将产生放弃继承是否产生溯及力的问题。本条则对此进行了明确，继承人放弃继承具有溯及力，放弃的效力溯及继承开始之时，这也符合放弃继承制度的本意。	**《民法典》** **第1124条【继承、受遗赠的接受与放弃】** 继承开始后，继承人放弃继承的，应当在遗产处理前，以书面形式作出放弃继承的表示；没有表示的，视为接受继承。 受遗赠人应当在知道受遗赠后六十日内，作出接受或者放弃受遗赠的表示；到期没有表示的，视为放弃受遗赠。 ***《继承法意见》（已废止）*** ***51.*** *放弃继承的效力，追溯到继承开始的时间。*
第三十八条【受遗赠权转继承】 继承开始后，受遗赠人表示接受遗赠，并于遗产分割前死亡的，其接受遗赠的权利转移给他的继承人。 **解读：**继承开始与遗产分割的时差性产生转继承问题。继承开始，遗产所有权即整体移转给全	**《民法典》** **第1152条【转继承】** 继承开始后，继承人于遗产分割前死亡，并没有放弃继承的，该继承人应当继承的遗产转给其继承人，但是遗嘱另有安排的除外。 **第1124条【继承、受遗赠的接受与放弃】** 继承开始后，继承人放弃继承的，应当在遗产处理

续表

民法典继承编解释一	关联规定
体继承人共同所有。而遗产分割，则是将共同共有的财产分割为各自财产的过程。在现实中，继承开始与遗产分割存在一个时差性，在继承开始后、遗产分割前，继承人（或受遗赠人）死亡的，其所应继承（或受赠）的遗产份额由其继承人承受，也即转继承（或转遗赠）。民法典第 1152 条对此作了规定。但该条仅针对继承开始后遗产分割前继承人死亡的情形，并未明确受遗赠人死亡的情形如何处理。为此，本条对受遗赠权的转继承作了规定，对继承开始后，受遗赠人表示接受遗赠，并于遗产分割前死亡的，明确其接受遗赠的权利转移给他的继承人。	前，以书面形式作出放弃继承的表示；没有表示的，视为接受继承。 受遗赠人应当在知道受遗赠后六十日内，作出接受或者放弃受遗赠的表示；到期没有表示的，视为放弃受遗赠。 ***《继承法意见》（已废止）*** ***53.*** *继承开始后，受遗赠人表示接受遗赠，并于遗产分割前死亡的，其接受遗赠的权利转移给他的继承人。*
第三十九条【国家或者集体供养的烈属或救济的自然人的遗产继承】 由国家或者集体组织供给生活费用的烈属和享受社会救济的自然人，其遗产仍应准许合法继承人继承。 **解读**：除依照法律规定或者根据其性质不得继承的遗产外，一切个人的财产均可作为遗产继承，这有利于拓展遗产的范围，强化私权保护。本条关于“由国家	《民法典》 **第 1122 条【遗产定义】** 遗产是自然人死亡时遗留的个人合法财产。 依照法律规定或者根据其性质不得继承的遗产，不得继承。 ***《继承法意见》（已废止）*** ***54.*** *由国家或集体组织供给生活费用的烈属和享受社会救济的城市居民，其遗产仍应准许合法继承人继承。*

续表

民法典继承编解释一	关联规定
或者集体组织供给生活费用的烈属和享受社会救济的自然人，其遗产仍应准许合法继承人继承”的规定，实际上也是基于此种理念。同时该规定也符合烈属费用与社会救济费用的设立目的与其背后的无偿性、公益性精神，否则将有违此种目的与精神。	
第四十条【遗赠协议不履行的法律后果】 继承人以外的组织或者个人与自然人签订遗赠扶养协议后，无正当理由不履行，导致协议解除的，不能享有受遗赠的权利，其支付的供养费用一般不予补偿；遗赠人无正当理由不履行，导致协议解除的，则应当偿还继承人以外的组织或者个人已支付的供养费用。 **解读**：遗赠扶养协议本质上属于一种属双务、有偿合同。遗赠扶养协议一经订立，即发生法律效力，对双方产生法律约束力，双方应严格履行协议中所约定的义务。若扶养人不履行抚养义务则构成违约，遗赠人有权请求解除协议，扶养人不再享受遗赠的权利，且扶养人支付的供养费用一般不予补偿。若遗赠人不履行协议的，同样构成违约，扶养人有	《民法典》 **第1158条【遗赠扶养协议】** 自然人可以与继承人以外的组织或者个人签订遗赠扶养协议。按照协议，该组织或者个人承担该自然人生养死葬的义务，享有受遗赠的权利。 **第563条【合同法定解除】** 有下列情形之一的，当事人可以解除合同： （一）因不可抗力致使不能实现合同目的； （二）在履行期限届满前，当事人一方明确表示或者以自己的行为表明不履行主要债务； （三）当事人一方迟延履行主要债务，经催告后在合理期限内仍未履行； （四）当事人一方迟延履行债务或者有其他违约行为致使不能实现合同目的； （五）法律规定的其他情形。

续表

民法典继承编解释一	关联规定
权解除协议，并要求遗赠人偿还已支付的供养费用。	以持续履行的债务为内容的不定期合同，当事人可以随时解除合同，但是应当在合理期限之前通知对方。 **第464条【合同的定义和身份关系协议的法律适用】** 合同是民事主体之间设立、变更、终止民事法律关系的协议。 婚姻、收养、监护等有关身份关系的协议，适用有关该身份关系的法律规定；没有规定的，可以根据其性质参照适用本编规定。 **《老年人权益保障法》** **第20条** 经老年人同意，赡养人之间可以就履行赡养义务签订协议。赡养协议的内容不得违反法律的规定和老年人的意愿。 基层群众性自治组织、老年人组织或者赡养人所在单位监督协议的履行。 **第36条** 老年人可以与集体经济组织、基层群众性自治组织、养老机构等组织或者个人签订遗赠扶养协议或者其他扶助协议。 负有扶养义务的组织或者个人按照遗赠扶养协议，承担该老年人生养死葬的义务，享有受遗赠的权利。 **第48条** 养老机构应当与接受服务的老年人或者其代理人签订服务协议，明确双方的权利、义务。

续表

民法典继承编解释一	关联规定
	养老机构及其工作人员不得以任何方式侵害老年人的权益。 *《继承法意见》(已废止)* *56. 扶养人或集体组织与公民订有遗赠扶养协议，扶养人或集体组织无正当理由不履行，致协议解除的，不能享有受遗赠的权利，其支付的供养费用一般不予补偿；遗赠人无正当理由不履行，致协议解除的，则应偿还扶养人或集体组织已支付的供养费用。*
第四十一条【无人继承财产的酌给原则】 遗产因无人继承又无人受遗赠归国家或者集体所有制组织所有时，按照民法典第一千一百三十一条规定可以分给适当遗产的人提出取得遗产的诉讼请求，人民法院应当视情况适当分给遗产。 **解读：**民法典第1160条就无人继承遗产的归属作了规定，即无人继承又无人受遗赠的遗产，归国家所有，用于公益事业；死者生前是集体所有制组织成员的，归所在集体所有制组织所有继承。基于民法典第1131条规定了酌情分得遗产制度，对继承人以外的依靠被继承人扶养的缺乏劳动能力又没有生活来源的人，或者继承人以外的对	**《民法典》** **第1131条【酌情分得遗产】** 对继承人以外的依靠被继承人扶养的人，或者继承人以外的对被继承人扶养较多的人，可以分给适当的遗产。 **第1160条【无人继承遗产的归属】** 无人继承又无人受遗赠的遗产，归国家所有，用于公益事业；死者生前是集体所有制组织成员的，归所在集体所有制组织所有。 *《继承法意见》(已废止)* *57. 遗产因无人继承收归国家或集体组织所有时，按继承法第十四条规定可以分给遗产的人提出取得遗产的要求，人民法院应视情况适当分给遗产。*

续表

民法典继承编解释一	关联规定
被继承人扶养较多的人，可以分给他们适当的遗产。当遗产因无人继承且无人受遗赠被收归国家或集体组织时，上述人员若提出取得遗产的要求，法院亦应视情况适当分给遗产。这符合酌情分得遗产制度的设立目的，也契合帮扶弱者以及鼓励帮扶弱者，在继承中体现正义、扶助的理念，有助于发扬我国养老育幼、互助互爱的传统美德。	
第四十二条【发挥遗产效用原则】 人民法院在分割遗产中的房屋、生产资料和特定职业所需要的财产时，应当依据有利于发挥其使用效益和继承人的实际需要，兼顾各继承人的利益进行处理。 **解读：**体现物尽其用、财尽其值的要求是遗产分割的重要原则，如此可使遗产作为一种社会资源尽可能释放出经济效用，促进生产、方便生活，符合市场经济的便利、效率要求。本条在民法典第1156条所作的分割遗产应有利于生产和生活需要，不损害遗产效用规定的基础上，明确“人民法院在分割遗产中的房屋、生产资料和特定职业所需要的财产时，应当依据有利于发挥其使用效益和继承人的实际需要，兼顾各继承人的利益进行处理”。	*《民法典》* **第1156条【遗产分割原则与分割方法】** 遗产分割应当有利于生产和生活需要，不损害遗产的效用。 不宜分割的遗产，可以采取折价、适当补偿或者共有等方法处理。 *《继承法意见》（已废止）* *58. 人民法院在分割遗产中的房屋、生产资料和特定职业所需要的财产时，应依据有利于发挥其使用效益和继承人的实际需要，兼顾各继承人的利益进行处理。*

续表

民法典继承编解释一	关联规定
第四十三条【酌情减少分得遗产】 人民法院对故意隐匿、侵吞或者争抢遗产的继承人，可以酌情减少其应继承的遗产。 **解读：**民法典第1125条对丧失继承权的情形作了规定，但该条调整的是继承资格的问题，继承资格一旦丧失，将不能分得遗产，无论多少。而本条则针对的是有继承资格的人，因故意隐匿、侵吞或者争抢遗产而被法院酌情减少数额的问题。一个是有无的问题，一个是多少的问题。	《民法典》 **第1125条【继承权的丧失和恢复】** 继承人有下列行为之一的，丧失继承权： （一）故意杀害被继承人； （二）为争夺遗产而杀害其他继承人； （三）遗弃被继承人，或者虐待被继承人情节严重； （四）伪造、篡改、隐匿或者销毁遗嘱，情节严重； （五）以欺诈、胁迫手段迫使或者妨碍被继承人设立、变更或者撤回遗嘱，情节严重。 继承人有前款第三项至第五项行为，确有悔改表现，被继承人表示宽恕或者事后在遗嘱中将其列为继承人的，该继承人不丧失继承权。 受遗赠人有本条第一款规定行为的，丧失受遗赠权。 ***《继承法意见》（已废止）*** *59. 人民法院对故意隐匿、侵吞或争抢遗产的继承人，可以酌情减少其应继承的遗产。*
第四十四条【继承中的共同诉讼】 继承诉讼开始后，如继承人、受遗赠人中有既不愿参加诉讼，又不表示放弃实体权利的，应当追加为共同原告；继承人已书面表示放弃继承、受遗赠人在知	《民法典》 **第1124条【继承、受遗赠的接受与放弃】** 继承开始后，继承人放弃继承的，应当在遗产处理前，以书面形式作出放弃继承的表示；没有表示的，视为接受继承。

续表

民法典继承编解释一	关联规定
道受遗赠后六十日内表示放弃受遗赠或者到期没有表示的，不再列为当事人。 **解读：**民法典对继承的制度设计采当然继承主义，只要不明确表示放弃继承的，即视为接受继承。但对受遗赠不同，遗赠行为本质上属双方法律行为，遗赠人作出赠与的意思表示，受遗赠人需接受方可，即需要双方意思表示达成一致才能成立。若受遗赠人在法定期限内不作任何意思表示，合意难以形成。为此，法律规定接受遗赠需以明示的方式作出意思表示，受遗赠人若在法定期限内不作出意思表示的，即视为放弃。	受遗赠人应当在知道受遗赠后六十日内，作出接受或者放弃受遗赠的表示；到期没有表示的，视为放弃受遗赠。 **《民事诉讼法解释》** **第70条** 在继承遗产的诉讼中，部分继承人起诉的，人民法院应通知其他继承人作为共同原告参加诉讼；被通知的继承人不愿意参加诉讼又未明确表示放弃实体权利的，人民法院仍应将其列为共同原告。 ***《继承法意见》（已废止）*** *60. 继承诉讼开始后，如继承人、受遗赠人中有既不愿参加诉讼，又不表示放弃实体权利的，应追加为共同原告；已明确表示放弃继承的，不再列为当事人。*
五、附则	
第四十五条【解释施行日期】 本解释自2021年1月1日起施行。 **解读：**民法典2021年1月1日起施行，民法典继承编解释在民法典规定之外，对原有的继承法及其解释、意见等进行了系统性梳理。为与民法典施行时间保持一致及对诉讼程序有效衔接，本解释施行的时间也确定为2021年	**《民法典》** **第1260条【施行日期及旧法废止】** 本法自2021年1月1日起施行。《中华人民共和国婚姻法》、《中华人民共和国继承法》、《中华人民共和国民法通则》、《中华人民共和国收养法》、《中华人民共和国担保法》、《中华人民共和国合同法》、《中华人民共和国物权法》、《中华人民共和国侵权责任法》、《中华人民共和国民

续表

民法典继承编解释一	关联规定
1月1日。另，民法典施行后尚未审结和新受理的一、二审案件，若法律事实发生于2021年1月1日前，依照民法典时间效力规定应适用民法典及其配套司法解释的，在援引民法典及司法解释的同时还应援引民法典时间效力规定相关规定。	法总则》同时废止。 ***《继承法意见》（已废止）*** *64. 继承法实行前，人民法院已经审结的继承案件，继承法施行后，按审判监督程序提起再审的，适用审结时的有关政策、法律。* *人民法院对继承法生效前已经受理，生效时尚未审结的继承案件，适用继承法。但不得再以超过诉讼时效为由驳回起诉。*

图书在版编目（CIP）数据

民法典配套司法解释条文对照与重点解读：含民法典合同编司法解释 / 孙政编著 .—北京：中国法制出版社，2024. 1

ISBN 978-7-5216-3324-5

Ⅰ. ①民… Ⅱ. ①孙… Ⅲ. ①民法-法典-法律解释-中国 Ⅳ. ①D923. 05

中国国家版本馆 CIP 数据核字（2023）第 056493 号

责任编辑：陈兴　　　　封面设计：周黎明

民法典配套司法解释条文对照与重点解读：含民法典合同编司法解释

MINFADIAN PEITAO SIFA JIESHI TIAOWEN DUIZHAO YU ZHONGDIAN JIEDU：HAN MINFADIAN HETONGBIAN SIFA JIESHI

编著/孙政
经销/新华书店
印刷/河北华商印刷有限公司
开本/880 毫米×1230 毫米　32 开　　　　印张/ 19. 5　字数/ 462 千
版次/2024 年 1 月第 1 版　　　　2024 年 1 月第 1 次印刷

中国法制出版社出版
书号 ISBN 978-7-5216-3324-5　　　　定价：69. 00 元

北京市西城区西便门西里甲 16 号西便门办公区
邮政编码：100053　　　　传真：010-63141600
网址：http：//www. zgfzs. com　　　　**编辑部电话：010-63141789**
市场营销部电话：010-63141612　　　　**印务部电话：010-63141606**

（如有印装质量问题，请与本社印务部联系。）